全国高等会计职业教育系列规划教材

纳税实务

第二版

主　编　孔祥银　黄超平　陈宏桥
副主编　白安义　林辉山　朱晓丹　杨　婷

WUHAN UNIVERSITY PRESS
武汉大学出版社

图书在版编目(CIP)数据

纳税实务/孔祥银,黄超平,陈宏桥主编. —2 版. —武汉:武汉大学出版社,
2015.2
全国高等会计职业教育系列规划教材
ISBN 978-7-307-15184-0

Ⅰ. 纳…　Ⅱ. ①孔…　②黄…　③陈…　Ⅲ. 纳税—税收管理—中国
—高等职业教育—教材　Ⅳ. F812.423

中国版本图书馆 CIP 数据核字(2015)第 021364 号

责任编辑:柴　艺　　　责任校对:李孟潇　　　版式设计:马　佳

出版发行:**武汉大学出版社**　　(430072　武昌　珞珈山)
　　　　　(电子邮件:cbs22@ whu. edu. cn 网址:www. wdp. com. cn)
印刷:湖北睿智印务有限公司
开本:787×1092　1/16　印张:22　字数:517 千字　插页:1
版次:2011 年 8 月第 1 版　　2015 年 2 月第 2 版
　　2015 年 2 月第 2 版第 1 次印刷
ISBN 978-7-307-15184-0　　　　定价:39.00 元

全国高等会计职业教育系列规划教材编委会

主　　任：田家富

副主任：孔祥银　黄超平　周列平　戴年昭

委　　员：（按姓氏笔画为序）

孔祥银　田家富　兰　霞　刘海燕　何忠谱

张　萍　陈家旺　国燕萍　周列平　黄超平

章理智　程亚兰　蒲　萍　戴年昭

本书参与人员所在院校

孔祥银　湖北工业职业技术学院
黄超平　湖北科技职业技术学院
陈宏桥　武汉职业技术学院
白安义　襄阳职业技术学院
林辉山　湖北工业职业技术学院
朱晓丹　湖北工业职业技术学院
杨　婷　汉口学院
兰　芳　湖北工业职业技术学院
罗惠月　湖北工业职业技术学院
胡　越　湖北工业职业技术学院
王　琰　湖北工业职业技术学院

总　序

　　我国高等职业教育经过十几年的发展，取得了举世瞩目的成就。特别是经过三年的示范建设，我们在校企合作、工学结合、人才培养模式改革、师资队伍建设、课程建设、教材建设等方面取得了一定的成绩，但也存在一些不尽如人意的地方。作为高职战线的一线工作者，我们一直在实践，一直在思考，一直在探索。

　　高职教育发展到今天，必须进行改革，这是大家的共识，改革的路径怎么选择？就是按照教育部 2006 年 16 号文件《关于全面提高高等职业教育教学质量的若干意见》（以下简称教育部 16 号文件）的精神和高职教育"十二五"发展规划的要求进行。但怎么改？只有靠我们一线从事高职教育的老师去实践，去探索，不能人云亦云，不能断章取义，不能望文生义，不能浅尝辄止，更不能玩花架子。我们要把老师的心思真正用在教学改革上，要把老师的时间、精力真正用在教学改革上。改革不可能一蹴而就，改革是要付出代价的，改革是要有点精神的！

　　教学改革的依据是什么？我个人认为，我们必须充分考虑以下四个问题：一是高等教育大众化的背景；二是教学对象的实际（现有认知结构）；三是产业结构的调整与发展；四是科学技术的发展，在教育上就是现代教育技术手段的应用。只有将这四个问题研究透了，分析透了，我们的教学改革才能落到实处，才能有成效。

　　教学改革的目标是什么？提高教学质量！我们一切工作的出发点和落脚点就是提高教学质量，这是永恒的主题！提高教学质量的关键是教师。换句话说，改革的意识、改革的观念、改革的思路必须在一线的教师中真正生根发芽，必须由一线的教师认真地加以实践，只有这样改革才能成功。不依靠一线教师而进行的改革，是形式主义，是空中楼阁。由此看出，对一线教师改革意识、改革观念、改革思路的培养与提高就显得非常重要。教育部 16 号文件精神不是一次两次会议就能够理解透彻的。我们必须在理解文件精神的实质上下苦工夫，在改革的实践上下苦工夫，在改革的系统工程上下苦工夫。因此，我们必须通过课程建设、教材建设以及其他平台，让教师在实践中深刻理解教育部 16 号文件精神的实质。

教学改革改到深处，改到痛处，是课程改革，是教材改革。我们只有真正研制出特色教材、精品教材，才能为人才培养模式改革与创新提供支撑，才能为教学方法的改革提供支撑，才能为精品课堂提供支撑。

教材建设是专业建设中的一项基本建设，我们必须高度重视。教材是教学指导思想、培养目标、教学要求、教学内容的具体体现。教师通过教材全面、具体地理解教学要求与教学内容，以它为依据进行讲授并组织教学活动。学生以它为依据进行学习，通过教材掌握规定的知识和技能。实践证明，选一本好教材对提高教学质量至关重要。我们现在搞的课程建设与改革或者说精品课程建设，最终还是体现在教材建设上。同时，教材建设也是把精品课程转化为精品课堂的关键环节。

教材是什么？这个问题似乎有点老套！但最近对教材的讨论和争议比较多，有不同的观点！"教材是道具"这是我个人的观点。道具好一些，精一些，演出效果会好一些，这是毋庸置疑的。教师上课依纲据本固然没错，但我认为要是把教材看成是死板的、没有生命力的、单纯为完成教学目标而使用的一种介质就有问题了。著名的教育家叶圣陶老先生曾经说过："教材无非是个例子。"作为教师是用教材教，而不是教教材。我们一定要注意这个问题。从这个角度讲，教材一定要经典，不是花里胡哨，不是加这个，加那个，搞得五花八门。

高职高专教材建设的现状令我们不是很满意。纵观我国高职教育十年的发展，配套教材可以说是百花齐放，五花八门，既涌现了一批优秀的、有特色的教材，也出现了一批粗制滥造、滥竽充数的教材。具体存在以下问题：

1. 功利性太强，作者队伍参差不齐。最大的功利性表现在纯粹是为了评职称而参加教材的编写。有些作者对教育部 16 号文件精神和高职教育改革的最新理论成果一知半解，生搬硬套，贴标签；还有些作者对一些基本概念、基本知识和基本技能把握不准。这反映了高职教育的快速发展，导致师资队伍不能满足高职发展和改革的需要。

2. 教材版本一是多，二是乱，不成体系，不配套，导致我们无法选出顺手的、满意的教材。近年来，我们选用教材换了多种版本，总是看起来花哨，但是错误和漏洞百出。有的是教材没有配套的习题和技能训练，有的虽有习题和技能训练，但与教材内容又不配套，让我们非常苦恼。导致这个现状的原因主要有两个：一是出版社的问题，对一套教材的编写缺乏规划，缺乏专业编辑，缺乏科学的组织，缺乏资金的投入。二是学校的问题，缺乏对教师参加教材编写的统筹、组织与协调。教师参加教材的编写基本上停留在个人行为上，甚至出现大量的作者只参加教材的编写、学校不使用教材的现象。这样是不可能编写出高质量的教材的。

3．教师参加教材编写的积极性不高或者积极性没有得到充分发挥。一是虽然职称评审需要编写教材，但不是考核的主要指标。现在对高职教师职称的评审主要关注教师的企业工作经历和课程建设情况，但没有教材编写也不行。因此，有些老师不愿意在教材编写上下太大的工夫，不愿意投入时间和精力。二是作者的劳动报酬与投入的时间、精力不匹配，觉得不划算。一本高质量的教材，往往需要作者或者一个教学团队数年甚至数十年的努力和积累，才能够研制出来。

4．片面理解"教学做一体化"。教育部16号文件明确指出"改革教学方法和手段，融'教、学、做'为一体，强化学生能力的培养"。结果，有些地方、有些老师对这句话进行了片面理解，有的甚至认为将习题与技能训练放在教材每章的后面就是教学做一体化了，甚至认为在人才培养方案中将实训课程单独列出来没有体现教学做一体化！这样，一方面人才培养方案不伦不类，另一方面教材不伦不类，弱化了学生的训练次数，严重降低了教学质量。

"融'教、学、做'为一体"，应该有多方面的理解。一是在人才培养方案中怎么体现？二是在课程中怎么体现？三是在教材中怎么体现？四是在教学方法上怎么体现？五是在教学模式上怎么体现？六是在教学组织形式上怎么体现？七是在不同的专业上应该怎么体现？

在高职会计专业教材建设中，我们必须以会计专业的人才培养目标为依据。高职会计专业的培养目标是：以各类中小企业及其他经济组织会计岗位（群）的任职能力要求为目标，培养德、智、体、美、劳全面发展，掌握会计专业基本知识和职业技能，具备良好职业道德和操作规范、严谨细致的会计职业素养，在校期间取得会计从业资格证书，毕业后能够采用手工或者利用电子计算机技术从事中小企业的出纳岗位工作、会计核算岗位工作、财务管理岗位工作、涉税业务处理岗位工作和会计监督岗位工作，并具有可持续发展能力的高素质技能型人才。这个目标始终是纲，不能动摇，不能降低！降低了就不是会计专业了，就变成"收银员"培训班了。如果这样，放在培训机构就可以了，就不需要学校教育了。

我个人认为在高职会计专业教材建设中，以下几个问题必须认真抓好：

1．按照工作过程系统化来开发课程和研制教材。第一，职业特征的课程或教材都来源于工作过程。知识来源于实践，人类知识是在长期的实践中不断总结的成果。第二，系统化就是一个加工过程，用时髦的话讲就是将行动领域转化为学习领域的过程。这个系统化的方法选择太重要了！以前，我们的课程和教材也是一种系统化，决不能说这种系统化的方法不科学，只是这种方法适合于抽象思维能力强的人群，而相对于高等教育大众化后抽象思维能力弱的高职学生来讲，这个系统化的方法要重新选择。这就是我们课程改革、教材改革的重点和难点。第三，会计工作过程系统化的重点和难点在哪里？在会计核算基本技术这门课程上！实际上，我们以前的财务会计、财务管理、审计、出纳业务、会计信息化等课程就是按照工作过程进行系统化设计的，或者说是按照岗位来设计的。我们没有必要把前人的经验全部推翻！

2. 校企合作共同开发教材。在教材的研制过程中，我们坚持"从实践中来，到实践中去"，就必须依靠行业、企业专家。只有这样，我们的教材内容、所采用的实训素材才能真正来源于社会实际生活，才能与社会实际生活相符。在此基础上，我们再进行提炼，做到来源于生活但又高于生活，从而达到理论和实践的完美结合。

3. 必须与行业标准和职业资格接轨。会计的行业标准，就是财政部制定的标准，不管怎么改革，我们必须围绕这个标准来做，否则，就是瞎折腾！

研制出一套能全面准确地阐述和把握会计专业最新的发展动态和理论成果，充分吸收本专业国内外前沿研究成果，科学系统地归纳知识点的相互联系与发展规律，反映高职学生的心理特点和认知规律的会计系列教材，是我们广大会计教育工作者义不容辞的责任和义务。基于此，2010 年 12 月底，在武汉大学出版社和襄阳职业技术学院经济管理学院的大力支持下，我们组织了全国34 所高职院校和部分本科院校的会计系主任、会计教研室主任和会计专业教师 60 多人，齐聚湖北襄阳，从讨论会计专业课程标准入手，共商编写一套体系完整、内容翔实、特色鲜明、质量上乘的会计系列教材。经过无数次的讨论、碰撞与磨合，我们取得了共识，并开始着手教材的编写工作。这些教材是老师们几十年教学经验的积累，是长期致力于教学改革的成果。有的课程是国家级精品课程，有的是教育部教指委精品课程，有的是省级精品课程，有的是院级精品课程。这次出版可共享教学改革的成果，同时也起到抛砖引玉的作用，希望后人能够不断创新，研制出更好的会计教材。

尽管我们在编写这套系列教材过程中进行了不懈的探索，付出了艰辛的劳动，并取得了一定的成果，但我们深感做得还很不够，需要我们改革的地方，需要我们突破的地方，需要我们创新的地方还很多，任重道远。加之时间仓促以及认识水平上的差异，这套系列教材不可避免地存在一些缺点和不足，我们恳请广大读者和同行不吝赐教。

一套精品教材，必须经过多次磨合、反复修改，才能逐步完善。路漫漫其修远兮，吾将上下而求索。在下一次修订出版时，我们会做得更好！

田家富

教育部高职高专工商管理教指委财务会计分委会委员

会计核算基本技术国家级精品课程负责人

国家级精品课程评审专家

湖北省高职学会财经教学组副组长

襄阳职业技术学院经济管理学院教授、院长

第二版前言

本书根据国家颁布的最新的有效税收制度和会计准则，对教材内容进行了更新，紧跟税收改革的步伐，具有鲜明的时代特征。本次更新的重点是"营改增"。2011 年，经国务院批准，财政部、国家税务总局联合下发营业税改增值税试点方案。截至 2013 年 8 月 1 日，"营改增"范围已推广到全国试行。2014年，铁路运输、邮政服务业、电信业相继被纳入营业税改征增值税试点范围。本书的增值税、营业税部分对此进行了充分反映。此外，还根据消费税、资源税等的变化对教材内容进行了更新。

本次修订对第一版中有关排版、编辑、内容等方面存在的纰漏和差错进行了订正，力求做到表述正确、数字精确；根据教学需要增加了例题，便于学生掌握具体税额的计算方法。

本书由孔祥银任第一主编，黄超平、陈宏桥任主编，白安义、林辉山、朱晓丹、杨婷任副主编。具体分工如下：

1. 学习情境一"企业纳税准备工作"由白安义、兰芳编写；

2. 学习情境二"增值税纳税实务"由孔祥银编写；

3. 学习情境三"消费税纳税实务"由林辉山编写；

4. 学习情境四"营业税纳税实务"由黄超平编写；

5. 学习情境五"关税纳税实务"由罗惠月、杨婷编写；

6. 学习情境六"资源税类纳税实务"由胡越编写；

7. 学习情境七"财产税类纳税实务"由王琰编写；

8. 学习情境八"行为税类纳税实务"由罗惠月编写；

9. 学习情境九"企业所得税纳税实务"由孔祥银编写；

10. 学习情境十"个人所得税纳税实务"由朱晓丹、杨婷编写；

11. 学习情境十一"企业纳税筹划"由陈宏桥编写。

全书由孔祥银负责统稿与定稿。

由于作者水平有限，书中缺点和疏漏之处，敬请读者批评指正。

编　者

2015 年 1 月

前　言

　　"纳税实务"是高职会计专业学生必修课程模块中的一门专业核心能力课程。学生通过学习本课程，可以了解当前我国企业在生产经营过程中所需要交纳的具体税种，理解、熟悉各税种的相关法律制度知识，掌握各税种的具体计算方法、账务处理方法，了解纳税申报和税款交纳等相关工作，能够运用税收知识对企业生产经营活动进行初步的纳税筹划。这些知识对于一个企业会计人员来说是必须掌握并能够进行灵活运用的专业技巧，因此，本课程对于会计专业学生的职业能力和职业素质的培养起主要支撑作用。

　　根据高职高专会计类职业技术教育发展要求，本教材有针对性地反映当前财会、税收改革的实际，在编写过程中力求突出以下特色：

　　第一，重点突出。本书通过分析会计岗位工作任务和职业能力，以职业为导向，围绕会计工作岗位任职人员所需专业知识和职业能力进行编写，对理论知识以"必需、够用"为度，教材的重点在于让学生掌握企业纳税工作的基本操作流程和操作要领，能计算企业常见税种的纳税金额，会办理各税款的纳税申报工作，进行相关涉税会计处理。

　　第二，内容新颖。本书以截至 2011 年 6 月 30 日国家颁布的最新的有效税收制度和会计准则为依据，教材内容紧跟税收改革的步伐，具有鲜明的时代特征。

　　第三，内容全面系统，体系科学合理。

　　第四，在表述上，力求语言平实、凝练，通俗易懂。

　　第五，针对性强。针对高职院校的培养目标，在教材内容上以中小企业会计、审计和报税人员必需、够用的知识为主，同时考虑上市公司会计人员各岗位所需知识，适当兼顾其他管理人员的需要。

　　本书由白安义教授任第一主编，陈宏桥、刘伟任主编，李杰、刘连香、胡睿任副主编。具体分工如下：

1. 学习情境一"企业纳税准备工作"由谢晓翠、吕均刚、张清芳编写；

2. 学习情境二"增值税纳税实务"由白安义编写；

3. 学习情境三"消费税纳税实务"由高玉清编写；

4. 学习情境四"营业税纳税实务"由胡睿、朱珊编写；

5. 学习情境五"关税纳税实务"由刘连香编写；

6. 学习情境六"资源税类纳税实务"由韩宗强、何玉英编写；

7. 学习情境七"财产税类纳税实务"由廖海燕编写；

8. 学习情境八"行为税类纳税实务"由李杰编写；

9. 学习情境九"企业所得税纳税实务"由刘伟编写；

10. 学习情境十"个人所得税纳税实务"由施军、周殿红编写；

11. 学习情境十一"企业纳税筹划"由陈宏桥编写。

最后，由白安义教授负责全书修改、总纂与定稿。

本书的编写，除选用了现行的税收法规以外，还参考了一些专家、学者编写的有关资料和教材，同时，得到了有关专家、学者、院校领导，以及武汉大学出版社的大力支持，在此一并表示谢意。

由于我们理论水平和实践知识有限，书中错误和疏漏在所难免，恳请全国的专家、高职高专的师生及广大读者提出宝贵意见。

编　者

2011 年 5 月

目 录

企业纳税准备工作

技能目标

1. 会办理企业税务登记
2. 能按规定进行账簿凭证管理
3. 能根据不同纳税主体准确进行纳税申报
4. 能运用税收法律维护纳税人的权利

知识目标

1. 判断不同类型企业的应纳税种，判断各税种的征管主体
2. 填写税务登记表，办理各类登记、报批和许可事项
3. 完成企业纳税的其他准备工作

情境导入

李敏是某高职院校会计专业毕业生，应聘到某市一新办工业企业当会计，并负责纳税申报、税款缴纳等工作，上班第三天，财务经理让李敏到主管税务机关办理税务登记和一般纳税人认定手续，她应该如何办理开业税务登记和一般纳税人认定呢？以后企业的发票领购、纳税申报和税款缴纳等涉税业务应该如何操作？

项目一　熟悉企业纳税基本知识

依法纳税是每个企业和公民的法定义务，企业办税人员的基本工作职责就是完成企业各种涉税业务，包括办理税务登记、报备财会制度、完成发票的领购使用和保管、办理纳税申报、缴纳税款、申请延期申报、申请减免退税等，只有熟悉企业纳税基本知识，才能合法、准确、有序地完成上述各种工作。

任务一　理解税收与税法的概念

在现代社会中，税收无处不在，它与人们生活息息相关。那么，什么是税收？税收概念的内涵是什么？这是我们首先要搞清楚的问题。

（一）税收的定义

所谓税收，是国家为了实现其职能需要，凭借政治权力，按照法律规定的标准参与国民收入分配，无偿地取得财政收入的一种形式。对这一概念可以从以下几个方面加以把握：

（1）税收是财政收入的一种形式。国家为履行其职能需要，必须有一定的财力、物力作保障。从古到今，国家取得财政收入的形式多种多样，如生产收入、专卖收入、债务收入、罚没收入等，但使用时间最长、运用范围最广、积累财政资金最为有效的则是税收这种财政收入形式。目前，世界上许多国家的税收收入占财政收入的比重达90%以上，有的甚至高达95%以上，因此税收是财政收入的一种最主要的形式。

（2）税收的目的。国家征税的目的是实现其职能的需要，一个国家要维持政权的存在，就必须建立相应的国家机器，同时还要兴办各种必不可少的社会事业，这些都需要庞大的物质财富作为后盾。但是，国家作为凌驾于社会生产之上的管理机构，并不直接从事生产、创造财富。这样国家就主要通过从纳税单位和个人那里征税来满足这种需要，实现国家职能。

（3）税收的主体，包括征税主体和纳税主体两个方面。征税主体即指国家。在我国，代表国家行使征税权力的是国家立法机关、国务院、财政部、国家税务总局、海关总署以及地方各级财政、税务机关和海关，其中最主要的征税主体是税务机关。纳税主体即指纳税单位和个人。

（4）税收的对象。税收课征的对象是社会产品，但不是全部社会产品，而只是社会总产品扣除补偿生产过程中消耗掉的价值部分以后的余额，即社会新创造的国民收入。作为税收来源的国民收入，既可以是当年创造的，如增值税、所得税等，也可以是以前年度累积下来的，如各种财产税、国外开征的遗产税等。

（5）税收的依据。国家征税的依据是国家政治权力。国家取得任何一种财政收入，总是要凭借国家的某种权力。如国家取得土地收入、官产收入、国有企业上缴利润收入，凭借的是国家对土地和其他生产资料的所有权；向其统治的臣民或国家收取贡物，凭借的是统治者的权力等。诸如这些国家权力，归纳起来为两种权力，即财产权力和政治权力。因此，国家通过税收强制性占有社会产品的一部分，只能依据其政治权力。

（6）税收属于分配范畴。税收在社会再生产诸环节中，属于分配环节。国家征税的过程，就是把一部分国民收入从纳税单位或个人手中转变为国家所有的分配过程。同时，由于税收分配凭借的是国家政治权力，税收分配所体现的是一种特定的分配关系。

（二）税收的基本特征

所谓税收的基本特征就是税收作为一种特定的分配关系所固有的特点，它是税收本质的外在体现，是税收区别于其他财政收入范畴的形式界定。税收这种方式与国家取得财政收入的其他方式相比，在形式上具有三个基本特征，即税收的强制性、无偿性和固定性，习惯上称为税收"三性"。

（1）税收的强制性，是指国家依靠政治权力强制征税，具体来讲，是指在国家税法规定的范围内，任何单位和个人都必须依法纳税，否则就要受到法律的制裁。税收强制性的核心问题在于税收分配的直接依据是国家通过制定法律来达到其目的。法律对其实施范围内的单位和个人具有强制力。它首先由宪法所明确规定。我国《宪法》第56条规定："中华人民共和国公民有依照法律纳税的义务。"其次是各种具体的税法。它规定了各种税的纳税人、征税对象、税率等，还规定了有关的罚则，所以，税法最直接地体现了税收的强制特征。税收的强制性，不仅要求纳税人必须依法纳税，而且要求征收机关必须依法征税，无论是多征了，还是少征了，同样要受到法律的制裁。

（2）税收的无偿性，是指国家取得税收不需要向缴纳税款的单位和个人付出任何代价。同时，通过征税，单位和个人缴纳的实物或货币即转变为国家所有，并不再直接返还给缴纳者。正是因为税收具有无偿性，才使税收能在一定程度上和一定范围内改变社会财富分配的不合理状况，成为影响纳税人行为的重要经济杠杆；同时，无偿性制约着征纳双方的关系，并决定税收征收管理制度和方法。

（3）税收的固定性，是指课税对象和征收数额之间的数量比例，通过法律形式预先加以规定，征纳双方都必须共同遵守。税收的固定性是相对于某一时期而言的，并不是永远固定不变。随着社会的发展，对课税对象和征收标准进行必要的调整也是正常的。

税收"三性"是古今中外一切税收的共性，它们相互联系、缺一不可。无偿性是核心，只有无偿征收，才能满足一般的社会公共需要（或国家实现职能的需要）。而要无偿征收，就必须凭借法律的强制手段。强制、无偿地征收必须有一个标准或限度，即固定性；因此固定性是强制性、无偿性的必然结果。概括"三性"的含义是：强制性——征之有保，无偿性——征之有用，固定性——征之有度。

税收"三性"是一个统一体，只有同时具备"三性"的财政收入形式才是税收。正因为税收具有"三性"，才使它成为适用范围最广、存在时间最长、积累财政资金最有效的一种财政收入形式。

（三）税法的定义

税法是有权的国家机关制定的用以调整国家与纳税人之间在征纳方面的权利及义务关系的法律规范的总称。它是国家及纳税人依法征税，依法纳税的行为准则。对于这一概念可以从以下几个方面加以把握：

（1）所谓有权的国家机关是指国家最高权力机关，在我国即全国人民代表大会及其常委会。同时，在一定的法律框架下，地方立法机关往往拥有一定的税收立法权，因此也是制定税法的主体。此外最高权力机关还可以授权行政机关制定某些税法，所以，获得授权的行政机关也是制定税法的主体的构成者。

（2）税法的调整对象是税收分配中形成的权利义务关系。从经济角度讲，税收分配关系是国家参与社会剩余产品分配所形成的一种经济利益关系，包括国家与纳税人之间的税收分配关系和各级政府的税收利益分配关系两个方面。这种经济利益关系是借助法律的形式规定国家与纳税人可以怎样行为、应当怎样行为和不得怎样行为，即通过设定税收权利义务来实现的。如果说实现税收分配是目标，从法律上设定税收权利义务则是实现目标的手段。税法调整的是税收权利义务关系，而不直接是税收分配关系。

（3）税法有广义和狭义之分。从广义上讲，税法是指国家立法机关、政府及其有关部门制定的有关税收方面的法律、法规、规章、制度等的总称；而狭义的税法仅指国家立法机关或其授权制定的税收法律，如我国的《个人所得税法》等。

（四）税法的特点

所谓税法的特点，是指税法带有共性的特征，税法一般具有以下几个特点：

（1）从立法过程来看，税法属于制定法。现代国家的税法都是经过一定的立法程序制定出来的，即税法是由国家制定而不是认可的，这表明税法属于制定法而不是习惯法。

（2）从法律性质看，税法属于义务性法规。义务性法规是指直接要求人们从事或不从事某种行为的法规，它的一个显著特点是具有强制性，它所规定的行为方式明确而肯定，不允许任何个人或机关随意改变或违反。税法属于义务性法规，并不是指税法没有规定纳税人的权利，而是说纳税人的权利是建立在其纳税义务的基础上，是从属性的，并且这些权利从总体上看不是纳税人的实体权利，而是纳税人的程序性权利，是以履行纳税义务为前提派生出来的，从根本上讲也是为履行纳税义务服务的。

（3）从内容看，税法具有综合性。税法不是单一的法律，而是由实体法、程序法、争讼法等构成的综合法律体系，其内容涉及课税的基本原则、征纳双方的权利义务、税收管理规则、法律责任、解决税务争议的法律规范等，包括立法、行政执法、司法各个方面。

任务二 熟悉税法的构成要素

税法是国家制定的用以调整国家与纳税人之间在征纳方面的权利及义务关系的法律规范的总称。它是国家及纳税人依法征税、依法纳税的行为准则。税收是税法规定的具体内容，税法是税收的法律表现形式。

税法的构成要素包括：总则、纳税人、征税对象、税目、税率、纳税环节、纳税期限、纳税地点、减税免税和罚则、附则等。

（一）纳税人

纳税人是税法规定的直接负有纳税义务的法人和自然人及其他组织，在税收法律关系上称为"纳税主体"，是代表国家征税的各级税务机关——"征税主体"的对称。每一种税都规定有它的纳税人。依法纳税是纳税人应尽的义务，纳税人不依法纳税，要受到法律的制裁。

法人是具有民事权利能力和民事行为能力，具有独立的财产和经费，依法独立享有民事权利和承担民事义务的组织。

自然人是法人的对称，和法人一样是民事主体。在我国依法独立享有法定权利并承担法律义务的公民个人，以及居住在我国境内的外国人和无国籍的人都是自然人。自然人有依法向国家纳税的义务。

与纳税人紧密联系的两个概念是代扣代缴义务人和代收代缴义务人。前者是指虽不承担纳税义务，但依照有关规定，在向纳税人支付收入、结算货款、收取费用时有义务代扣代缴其应纳税款的单位和个人。代收代缴义务人是指虽不承担纳税义务，但依照有关规定，在向纳税人收取商品或劳务收入时，有义务代收代缴其应纳税款的单位和个人。

（二）征税对象

征税对象是指税法规定对什么征税，是征纳税双方权利义务共同指向的客体或标的物，是区别一种税与另一种税的重要标志。它体现着不同税种的基本界限。例如，增值税的征税对象是增值额，企业所得税的征税对象是企业应纳税所得额，消费税的征税对象是应税消费品的销售额或销售数量。与征税对象密切相关的内容有：

（1）税目，是指征税的具体项目。它是征税对象的具体化，反映具体的征税范围，代表征税的广度。规定税目，一是征税技术上的需要，通过规定税目，可以划分各税征免的界限，凡属于列举税目之内的商品或经营项目就要征税，未列入税目的则不属于应税项目；二是贯彻政策的需要，通过对不同税目制定高低不同的税率，来贯彻执行国家经济政策和税收政策。

（2）计税依据，是指计算应纳税额的依据。计税依据可分为从价和从量两类标准。从价计征是指以征税对象的价值为计税依据，如营业税以取得的业务收入额为计税依据。从量计征，即以征税对象的生产数量、销售数量、容积、重量等为计税依据，如资源税。

（三）税率

税率，是应纳税额与计税依据之间的法定比例，它是计算应纳税额的尺度，体现了征税的深度。我国现行税率一般有三种：比例税率、累进税率和定额税率。

比例税率，是对同一征税对象，不论数额多少，只规定一个比例税率，税率不因征税对象多少而变化。比例税率在具体运用上又可分为以下几种：

（1）统一比例税率，即一种税只采用一个税率。

（2）产品比例税率，即一种产品采用一种税率，对不同产品规定不同税率。

（3）行业比例税率，即按行业的不同规定不同的税率，同一行业采用同一税率。

（4）地区差别比例税率，即按照不同的地区规定不同税率。

（5）幅度比例税率，即在税法规定的一个幅度内，由地方政府根据本地实际情况确定其具体适用税率的比例税率。

（6）分类、分级或分档比例税率，即按照征税对象的性质、用途、质量、生产设备能力等规定不同的税率。

累进税率，是按照征税对象数额的大小，规定不同等级的税率。征税对象的数额越大，税率越高；征税对象数额越小，税率越低。按照累进税率结构的不同，又分为全额累进税率、超额累进税率、超率累进税率：

（1）全额累进税率，指把征税对象按数额大小划分为若干等级，，从低到高每一个等级规定一个适用税率，当征税对象由低的一级升到高的一级时，全部征税对象按高的一级税率计税的税率制度。全额累进税率计算较简单，取得的税收较多，但在累进临界点上下税负悬殊，负担不尽合理。

（2）超额累进税率，是一种将征税对象划分为若干等级，从低到高每一个等级规定一个适用税率，每个等级部分，分别按其相应等级的税率计征税额的税率制度。

（3）超率累进税率，是一种将征税对象数额的相对率划分为若干等级，分别规定相应的差别税率，相对率每超过一个级距的对超过部分就按高一级的税率计算征税。

定额税率，又叫"固定税额"，是按征税对象的一定单位直接规定税额。它是税率的一种特殊形式，一般适用于从量定额征收。在具体运用上又分为以下几种：

（1）地区差别税额，即为了照顾不同地区的自然资源、生产水平和盈利水平的差别，根据各地区经济发展的不同情况对各地区分别制定不同的税额。

（2）幅度税额，即中央只规定一个税额幅度，由各地根据本地区实际情况，在中央规定的幅度内，确定一个执行税额。如土地使用税等。

（3）分类分级税额，即把征税对象划分为若干个类别和等级，对各类各级由低到高规定相应的税额，等级高的税额高，等级低的税额低，具有累进税的性质。

（四）纳税环节

纳税环节指缴纳税款的环节，如流转税在生产和流通环节纳税；所得税在分配环节纳税等。按照纳税环节的多少，可将税收课征制度划分为两类：一次课征制和多次课征制。一次课征制是指同一税种在商品流转的全过程中只选择某一环节课征的制度，实行一次课征制，纳税环节多选择在商品流转的必经环节和税源比较集中的环节，既避免重复课征，又避免税款流失。多次课征制是指同一税种在商品流转全过程中选择两个或两个以上环节课征的制度。

（五）纳税期限

纳税期限是指税法规定的关于税款缴纳时间方面的规定。税法关于纳税期限方面的规定，有三个概念：一是纳税义务发生时间。纳税义务发生时间是指应税行为发生的时间。二是纳税期限，纳税人每次发生纳税义务后，不可能马上去缴纳税款。税法规定了每种税的纳税期限，比如，营业税的具体纳税期限分别为 5 日、10 日、15 日，1 个月或 1 个季度；纳税人的具体纳税期限，由主管税务机关根据纳税人应纳税额的大小分别核定，不能按固定期限纳税的，可以按次纳税。三是缴库期限，即税法规定的纳税期满后，纳税人将应纳税款缴入国库的期限。

（六）减税免税

减税是对应纳税额少征一部分税款，免税是对应纳税额全部免征。减税免税是对某些纳税人和征税对象给予鼓励和照顾的一种措施，是税法原则性和灵活性相结合的体现。

1. 减免税的基本形式

（1）税基式减免，通过直接缩小计税依据的方式实现减税、免税。具体包括起征点、免征额、项目扣除以及跨期结转等。起征点是征税对象达到一定数额开始征税的起点。免征额是在征税对象的全部数额中免予征税的数额。起征点与免征额同为征税与否的界限，对纳税人来说，在其收入没有达到起征点或没有超过免征额的情况下，都不征税，两者是一样的。但是它们又有明显的区别：其一，当纳税人的收入达到或超过起征点时，就其收入全额征税；而当纳税人的收入超过免征额时，则只就超过的部分征税。其二，当纳税人的收入恰好达到起征点时，就要按其收入全额征税；而当纳税人的收入恰好与免征额相同时，则免予征税。两者相比，享受免征额的纳税人要比享受同额起征点的纳税人税负轻。此外，起征点只能照顾一部分纳税人，而免征额可以照顾适用范围内的所有纳税人。

（2）税率式减免，即通过直接降低税率的方式实现减税、免税。具体包括重新确定税率、选用其他税率、零税率等形式。

（3）税额式减免，即通过直接减少应纳税额的方式实现减税、免税。具体包括全部免征、减半征收、核定减免率以及另定减征税额等。

2. 减免税的分类

（1）法定减免，凡是由各种法律、法规规定的减税、免税都称为法定减免，它体现了该种税减免的基本原则规定，具有长期的适用性。法定减免必须在法律、法规中明确列举减免税项目、减免税的范围和时间。

（2）特定减免，是根据社会经济发展变化和发挥税收调节作用的需要而规定的减税、免税。特定减免主要有两种情况：一是在税收基本法确定以后，随着国家政治经济的发展变化所作的新的减免税补充规定；二是税收基本法不能或不宜——列举，而采用补充规定的减免税形式。以上两种特定减免，通常是由国务院或财政部、国家税务总局、海关总署作出规定。

（3）临时减免，又称"困难减免"，是指除法定减免和特定减免以外的其他临时性减税、免税，主要是为了照顾纳税人的某些特殊的暂时的困难而临时批准的一些减税免税。它通常是定期的减免税或一次性的减免税。如纳税人遭遇风、火、水等自然灾害，纳税有困难的，经税务机关批准后可给予定期的或一次性的减税、免税照顾。

（七）纳税地点

纳税地点是指纳税人申报缴纳税款的地点。明确规定纳税地点，一是为了避免对同一应税收入、应税行为重复征税或漏征税款；二是为了保证各地方政府按规定取得收入。不同税种的纳税地点不完全相同，我国现行税制规定的纳税地点大致可以分为以下几种情况：（1）固定业户向其机构所在地主管税务机关申报纳税。（2）固定业户到外县（市）经营的，应根据具体情况或回所在地申报纳税，或向经营地主管税务机关申报纳税。（3）非固定业户或临时经营者，向经营地主管税务机关申报纳税。（4）进口货物向报关地海关申报纳税。

（八）总则、罚则和附则

总则是规定立法的目的、制定依据、适用原则、征收主体等内容。罚则是对纳税人和扣缴义务人违反税法行为而采取的处罚措施。附则一般规定与该法紧密相关的内容。主要有该法的解释权、生效时间、适用范围及其他的相关规定。

任务三　判断企业应纳税种

我国现行的税种大部分是对企业征收的，由于不同的企业所处行业不同，其从事的生产经营活动也各不相同，它们所缴纳的税种也因此表现出差异。那么，不同行业的企业需要缴纳哪些税呢？

（1）工业企业应纳税种。工业企业是从事货物生产、销售或者提供加工、修理修配劳务的企业。工业企业应当缴纳的税费一般包括增值税、企业所得税、城市维护建设税、房产税、城镇土地使用税、车船税、印花税、代扣代缴的个人所得税、教育费附加等。

除了上述应纳税种，生产销售或委托加工应税消费品的企业还应缴纳消费税，有进口业务的企业还要缴纳进口关税，有营业税应税行为的企业还要缴纳营业税，购买车辆的企业还要缴纳车辆购置税，开采原油、天然气、煤炭、其他非金属矿、黑色金属矿、有色金属矿、盐产品的企业还要缴纳资源税，购入不动产的企业还要缴纳契税，有偿转让国有土地使用权、地上建筑物及其附着物的企业还要缴纳土地增值税。

（2）商业企业应纳税种。商业企业是专门从事商品流通和提供商品服务的企业，包括商品批发、零售企业和外贸企业。商业企业应缴纳的税费一般包括增值税、企业所得税、城市维护建设税、房产税、城镇土地使用税、车船税、印花税、代扣代缴的个人所得税、教育费附加等。

此外，某些企业根据其经营行为可能还需要缴纳关税、营业税、车辆购置税、契税、土地增值税等。

（3）房地产开发企业应纳税种。房地产开发企业是指从事房地产开发、经营、管理和服务活动，并以营利为目的进行自主经营、独立核算的经济组织，包括房地产自营建筑施工、修缮、装饰工程企业和承包、转包企业。房地产开发企业以缴纳营业税、土地增值税为主，同时缴纳企业所得税、房产税、城市维护建设税、城镇土地使用税、车船税、耕地占用税、契税、车辆购置税、印花税、代扣代缴的个人所得税、教育费附加等。

（4）其他企业应纳税种。其他企业是指不属于上述四种企业范围的各行业企业。主要包括交通运输企业、金融保险企业、邮电通信企业及文化体育业、娱乐业、服务业等行业的事业单位和社会组织。这些企业以缴纳营业税、城市维护建设税、企业所得税并代扣代缴的个人所得税为主，同时也要根据具体的经营项目分别缴纳房产税、城镇土地使用税、车船税、车辆购置税、契税、印花税、土地增值税等。娱乐业和广告业的企业除了视情况缴纳上述税费以外，还要缴纳文化事业建设费。

任务四 判断各税种的征管主体

目前，我国的税收分别由税务、财政、海关等系统负责征收管理。我国现行税务机构设置是中央政府设立国家税务总局，省及省以下税务机构分为国家税务局和地方税务局两套税务机构。具体分工如下：

（1）国家税务局负责征收管理的项目有：增值税（不包括海关代征进口环节增值税），消费税（不包括海关代征进口环节消费税），进口产品消费税、增值税、直接对台贸易调节税（委托海关代征），各银行总行、保险总公司集中缴纳的营业税、所得税和城市维护建设税，中央企业所得税（从 2002 年 1 月 1 日起，新注册登记的企业，所得税一律由国家税务局征收管理；从 2008 年 1 月 1 日起，新注册企业的流转税由国家税务局征收管理的，其所得税一律由国家税务局征收管理），地方银行和外资银行及非银行金融企业所得税，海洋石油企业所得税和资源税，证券交易税（未开征，目前对在上海、深圳证券交易所交易的证券征收印花税），境内外商投资企业和外国企业的增值税、消费税、企业所得税，出口产品退税的管理，中央税的滞补罚收入，按中央税、中央与地方共享税附征的教育费附加（属于中国铁路总公司、各银行总行、保险总公司集中缴纳的入中央库，其他入地方库）。

（2）地方税务局征收管理的项目有：营业税，个人所得税，土地增值税，城市维护建设税（不包括由国家税务局系统负责征收管理的部分），车船使用税，房产税，资源税（不包括海洋石油企业缴纳的部分），城镇土地使用税，固定资产投资方向调节税（现已暂停执行），地方企业所得税（从 2008 年 1 月 1 日起，新注册企业的流转税由地方税务局征收管理的，其所得税一律由地方税务局征收管理），印花税，地方的滞纳金、补税、罚款收入，地方附加。

项目二 税务登记实务

税务登记是税务机关对纳税人的生产、经营活动进行登记并据此对纳税人实施税务管理的一种法定制度。税务登记是税务机关对纳税人实施税收管理工作的首要环节和基础工作，是征纳双方法律关系成立的依据和证明，是纳税人必须履行的义务。建立税务登记制度有利于税务机关掌握和控制税源，管理和监督纳税人依法履行纳税义务。

税务登记内容包括开业税务登记，变更、注销税务登记，停业、复业登记，外出经营报验登记，非正常户处理等。

任务一　办理开业税务登记

（一）开业登记的对象

根据有关规定，开业登记的纳税人包括以下两类：

领取营业执照从事生产、经营的纳税人，包括：（1）企业，即从事生产经营的单位或组织，包括国有、集体、私营企业，中外合资合作企业、外商独资企业，以及各种联营、联合、股份制企业等；（2）企业在外地设立的分支机构和从事生产、经营的场所；（3）个体工商户；（4）从事生产、经营的事业单位。

其他纳税人，即不从事生产、经营，但依照法律、法规的规定负有纳税义务的单位和个人，除临时取得应税收入或发生应税行为以及只缴纳个人所得税、车船税的外，都应按规定向税务机关办理税务登记。

【例1-1】《税收征收管理法》和《税务登记管理办法》规定，下列各项中应当进行税务登记的有（　　）。

A. 从事生产经营的事业单位

B. 企业在境内其他城市设立的分支机构

C. 不从事生产经营只缴纳车船税的社会团体

D. 有来源于中国境内所得但未在中国境内设立机构、场所的非居民企业

【答案】A B

（二）办理开业登记的时间和地点

从事生产、经营的纳税人，应当自领取工商营业执照（含临时工商营业执照）之日起30日内，向生产、经营地或者纳税义务发生地的主管税务机关申报办理税务登记，税务机关核发税务登记证及副本（纳税人领取临时工商营业执照的，税务机关核发临时税务登记证及副本）。

除上述以外的其他纳税人，除国家机关和个人外，应当自纳税义务发生之日起30日内，持有关证件向所在地主管税务机关申报办理税务登记。

以下几种情况应比照开业登记办理：

（1）扣缴义务人应当自扣缴义务发生之日起30日内，向所在地的主管税务机关申报办理扣缴税款登记，领取扣缴税款登记证件。

（2）跨地区的非独立核算分支机构应当自设立之日起30日内，向所在地税务机关办理注册税务登记。

（3）有独立的生产经营权、在财务上独立核算并定期向发包人或者出租人上缴承包费或租金的承包人、承租人，应当自承包、承租合同签订之日起30日内，向其承包承租

业务发生地税务机关申报办理税务登记，税务机关核发临时税务登记证及副本。

（4）从事生产、经营的纳税人外出经营，在同一地连续 12 个月内累计超过 180 天的，应当自期满之日起 30 日内，向生产、经营所在地税务机关申报办理税务登记，税务机关核发临时税务登记证及副本。

（5）境外企业在中国境内承包建筑、安装、装配、勘探工程和提供劳务的，应当自项目合同或协议签订之日起 30 日内，向项目所在地税务机关申报办理税务登记，税务机关核发临时税务登记证及副本。

☞温馨提示

对应领取而未领取工商营业执照临时经营的，不得办理临时税务登记，但必须照章征税，也不得向其出售发票；确需开具发票的，可以向税务机关申请，先缴税再由税务机关为其代开发票。

从事生产、经营的纳税人外出经营，在同一地连续 12 个月内累计超过 180 天的，应当自期满之日起 30 日内，向生产、经营所在地税务机关申报办理税务登记，税务机关核发临时税务登记证及副本。新规定：对外来经营的纳税人（包括超过 180 天的），只办理报验登记，不再办理临时税务登记。

（三）办理开业登记的业务流程

1. 申请

纳税人在规定的期限内，向县级以上税务登记部门（包括县级以上税务机关设立的各级税务登记管理部门，下同）提交营业执照或其他核准执业证件及资料，申报办理设立登记，领取填写《税务登记表》（见表 1-1），并分别附送下列资料：

（1）工商营业执照副本或其他核准执业证件原件及其复印件一式两份（注：事业行政单位办理税务登记证时只需提供组织机构代码，不需要营业执照）。

（2）质监局办理的组织机构代码证书副本原件及其复印件一式两份（注：目的是备案组织机构代码证号）。

（3）法定代表人（负责人）或业主的居民身份证、护照或其他证明身份的合法证件原件及其复印件一式三份。

（4）土地使用证件、租赁协议或注册地址及生产、经营地址证明（房地产权属证明文件、房屋土地租赁协议合同）原件及复印件一式两份。

（5）有权机关出具的验资报告或评估报告原件及其复印件一式两份。

（6）有关合同、章程、协议书原件及复印件一式两份。

（7）财务会计制度或者财务会计处理办法原件及复印件一式两份。

（8）车辆行驶证、船籍证书原件及复印件一份。

（9）纳税人跨县（市）设立的分支机构办理税务登记时，须提供总机构的税务登记证（国家税务局、地方税务局）副本原件及复印件一式两份。

（10）税务机关要求提供的其他证件和资料。

表1-1   **税务登记表**

（适用单位纳税人）

填表日期：

纳税人名称			纳税人识别号				
登记注册类型			批准设立机关				
组织机构代码			批准设立证明或文件号				
开业（设立）日期		生产经营期限	证照名称			证照号码	
注册地址			邮政编码			联系电话	
生产经营地址			邮政编码			联系电话	
核算方式	请选择对应项目打"√" □ 独立核算 □ 非独立核算			从业人数		其中外籍人数____	
单位性质	请选择对应项目打"√" □ 企业 □ 事业单位 □ 社会团体 □ 民办非企业单位 □ 其他						
网站网址				国标行业 □□□□□□□□			
适用会计制度	请选择对应项目打"√" □ 企业会计制度 □ 小企业会计制度 □ 金融企业会计制度 □ 行政事业单位会计制度						
经营范围		请将法定代表人（负责人）身份证件复印件粘贴在此处。					

项目内容 联系人	姓名	身份证件		固定电话	移动电话	电子邮箱
		种类	号码			
法定代表人（负责人）						
财务负责人						
办税人						
税务代理人名称		纳税人识别号		联系电话		电子邮箱

注册资本或投资总额	币种	金额	币种	金额	币种	金额

投资方名称	投资方经济性质	投资比例	证件种类	证件号码	国籍或地址

自然人投资比例		外资投资比例		国有投资比例	
分支机构名称		注册地址		纳税人识别号	

11

续表

总机构名称		纳税人识别号	
注册地址		经营范围	
法定代表人姓名		联系电话	注册地址邮政编码
代扣代缴、代收代缴税款业务情况	代扣代缴、代收代缴税款业务内容		代扣代缴、代收代缴税种
附报资料：			
经办人签章： 　　　年　　月　　日	法定代表人(负责人)签章： 　　　年　　月　　日		纳税人公章： 　　　年　　月　　日

以下由税务机关填写：

纳税人所处街乡		隶属关系	
国税主管税务局	国税主管税务所(科)	是否属于国税、地税共管户	
地税主管税务局	地税主管税务所(科)		
经办人(签章)： 国税经办人：_____ 地税经办人：_____ 受理日期： 　　　年　　月　　日	国家税务登记机关 (税务登记专用章)： 核准日期： 　　　年　　月　　日 国税主管税务机关：		地方税务登记机关 (税务登记专用章)： 核准日期： 　　　年　　月　　日 地税主管税务机关：
国税核发《税务登记证副本》数量：　　　本　　发证日期：_____年___月___日			
地税核发《税务登记证副本》数量：　　　本　　发证日期：_____年___月___日			

国家税务总局监制

　　2. 受理

　　县级以上税务登记部门受理、审阅纳税人填报的《税务登记表》是否符合要求，附送的资料是否齐全。对手续完备、符合要求的，转审核程序；对资料不全或填写不符合规定的，应当当场一次性告知其补正或重新填报，再予受理。

　　3. 审核

税务机关对纳税人填制的《税务登记表》、提供的证件和资料，应当在收到之日起30日内审核完毕，对符合规定的，予以登记，对不符合规定的不予以登记，并在30日内予以答复。

4. 发证

税务机关对纳税人填报的《税务登记表》及附送的资料、证件审核无误的，应当在30日内发给税务登记证。国、地税实行联合办证的，纳税人只需到国税局或地税局的任一窗口就可办理好国税和地税的税务登记。其具体规定如下：

（1）对从事生产、经营并经工商行政管理部门核发营业执照的纳税人，核发税务登记证及其副本；

（2）对未取得营业执照或工商登记核发临时营业执照从事生产经营的纳税人，暂核发税务登记证及其副本，并在正副本右上角加盖"临时"章；

（3）对纳税人非独立核算的分支机构及非从事生产经营的纳税人（除临时取得应税收入或发生应税行为以及只缴纳个人所得税、车船税的外），核发注册税务登记证及其副本；

（4）对外商投资企业、外国企业及外商投资企业分支机构，分别核发外商投资企业税务登记证及其副本、外国企业税务登记证及其副本、外商投资企业分支机构税务注册证及其副本；

（5）对既没有税收纳税义务又不需领用收费（经营）票据的社会团体等，可以只登记不发证。

（四）办理开业税务登记的内容

办理开业税务登记的内容主要包括：（1）单位名称、法定代表人或业主姓名及其居民身份证、护照或者其他证明身份的合法证件；（2）住所、经营地点；（3）登记注册类型及所属主管单位；（4）核算方式；（5）行业、经营范围、经营方式；（6）注册资金（资本）、投资总额、开户银行及账号；（7）经营期限、从业人数、营业执照号码；（8）财务负责人、办税人员；（9）其他有关事项。

企业在外地的分支机构或者从事生产、经营的场所，还应当登记总机构名称、地址、法人代表、主要业务范围、财务负责人。

任务二 办理变更税务登记

变更税务登记是纳税人税务登记的内容发生重要变化而向税务机关申报办理的税务登记。《税收征收管理法》第16条规定，从事生产、经营的纳税人，税务登记内容发生变化的，自工商行政管理机关办理变更登记之日起30日内或者在向工商行政管理机关申请办理注销登记之前，持有关证件向税务机关申报办理变更税务登记。

纳税人有下列情形之一的，应到主管税务机关办理变更税务登记：（1）改变纳税人名称；（2）改变法定代表人或负责人；（3）改变生产、经营方式或经营范围；（4）改变经济性质、核算方式、隶属关系；（5）注册地点或经营地址跨区迁移；（6）改变银行基本存款账户或开户银行纳税账户（包括开户银行及账户）；（7）注册地点或经营地址在本行政区迁移；（8）改变营业执照号码、电话号码；（9）其他需要变更的事项。

办理变更税务登记需要提供的材料包括：（1）变更税务登记申请书一式两份；（2）工商营业执照复印件一式两份；（3）纳税人变更登记内容的有关证明一式两份；（4）股东决议一式两份；（5）变更注册资本的需提供验资报告一式两份；（6）税务机关发放的原税务登记证件（登记证正本、副本）；（7）其他有关资料。

办理变更税务登记的程序为：纳税人办理变更登记时，应当向主管国家税务机关领取变更税务登记表一式三份，按照表的内容逐项如实填写，加盖企业或业主印章后，于领取变更税务登记表之日起 10 日内报送主管国家税务机关，经主管国家税务机关核准后，报有关国家税务机关批准予以变更的，应当按照规定的期限到主管国家税务机关领取填发的税务登记证等有关证件，并按规定缴付工本管理费。

任务三 办理停业、复业税务登记

实行定期定额征收方式的个体工商户，在营业执照核准的经营期限内需要停业的，应在停业前向主管税务机关申报办理停业登记；恢复生产、经营之前向主管税务机关申报办理复业登记；停业期满，不能及时恢复生产、经营的，在停业期满前，向主管税务机关提出延长停业登记申请。纳税人的停业期限不得超过 1 年。

办理停（复）业登记的流程如下：

（1）申请。个体工商户停业前，应向主管税务机关申报办理停业登记，领取并填写《停业、复业（提前复业）报告书》，并附送下列资料：①纳税人若有上级主管部门的，提交上级主管部门批准停业的文件；②工商行政管理部门要求停业的，提交工商行政管理部门的停业文件；③主管税务机关原发放的税务登记证件、《发票缴销登记表》和其他税务证件。

个体工商户延长停业的，在停业期满前，重新填报《停业、复业（提前复业）报告书》。

个体工商户复业（提前复业）的，持经批准的《停业、复业（提前复业）报告书》，向主管税务机关申报办理复业（提前复业）登记。

（2）受理。主管税务机关受理、审阅填报的表格是否符合要求，附送的资料是否齐全。对符合条件的，予以受理；对资料不全、不符合条件的，应当一次性告知纳税人补正后再予以办理。

（3）审核。对纳税人填制的表格和附送的资料进行审核，看是否齐全，是否符合要求。重点审核以下内容：①审核发票缴销情况，对未按规定缴销发票的，按照"发票缴销缴回管理"的规定执行；②审核税款缴纳情况，看是否已缴清所有应纳税款，对未缴清税款、滞纳金、罚款的，按照"税款追征管理"的规定执行。

以上内容经审核通过，并由相应审核人在《停业、复业（提前复业）报告书》上签字后，收缴其税务登记证（正、副本），呈报主管税务机关负责人审签。

对个体工商户延长停业的，在核实延长停业原因后，将纳税人重新填报的《停业、复业（提前复业）报告书》，呈报主管税务机关负责人审签。

对个体工商户复业的，根据"日常检查"传递的信息审查纳税人在停业期间纳税义务履行情况，持原《停业、复业（提前复业）报告书》，呈报主管税务机关负责人审签。

（4）审签。主管税务机关负责人进行书面审核，签署审核意见，通知纳税人领取审签后的《停业、复业（提前复业）报告书》。对个体工商户复业的，主管税务机关发还封存的税务登记证件，发票管理部门核对纳税人提交的《停业、复业（提前复业）报告书》，发还收缴的发票并进行登记。

☞知识链接

纳税人停业未按规定向主管税务机关申请停业登记的，应视为未停止生产经营；纳税人在批准的停业期间进行正常经营的，应按规定向主管税务机关办理纳税申报并缴纳税款。未按规定办理的，按照《税收征收管理法》的有关规定处理。

纳税人停业期满未按期复业又不申请延长停业的，税务机关应当视为已恢复生产经营，实施正常的税收管理。纳税人停业期满不向税务机关申报办理复业登记而复业的，主管税务机关经查实，责令限期改正，并按照《税收征收管理法》第 60 条第 1 款的规定处理。

任务四　办理注销税务登记

注销税务登记是纳税人发生解散、破产、撤销、吊销营业执照以及其他情形，依法终止纳税义务，或因经营地点变化迁出现主管税务机关管辖范围前，向主管税务机关结清税款、缴销税务登记证件而办理的注销手续。注销税务登记的适用范围如下：

（1）纳税人因经营期限届满而自动解散；

（2）企业由于改组、分立、合并等原因而被撤销；

（3）企业因资不抵债而破产或终止经营；

（4）纳税人因住所、经营地址迁移而涉及改变原主管税务机关；

（5）纳税人被工商行政机关吊销营业执照而终止经营；

（6）纳税人依法终止纳税义务的其他情形。

办理注销税务登记的时间如下：

（1）纳税人发生解散、破产、撤销以及其他情形，依法终止纳税义务的，应当在向工商行政管理机关或者其他机关办理注销登记前，持有关证件和资料向原税务登记机关申报办理注销税务登记；按规定不需要在工商行政管理机关或者其他机关办理注册登记的，应当自有关机关批准或者宣告终止之日起 15 日内，持有关证件和资料向原税务登记机关申报办理注销税务登记。

（2）纳税人被工商行政管理机关吊销营业执照或者被其他机关予以撤销登记的，应当自营业执照被吊销或者被撤销登记之日起 15 日内，向原税务登记机关申报办理注销税务登记。

（3）纳税人因住所、经营地点变动，涉及改变税务登记机关的，应当在向工商行政管理机关或者其他机关申请办理变更、注销登记前，或者住所、经营地点变动前，持有关证件和资料，向原税务登记机关申报办理注销税务登记，并自注销税务登记之日起 30 日内向迁达地税务机关申报办理税务登记。

（4）境外企业在中国境内承包建筑、安装、装配、勘探工程和提供劳务的，应当在项目完工、离开中国前 15 日内，持有关证件和资料，向原税务登记机关申报办理注销税务登记。

【例 1-2】纳税人发生解散、破产、撤销以及其他情形，依法终止纳税义务的，应当自工商行政管理机关或者其他机关办理注销之日起 30 日内，持有关证件和资料向原税务登记机关申报办理注销税务登记。（　　）

【答案】×

办理注销税务登记的流程如下：

（1）申请。纳税人在规定的期限内，向原税务登记部门申报办理注销登记，领取并填写《注销税务登记申请审批表》，并附送下列资料：①主管部门或董事会（职代会）的决议以及其他有关证明文件；②营业执照被吊销的，应提交工商行政管理部门发放的吊销决定；③纳税人因住所、经营地点变动改变税务登记机关的证明资料；④清算组清理债权、债务的文件或证明资料；⑤主管税务机关原发放的税务登记证件正、副本。

（2）受理。原税务登记部门受理、审阅填报的表格是否符合规定，附送的资料是否齐全后，督促纳税人办理下列事宜：

①纳税人持《注销税务登记申请审批表》、未经税务机关查验的发票和发票领购簿到发票管理环节申请办理发票缴销；发票管理环节按规定清票后，在《注销税务登记申请审批表》上签署发票缴销情况，同时将审批表返还纳税人。

②纳税人向征收环节清缴税款；征收环节在纳税人缴纳税款后，在《注销税务登记申请审批表》上签署意见，同时将审批表返还纳税人。

（3）核实。纳税人持由上述两个环节签署意见后的审批表交登记管理环节；登记管理环节审核确认后，制发《税务文书领取通知书》给纳税人，同时填制《税务文书传递单》，并附《注销税务登记申请审批表》送稽查环节。

若稽查环节确定需对申请注销的纳税人进行实地稽查的，应在《税务文书传递单》上注明批复期限内稽查完毕，在《注销税务登记申请审批表》上签署税款清算情况，及时将《税务文书传递单》和《注销税务登记申请审批表》返还税务登记环节，登记部门在纳税人结清税款（包括滞纳金、罚款）后据以办理注销税务登记手续。

纳税人因生产、经营场所发生变化需改变主管税务登记机关的，在办理注销税务登记时，原税务登记机关在对其注销税务登记的同时，应向迁达地税务登记机关递交《纳税人迁移通知书》，并附《纳税人档案资料移交清单》，由迁达地税务登记机关重新办理税务登记。如纳税人已经或正在享受税收优惠待遇，迁出地税务登记机关应当在《纳税人迁移通知书》上注明。

对以上内容经审核通过，并由相应审核人员在《注销税务登记申请审批表》上签字后，收缴其税务登记证件（正、副本），呈报县级税务机关审批。

（4）核准。县级税务机关接到《注销税务登记申请审批表》后，进行书面审核，签署核准意见。符合注销条件的，录入注销税务登记核准信息，并通知纳税人领取核准后的《注销税务登记申请审批表》。

任务五　办理外出经营报验登记

外出经营登记是指本管辖区内固定纳税人临时到外埠从事生产、经营的，应当在外出生产经营以前，持税务登记证向主管税务机关申请开具《外出经营税收管理证明》（以下简称《外管证》）。

外出经营登记管理的适用范围：本辖区固定纳税人临时到外埠，即纳税人到外县（市）从事生产、经营活动的，实施外出经营登记管理。税务机关按照一地一证的原则，核发《外管证》，《外管证》的有效期限一般为 30 日，最长不得超过 180 天。

纳税人应当在《外管证》注明地进行生产经营前向当地税务机关报验登记，并提交税务登记证件副本、《外管证》。纳税人在《外管证》注明地销售货物的，除提交以上证件、资料外，应如实填写《外出经营货物报验单》，申报查验货物。

外出经营登记管理的流程如下：

（1）申请。纳税人在外出经营前，持税务登记证副本向主管税务机关提交《外出经营活动税收管理证明申请审批表》，并附送下列资料：①外出生产、经营业务合同或协议；②主管税务机关要求提供的其他资料。

（2）受理。主管税务机关受理、审阅填报的表格是否符合规定，附送的资料是否齐全。对符合条件的，予以受理；对资料不全、不符合条件的，应当一次性告知纳税人补正后，再予以办理。

（3）审核。主管税务机关对纳税人经营活动的内容、经营期限、合同金额等信息进行审核；证件和资料齐全且符合规定的，主管税务机关在《外出经营活动税收管理证明申请审批表》上签署审核意见后，呈报县级税务机关核发。

（4）核发。县级税务机关根据主管税务机关呈报的《外出经营活动税收管理证明申请审批表》等资料按照"一地一证"原则向纳税人核发《外管证》，并发还《税务登记证》副本。

（5）核销。纳税人外出经营活动结束，应当向经营地税务机关填报《外出经营活动情况申报表》，并结清税款、缴销发票。纳税人应当在《外管证》有效期届满 10 日内，持外出经营地税务机关签章的《外管证》回县级税务机关办理《外管证》缴销手续。

任务六　办理扣缴义务人扣缴税款登记

扣缴义务人是指依照税收法律、行政法规规定负有代扣代缴或者代收代缴税款义务的单位或个人。扣缴义务人应当自扣缴义务发生之日起 30 日内，向所在地的主管税务机关申报办理扣缴税款登记，领取扣缴税款登记证件；税务机关对已办理税务登记的扣缴义务人，可以只在其税务登记证件上登记扣缴税款事项，不再发给扣缴税款登记证件。

（1）申请。扣缴义务人应当自扣缴义务发生之日起 30 日内，向其所在地税务机关申请办理扣缴税款登记，领取并填写《扣缴义务登记表》，同时附送下列有关证件和资料：①营业执照或其他合法证件；②组织机构统一代码证书；③税务登记证；④银行账号证明；⑤法人或负责人身份证件及复印件；⑥税务机关需要的其他资料。

（2）受理。税务登记机关受理、审阅扣缴义务人填报的表格是否符合要求，报送的资料是否齐全。符合条件的，开具《税务文书领取通知单》交给扣缴义务人。

（3）审核。税务登记机关对扣缴义务人填报的表格和附送的资料进行审核，确认具有法定扣缴义务后，在《扣缴义务登记表》中签字盖章。

（4）发证。对已办理税务登记的扣缴义务人，税务机关只在其税务登记证件上登记扣缴税款事项，不再发给扣缴税款登记证件。对可以不办理税务登记的扣缴义务人，税务机关核发《个人所得税扣缴税款登记证》。

任务七 税务登记证件的作用和管理

（一）税务登记证件的作用

除按照规定不需要发给税务登记证件的外，纳税人办理下列事项时，必须持税务登记证件：（1）开立银行账户；（2）申请减税、免税、退税；（3）申请办理延期申报、延期缴纳税款；（4）领购发票；（5）申请开具外出经营活动税收管理证明；（6）办理停业、歇业；（7）其他有关税务事项。

（二）税务登记证件的管理

纳税人应当将税务登记证件正本在其生产、经营场所或者办公场所公开悬挂，接受税务机关检查。税务机关应当加强税务登记证件的管理，采取实地调查、上门验证等方法，或者结合税务部门和工商部门之间，以及国家税务局（分局）、地方税务局（分局）之间的信息交换比对进行税务登记证件的管理。

纳税人未按规定使用税务登记证件或者转借、涂改、损毁、买卖、伪造税务登记证件的，处 2 000 元以上 1 万元以下罚款；情节严重的，处 1 万元以上 5 万元以下罚款。

（三）税务登记证件的验证、换证

税务登记证件的验证和换证是指税务机关对已核发的税务登记证件实行定期审验和换发，以确保税务登记内容与纳税人生产经营实际情况相一致的一项管理制度。纳税人应当在规定的期限内持有关证件到税务登记机关办理验证或换证手续。税务登记证式样改变，需统一换发税务登记证的，由国家税务总局确定。税务登记证件 3 年更换一次，一年验审一次。

（四）税务登记证件遗失的处理

纳税人、扣缴义务人遗失税务登记证件的，应当自遗失税务登记证件之日起 15 日内，书面报告主管税务机关，如实填写《税务证件挂失报告表》，并将纳税人的名称、税务登记证件名称、税务登记证件号码、税务登记证件有效期、发证机关名称在税务机关认可的报刊上做遗失声明，凭报刊上刊登的遗失声明向主管税务机关申请补办税务登记证件。

任务八 非正常户管理

非正常户是已办理税务登记的纳税人未按照规定的期限申报纳税，经责令其限期改正逾期不改正的，税务机关派员实地检查，查无下落并且无法强制其履行纳税义务的纳税人。非正常户管理具体流程如下：

（1）认定。主管税务机关收到税务管理员转来的非正常户情况后填制《非正常户认

定登记表》，上报县级税务机关后分别进行以下处理：

①核查纳税人发票管理情况，如果纳税人有领用未缴销的，在《非正常户认定登记表》登记未缴销的发票名称、数量、起止号码。

②核查纳税人税款缴纳情况，如果有欠税的，在《非正常户认定登记表》登记欠缴税款的税种、所属时期、税额。

③核查税务登记管理情况，登记纳税人领用的税务登记证正、副本和其他有关证件情况。

上述三项处理完毕，县级税务机关签署审批意见，列入非正常户管理。对有欠税的纳税人实行欠税公告。

（2）宣告失效。认定为非正常户超过3个月仍未找到的纳税人，由县级税务机关定期在办税场所或新闻媒体上公告，宣布其税务登记证件失效。对宣布税务登记证件失效的非正常户，由县级税务机关定期通过新闻媒体公告，宣布其领用的发票作废。

（3）解除。被列入非正常户的纳税人在宣告失效之前，又前来履行纳税义务或者被税务机关追查到案的，报经县级税务机关解除其非正常户状态，在其履行纳税义务并接受税务行政处罚后，恢复正常管理。

被列入非正常户的纳税人在宣告失效之后，又前来履行纳税义务或者被税务机关追查到案的，报经县级税务机关解除其非正常户状态，在其履行纳税义务并接受税务行政处罚后，注销原税务登记证件，按重新设立的纳税人重新办理税务登记。

项目三 账簿凭证的管理

任务一 账簿的设置

账簿是以会计凭证为依据，序时、分类、连续、系统、完整地记录和反映各项经济业务的簿记。它由具有一定格式并相互连接在一起的账页所组成。凭证是用来记录经济业务，明确经济责任，并据以登记账簿的书面证明。账簿、凭证是纳税人进行生产经营活动和核算财务收支的重要依据，也是税务机关对纳税人进行征税、管理、检查的重要依据。

（一）账簿设置要求

纳税人、扣缴义务人应按照有关法律、行政法规和国务院财政、税务主管部门的规定设置账簿，根据合法、有效凭证记账，进行核算。

（1）从事生产、经营的纳税人应当自领取营业执照或者发生纳税义务之日起15日内，按照国家有关规定设置账簿。账簿包括总账、明细账、日记账以及其他辅助性账簿。总账、日记账应当采用订本式。

（2）生产、经营规模小又确无建账能力的纳税人，可以聘请经批准从事会计代理记账业务的专业机构或者经税务机关认可的财会人员代为建账和办理账务；聘请上述机构或者人员有实际困难的，经县以上税务机关批准，可以按照税务机关的规定，建立收支凭证粘贴簿、进货销货登记簿或者使用税控装置。

（3）扣缴义务人应当自税收法律、行政法规规定的扣缴义务发生之日起10日内，按照所代扣、代收的税种，分别设置代扣代缴、代收代缴税款账簿。

（4）纳税人、扣缴义务人会计制度健全，能够通过计算机正确、完整计算其收入和所得或者代扣代缴、代收代缴税款情况的，其计算机输出的完整的书面会计记录，可视同会计账簿。纳税人、扣缴义务人会计制度不健全，不能通过计算机正确、完整计算其收入和所得或者代扣代缴、代收代缴税款情况的，应当建立总账及与纳税或者代扣代缴、代收代缴税款有关的其他账簿。

（二）账簿凭证的保管期限

从事生产、经营的纳税人、扣缴义务人必须按照国务院财政、税务主管部门规定的保管期限（通常为 10 年）保管账簿、记账凭证、完税凭证及其他有关资料。上述资料应当合法、真实、完整，不得伪造、变造或者擅自损毁。

任务二　财务、会计制度或者财务、会计处理办法备案要求

从事生产、经营的纳税人的财务、会计制度或者财务、会计处理办法和会计核算软件，应当报送税务机关备案。

（1）从事生产、经营的纳税人应当自领取税务登记证件之日起 15 日内，将其财务、会计制度或者财务、会计处理办法报送主管税务机关备案。纳税人使用计算机记账的，应当在使用前将会计电算化系统的会计核算软件、使用说明书及有关资料报送主管税务机关备案。纳税人建立的会计电算化系统应当符合国家有关规定，并能正确、完整核算其收入或者所得。纳税人应当按照税务机关的要求安装、使用税控装置，并按照税务机关的规定报送有关数据和资料。

（2）纳税人、扣缴义务人的财务、会计制度或者财务、会计处理办法与国务院或者国务院财政、税务主管部门有关税收的规定抵触的，依照国务院或者国务院财政、税务主管部门有关税收的规定计算应纳税款、代扣代缴和代收代缴税款。

（3）账簿、会计凭证和报表，应当使用中文。民族自治地方可以同时使用当地通用的一种民族文字。外商投资企业和外国企业可以同时使用一种外国文字。

项目四　发票领购与填开

任务一　熟悉发票的种类及联次

（一）发票的含义及管理

单位、个人在购销商品、提供或者接受经营服务以及从事其他经营活动中，应当按照规定开具、使用、取得发票。发票，是指在购销商品、提供或者接受服务以及从事其他经营活动中，开具、收取的收付款的书面证明，是财务收支的法定凭证，是会计核算的原始依据，也是税务机关进行税务检查的重要依据。

税务机关是发票的主管机关，负责发票印制、领购、开具、取得、保管、缴销的管理和监督。发票由各级税务机关统一管理。增值税专用发票由国家税务总局统一印制。其他发票由省、自治区、直辖市税务机关指定的企业印制；各省、自治区、直辖市内的单位和

个人使用的发票，除增值税专用发票外，应当在本省、自治区、直辖市内印制；确有必要到外省、自治区、直辖市印制的，应当由省、自治区、直辖市税务机关商请印制地省、自治区、直辖市税务机关同意，由印制地省、自治区、直辖市税务机关指定的印制发票的企业印制。禁止在境外印制发票。

发票应当使用中文印制。民族自治地方的发票，可以加印当地一种通用的民族文字。有实际需要也可以同时使用中外两种文字印制。发票应当套印全国统一发票监制章，全国统一发票监制章的式样和发票版面印刷的要求，由国家税务总局规定，发票监制章由省、自治区、直辖市税务机关制作。禁止伪造发票监制章。发票实行不定期换版制度。

（二）发票的种类及联次

按照填开方式的不同，普通发票可分为通用机打发票、通用手工发票和通用定额发票三大类。发票名称为"××省××税务局通用机打发票"、"××省××税务局通用手工发票"、"××省××税务局通用定额发票"。各省、自治区、直辖市和计划单列市国家税务局、地方税务局可根据本地实际情况，在通用发票中选择本地使用的票种和规格。

（1）通用机打发票，分为平推式发票和卷式发票。

（2）通用手工发票，分为千元版和百元版，基本联次为三联，即存根联、发票联、记账联。

（3）通用定额发票，按人民币等值以元为单位，划分为壹元、贰元、伍元、拾元、贰拾元、伍拾元、壹佰元，共7种面额，规格为175mm×70mm。有奖发票规格为213mm×77mm。定额发票联次为并列二联，即存根联和发票联；有奖发票为并列三联，即存根联、发票联、兑奖联。通用定额发票的用纸和底纹由各省税务机关确定。

（4）印有单位名称的发票，可按两种方式处理：一是由用票单位选择一种通用机打发票，并通过软件程序控制打印单位名称（或标志），平推式发票打印在发票票头左侧，卷式发票打印在发票票头下方；二是选择一种通用机打发票，平推式发票可在发票票头左侧加印单位名称（或标志），卷式发票在发票票头下方加印单位名称（或标志）。

任务二　普通发票的领购与填开

依法办理税务登记的单位和个人，在领取税务登记证件后，向主管税务机关申请领购发票。申请领购发票的单位和个人应当提出购票申请，提供经办人身份证明，税务登记证件或者其他有关证明，以及财务印章或者发票专用章的印模，经主管税务机关审核后，发给发票领购簿。领购发票的单位和个人凭发票领购簿核准的种类、数量及购票方式，向主管税务机关领购发票。需要临时使用发票的单位和个人，可以直接向税务机关申请办理。购票方式包括限量供应（一般以一个季度的用量为限）、交旧购新或验旧购新等。

（一）领购普通发票

已办理税务登记的纳税人需要使用发票的，应填写发票领购申请表，提出购票申请，凭发票领购簿核准的种类、数量以及购票方式，向主管税务机关领购发票。纳税人应提供以下资料：（1）发票领购簿；（2）税控IC卡（一般纳税人使用）；（3）财务专用章或发票专用章印模；（4）已用发票存根（初次购买除外，购税控发票携带已开具的最后一张记账联）。

纳税人提供资料完整，各项手续齐全，无违章问题的，税务机关审核无误后应当场办结，收取发票工本费，并开具行政性收费票据交付纳税人，并在发票领购簿上打印发票验旧和发票发售记录。纳税人查验所购发票的种类、版别和数量。

依法不需要办理税务登记的单位和个人领购发票的，可以按规定向主管税务机关领购发票。临时到外省（自治区、直辖市）从事经营活动的单位和个人，可以凭本地税务机关开具的外出经营活动税收管理证明，向经营地主管税务机关申请领购经营地的发票。

对外省来本地从事临时经营活动的单位和个人，税务机关可以要求其提供担保人，或者根据所领购发票的票面限额与数量缴纳 1 万元以下的保证金，并限期缴销发票。

（二）开具普通发票

发票限于领购单位和个人在本省、自治区、直辖市内开具。任何单位和个人未经批准，不得跨规定的使用区域携带、邮寄、运输空白发票。

销售商品、提供服务以及从事其他经营活动的单位和个人，对外发生经营业务收取款项时，收款方应向付款方开具发票；特殊情况下由付款方向收款方开具发票。开具发票应当按照规定的时限、顺序，逐栏、全部联次一次性如实开具，并加盖单位财务专用章或者发票专用章。使用计算机开具发票的，须经主管税务机关批准，并使用税务机关统一监制的机外发票，开具后的存根联应当按照顺序号装订成册。

不符合规定的发票，不得作为财务报销凭证，任何单位和个人都有权拒收。

任何单位和个人不得转借、转让、代开发票；未经税务机关批准，不得拆本使用发票；不得自行扩大专业发票使用范围；禁止倒买倒卖发票、发票监制章和发票防伪专用品。

开具发票的单位和个人应当建立发票使用登记制度，设置发票登记簿，并定期向主管税务机关报告发票使用情况。

开具发票的单位和个人应当在办理变更或者注销税务登记的同时，办理发票和发票领购簿的变更、缴销手续。

开具发票的单位和个人应当按照税务机关的规定存放和保管发票，不得擅自损毁。已开具的发票存根联和发票登记簿，应当保存 5 年。保存期满，报经税务机关查验后销毁。

（三）普通发票的日常管理

所有单位和从事生产、经营活动的个人在购买商品、接受服务以及从事其他经营活动支付款项时，应当向收款方取得发票。取得发票时，不得要求变更品名和金额。

纳税人应建立严格的发票保管制度，包括专人保管制度、专库保管制度、专账登记制度、保管交接制度、定期盘点制度。

发票应定期缴销，包括发票收缴和发票销毁。发票收缴是指用票单位和个人按照规定向税务机关上缴已经使用或者未使用的发票；发票销毁是指由税务机关统一将自己或者他人已使用或者未使用的发票进行销毁。发票销毁首先必须收缴；但收缴的发票不一定都要销毁，一般都要按照法律法规的规定保存一定时期后才能销毁。

任务三 增值税专用发票的领购与填开

增值税专用发票（以下简称专用发票），是增值税一般纳税人销售货物或者提供应税劳务开具的发票，是购买方支付增值税额并可按照增值税有关规定据以抵扣增值税进项税额的凭证。专用发票的使用，包括领购、开具、缴销、认证纸质专用发票及其相应的数据电文。专用发票只限于增值税一般纳税人领购使用。

（一）领购专用设备

一般纳税人应通过增值税防伪税控系统（以下简称防伪税控系统）使用专用发票，因此应先购置防伪税控系统专用设备。防伪税控系统，是指经国务院同意推行的，使用专用设备和通用设备、运用数字密码和电子存储技术管理专用发票的计算机管理系统。专用设备，是指金税卡、IC卡、读卡器和其他设备；通用设备，是指计算机、打印机、扫描器具和其他设备。

（二）申请专用发票的最高开票限额

专用发票实行最高开票限额管理。最高开票限额由一般纳税人申请，由税务机关依法审批。一般纳税人申请最高开票限额时，需填报《最高开票限额申请表》（一式两份），并等待税务机关进行实地核查。最高开票限额是指单份专用发票开具的销售额合计数不得达到的上限额度。最高开票限额为10万元及以下的，由区县级税务机关审批；最高开票限额为100万元的，由地市级税务机关审批；最高开票限额为1 000万元及以上的，由省级税务机关审批。防伪税控系统的具体发行工作由区县级税务机关负责。

（三）专用发票的初始发行

一般纳税人领购专用设备后凭《最高开票限额申请表》、发票领购簿到主管税务机关办理初始发行。初始发行，是指主管税务机关将一般纳税人的有关信息载入空白金税卡和IC卡的行为。需载入空白金税卡和IC卡的一般纳税人的信息有：(1)企业名称；(2)税务登记代码；(3)开票限额；(4)购票限量；(5)购票人员姓名、密码；(6)开票机数量；(7)国家税务总局规定的其他信息。一般纳税人发生税务登记代码信息变化的，应向主管税务机关申请注销发行；发生上列除税务登记代码以外的信息变化的，应向主管税务机关申请变更发行。

（四）领购专用发票

一般纳税人凭发票领购簿、IC卡和经办人身份证明领购专用发票。一般纳税人有下列情形之一的，不得领购开具专用发票。

(1) 会计核算不健全，不能向税务机关准确提供增值税销项税额、进项税额、应纳税额数据及其他有关增值税税务资料的。其他有关增值税税务资料的内容，由各省、自治区、直辖市和计划单列市国家税务局确定。

(2) 有《税收征收管理法》规定的税收违法行为，拒不接受税务机关处理的。

(3) 有下列行为之一，经税务机关责令限期改正而仍未改正的：虚开增值税专用发票；私自印制专用发票；向税务机关以外的单位和个人买取专用发票；借用他人专用发票；未按规定开具专用发票；未按规定保管专用发票和专用设备；未按规定申请办理防伪税控系统变更发行；未按规定接受税务机关检查。有上列情形的纳税人，若已领购专用发票，主管税务机关应暂扣其结存的专用发票和IC卡。

（五）开具专用发票

一般纳税人销售货物或者提供应税劳务，应向购买方开具专用发票。一般纳税人销售货物或者提供应税劳务可汇总开具专用发票。汇总开具专用发票的，同时使用防伪税控系统开具"销售货物或者提供应税劳务清单"，并加盖财务专用章或者发票专用章。增值税小规模纳税人（以下简称小规模纳税人）需要开具专用发票的，可向主管税务机关申请代开。

专用发票应按下列要求开具：（1）项目齐全，与实际交易相符。（2）字迹清楚，不得压线、错格。（3）发票联和抵扣联加盖财务专用章或者发票专用章。（4）按照增值税纳税义务的发生时间开具。对不符合上列要求的专用发票，购买方有权拒收。

商业企业一般纳税人零售的烟、酒、食品、服装、鞋帽（不包括劳保专用部分）、化妆品等消费品不得开具专用发票；销售免税货物不得开具专用发票（法律、法规及国家税务总局另有规定的除外）。

（六）专用发票的保管

纳税人应设专门地点和场所保管发票。有下列情形之一的，为未按规定保管专用发票和专用设备：（1）未设专人保管专用发票和专用设备。（2）未按税务机关要求存放专用发票和专用设备。（3）未将认证相符的专用发票抵扣联、认证结果通知书和认证结果清单装订成册。（4）未经税务机关查验，擅自销毁专用发票基本联次。

（七）专用发票的认证

专用发票的认证是税务机关通过防伪税控系统对专用发票所列数据的识别、确认。专用发票抵扣联无法认证的，可使用专用发票的发票联到主管税务机关认证，专用发票的发票联复印件留存备查。用于抵扣增值税进项税额的专用发票应经税务机关认证相符（国家税务总局另有规定的除外）。认证相符，是指纳税人识别号无误并且专用发票所列密文解译后与明文一致，认证相符的专用发票应作为购买方的记账凭证，不得退还销售方。

经认证，专用发票有下列情形之一的，不得作为增值税进项税额的抵扣凭证，税务机关应退还原件：（1）无法认证（即专用发票所列密文或者明文不能辨认，无法产生认证结果）；（2）纳税人识别号认证不符（指专用发票所列购买方纳税人识别号有误）；（3）专用发票代码、号码认证不符（指专用发票所列密文解译后与明文的代码或者号码不一致）。

经认证，专用发票有下列情形之一的，暂不得作为增值税进项税额的抵扣凭证，税务机关扣留原件，查明原因，分别按下列情况进行处理：（1）重复认证（指已经认证相符的同一张专用发票再次认证）；（2）密文有误（指专用发票所列密文无法解译）；（3）认证不符（指纳税人识别号有误或者专用发票所列密文解译后与明文不一致）；（4）列为失控专用发票（指认证时的专用发票已被登记为失控专用发票）。

（八）抄报税

一般纳税人开具专用发票应先抄税后报税。

抄税，是指报税前用 IC 卡或者 IC 卡和软盘抄取开票数据电文。报税，是纳税人持 IC 卡或者 IC 卡和软盘向税务机关报送开票数据电文。一般纳税人开具专用发票应在增值税纳税申报期内向主管税务机关报税，在申报所属月份内可分次向主管税务机关报税。因 IC 卡、软盘质量等问题无法报税的，应更换 IC 卡、软盘；因硬盘损坏、更换金税卡等原因不能正常报税的，应提供已开具未向税务机关报税的专用发票记账联原件或者复印件，由主管税务机关补采开票数据。

（九）专用发票的作废和缴销

一般纳税人在开具专用发票当月，发生销货退回、开票有误等情形，收到退回的发票联、抵扣联符合作废条件的，按作废处理；开具时发现有误的，可即时作废。作废专用发票须在防伪税控系统中将相应的数据电文按"作废"处理，在纸质专用发票（含未打印的专用发票）各联次上注明"作废"字样，全联次留存。同时具有下列情形的，为作废条件：（1）收到退回的发票联、抵扣联时间未超过销售方开票当月。（2）销售方未抄税并且未记账。（3）购买方未认证或者认证结果为"纳税人识别号认证不符"、"专用发票代码、号码认证不符"。

缴销是指主管税务机关在纸质专用发票监制章处按"V"字剪角作废，同时作废相应的专用发票数据电文。被缴销的纸质专用发票应退还纳税人。一般纳税人注销税务登记或者转为小规模纳税人，应将专用设备和结存未用的纸质专用发票送交主管税务机关。主管税务机关应缴销其专用发票，并按有关安全管理的要求处理专用设备。

项目五　纳税申报流程

任务一　熟悉纳税申报方式

纳税申报是纳税人、扣缴义务人在发生纳税、扣缴税款义务后，按照税法规定的期限和内容向主管税务机关提交有关纳税书面报告的法定手续，是界定纳税人法律责任的主要依据，是税务机关税收管理信息的主要来源。纳税申报是连接税务机关与纳税人的重要纽带。

（一）纳税申报的主体

纳税申报的主体是纳税人和扣缴义务人。

纳税人必须在法律、行政法规规定或者税务机关依照法律、行政法规的规定确定的申报期限内办理纳税申报，报送纳税申报表、财务会计报表，以及税务机关根据实际需要要求纳税人报送的其他纳税资料。依法已向国家税务机关办理税务登记的纳税人应按规定向税务机关办理纳税申报。主要包括：各项收入均应当纳税的纳税人；按税收法律规定，全部或部分产品、项目或者税种享受减税、免税照顾的纳税人；当期营业额未达到起征点或没有营业收入的纳税人；实行定期定额纳税的纳税人；应当向国家税务机关缴纳企业所得税以及其他税种的纳税人。享受减税、免税待遇的纳税人，在减税、免税期间也应当按照规定办理纳税申报。

扣缴义务人和国家税务机关确定的委托代征人必须在法律、行政法规规定或者税务机关依照法律、行政法规的规定确定的申报期限内报送代扣代缴、代收代缴税款报告表，以及税务机关根据实际需要要求扣缴义务人报送的其他有关资料。

按规定不需向国家税务机关办理税务登记，以及应当办理而未办理税务登记的纳税人主要包括：临时取得应税收入或发生应税行为的纳税人；只缴纳个人所得税或车船税的纳税人，发生应税行为时应向税务机关办理纳税申报。

（二）纳税申报的内容

纳税申报的主要内容包括：税种、税目，应纳税项目或者应代扣代缴、代收代缴税款项目，适用税率或者单位税额，计税依据，扣除项目及标准，应退税项目及税额、应减免税项目及税额，应纳税额或者应代扣代缴、代收代缴税额，税款所属期限，延期缴纳税款、欠税、滞纳金等。

纳税人在办理纳税申报时，不仅应如实填写纳税申报表，还应根据不同情况报送相应的有关证件和资料：（1）财务会计报表及其说明材料；（2）与纳税有关的合同、协议书及凭证；（3）税控装置的电子报税资料；（4）外出经营活动税收管理证明和异地完税凭证；（5）境内或者境外公证机构出具的有关证明文件；（6）税务机关规定应当报送的其他有关证件及资料。

（三）纳税申报的方式

纳税人、扣缴义务人可以直接到税务机关办理纳税申报，或者报送代扣代缴、代收代缴税款报告表，也可以按照规定采取邮寄、数据电文或者其他方式办理上述申报、报送事项。

（1）直接申报，也称上门申报、窗口申报，是指纳税人和扣缴义务人按照规定的期限自行到税务机关办理纳税申报。直接申报以主管税务机关的实际受理日期为申报日期。

（2）邮寄申报，是指经税务机关批准的纳税人使用统一规定的纳税申报特快专递专用信封，通过邮政部门办理交寄手续，并向邮政部门索取收据作为申报凭据的方式。邮寄申报以寄出的邮戳日期为实际申报日期。

（3）电子申报，也称数据电文申报，是指经税务机关批准的纳税人使用电话语音、电子数据交换和网络传输等电子方式办理纳税申报。纳税人采取电子方式办理纳税申报的，应当按照税务机关规定的期限和要求保存有关资料，并定期书面报送主管税务机关。

（4）代理申报。纳税人、扣缴义务人可以委托注册税务师办理纳税申报。

（5）简易申报，是指实行定期定额征收的纳税人，经税务机关批准，通过以缴纳税款凭证代替纳税申报或简并征期的一种申报方式。其中简并征期是指定期定额纳税人按照税务机关核定的税款和核定的纳税期或一个季度或半年或一年申报缴纳税款。

任务二　正常纳税申报流程

（一）直接申报纳税流程

1. 企事业单位申报纳税流程

（1）申报。纳税人、扣缴义务人必须依照法律、行政法规规定或者税务机关依照法律、行政法规的规定确定的申报期限、申报内容如实填写纳税申报表，代扣代缴、代收代缴、委托代征税款报告表，并加盖印章后，连同规定报送的各种附表、异地已税凭证、财务会计报表以及其他有关材料到税务机关办税服务厅申报纳税窗口，办理纳税申报。

（2）审核。申报纳税窗口收到纳税申报资料后，当即对下列几个方面进行重点纳税申报审核：①纳税申报或代扣代收税款报告的时间是否逾期；②申报的项目是否齐全；③适用的税目、税率、计税依据是否准确；④申报数字之间的逻辑运算和运算结果是否正确；⑤代扣、代收、代征税款计算是否正确；⑥应附送的资料是否报送齐全，纳税申报表与其他附表资料是否一致等。

发现申报差错或不符合要求的应退回纳税人、扣缴义务人、代征人，并说明原因，辅导纳税人纠正申报错误，要求纳税人、扣缴义务人、代征人补正。

（3）受理。审核符合要求的，申报纳税窗口负责受理、签收申报资料，并当即将纳税申报信息录入征管信息系统。

（4）处理。申报纳税窗口通过征管信息系统开具完税凭证交纳税人、扣缴义务人到银行缴纳，同时将纳税申报信息传递给税款征收、催报管理、纳税评估、发票管理和税收会计、统计等环节，并定期将纸质纳税申报资料传给管理部门。

2. 个体工商户申报纳税流程

（1）申报。纳税人必须依照法律、行政法规规定或者税务机关依照法律、行政法规的规定确定的申报期限、申报内容如实填写纳税申报表，并加盖印章签字后，到税务机关办税服务厅申报纳税窗口，办理纳税申报。

（2）审核。申报纳税窗口收到纳税申报资料后，当即对下列几个方面进行重点纳税申报审核：①纳税申报的时间是否逾期；②申报的项目是否齐全；③适用的税目、税率、计税依据是否准确；④申报数字之间的逻辑运算和运算结果是否正确；⑤应附送的资料是否报送齐全，纳税申报表与其他附表资料是否一致等。

发现申报差错或不符合要求的应退回纳税人，并说明原因，辅导纳税人纠正申报错误，要求纳税人补正。

（3）受理。审核符合要求的，申报纳税窗口负责受理、签收申报资料，并当即将纳税申报信息录入征管信息系统。

（4）处理。申报纳税窗口通过征管信息系统开具完税凭证交纳税人，同时将纳税申报信息传递给税款征收、催报管理、纳税评估、发票管理和税收会计、统计等环节，并定期将纸质纳税申报资料传给管理部门。

（二）网上申报纳税流程

（1）申报。纳税人、扣缴义务人在法定的纳税申报期限内，利用税务机关发放的网上申报账号和口令，登录电子申报纳税系统，根据当期纳税申报事项，填写有关数据信息，填写完毕并确认无误后提交。

电子报税软件在纳税人、扣缴义务人提交纳税申报信息的同时自动完成纳税申报表格内容的逻辑审核工作。

纳税人、扣缴义务人提交数据应谨慎，因为数据一旦提交就不能更改，为此，系统在提交前会给纳税人再次提示，请纳税人确认是否确定要提交。在得到"提交成功"的提示后，纳税人、扣缴义务人就完成了本期的网上纳税申报。

网上申报具有申报查询功能，纳税人、扣缴义务人在指定查询期间后，在这段期间内纳税人、扣缴义务人的申报记录就会显示出来，对于《增值税纳税申报表》、《营业税纳税申报表》等各种申报表，资产负债表、利润表和其他财务报表可以查看具体的申报信息，但不能更改。

（2）受理。电子申报纳税系统自动受理纳税人纳税申报信息。电子申报服务器将纳税户提交的申报数据按不同的税务机关分组暂存。税务局端随机收取相关的分组数据并对数据进行处理。数据处理完成后，税务机关将纳税人的纳税账号和相应的扣款数据发送指定银行扣除税款，并根据银行确认的扣款信息，以电子邮件的方式自动向相关纳税户发出电子邮件，告知最后申报处理结果。

（3）纸质纳税申报资料报送：

①网上申报纳税人、扣缴人可以将各纳税申报期的相关纸质申报资料集中定期（按季或半年）报送税务机关办税服务厅申报纳税窗口。

②申报纳税窗口接收纳税人、扣缴义务人报送的纸质申报资料后，审核资料、印章是否齐全，核对纸质资料和电子信息是否一致，表内、表间各指标是否符合逻辑关系，不一致且纳税人无法说明原因的，转管理部门的纳税评估环节。

③财务会计报表及主要财务指标等纳税申报附报信息实现电子报送后，纸质纳税申报的附报资料可以不再报送。

（4）处理：

①电子申报纳税系统同步将纳税人、扣缴义务人当期纳税申报信息写入征管信息系统，并通过征管信息系统及时传递给税银联网系统和税款征收、催报管理、纳税评估、发票管理和税收会计、统计等环节。

②申报纳税窗口定期将纸质纳税申报资料传给管理部门。

③管理部门的催报管理环节通过电子报税系统后台监控模块实时监控网上申报情况，定期通过征管信息系统制作《逾期申报清册》和《申报情况统计分析表》。

（三）减免税户申报流程

（1）纳税人根据有关政策规定向主管地税机关提出书面申请。

（2）所属分局税收管理员接到经分局负责人批示的减免税申请后，在 3 个工作日内进行调查核实，并书面报告调查情况。

（3）纳税人到所属分局税收管理员处领取并填写《纳税人减免税申请审批表》（一式三份）。

（4）所属分局税收管理员根据调查情况，在《纳税人减免税申请审批表》上签署意见后，连同书面调查报告一并报分局负责人审核。

（5）分局应在 5 个工作日内召开减免税审核小组会议，对不符合减免税规定的应及时书面答复申请人；对符合减免税规定的由分局负责人在《纳税人减免税申请审批表》上签字、加盖公章后，随同文件一并上报上级地税机关。

（6）根据上级有权机关批复的《减免税批准通知书》、《纳税人减免税申请审批表》，由税收管理员通知纳税人，并在 1 个工作日内进行相关资料录入。

（7）纳税人在申报期限内填写纳税申报表，到办税窗口进行减免税申报。

（四）个体税银一体化申报纳税流程

（1）在纳税人办理税务登记后，税收管理员应及时进行相关资料的采集、录入。

（2）纳税人到经主管税务机关指定的银行开立账户，或提供经主管税务机关指定银行的存款账号，开立账户或提供账号的储户姓名必须与纳税人个人姓名一致，即办理税务登记与开立账户必须是同一张居民身份证。

（3）由纳税人、主管税务机关、金融单位三方签订税银一体化协议。

（4）主管税务机关应告知纳税人在征期前必须存足大于一个月应纳税款以上的资金。

（5）每月月底提前2天，各管理分局必须定额核定结束，并上机录入定额核定等相关资料。

（6）每月1日上午8：00以前由征管分局指定专人上机转待征处理。

（7）征期内由信息中心负责与银行进行税款比对，并进行相应处理。

（8）在征期内由各管理分局，每天在税银一体化操作系统的前台程序中，查询各自分局纳税户扣款未成功的原因，并及时处理。

（9）由征管分局指定专人每天通过前台操作程序与银行进行对账、划汇，有问题的应及时与税务机关信息中心联系。

（10）银行扣款后纳税人持《税银一体化纳税记录卡》在银行营业窗口打印纳税记录。

（11）纳税人需要税票的，可随时凭《税银一体化纳税记录卡》到办税服务厅索取税票。

任务三　熟悉延期申报和零申报

（一）延期申报

延期申报是指纳税人、扣缴义务人按照规定的期限办理纳税申报或者报送代扣代缴、代收代缴税款报告表确有困难的，在规定的期限内向税务机关提出书面延期申请，经税务机关核准后，可以延期办理纳税申报。延期申报的原因有：

（1）因不可抗力，不能按期办理纳税申报或者报送代扣代缴、代收代缴税款报告表。

（2）因财务处理上的特殊原因，账务未处理完毕，不能计算应纳税额，按照规定的期限办理纳税申报或者报送代扣代缴、代收代缴税款报告表确有困难，需要延期。

延期申报流程如下：

（1）申请。申请延期申报的纳税人、扣缴义务人，应在规定的申报期内向主管税务机关提出申请，领取和填写《延期申报申请核准表》一式两份，递交如下申请资料：书面申请报告、《延期申报申请核准表》、有关的证明材料。

（2）受理。主管税务机关收到申请人报送地延期申报申请资料后当场审阅。资料不全的，一次性告知并要求其补正后应予以受理；资料齐全的，予以受理。

（3）核定。主管税务机关对《延期申报申请核准表》进行审核并确认预缴税款核定方式，负责人签署具体意见后传递给县级税务机关核准。

《税收征收管理法》第27条第2款规定："经核准延期办理纳税申报的，应当在纳税期限内按照上期实际缴纳的税额或者税务机关核定的税额预缴税款，并在核准的延期内办理纳税结算。"根据上述规定，纳税人经税务机关批准延期申报后，除不可抗力的原因外，纳税人应先按上期实际缴纳或税务机关核定的税额预缴，然后在税务机关批准的延期申报期限内办理纳税结算。

（4）核准。县级税务机关对报送的《延期申报申请核准表》进行审查，不予批准的，注明原因退回；予以批准的，将《延期申报申请核准表》传递给主管税务机关。

（5）执行。主管税务机关在规定的时间内将核准延期申报的纳税人情况书面通知办税服务厅。

对核准延期申报的纳税人、扣缴义务人必须在规定的纳税期内预缴税款，并在核准的延期申报期限内办理税款结算。

（二）零申报

零申报是指在税务机关办理了税务登记的纳税人、扣缴义务人当期未发生应税行为，按照国家税收法律、行政法规和规章的规定，应向税务机关办理零申报手续，并注明当期无应税事项。零申报不同于延期申报和不申报，其流程与正常纳税申报流程相同，只是不需要缴纳税款而已。

（三）纳税申报违章处理

纳税人未按照规定的期限办理纳税申报，或者扣缴义务人未按规定期限向税务机关报送代扣代缴、代收代缴报告表（含零申报）的，由主管税务机关发出《责令限期改正通知书》和《税务行政处罚事项告知书》，告知纳税人改正内容和处罚事项，纳税人无异议的，主管征收机关送达《税务行政处罚决定书》，按照规定的处罚标准处罚。税务机关责令限期改正，可以处以 2 000 元以下的罚款；逾期不改正的，可以处以 2 000 元以上 1 万元以下的罚款。

【例1-3】 纳税人、扣缴义务人未按照规定的期限办理纳税申报，或者报送代扣代缴、代收代缴报告表的，由主管税务机关责令限期改正，并可处以 2 000 元以上 1 万元以下的罚款。（　　　）

【答案】 ×

项目六　税款征收流程

税款征收工作是税收征收管理工作中的中心环节，是全部税收征管工作的中心和归宿，在整个税收征收管理工作中占据极其重要的地位。直接关系到国家税收能否及时足额入库，同时也与纳税人、扣缴义务人的合法权益能否得到保护直接相关。

税款征收是指税务机关依照税收法律、行政法规的规定，确定税款征收方式、确定税款缴库方式直至将纳税人应当缴纳的税款组织入库的一系列活动的总称。

任务一　熟悉税款征收方式

税款征收方式包括：查账征收、核定征收、委托代征和强制征收等。

（一）查账征收

查账征收是指税务机关对账务健全的纳税人，依据其报送的纳税申报表、财务会计报表和其他纳税资料，依照适用税率计算应纳税款，填写缴款书或者完税凭证，由纳税人自行解缴税款的一种征收方式。

查账征收的适用范围：经营规模较大、财务会计制度健全、能够如实核算和提供生产经营情况、正确计算应纳税额并能认真履行纳税义务的纳税人。

查账征收的流程如下：

（1）受理。主管税务机关按照"财务制度或者会计处理办法、会计软件报备"程序，受理并初审纳税人首次报备的纳税财务资料，资料完整的进行调查。

（2）调查。主管税务机关分析纳税人首次报备的纳税财务资料后，对其财务核算状况进行实地调查。①纳税人财务核算状况不符合规定的直接转入"核定征收"；②纳税人财务核算状况符合规定的由主管税务机关提出实行查账征收书面意见，报县级税务机关审批。

（3）审批。县级税务机关根据实行查账征收书面意见和有关的调查资料确定是否实行查账征收。

（4）执行。经审批实行查账征收的，由主管税务机关将相关信息录入征管系统并制作《税务事项通知书》送达纳税人执行。

（二）核定征收

核定征收是指按查账征收方法难以合理准确地认定纳税人应纳税额时，由税务机关根据生产经营情况核定应缴纳税款数额的一种征收方式。具体包括：查定征收、查验征收和定期定额征收。

查定征收是指税务机关根据纳税人的从业人员、生产设备、原材料消耗等因素，在正常生产经营条件下，对其生产的应税产品，查实核定产量、销售额并据以征收税款的一种方式。它适用于生产规模较小、账册不健全、产品零星、税源分散的小型厂矿和作坊。

查验征收是指税务机关对纳税人的应税商品，通过查验数量，按市场一般销售单价计算其销售收入并据以征税的方式。它适用于对城乡集贸市场中的临时经营者和机场、码头等场所的经销商的课税。

定期定额征收是指对一些营业额、所得额不能准确计算的小型工商户，经过自报评议，由税务机关核定一定时期的营业额和所得税附征率，实行多税种合并征收方式。它适用于难以查清真实收入、账册不全的个体工商户。

核定征收的适用范围：

（1）依照法律、行政法规的规定可以不设置账簿的；

（2）依照法律、行政法规的规定应当设置但未设置账簿的；

（3）擅自销毁账簿或者拒不提供纳税资料的；

（4）虽设置账簿，但账目混乱或者成本资料、收入凭证、费用凭证残缺不全，难以查账的；

（5）发生纳税义务，未按照规定的期限办理纳税申报，经税务机关责令限期申报，逾期仍不申报的；

（6）纳税人申报的计税依据明显偏低，又无正当理由的；

（7）企业或者外国企业在中国境内设立的从事生产、经营的机构、场所与其关联企业之间的业务往来，不按照独立企业之间的业务往来收取或者支付价款、费用，而减少其应纳税的收入或者所得额的。

核定征收的流程如下：

（1）受理。主管税务机关负责受理以下信息资料：①纳税人自行申请的相关资料；②由"催报"转来的纳税人拒不申报的信息资料；③由"查账征收"转来的纳税人财务核算状况信息资料；④由"日常检查"转来的需要实行核定征收的纳税人信息资料。

（2）审核确定。主管税务机关应对相关资料进行审核，如果需要的可实地调查纳税人的生产经营情况，确定核定征收方式后报县级税务机关核准。

（3）核定。经县级税务机关核准实行核定征收方式后，由主管税务机关按照下列任何一种方法或同时采用两种以上方法核定其应纳税额：①参照当地同类行业或者类似行业中经营规模和收入水平相近的纳税人的税负水平核定；②按照营业收入或者成本加合理的费用和利润的方法核定；③按照耗用的原材料、燃料、动力等推算或者测算核定；④按照其他合理方法核定。

主管税务机关按照上述方法核定的税额，应经本单位集体评议。评议通过的，制作《应纳税款核定通知书》，并填制《定额核定（调整）清册》。

（4）执行。主管税务机关将《应纳税款核定通知书》送达纳税人执行，并根据有关规定将最终确定的定额和应纳税额情况进行公布。

（5）定额调整。纳税人核定的定额发生变化的，应提请主管税务机关重新核定定额，税务机关应当根据规定的核定方法和程序重新核定定额，并下达《应纳税款核定通知书》。个体工商户的定期定额征收按照《个体工商户税收定期定额征收管理办法》执行。

（三）委托代征

委托代征是指税务机关委托代征单位以税务机关的名义向纳税人征收税款，将税款缴入国库的征收方式。适用范围为：小额、零星、税源分散和流动性较大的税款征收。

委托代征的流程如下：

（1）资格认定。主管税务机关根据实际工作需要，依照税收法律法规的规定提请认定代征主体，上报县级税务机关认定代征资格。

（2）签订协议。县级税务机关审核代征主体资格，签署审批意见，据此与代征单位共同签订《委托代征税款协议书》，明确代征税种、代征范围、计税标准、代征期限等事项并培训代征人员。

（3）发放证件。县级税务机关向代征单位制作发放《委托代征税款证书》。

（4）领取票证。代征单位按照国家税务总局有关规定领取、保管、使用、解缴税收票证。

（5）税款结算。代征单位向纳税人收取税款开具完税凭证，按照规定划解税款，报送《代征税款报告表》等有关资料；代征单位行使代征职权被纳税人拒绝或者发现纳税人有违法违章行为的，应及时报告主管税务机关进行处理。

（6）变更。因代征单位发生转业、改组、分设、合并、联营等情况或税务机关本身原因，需变更委托代征税款协议时，由县级税务机关向代征单位下达《变更委托代征税款协议通知书》，转"签订协议"程序处理。

（7）终止。因代征单位发生转业、改组、分设、合并、联营或停业、注销等情况或税务机关本身原因，需终止委托代征税款协议时，由县级税务机关向代征单位下达《终止委托代征税款协议通知书》，代征单位按协议规定结清委托代征的税款后，收缴原发放给代征单位的《委托代征税款证书》、完税凭证等资料。

（四）强制征收

强制征收主要是指税务机关依法对未按照规定办理税务登记的从事生产、经营的纳税人以及临时从事生产经营的纳税人核定其应纳税额、责令缴纳、当场采取税收保全，直至强制执行措施的一种征收方式。适用范围为：未按照规定办理税务登记的从事生产、经营的纳税人以及临时从事生产经营的纳税人，包括外来从事生产、经营而未向营业地税务机关报验登记的纳税人。

强制征收的流程如下：

（1）核定应纳税额并责令缴纳。主管税务机关对未按规定办理税务登记和临时从事生产经营的纳税人按照下列任何一种方法或同时采用两种以上方法核定其应纳税额：①参照当地同类行业或者类似行业中经营规模和收入水平相近的纳税人的税负水平核定；②按照营业收入或者成本加合理的费用和利润的方法核定；③按照耗用的原材料、燃料、动力等推算或者测算核定；④按照其他合理方法核定。定额核定后下达《应纳税款核定通知书》，并同时下达《税务事项通知书》责令缴纳。

（2）扣押商品、货物。纳税人不缴纳税款的，主管税务机关可以当场下达《税收保全措施决定书（查封/扣押适用）》并由两名以上税务人员执行扣押其价值相当于应纳税款的商品、货物，开具《扣押商品、货物或者其他财产专用收据》。

（3）解除扣押。纳税人在扣押之日起15日内或主管税务机关依法确定的扣押期限内缴纳税款的，主管税务机关自收到税款或银行转回的完税凭证之日起1日内下达《解除税收保全措施决定书（查封/扣押适用）》，归还扣押商品、货物。

（4）强制执行并抵缴税款。纳税人在扣押之日起15日内或主管税务机关依法确定的扣押期限内未缴纳税款的，主管税务机关报县以上税务局（分局）局长批准后下达《税收强制执行决定书（查封/扣押适用）》并执行，以拍卖或变卖所得抵缴税款。

税款征收方式除了查账征收、核定征收、委托代征和强制征收外，还有代扣代缴、代收代缴征收和自核自缴等。

代扣代缴、代收代缴征收，前者是指支付纳税人收入的单位和个人从所支付的纳税人收入中扣缴其应纳税款并向税务机关解缴的行为；后者是指与纳税人有经济往来关系的单位和个人借助经济往来关系向纳税人收取其应纳税款并向税务机关解缴的行为。这两种征收方式适用于税源零星分散、不易控管的纳税人。

自核自缴也称"三自纳税"，是指纳税人按照税务机关的要求，在规定的缴款期限内，根据其财务会计情况，依照税法规定，自行计算税款，自行填写纳税缴款书，自行向开户银行缴纳税款，税务机关对纳税单位进行定期或不定期检查的一种税款征收方式。

任务二　正常缴纳税款流程

税款缴纳方式是指纳税人应纳的税款和扣缴义务人扣收的税款缴入国库的具体方式，包括转账缴税、预储账户缴税（银税一体化管理）、现金缴税、信用卡（账户）缴税、汇总缴库。

（一）转账缴税

转账缴税是指纳税人根据税务机关填制的缴款书通过开户银行转账缴纳税款的方式。适用范围为：凡在银行开立账户的纳税人或扣缴义务人。

转账缴税的流程如下：

（1）受理。办税服务厅根据受理的纳税人、扣缴义务人申报资料填制税收缴款书；属预缴税款的，需填制《预缴税款通知书》。

（2）开票。办税服务厅将填制的《税收通用缴款书》和《非税收入一般缴款书》除存根联留外，其余各联交纳税人、扣缴义务人。

（3）划解税款。纳税人、扣缴义务人凭已填制的缴款书到其开户银行划解税款。

（二）税银一体化缴税

税银一体化缴税也称预储账户缴税，是指纳税人、扣缴义务人在指定银行开设税款解缴专用账户，按期提前存入当期应纳税款，并在规定的期限内由税务机关通知银行直接划解税款，或自行到税务机关指定银行网点缴纳的方式。按实施方式不同，可分为一般缴税专户缴税、网上实时缴税和批量扣款征收。适用范围为：账簿设置健全、财务核算准确、纳税信誉等级较高的纳税人。

税银一体化缴税的流程如下：

（1）一般缴税专户缴税程序：

①纳税人、扣缴义务人自行计算应纳税款并提前存入缴税专户，同时在法定期限内向税务机关办理申报事项。

②申报纳税窗口根据征管信息系统传递的税款征收信息填制缴款书。查询缴税账户可支控额并及时通知银行划解税款。

③指定银行应根据税务机关通知，划解税款并将划解信息及时反馈给税务机关。

④税务机关收到国库（经收处）盖章后转来的报查联、回执联转税收会计作销号处理，并将相关信息录入征管信息系统。

（2）网上实时缴税程序：

①网上申报纳税人、扣缴义务人在税务机关指定的联网银行开设税款解缴专用账户，并与开户银行签订《委托代扣税款协议书》，同意银行按纳税申报信息从其专用账户上划缴税款。

②纳税人、扣缴义务人在办理纳税申报前在专用账户存入不少于当期应纳税款的款项。

③纳税人、扣缴义务人登录电子申报纳税系统，输入并提交当期缴纳税额信息。

④联网银行税银扣划系统根据电子申报纳税系统提供的纳税人有效申报缴纳税款信息，实时自动从其专用账户中扣划税款。纳税人需要税收缴款书的，凭银行扣划税款的凭证向税务机关申请开具。

⑤税务机关定期与联网银行核对当期扣划的款项数据后，填开缴款书，将联网银行扣划的税款向国库经收处划解。

⑥税务机关凭国库经收处盖章后转来的缴款书报查联转税收会计上解销号，凭"完税证"报查联和缴款书报查联向税收票证管理环节办理票款结报，并将相关信息录入征管信息系统。

（3）批量扣款征收程序，具体程序同委托银行扣缴税款程序。

（三）现金缴税

现金缴税是指纳税人用现金缴纳税款的一种方式。适用范围为：固定个体工商户、零星经营户、个人纳税人等。

现金缴税的流程如下：

（1）纳税人需申报的，办税服务厅根据受理的申报资料开具《税收通用完税证》或《税收定额完税证》，收取现金后，将完税凭证交纳税人，办税服务厅在规定期限内填开《税收汇总专用缴款书》或《税收通用缴款书》将现金向国库经收处划解税款。

（2）纳税人无须申报的（指无固定经营场所的零散税收），办税服务厅根据相关文书资料开具《税收通用完税证》或《税收定额完税证》，收取现金，将完税凭证据联交纳税人；同时，办税服务厅在规定的期限内，将"完税证"进行汇总，填开《税收汇总专用缴款书》或《税收通用缴款书》向国库经收处划解税款。

（四）信用卡（账户）缴税

信用卡（账户）缴税是指纳税人用信用卡缴纳税款的方式。适用范围为：除按规定在银行开设单位账户的纳税人之外的各类纳税人。

信用卡（账户）缴税的流程如下：

办税服务厅受理时，应查询纳税人存款余额。

（1）足够支付税款的办理划卡缴纳税款手续。

①税务机关、银行、国库三家实现计算机联网的，办税服务厅通过国库直接划解税款后填制《税收转账专用完税证》交纳税人。

②税务机关、银行、国库三家未实现计算机联网的，由办税服务厅办理划卡缴纳税款后填制《税收通用完税证》，并在规定的期限内将"完税证"进行汇总，填开《税收汇总专用缴款书》或《税收通用缴款书》向国库经收处划解税款。

（2）存款余额不足的，当即告知纳税人。

（五）委托代征缴税

委托代征缴税是指委托代征单位按照税务机关规定的代征范围和要求，以税务机关名义向纳税人征收零散税款的方式。适用范围为：零散税款的征收。

委托代征缴税的流程如下：

（1）委托代征单位以税务机关的名义向有关纳税人收取税款、开具完税凭证，并根据委托代征协议（或税务机关规定）及时填开缴款书解缴税款；同时应按期填制《代扣代缴、代收代缴、委托代征税款报告表》，并持《票款结报手册》向税务机关办税服务厅申报纳税窗口办理票款结报手续。

（2）根据协议或规定，申报纳税窗口在委托代征单位办理票款结报手续后，根据报送的完税证和《票款结报手册》，及时填制缴款书向国库经收处解缴税款。

（3）税务机关凭"缴款书"报查联转税收会计上解销号，凭"完税证"存根联、报查联和缴款书收据联、报查联向税收票证管理环节办理票款结报，并将相关信息录入征管信息系统。

（六）汇总缴库

汇总缴库是税务机关直接向纳税人收取税款，并按照规定的期限向国库或国库经收处汇总解缴的一种缴库方式。适用范围为：以现金向税务机关缴纳税款的纳税人和由扣缴义务人、代征人代扣代征税款的纳税人。

汇总缴库的流程如下：

（1）纳税人以现金向税务机关缴纳税款的按照"现金缴税"缴库程序办理。

（2）在委托代征单位或其他代扣代缴单位办理票款结报手续后，办税服务厅根据报送的完税证和《票款结报手册》，及时填制《税收汇总专用缴款书》或《税收通用缴款书》向国库经收处划解税款。

【例1-4】税款缴纳方式有（　　　）。

　　A. 转账缴税　　　B. 现金缴税　　　C. 信用卡（账户）缴税　　　D. 汇总缴库

【答案】 A B C D

任务三　延期缴纳税款程序

延期缴纳税款是指纳税人因有特殊困难，不能按期缴纳税款，经省级税务局批准，可以延期缴纳。适用范围为：

（1）因不可抗力事件发生，导致纳税人发生较大损失，正常生产经营活动受到较大影响而不能按期缴纳税款的纳税人。

（2）当期货币资金在扣除应付职工工资、法定劳动社会保险费用后，不足以缴纳税款而不能按期缴纳税款的纳税人。

延期缴纳税款管理的流程如下：

（1）受理。主管税务机关受理纳税人在缴纳税款期限届满之前报送的下列延期缴纳税款申请资料：①纳税人要求延期缴纳税款的申请书；②当期货币资金余额情况；③所有银行存款账户的对账单；④资产负债表；⑤应付职工工资和社会保险费支出预算；⑥税务机关要求报送的其他资料。

（2）审核。主管税务机关对纳税人报送的申请和资料进行审核，重点审核纳税人是否有下列情形：①可供纳税的现金、支票以及其他财产等遭遇如火灾、建筑物倒塌、主要机器设备严重损坏等意外事故，足以影响纳税人进行正常的生产经营和税款缴纳的；②因不可抗力事件，如风灾、火灾、水灾、地震等自然灾害影响按期纳税的。

经审核符合延期缴纳税款条件的，由主管税务机关进行实地调查核实情况，形成调查报告。情况属实的，由纳税人填写《延期缴纳税款申请审批表》（一式两份）并经主管税务机关签署意见后连同相关资料按权限逐级报批。

经审核不符合延期缴纳税款条件或实地调查情况不实的，主管税务机关制作《税务事项通知书》连同报送资料一并退回纳税人。

（3）报批。《延期缴纳税款申请审批表》按规定程序逐级报送至省级税务局。上级税务机关对《延期缴纳税款申请审批表》及附送资料进行认真审查核实后，签署审批意见。

延期缴纳税款的期限，最长不得超过3个月。对同一税种的同一笔税款在一个纳税年度内只能批准一次延期纳税，不得"滚动"批准延期缴纳税款。

（4）执行。主管税务机关收到省级税务局的审批意见后及时通知申请延期缴税款的纳税人。

①对经省级税务局批准准予延期缴纳税款的，纳税人要在批准延期缴纳税款的期限届满之前，将批准延期缴纳的税款解缴入库，在批准的期限内，不加收滞纳金。

②对未批准延期缴纳的税款，由主管税务机关责令限期缴纳，并从缴纳税款期届满次日起加收滞纳金。

任务四 减免税程序

减免税是指依据税收法律、法规以及国家有关税收规定给予纳税人减税、免税。从内容上主要包括鼓励生产性减免、社会保障性减免、自然灾害性减免和意外灾害性减免等。

从税务管理上减免税分为报批类减免税和备案类减免税。报批类减免税是指法律、行政法规、规章等明确规定应由税务机关审批的减免税项目；备案类减免税是指取消审批手续的减免税项目和不需税务机关审批的减免税项目。

减免税的流程如下：

（1）申请。纳税人申请报批类减免税的，应当在政策规定的期限内，向税务关提出书面申请，填写《减免税申请审批表》并附报以下资料、证件：①纳税人申请减免税报告（包括企业基本情况、减免税理由、依据、范围、期限、数量、金额、税款申报、缴纳及滞欠情况等内容）；②纳税人的财务会计报表、纳税申报表；③工商执照和税务登记证的副本；④有关部门出具的证明材料；⑤根据不同税种及不同减免税项目，税务机关要求提供的其他资料。

纳税人可以向主管税务机关申请减免税，也可以直接向有权审批的税务机关申请。

纳税人在执行备案类减免税之前，必须向主管税务机关申报以下资料备案：①减免税政策的执行情况；②主管税务机关要求提供的有关资料。

（2）受理。税务机关接到申请人报请的减免税申请材料后，应逐项初审下列内容：①减免税申请材料是否齐全，是否符合法定形式；②是否在规定的时间内提出减免税申请；③是否属于税收政策规定的范围；④本级税务机关是否有审批权限。

对于申请报批类减免税的，根据以下不同情况分别作出处理：

①申请的减免税项目依法不需要由税务机关审查后执行的，应即时告知纳税人，并制作《税务事项通知书》，送达纳税人；

②申请的减免税资料不详或存在错误的，应当当场告知并允许纳税人补正；

③申请的减免税资料不齐全或者不符合法定形式的，应在5个工作日内一次告知纳税人需要补正的全部内容，填制《税务事项通知书》和申请资料一并退纳税人补正；

④申请的减免税资料齐全、符合法定形式的，或者纳税人按照税务机关的要求提交全部补正减免税资料的，应当受理申请并制作《税务事项通知书》送达纳税人。

对于申报备案类减免税的，受理纳税人报送的相关备案资料后直接转入"执行"处理。

（3）审核。税务机关受理纳税人减免税申请后，对纳税人提交的申请资料、实际情况与减免税法定条件的一致性、相关性进行审核。主要内容：①纳税人是否符合减免税申请的法定条件和标准；②纳税人的生产经营情况和其他与申请减免税有关的情况；③纳税人的纳税申报情况；④申请减免税事项适用的税收政策依据；⑤申请减免税的时限；⑥其他按规定需要审核的内容。

需要对申请材料的内容进行实地核实的，应由两名以上工作人员按规定程序进行实地核查，并将核查情况记录在案。市级税务局对减免税实地核查工作量大、耗时长的，可委托纳税人所在地区县级税务机关具体组织实施。

审核完毕后，应形成审核报告，并在《减免税申请审批表》上签署意见，上报依法享有减免税审批权限的税务机关（以下简称有权机关）审批。

由纳税人主管税务机关受理，但无审批权限的减免税申请，主管税务机关应当自受理申请之日起10个工作日内完成本级审核工作，并上报有权机关审批。

（4）审批。有权机关直接受理或收到上报的减免税申请资料后，应复核是否已经"审核"。在"审核"的基础上按政策规定提交分管局领导或减免税审议委员会决定。

有权机关应当在规定的期限内作出书面决定，并在《减免税申请审批表》上签署决定意见。

①县、区级税务机关负责审批的减免税，必须在20个工作日内作出审批决定；

②地市级税务机关负责审批的，必须在30个工作日内作出审批决定；

③在规定期限内不能作出决定的，经本级税务机关负责人批准，可以延长10个工作日，并将延长期限的理由告知纳税人。

减免税期限超过1个纳税年度的，进行一次性审批。

（5）执行。对于申请报批类减免税的，有权机关应当自作出决定之日起10个工作日内向纳税人送达执行：①减免税申请符合法定条件、标准，准予减免税的，制作《减免税审批通知书》送达纳税人；②依法不予减免税的，应当制作《税务事项通知书》说明理由，并告知纳税人享有依法申请行政复议或者提起行政诉讼的权利。

对于申报备案类减免税的，主管税务机关应在受理纳税人减免税备案资料后7个工作日内完成登记备案工作，并制作《税务事项通知书》告知纳税人执行。

主管税务机关应按规定填制《减免税清册》，设立纳税人减免税管理台账，详细登记减免税的批准时间、项目、年限、金额。

（6）监督管理。税务机关对纳税人已享受减免税的，应当纳入正常申报，进行减免税申报。纳税人享受减免税到期的，应当申报缴纳税款。

税务机关应结合纳税检查、执法检查或其他专项检查，每年定期对纳税人减免税事项进行清查、清理，加强监督检查，主要内容包括：①纳税人是否符合减免税的资格条件，是否以隐瞒有关情况或者提供虚假材料等手段骗取减免税；②纳税人享受减免税的条件发生变化时，是否根据变化情况经税务机关重新审查后办理减免税；③减免税税款有规定用途的，纳税人是否按规定用途使用减免税款；有规定减免税期限的，是否到期恢复纳税；④是否存在纳税人未经税务机关批准自行享受减免税的情况；⑤已享受减免税是否未申报。对违反上述规定的纳税人，税务机关按照税收征管法有关"税务行政处罚"的规定予以处理。

项目七　熟悉纳税人的权利和义务

依法纳税是纳税人应尽的义务，但纳税人同样享有一定的权利。国家设"纳税人权益日"，以便让公众知道为什么要纳税，纳税人有什么权益，怎样行使，行使遇到阻碍时通过什么渠道去解决。作为企业的办税人员，一定要熟知这些权利的内容，以便保护自己的合法权益。

任务一 纳税人的权利

纳税人的权利是指纳税人在依法履行纳税义务时，由法律确认、保障与尊重的权利和利益，以及当纳税人的合法权益受到侵犯时，纳税人所应获得的救助与补偿权利。我国现行税法规定，纳税人以及扣缴义务人（以下统称纳税人）的权利主要包括以下方面：

（1）知情权。有权向主管税务机关了解国家税收法律、行政法规的规定以及与纳税程序有关的情况，包括：现行税收法律、行政法规和税收政策规定；办理税收事项的时间、方式、步骤以及需要提交的资料；应纳税额核定及其他税务行政处理决定的法律依据、事实依据和计算方法；与税务机关在纳税、处罚和采取强制执行措施时发生争议或纠纷时，可以采取的法律救济途径及需要满足的条件。

（2）保密权。有权要求税务机关对纳税人的情况保密。税务机关将依法纳税人的商业秘密和个人隐私保密，主要包括技术信息、经营信息和不愿公开的个人事项。

（3）税收监督权。对税务机关违反税收法律、行政法规的行为，如税务人员索贿受贿、徇私舞弊、玩忽职守、不征或者少征应征税款、滥用职权多征税款或者故意刁难等，可以进行检举和控告。同时，对其他纳税人的税收违法行为也有权进行检举。

（4）纳税申报方式选择权。可以直接到办税服务厅办理纳税申报或者报送代扣代缴、代收代缴税款报告表，也可以按照规定采取邮寄、数据电文或者其他方式办理上述申报、报送事项。但采取邮寄或数据电文方式办理上述申报、报送事项的，需经主管税务机关批准。

（5）申请延期申报权。如不能按期办理纳税申报或者报送代扣代缴、代收代缴税款报告表，纳税人应当在规定的期限内向税务机关提出书面延期申请，经核准，可在核准的期限内办理。经核准延期办理申报、报送事项的，应当在税法规定的纳税期内按照上期实际缴纳的税额或者税务机关核定的税额预缴税款，并在核准的延期内办理税款结算。

（6）申请延期缴纳税款权。如因有特殊困难，不能按期缴纳税款的，经省、自治区、直辖市国家税务局、地方税务局批准，可以延期缴纳税款，但是最长不得超过3个月。计划单列市国家税务局、地方税务局可以参照省级税务机关的批准权限，审批延期缴纳税款申请。满足以下任何一个条件，纳税人均可以申请延期缴纳税款：一是因不可抗力，导致纳税人发生较大损失，正常生产经营活动受到较大影响的；二是当期货币资金在扣除应付职工工资、社会保险费后，不足以缴纳税款的。

（7）申请退还多缴税款权。对超过应纳税额缴纳的税款，税务机关发现后，将自发现之日起10日内办理退还手续；如自结算缴纳税款之日起3年内发现的，可以向税务机关要求退还多缴的税款并加算银行同期存款利息。税务机关将自接到纳税人退还申请之日起30日内查实并办理退还手续，涉及从国库中退库的，依照法律、行政法规有关国库管理的规定退还。

（8）依法享受税收优惠权。可以依照法律、行政法规的规定书面申请减税、免税。减税、免税的申请须经法律、行政法规规定的减税、免税审查批准机关审批。减税、免税期满，应当自期满次日起恢复纳税。减税、免税条件发生变化的，应当自发生变化之日起15日内向税务机关报告；不再符合减税、免税条件的，应当依法履行纳税义务。

（9）委托税务代理权。有权就以下事项委托税务代理人代为办理：办理、变更或者注销税务登记、除增值税专用发票外的发票领购手续、纳税申报或扣缴税款报告、税款缴纳和申请退税、制作涉税文书、审查纳税情况、建账建制、办理财务、税务咨询、申请税务行政复议、提起税务行政诉讼以及国家税务总局规定的其他业务。

（10）陈述与申辩权。对税务机关作出的决定，纳税人享有陈述权、申辩权。如果有充分的证据证明自己的行为合法，税务机关就不得对纳税人实施行政处罚。

（11）对未出示税务检查证和税务检查通知书的拒绝检查权。税务机关派出的人员进行税务检查时，应当向纳税人出示税务检查证和税务检查通知书；对未出示税务检查证和税务检查通知书的，纳税人有权拒绝检查。

（12）税收法律救济权。对税务机关作出的决定，纳税人依法享有申请行政复议、提起行政诉讼、请求国家赔偿等权利。

纳税人、纳税担保人同税务机关在纳税上发生争议时，必须先依照税务机关的纳税决定缴纳或者解缴税款及滞纳金或者提供相应的担保，然后可以依法申请行政复议；对行政复议决定不服的，可以依法向人民法院起诉。如纳税人对税务机关的处罚决定、强制执行措施或者税收保全措施不服的，可以依法申请行政复议，也可以依法向人民法院起诉。

当税务机关的职务违法行为给纳税人和其他税务当事人的合法权益造成侵害时，纳税人和其他税务当事人可以要求税务行政赔偿。主要包括：一是在限期内已缴纳税款，税务机关未立即解除税收保全措施，使纳税人的合法权益遭受损失的；二是税务机关滥用职权违法采取税收保全措施、强制执行措施或者采取税收保全措施、强制执行措施不当，使纳税人或者纳税担保人的合法权益遭受损失的。

（13）依法要求听证的权利。税务机关对纳税人作出规定金额以上罚款的行政处罚之前，向纳税人送达《税务行政处罚事项告知书》，告知纳税人已经查明的违法事实、证据、行政处罚的法律依据和拟将给予的行政处罚。对此，纳税人有权要求举行听证。

（14）索取有关税收凭证的权利。税务机关征收税款时，必须给纳税人开具完税凭证。扣缴义务人代扣、代收税款时，纳税人要求扣缴义务人开具代扣、代收税款凭证时，扣缴义务人应当开具。

税务机关扣押商品、货物或者其他财产时，必须开付收据；查封商品、货物或者其他财产时，必须开付清单。

任务二　纳税人的义务

纳税人的权利和义务是均衡的，纳税人义务是指依照宪法、法律、行政法规规定，纳税人在税收征纳各环节中应承担的义务。纳税人在纳税过程中负有以下义务：

（1）依法进行税务登记的义务。应当自领取营业执照之日起30日内，持有关证件，向税务机关申报办理税务登记。税务登记主要包括领取营业执照后的设立登记、税务登记内容发生变化后的变更登记、依法申请停业、复业登记、依法终止纳税义务的注销登记等。在各类税务登记管理中，纳税人应该根据税务机关的规定分别提交相关资料，及时办理。同时，应当按照规定使用税务登记证件。税务登记证件不得转借、涂改、损毁、买卖或者伪造。

（2）依法设置账簿、保管账簿和有关资料以及依法开具、使用、取得和保管发票的义务。按照有关法律、行政法规和国务院财政、税务主管部门的规定设置账簿，根据合法、有效凭证记账，进行核算；从事生产、经营的，必须按照国务院财政、税务主管部门规定的保管期限保管账簿、记账凭证、完税凭证及其他有关资料；账簿、记账凭证、完税凭证及其他有关资料不得伪造、变造或者擅自损毁。

此外，在购销商品、提供或者接受经营服务以及从事其他经营活动中，应当依法开具、使用、取得和保管发票。

（3）财务会计制度和会计核算软件备案的义务。企业使用的财务、会计制度或者财务、会计处理办法和会计核算软件，应当报送税务机关备案。企业使用财务、会计制度或者财务、会计处理办法与国务院或者国务院财政、税务主管部门有关税收的规定抵触的，应依照国务院或者国务院财政、税务主管部门有关税收的规定计算应纳税款、代扣代缴和代收代缴税款。

（4）按照规定安装、使用税控装置的义务。国家根据税收征收管理的需要，积极推广使用税控装置。企业应当按照规定安装、使用税控装置，不得损毁或者擅自改动税控装置。如果没有按规定安装、使用税控装置，或者损毁或者擅自改动税控装置的，税务机关将责令其限期改正，并可根据情节轻重处以规定数额内的罚款。

（5）按时、如实申报的义务。必须依照法律、行政法规规定或者税务部门依照法律、行政法规的规定确定的申报期限、申报内容如实办理纳税申报，报送纳税申报表、财务会计报表以及税务机关根据实际需要要求企业报送的其他纳税资料。

作为扣缴义务人，企业必须依照法律、行政法规规定或者税务机关依照法律、行政法规的规定确定的申报期限、申报内容如实报送代扣代缴、代收代缴税款报告表以及税务机关根据实际需要要求企业报送的其他有关资料。

企业即使在纳税期内没有应纳税款，也应当按照规定办理纳税申报。享受减税、免税待遇的，在减税、免税期间应当按照规定办理纳税申报。

（6）按时缴纳税款的义务。应当按照法律、行政法规规定或者税务部门依照法律、行政法规的规定确定的期限，缴纳或者解缴税款。未按照规定期限缴纳税款或者未按照规定期限解缴税款的，税务机关除责令限期缴纳外，从滞纳税款之日起，按日加收滞纳税款 0.5‰ 的滞纳金。

（7）代扣、代收税款的义务。如按照法律、行政法规规定负有代扣代缴、代收代缴税款义务，必须依照法律、行政法规的规定履行代扣、代收税款的义务。依法履行代扣、代收税款义务时，纳税人不得拒绝。纳税人拒绝的，代扣代缴人应当及时报告税务机关处理。

（8）接受依法检查的义务。企业应自觉接受税务机关依法进行的税务检查，主动配合税务机关按法定程序进行的税务检查，如实地反映自己的生产经营情况和执行财务制度的情况，并按有关规定提供报表和资料，不得隐瞒和弄虚作假，不能阻挠、刁难税务机关的检查和监督。

（9）及时提供信息的义务。企业除通过税务登记和纳税申报向税务机关提供与纳税有关的信息外，还应及时提供其他信息。如企业有歇业、经营情况变化、遭受各种灾害等特殊情况的，应及时向税务机关说明，以便税务机关依法妥善处理。

（10）报告其他涉税信息的义务。为了保障国家税收能够及时、足额征收入库，税收法律还规定了企业有义务向税务机关报告如下涉税信息：

①本企业与关联企业之间的业务往来，应向当地税务机关提供有关的价格、费用标准等资料。有欠税情形而以财产设定抵押、质押的，应当向抵押权人、质权人说明本企业的欠税情况。

②企业合并、分立的报告义务。有合并、分立情形的，应当向税务机关报告，并依法缴清税款。合并时未缴清税款的，应当由合并后的纳税人继续履行未履行的纳税义务；分立时未缴清税款的，分立后的纳税人对未履行的纳税义务应当承担连带责任。

③报告全部账号的义务。如企业从事生产、经营，应当按照国家有关规定，持税务登记证件，在银行或者其他金融机构开立基本存款账户和其他存款账户，并自开立基本存款账户或者其他存款账户之日起 15 日内，向企业的主管税务机关书面报告全部账号；发生变化的，应当自变化之日起 15 日内，向企业的主管税务机关书面报告。

④处分大额财产报告的义务。如企业的欠缴税款数额在 5 万元以上，在处分不动产或者大额资产之前，应当向税务机关报告。

思考与练习

一、单项选择题

1. 下列选项中，属于税基式减免的是（   ）。
   A. 全部免征   B. 减半征收
   C. 零税率   D. 免征额

2. 下列具有最高法律效力的是（   ）。
   A.《中华人民共和国个人所得税法实施细则》
   B.《中华人民共和国增值税暂行条例》
   C.《税务部门规章制定实施办法》
   D.《中华人民共和国车船税法》

3. 我国《税收征收管理法》规定，依法办理营业执照或成为法定纳税人的，应自领取营业执照或成为法定纳税人之日起（   ）内办理税务登记。
   A. 15 日   B. 30 日   C. 45 日   D. 60 日

4. 下列关于纳税人的权利与义务的说法中，错误的是（   ）。
   A. 纳税人因有特殊困难，不能按期缴纳税款的，经批准，可以延期缴纳税款，但最长不得超过 3 个月

B. 纳税人及扣缴义务人有权要求税务机关或税务人员为纳税人或扣缴义务人的情况保密，但是税收违法行为信息不属于保密范围

C. 纳税人或扣缴义务人在纳税期限内如果没有应纳税款，可以不办理纳税申报

D. 纳税人未按照规定期限缴纳税款或者未按照规定期限解缴税款的，税务机关除责令限期缴纳外，从滞纳税款之日起，按日加收滞纳税款 0.5‰的滞纳金

5. 区分不同税种的主要标志是（　　）。

A. 纳税义务人　　B. 课税对象　　　C. 税率　　　　　D. 税目

6. 领购发票的单位和个人凭（　　）核准的种类、数量以及购票方式，向主管税务机关领购发票。

A. 税务登记证　　　　　　　　B. 发票印制通知书

C. 发票领购申请审批表　　　　D. 发票领购簿

7. 纳税人的完税凭证、发票等涉税资料应当保存的期限是（　　）。

A. 3 年　　　　　B. 5 年　　　　　C. 10 年　　　　D. 20 年

8. 税务登记不包括（　　）。

A. 开业登记　　B. 减免税登记　　C. 变更登记　　　D. 注销登记

二、多项选择题

1. 税收的特征主要表现在（　　）。

A. 公平性　　　B. 强制性　　　C. 无偿性　　　D. 固定性

2. 比例税率是指对同一征税对象，不分数额大小，规定相同的征收比例，其具体形式有（　　）。

A. 单一比例税率　　　　　　　B. 差别比例税率

C. 幅度比例税率　　　　　　　D. 双重比例税率

3. 下列税种中，征税对象与计税依据不一致的有（　　）。

A. 企业所得税　　B. 营业税　　　C. 车船税　　　D. 增值税

4. 纳税人在办理注销税务登记前，应当向税务机关（　　）。

A. 结清滞纳金　　　　　　　　B. 缴销发票

C. 缴销税务登记证　　　　　　D. 缴销开户许可证

5. 企业应当报送税务机关备案的会计资料是（　　）。

A. 企业使用的财务、会计制度　　B. 企业使用的会计处理办法

C. 企业使用的会计核算软件　　　D. 企业使用的账簿和会计报表

6. 税务申报的方式包括（　　）。

A. 直接申报　　B. 间接申报　　C. 邮寄申报　　D. 数据电文

7. 税款征收方式包括（　　）。

A. 查账征收　　B. 核定征收　　C. 委托征收　　D. 强制征收

8. 现行税法规定纳税人所享有的权利包括（　　）等。

A. 纳税申报方式选择权　　　　B. 申请延期缴纳税款权

C. 复议申诉权　　　　　　　　D. 定期定额征收

三、判断题

1. 《税收征收管理法》属于税收基本法。（   ）

2. 免征额是指对征税对象总额中免予征税的数额，即将纳税对象中的一部分给予减免，只就减除后的剩余部分计征税款。（   ）

3. 非正常户是未办理税务登记的纳税人未按照规定的期限申报纳税，经责令其限期改正逾期不改正的，税务机关派员实地检查，查无下落并且无法强制其履行纳税义务的纳税人。（   ）

4. 纳税人未按照规定使用税务登记证件或者转借、涂改、损毁、买卖、伪造税务登记证件的，处 2 000 元以上 1 万元以下罚款；情节严重的，处 1 万元以上 5 万元以下罚款。（   ）

5. 税务登记证件 5 年更换一次，一年验审一次。（   ）

6. 生产、经营规模小又确无建账能力的纳税人，经税务机关批准，可以不设账簿。（   ）

7. 按照填开方式的不同，普通发票可分为通用机打发票、通用手工发票和通用定额发票三大类。（   ）

8. 享受减税、免税待遇的纳税人和当期未发生应税行为的纳税人、扣缴义务人，不办理纳税申报。（   ）

9. 纳税人、纳税担保人同税务机关在纳税上产生争议时，可以暂缓纳税，依法申请行政复议。（   ）

10. 企业在进行税务登记之后还要到工商管理部门办理工商登记手续。（   ）

四、案例分析题

某纳税人是做建筑材料生意的个体工商户，2014 年 4 月 5 日因为胃炎住院治疗，直到 4 月 20 日才出院。因为住院，一直没有申报纳税，他想在 5 月一并申报纳税。然而，5 月 10 日胃炎复发，又一次住进了医院，直到 5 月 25 日才出院，于是，他想索性在 6 月一并将 3—5 月的税款申报纳税。由于他一直没有申报纳税，被税务机关列为异常户，2014 年 5 月 31 日，税务机关经过检查确认后，责令其限期改正，并对其未申报行为处以 2 000 元行政罚款。纳税人对此不服，他认为生病住院，属于"不可抗力"，应当允许他延期申报纳税。请问：税务机关的处理是否正确？为什么？

增值税纳税实务

✍ 技能目标

1. 能准确计算增值税一般纳税人、小规模纳税人的应纳增值税额，准确开具增值税专用发票

2. 能准确地对一般纳税人、小规模纳税人增值税有关业务进行账务处理

3. 能准确填制一般纳税人和小规模纳税人增值税申报表，并能进行增值税网上申报

4. 能用"免、抵、退"方法计算增值税应免抵和应退的税款，并会办理出口货物退（免）增值税工作

✍ 知识目标

1. 熟悉增值税法律知识，计算应纳增值税额，熟悉增值税的会计处理

2. 熟悉增值税一般纳税人纳税申报、增值税小规模纳税人纳税申报

3. 熟悉如何办理增值税网上报税业务

4. 熟悉如何办理出口货物增值税退（免）税

✍ 情境导入

某家用电器厂（增值税一般纳税人）当期销售自产电扇，开具增值税专用发票注明销售价格为700万元，当期购进原材料、零部件300万元，取得增值税专用发票上注明的税额为51万元。此外，该企业当期还把价值150万元的自产电扇用于投资联营企业，同时还将一批成本为10万元的自产电灯作为礼品赠送客户，电灯无同类产品销售额。

请问：该家用电器厂增值税的计税依据是多少？税率怎样确定？应纳增值税额如何计算？

项目一　熟悉增值税法律知识

增值税是以在我国境内从事销售货物或者提供加工、修理修配劳务、应税服务以及进口货物的单位和个人取得的增值额为课税对象征收的一种税。增值额是指企业在生产经营应税产品或提供应税劳务过程中新创造的那一部分价值，即劳动者新创造的价值 $V+M$ 部分，在我国相当于净产值或国民收入部分。增值额这个概念一般可从以下两个角度理解：（1）从一个生产经营单位来看，增值额是指该单位销售货物或提供劳务的收入额扣除为生产经营这种货物（包括劳务，下同）而外购的那部分货物价款后的余额；（2）从一项货物生产流通的全过程来看，增值额是该货物经历的生产和流通各个环节创造的增值额之

和，也就是该货物的最终销售价格。

上述增值额的概念是理论意义的增值额，在实际业务中是难以准确计算的，因此，我国在增值税的实际操作上采用以流转额为计税依据，实行税款抵扣的间接计算方法。这种计算办法同样体现了按增值因素征税原则。

为了避免重复征税，世界上实行增值税的国家，对纳税人外购原材料、燃料、动力、包装物和低值易耗品等已纳的增值税额，一般准予从销项税额中抵扣。但对固定资产已纳的增值税额是否允许扣除，政策不一，在处理上不尽相同，由此产生了消费型增值税、收入型增值税和生产型增值税。

所谓消费型增值税，是指允许纳税人从本期销项税额中抵扣用于生产经营的固定资产的全部进项税额。就整个社会来说，对生产资料不征税，只对消费资料征税，所以称为消费型增值税。

所谓收入型增值税，是指只允许纳税人从本期销项税额中抵扣用于生产经营的固定资产的当期折旧价值额的进项税额。就整个社会来说，实际征税对象相当于全部社会产品扣除补偿消耗的生产资料以后的余额，即国民收入，所以称为收入型增值税。

所谓生产型增值税，是指不允许纳税人从本期销项税额中抵扣购入固定资产的进项税额。就整个社会来说，增值税允许抵扣的范围只限于原材料等劳动对象的进项税额，所以实际征税对象相当于国民生产总值，故称为生产型增值税。

我国在 2009 年实行了增值税的全面"转型"，由过去的生产型增值税转变为消费型增值税。实行消费型增值税有利于鼓励投资、税制优化和产业结构调整，简化征纳计算，提高征管效率。

增值税与传统的按销售收入全额征税的流转税相比，在促进社会经济发展、增强出口产品竞争力、体现公平税负的原则、稳定国家财政收入等方面都发挥了积极的作用。

☞知识链接

增值税的由来

增值税产生于 1954 年的法国，在原生产税的基础上演变而来。由于增值税是以增值额为课税对象征收的一种税，税负公平，适应了社会化大生产的发展，受到了各国的普遍欢迎。到目前为止，世界上已有 100 多个国家实行增值税，我国自 1979 年开始实行增值税，经过 1984 年、1994 年和 2009 年等几次大的税制改革，征税范围不断扩大，计税方法不断完善，增值税已逐步发展为我国第一大税种，收入占全国税收收入的 60% 以上。增值税由国家税务局负责征收，税收收入的 75% 为中央财政收入，25% 为地方财政收入。进口环节的增值税由海关负责征收，税收收入全部为中央财政收入。

任务一　判别增值税的征税范围

（一）增值税征税范围的一般规定

销售或者进口货物，货物是指有形动产，包括电力、热力、气体在内。

提供加工、修理修配劳务。加工是指受托加工货物，即委托方提供原料及主要材料，受托方按照委托方的要求制造货物并收取加工费的业务。修理修配是指受托方对损伤和丧失功能的货物进行修复，使其恢复原状和功能的业务。

提供应税服务，具体包括陆路运输服务、水路运输服务、航空运输服务、管道运输服务、邮政普遍服务、邮政特殊服务、其他邮政服务、基础电信服务、增值电信服务、研发和技术服务、信息技术服务、文化创意服务、物流辅助服务、有形动产租赁服务、鉴证咨询服务，不包括非营业活动中提供的应税服务。非营业活动是指：

（1）非企业性单位按照法律和行政法规的规定，为履行国家行政管理和公共服务职能收取政府性基金或者行政事业性收费的活动。

（2）单位或者个体工商户聘用的员工为本单位或者雇主提供交通运输业和部分现代服务业服务。

（3）单位或个体工商户为员工提供交通运输业和部分现代服务业服务。

（4）财政部和国家税务总局规定的其他情形。

☞知识链接

应税服务的具体范围

交通运输业

交通运输业是指使用运输工具将货物或旅客送达目的地，使其空间位置得到转移的业务活动，包括陆路运输服务、水路运输服务、航空运输服务和管道运输服务。

• 陆路运输服务是指通过陆路（地上或地下）运送货物或者旅客的运输业务活动，包括铁路运输和其他陆路运输。

（1）铁路运输服务是指通过铁路运送货物或旅客的运输业务活动。

（2）其他陆路运输服务是指除铁路运输以外的陆路运输业务活动，包括公路运输、缆车运输、索道运输、地铁运输、城市轻轨运输等。

出租车公司向使用本公司自有出租车的出租车司机收取的管理费用，按陆路运输服务征收增值税。

• 水路运输服务是指通过江、河、湖、川等天然、人工水道或海洋航道运送货物或者旅客的运输业务活动。

远洋运输的程租、期租业务，属于水路运输服务。程租业务是指远洋运输企业为租船人完成某一特定航次的运输任务并收取租赁费的业务。期租业务是指远洋运输企业将配备有操作人员的船舶承租给他人使用一定期限，承租期内听候承租方调遣，不论是否经营，均按天向承租方收取租赁费，发生的固定费用均由船东负担的业务。

• 航空运输服务是指通过空中航线运送货物或旅客的运输业务活动。

航空运输的湿租业务属于航空运输服务。湿租业务是指航空运输企业将配备有机组人员的飞机承租给他人使用一定期限，承租期内听候承租方调遣，不论是否经营，均按一定标准向承租方收取租赁费，发生的固定费用均由承租方承担的业务。

航天运输服务按照航空运输服务征收增值税。航天运输服务是指利用火箭等载体将卫星、空间探测器等空间飞行器发射到空间轨道的业务活动。

● 管道运输服务是指通过管道设施输送气体、液体、固体物质的运输业务活动。

邮政业

邮政业是指中国邮政集团公司及其所属邮政企业提供邮件寄递、邮政汇兑、机要通信和邮政代理等邮政基本服务的业务活动，包括邮政普遍服务、邮政特殊服务和其他邮政服务。

● 邮政普遍服务，是指函件、包裹等邮件寄递以及邮票发行、报刊发行和邮政汇兑等业务活动。函件，是指信函、印刷品、邮资封片卡、无名址函件和邮政小包等。包裹，是指按照封装上的名址递送给特定个人或者单位的独立封装的物品，其重量不超过 50 千克，任何一边的尺寸不超过 150 厘米，长、宽、高合计不超过 300 厘米。

● 邮政特殊服务是指义务兵平常信函、机要通信、盲人读物和革命烈士遗物的寄递等业务活动。

● 其他邮政服务是指邮册等邮品销售、邮政代理等业务活动。

电信业

电信业是指利用有线、无线的电磁系统或者光电系统等各种通信网络资源，提供语音通话服务，传送、发射、接收或者应用图像、短信等电子数据和信息的业务活动，包括基础电信服务和增值电信服务。

● 基础电信服务是指利用固网、移动网、卫星、互联网，提供语音通话服务的业务活动，以及出租或者出售带宽、波长等网络元素的业务活动。

● 增值电信服务是指利用固网、移动网、卫星、互联网、有线电视网络，提供短信和彩信服务、电子数据和信息的传输及应用服务、互联网接入服务等业务活动。卫星电视信号落地转接服务，按照增值电信服务计算缴纳增值税。

部分现代服务业

部分现代服务业是指围绕制造业、文化产业、现代物流产业等提供技术性、知识性服务的业务活动，包括研发和技术服务、信息技术服务、文化创意服务、物流辅助服务、有形动产租赁服务、鉴证咨询服务、广播影视服务。

● 研发和技术服务，包括研发服务、技术转让服务、技术咨询服务、合同能源管理服务、工程勘察勘探服务。

（1）研发服务，是指就新技术、新产品、新工艺或者新材料及其系统进行研究与试验开发的业务活动。

（2）技术转让服务，是指转让专利或者非专利技术的所有权或者使用权的业务活动。

（3）技术咨询服务，是指对特定技术项目提供可行性论证、技术预测、技术测试、技术培训、专题技术调查、分析评价报告和专业知识咨询等业务活动。

（4）合同能源管理服务，是指节能服务公司与用能单位以契约形式约定节能目标，节能服务公司提供必要的服务，用能单位以节能效果支付节能服务公司投入及其合理报酬的业务活动。

（5）工程勘察勘探服务，是指在采矿、工程施工前后，对地形、地质构造、地下资源蕴藏情况进行实地调查的业务活动。

● 信息技术服务，是指利用计算机、通信网络等技术对信息进行生产、收集、处理、加工、存储、运输、检索和利用，并提供信息服务的业务活动，包括软件服务、电路设计及测试服务、信息系统服务和业务流程管理服务。

（1）软件服务，是指提供软件开发服务、软件咨询服务、软件维护服务、软件测试服务的业务行为。

（2）电路设计及测试服务，是指提供集成电路和电子电路产品设计、测试及相关技术支持服务的业务行为。

（3）信息系统服务，是指提供信息系统集成、网络管理、桌面管理与维护、信息系统应用、基础信息技术管理平台整合、信息技术基础设施管理、数据中心、托管中心、安全服务的业务行为，包括网站对非自有的网络游戏提供的网络运营服务。

（4）业务流程管理服务，是指依托计算机信息技术提供的人力资源管理、财务经济管理、审计管理、税务管理、金融支付服务、内部数据分析、内部数据挖掘、内部数据管理、内部数据使用、呼叫中心和电子商务平台等服务的业务活动。

● 文化创意服务，包括设计服务、商标和著作权转让服务、知识产权服务、广告服务和会议展览服务。

（1）设计服务，是指把计划、规划、设想通过视觉、文字等形式传递出来的业务活动，包括工业设计、造型设计、服装设计、环境设计、平面设计、包装设计、动漫设计、网游设计、展示设计、网站设计、机械设计、工程设计、广告设计、创意策划、文印晒图等。

（2）商标和著作权转让服务，是指转让商标、商誉和著作权的业务活动。

（3）知识产权服务，是指处理知识产权事务的业务活动，包括对专利、商标、著作权、软件、集成电路布图设计的代理、登记、鉴定、评估、认证、咨询、检索服务。

（4）广告服务，是指利用图书、报纸、杂志、广播、电视、电影、幻灯、路牌、招贴、橱窗、霓虹灯、灯箱、互联网等各种形式为客户的商品、经营服务项目、文体节目或者通告、声明等委托事项进行宣传和提供相关服务的业务活动，包括广告代理和广告的发布、播映、宣传、展示等。

（5）会议展览服务，是指为商品流通、促销、展示、经贸洽谈、民间交流、企业沟通、国际往来等举办或者组织安排的各类展览和会议的业务活动。

● 物流辅助服务，包括航空服务、港口码头服务、货运客运场站服务、打捞救助服务、货物运输代理服务、代理报关服务、仓储服务、装卸搬运服务和收派服务。

（1）航空服务，包括航空地面服务和通用航空服务。

航空地面服务，是指航空公司、飞机场、民航管理局、航站等向在境内航行或者在境内机场停留的境内外飞机或者其他飞行器提供的导航等劳务性地面服务的业务活动，包括旅客安全检查服务、停机坪管理服务、机场候机厅管理服务、飞机清洗消毒服务、空中飞行管理服务、飞机起降服务、飞行通讯服务、地面信号服务、飞机安全服务、飞机跑道管理服务、空中交通管理服务等。

通用航空服务，是指为专业工作提供飞行服务的业务活动，包括航空摄影、航空培训、航空测量、航空勘探、航空护林、航空吊挂播洒、航空降雨等。

（2）港口码头服务，是指港务船舶调度服务、船舶通讯服务、航道管理服务、航道疏浚服务、灯塔管理服务、航标管理服务、船舶引航服务、理货服务、系解缆服务、停泊和移泊服务、海上船舶溢油清除服务、水上交通管理服务、船只专业清洗消毒检测服务和防止船只漏油服务等为船只提供服务的业务活动。港口设施经营人收取的港口设施保安费按照"港口码头服务"征收增值税。

（3）货运客运场站服务，是指货运客运场站提供的货物配载服务、运输组织服务、中转换乘服务、车辆调度服务、票务服务、货物打包整理、铁路线路使用服务、加挂铁路客车服务、铁路行包专列发送服务、铁路到达和中转服务、铁路车辆编解服务、车辆挂运服务、铁路接触网服务、铁路机车牵引服务、车辆停放服务等业务活动。

（4）打捞救助服务，是指提供船舶人员救助、船舶财产救助、水上救助和沉船沉物打捞服务的业务活动。

（5）货物运输代理服务，是指接受货物收货人、发货人、船舶所有人、船舶承租人或船舶经营人的委托，以委托人的名义或者以自己的名义，在不直接提供货物运输服务的情况下，为委托人办理货物运输、船舶进出港口、联系安排引航、靠泊、装卸等货物和船舶代理相关业务手续的业务活动。

（6）代理报关服务，是指接受进出口货物的收、发货人委托，代为办理报关手续的业务活动。

（7）仓储服务，是指利用仓库、货场或者其他场所代客贮放、保管货物的业务活动。

（8）装卸搬运服务，是指使用装卸搬运工具或人力、畜力将货物在运输工具之间、装卸现场之间或者运输工具与装卸现场之间进行装卸和搬运的业务活动。

（9）收派服务，是指接受寄件人委托，在承诺的时限内完成函件和包裹的收件、分拣、派送服务的业务活动。收件服务，是指从寄件人收取函件和包裹，并运送到服务提供方同城的集散中心的业务活动；分拣服务，是指服务提供方在其集散中心对函件和包裹进行归类、分发的业务活动；派送服务，是指服务提供方从其集散中心将函件和包裹送达同城的收件人的业务活动。

• 有形动产租赁，包括有形动产融资租赁和有形动产经营性租赁。

（1）有形动产融资租赁，是指具有融资性质和所有权转移特点的有形动产租赁业务活动。即出租人根据承租人所要求的规格、型号、性能等条件购入有形动产租赁给承租人，合同期内设备所有权属于出租人，承租人只拥有使用权，合同期满付清租金后，承租人有权按照残值购入有形动产，以拥有其所有权。不论出租人是否将有形动产残值销售给承租人，均属于融资租赁。

（2）有形动产经营性租赁，是指在约定时间内将物品、设备等有形动产转让他人使用且租赁物所有权不变更的业务活动。

远洋运输的光租业务、航空运输的干租业务，属于有形动产经营性租赁。光租业务，是指远洋运输企业将船舶在约定的时间内出租给他人使用，不配备操作人员，不承担运输过程中发生的各项费用，只收取固定租赁费的业务活动。干租业务，是指航空运输企业将飞机在约定的时间内出租给他人使用，不配备机组人员，不承担运输过程中发生的各项费用，只收取固定租赁费的业务活动。

● 鉴证咨询服务，包括认证服务、鉴证服务和咨询服务。

（1）认证服务，是指具有专业资质的单位利用检测、检验、计量等技术，证明产品、服务、管理体系符合相关技术规范、相关技术规范的强制性要求或者标准的业务活动。

（2）鉴证服务，是指具有专业资质的单位，为委托方的经济活动及有关资料进行鉴证，发表具有证明力的意见的业务活动，包括会计鉴证、税务鉴证、法律鉴证、工程造价鉴证、资产评估、环境评估、房地产土地评估、建筑图纸审核、医疗事故鉴定等。

（3）咨询服务，是指提供和策划财务、税收、法律、内部管理、业务运作和流程管理等信息或者建议的业务活动。代理记账、翻译服务按照"咨询服务"征收增值税。

● 广播影视服务，包括广播影视节目（作品）的制作服务、发行服务和播映（含放映，下同）服务。

（1）广播影视节目（作品）制作服务，是指进行专题（特别节目）、专栏、综艺、体育、动画片、广播剧、电视剧、电影等广播影视节目和作品制作的服务。具体包括与广播影视节目和作品相关的策划、采编、拍摄、录音、音视频文字图片素材制作、场景布置、后期的剪辑、翻译（编译）、字幕制作、片头、片尾、片花制作、特效制作、影片修复、编目和确权等业务活动。

（2）广播影视节目（作品）发行服务，是指以分账、买断、委托、代理等方式，向影院、电台、电视台、网站等单位和个人发行广播影视节目（作品）以及转让体育赛事等活动的报道及播映权的业务活动。

（3）广播影视节目（作品）播映服务，是指在影院、剧院、录像厅及其他场所播映广播影视节目（作品），以及通过电台、电视台、卫星通信、互联网、有线电视等无线或有线装置播映广播影视节目（作品）的业务活动。

（二）属于增值税征税范围的特殊行为

单位或个体经营者的下列行为，视同销售货物：

（1）将货物交付其他单位或者个人代销；

（2）销售代销货物；

（3）设有两个以上机构并实行统一核算的纳税人，将货物从一个机构移送其他机构用于销售，但相关机构设在同一县（市）的除外；

（4）将自产或者委托加工的货物用于非增值税应税项目；

（5）将自产、委托加工的货物用于集体福利或者个人消费；

（6）将自产、委托加工或者购进的货物作为投资，提供给其他单位或者个体工商户；

（7）将自产、委托加工或者购进的货物分配给股东或者投资者；

（8）将自产、委托加工或者购进的货物无偿赠送其他单位或者个人。

单位和个体工商户的下列情形，视同提供应税服务：

（1）向其他单位或者个人无偿提供交通运输业、邮政业和部分现代服务业服务，但以公益活动为目的或者以社会公众为对象的除外。

（2）财政部和国家税务总局规定的其他情形。

☞知识链接

公益性事项

我国《公益事业捐赠法》规定，以下情形属于公益性事项：

（1）救助灾害、救济贫困、扶助残疾人等困难的社会群体和个人的活动；

（2）教育、科学、文化、卫生、体育事业；

（3）环境保护、社会公共设施建设；

（4）促进社会发展和进步的其他社会公共和福利事业。

混业经营，是指纳税人兼营不同税率或征收率的销售货物、提供加工、修理修配劳务或应税服务的业务。例如，某纳税人既提供适用税率为11%的交通运输服务，又从事适用税率为17%的远洋运输光租业务。

一项销售行为如果既涉及货物又涉及非增值税应税劳务，为混合销售行为。除《增值税暂行条例实施细则》第6条规定的外，从事货物的生产、批发或零售的企业、企业性单位和个体工商户的混合销售行为，视为销售货物，应当缴纳增值税；其他单位和个人的混合销售行为，视为销售非增值税应税劳务，不缴纳增值税。

非增值税应税劳务，是指属于应缴营业税的建筑业、金融保险业、文化体育业、娱乐业、服务业等税目征收范围的劳务。

从事货物的生产、批发或零售的企业、企业性单位和个体工商户，包括以从事货物的生产、批发或零售为主，并兼营非增值税应税劳务的单位和个体工商户。

兼营非应税劳务，是指增值税纳税人在从事应税货物销售或提供应税劳务的同时，还从事非应税劳务（即营业税规定的各项劳务），且从事的非应税劳务与某一项销售货物或提供应税劳务并无直接的联系和从属关系。

纳税人兼营销售货物、增值税应税劳务和营业税应税劳务应分别核算销售额和营业额，未分别核算的，由主管国家税务局、地方税务局分别核定货物、增值税应税劳务的销售额和营业税应税劳务的营业额。

（三）属于增值税征税范围的特殊项目

货物期货（包括商品期货和贵金属期货），应当征收增值税，在期货的实物交割环节纳税。

银行销售金银的业务，应当征收增值税。

典当业的死当物品销售业务和寄售业代委托人销售寄售物品的业务，均应征收增值税。

集邮商品（如邮票、首日封、邮折等）的生产以及邮政部门以外的其他单位和个人销售的，均征收增值税。

特殊应税项目的处理：

（1）搬家公司提供的"搬家业务"按照"物流辅助——装卸搬运服务"征收增值税。对搬家公司承运的"货物运输业务"，按照"交通运输业"征收增值税。

（2）各种专业技术推广和传授按照"技术咨询"征收增值税。

（3）"广告代理服务"按照"广告服务"征收增值税。公交公司通过招标方式，由广告公司在其车内播放广告或制作车身广告收取费用的业务符合广告播映、展示的环节，属于"广告服务"的范围。

（4）知识产权代理、广告代理、货物运输代理、船舶代理服务、无船承运业务、包机业务、代理报关业务等7项服务征收增值税。

（5）"咨询服务"包括除技术咨询服务、软件咨询服务、知识产权咨询服务以外的各类提供"信息或者建议"的经济咨询和专业咨询服务。

（6）电路设计服务按照"信息技术服务——电路设计及测试服务"征收增值税；广告设计服务按"文化创意服务——广告服务"征收增值税。

（7）"特殊经营权转让服务"按照"文化创意服务——商标著作权转让服务"征收增值税。

（8）"商标著作权转让服务"中有关"著作权"按照我国《著作权法》关于"著作权"的解释执行。

（9）代理记账服务按照"咨询服务"征收增值税。

☞知识链接

不征收增值税的货物和收入

1. 转让企业全部产权涉及的应税货物的转让，不征收增值税。

2. 纳税人代行政管理部门的收费，对符合条件的，不征收增值税。

3. 纳税人销售货物的同时代办保险而向购买方收取的保险费以及从事汽车销售的纳税人向购买方收取的代购买方缴纳的车辆购置税、牌照费，不作为价外费用征收增值税。

4. 对增值税纳税人收取的会员费收入不征收增值税。

5. 对国家管理部门行使其管理职能，发放的执照、牌照和有关证书等取得的工本费收入，不征收增值税。

6. 对从事热力、电力、燃气、自来水等公用事业的增值税纳税人收取的一次性费用凡与货物的销售数量无直接关系的，不征收增值税。

7. 以积分兑换形式赠送的电信业服务，不征收增值税。

【例2-1】下列各项中属于视同销售行为应当计算销项税额的有（　　）。
A. 将自产的货物用于非应税项目　　　B. 将购买的货物委托外单位加工
C. 将购买的货物无偿赠送他人　　　　D. 将购买的货物用于集体福利
【答案】A C

任务二　确定增值税的纳税人

（一）纳税人及扣缴义务人

纳税人，指在中华人民共和国境内销售货物或者提供加工、修理修配劳务、应税服务以及进口货物的单位和个人。企业租赁或承包给他人经营的，以承租人或承包人为纳税人。

扣缴义务人，指境外的单位和个人在境内销售应税劳务而在境内未设有经营机构的，其应纳税款以代理人为扣缴义务人；没有代理人的，以购买者为扣缴义务人。商业企业出租柜台后承租人自行进货、自行定价、自行销售，但销售额由商场（店）统一收取的，应由各承租柜台的单位和个人纳税，在征收方法上，可采取由商场代扣代缴的办法。

（二）一般纳税人和小规模纳税人划分的具体标准

为了便于增值税的计算和征收管理，我国增值税纳税人以纳税人年销售额的大小和会计核算水平这两个标准划分为小规模纳税人和一般纳税人。

小规模纳税人是指：（1）从事货物生产或者提供应税劳务为主的纳税人，年应征增值税销售额（以下简称应税销售额）在50万元以下（含）的。（2）以货物批发或者零售为主的纳税人，年应税销售额在80万元以下（含）的。（3）提供应税服务的纳税人，年销售额在500万元以下（含）的。（4）年应税销售额超过小规模纳税人标准的其他个人。（5）非企业性单位、不经常发生应税行为的企业可选择按小规模纳税人纳税。

一般纳税人是指：（1）从事货物生产或者提供应税劳务为主的纳税人，年应征增值税销售额（以下简称应税销售额）超过50万元的。（2）以货物批发或者零售为主的纳税人，年应税销售额超过80万元的。（3）提供应税服务的纳税人，年销售额在500万元以上的。

基层税务机关要加强对小规模生产企业财会人员的培训，帮助建立会计账簿，只要小规模企业有会计，有账册，能够正确计算进项税额、销项税额和应纳税额，并能按规定报送有关税务资料，年应税销售额不低于30万元的可以认定为增值税一般纳税人。目前会计核算水平这项标准仅适用于商业企业以外的小规模纳税人。商业企业有其他特殊规定。

下列纳税人不属于一般纳税人：（1）年应税销售额未超过小规模纳税人标准的企业；（2）个体工商户以外的其他个人；（3）非企业性单位；（4）不经常发生增值税应税行为的企业。

（三）一般纳税人资格认定的基本规则

小规模纳税人以外的纳税人应当向主管税务机关申请资格认定。

（1）向谁申请。凡增值税一般纳税人（以下简称一般纳税人），均应向其企业所在地主管税务机关申请办理一般纳税人认定手续。一般纳税人资格认定的权限，在县（市、区）国家税务局或者同级别的税务分局。

申请时应报送以下资料：①《增值税一般纳税人申请认定表》（一式三份）；②《税务登记证》副本；③财务负责人和办税人员的身份证明及其复印件；④会计人员的从业资格证明或者与中介机构签订的代理记账协议及其复印件；⑤经营场所产权证明或者租赁协议，或者其他可使用场地证明及其复印件。

（2）申请时间。纳税人应当在申报期结束后40日（工作日、下同）内向主管税务机关报送《增值税一般纳税人申请认定表》，申请一般纳税人资格认定。申报期，是指纳税人年应税销售额超过小规模纳税人标准的月份（或季度）的所属申报期。

（3）相关规定。认定机关应当在主管税务机关受理申请之日起20日内完成一般纳税人资格认定。

纳税人未在规定期限内申请一般纳税人资格认定的，主管税务机关应当在规定期限结束后20日内制作并送达《税务事项通知书》告知纳税人。《税务事项通知书》中需明确告知：其年应税销售额已超过小规模纳税人标准，应在收到《税务事项通知书》后10日内向主管税务机关报送《增值税一般纳税人申请认定表》或《不认定增值税一般纳税人申请表》；逾期未报送的，按《增值税暂行条例实施细则》（以下简称《实施细则》）第34条规定，按销售额依照增值税税率计算应纳税额，不得抵扣进项税额，也不得使用增值税专用发票。

个体工商户以外的其他个人、选择按照小规模纳税人纳税的非企业性单位和不经常发生增值税应税行为的企业，应当在收到《税务事项通知书》后10日内向主管税务机关报送《不认定增值税一般纳税人申请表》，经认定机关批准后不办理一般纳税人资格认定。认定机关应当在主管税务机关受理申请之日起20日内批准完毕，并由主管税务机关制作、送达《税务事项通知书》，告知纳税人。

（四）一般纳税人纳税辅导期管理办法

主管税务机关可以在一定期限内对下列一般纳税人实行纳税辅导期管理：

（1）按照《增值税一般纳税人资格认定管理办法》（以下简称《认定办法》）第4条的规定，新认定为一般纳税人的小型商贸批发企业。"小型商贸批发企业"是指注册资金在80万元（含）以下、职工人数在10人（含）以下的批发企业。

（2）国家税务总局规定的其他一般纳税人。"其他一般纳税人"是指具有下列情形之一的一般纳税人：①增值税偷税数额占应纳税额的10%以上并且偷税数额在10万元以上的；②骗取出口退税的；③虚开增值税扣税凭证的；④国家税务总局规定的其他情形。

新认定为一般纳税人的小型商贸批发企业实行纳税辅导期管理的期限为3个月，其他一般纳税人实行纳税辅导期管理的期限为6个月。

对新办小型商贸批发企业，主管税务机关应在《认定办法》第9条第4款规定的《税务事项通知书》内告知纳税人对其实行纳税辅导期管理，纳税辅导期自主管税务机关制作《税务事项通知书》的当月起执行；对其他一般纳税人，主管税务机关应自稽查部门作出《税务稽查处理决定书》后40个工作日内，制作、送达《税务事项通知书》告知纳税人对其实行纳税辅导期管理，纳税辅导期自主管税务机关制作《税务事项通知书》的次月起执行。

辅导期纳税人取得的增值税专用发票（以下简称专用发票）抵扣联、海关进口增值税专用缴款书以及运输费用结算单据应当在交叉稽核比对无误后，方可抵扣进项税额。

主管税务机关对辅导期纳税人实行限量限额发售专用发票：

（1）实行纳税辅导期管理的小型商贸批发企业，领购专用发票的最高开票限额不得超过10万元；其他一般纳税人专用发票最高开票限额应根据企业实际经营情况重新核定。

（2）辅导期纳税人专用发票的领购实行按次限量控制，主管税务机关可根据纳税人的经营情况核定每次专用发票的供应数量，但每次发售专用发票数量不得超过25份。

辅导期纳税人领购的专用发票未使用完而再次领购的，主管税务机关发售专用发票的份数不得超过核定的每次领购专用发票份数与未使用完的专用发票份数的差额。

辅导期纳税人1个月内多次领购专用发票的，应从当月第二次领购专用发票起，按照上一次已领购并开具的专用发票销售额的3%预缴增值税，未预缴增值税的，主管税务机关不得向其发售专用发票。

预缴增值税时，纳税人应提供已领购并开具的专用发票记账联，主管税务机关根据其提供的专用发票记账联计算应预缴的增值税。

辅导期纳税人按规定预缴的增值税可在本期增值税应纳税额中抵减，抵减后预缴增值税仍有余额的，可抵减下期再次领购专用发票时应当预缴的增值税。

纳税辅导期结束后，纳税人因增购专用发票发生的预缴增值税有余额，主管税务机关应在纳税辅导期结束后的第一个月内，一次性退还纳税人。

辅导期纳税人应当在"应交税费"科目下增设"待抵扣进项税额"明细科目，核算尚未交叉稽核比对的专用发票抵扣联、海关进口增值税专用缴款书以及运输费用结算单据（以下简称增值税抵扣凭证）注明或者计算的进项税额。

辅导期纳税人取得增值税抵扣凭证后，借记"应交税费——待抵扣进项税额"明细科目，贷记相关科目。交叉稽核比对无误后，借记"应交税费——应交增值税（进项税额）"科目，贷记"应交税费——待抵扣进项税额"科目。经核实不得抵扣的进项税额，红字借记"应交税费——待抵扣进项税额"，红字贷记相关科目。

主管税务机关定期接收交叉稽核比对结果，通过稽核结果导出工具导出发票明细数据及稽核结果通知书并告知辅导期纳税人。

辅导期纳税人根据交叉稽核比对结果相符的增值税抵扣凭证本期数据申报抵扣进项税额，未收到交叉稽核比对结果的增值税抵扣凭证留待下期抵扣。

纳税辅导期内，主管税务机关未发现纳税人存在偷税、逃避追缴欠税、骗取出口退税、抗税或其他需要立案查处的税收违法行为的，从期满的次月起不再实行纳税辅导期管理，主管税务机关应制作、送达《税务事项通知书》，告知纳税人；主管税务机关发现辅导期纳税人存在偷税、逃避追缴欠税、骗取出口退税、抗税或其他需要立案查处的税收违法行为的，从期满的次月起按照本规定重新实行纳税辅导期管理，主管税务机关应制作、送达《税务事项通知书》，告知纳税人。

任务三 确定增值税的税率与征收率

我国现行增值税税率，是以价外税为基础，遵循中性、普遍、简便原则，考虑到大多数纳税人的承受能力等因素确定的，只设置了基本税率、低税率和零税率三档，具体如下：

（一）增值税税率

1. 基本税率17%

增值税一般纳税人销售或者进口货物，提供加工、修理修配劳务，除低税率适用范围和销售个别旧货适用征收率外，税率一律为17%。提供有形动产租赁服务，税率为17%。有形动产租赁，包括有形动产融资租赁和有形动产经营性租赁。远洋运输的光租业务、航空运输的干租业务，属于有形动产经营性租赁。

2. 低税率

（1）增值税一般纳税人销售或进口下列货物，税率为13%：

①粮食、食用植物油、鲜奶;

②暖气、冷气、热气、煤气、石油液化气、天然气、沼气、居民用煤炭制品、自来水(不含自来水生产厂);

③图书、报纸、杂志;

④饲料、化肥、农药、农机(不包括农机零部件)、农膜;

⑤盐(2007年9月1日起施行,指主体化学成分为氯化钠的工业盐和食用盐);

⑥音像制品和电子出版物;

⑦国务院规定的其他货物,如农业产品,包括种植业、养殖业、林业、牧业、水产业生产的各种植物、动物的初级产品。

(2)提供交通运输业服务、提供基础电信服务,税率为11%。对远洋运输企业从事程租、期租业务和航空运输企业从事湿租业务取得的收入,按照交通运输业服务征税,适用税率为11%。

(3)提供部分现代服务业服务、提供增值电信服务,税率为6%。部分现代服务业服务包括:研发和技术服务、信息技术服务、文化创意服务、物流辅助服务、鉴证咨询服务和增值电信服务。

3. 零税率

纳税人出口货物,一般适用零税率,也就是说,出口货物出口时免税并退还以前环节已纳增值税。单位和个人提供的国际运输服务、向境外单位提供的研发服务和设计服务适用增值税零税率。

(二)征收率

增值税征收率为3%。

(1)小规模纳税人适用简易计税方法计税。简易计税方法的应纳税额,是指按照销售额和增值税征收率计算的增值税额。增值税征收率为3%。

(2)一般纳税人提供应税服务,如有符合规定的特定项目,可以选择适用简易计税方法的,增值税征收率也为3%。

注意:增值税一般纳税人选择简易办法计算缴纳增值税后,36个月内不得变更。

☞温馨提示

纳税人兼营不同税率的货物或者应税劳务,应当分别核算不同税率货物或者应税劳务的销售额;未分别核算销售额的,从高适用税率。

任务四 熟悉增值税的优惠政策

(一)增值税免税

我国现行增值税的减免税权高度集中于国务院,税法对以下几个方面作了免税规定:

(1)农业生产者销售的自产农业产品,是指直接从事种植业、养殖业、林业、牧业、水产业的单位和个人销售自产的属于税法规定范围的农业初级产品。

(2)避孕药品和用具。

（3）古旧图书，是指向社会收购的古书和旧书。

（4）直接用于科学研究、科学实验和教学的进口仪器、设备。

（5）外国政府、国际组织无偿援助的进口物资和设备。

（6）符合国家产业政策要求的国内投资项目，在投资总额内进口的自用设备（特殊规定不予免税的少数商品除外）。

（7）由残疾人组织直接进口供残疾人专用的物品。

（8）销售自己使用过的物品，是指个人（不包括个体经营者）销售自己使用过的除游艇、摩托车、汽车以外的货物。

（9）个人转让著作权。

（10）残疾人个人提供应税服务。

（11）航空公司提供飞机播洒农药服务。

（12）符合条件的纳税人提供技术转让、技术开发和与之相关的技术咨询、技术服务。

（13）符合条件的节能服务公司实施合同能源管理项目中提供的应税服务。

（14）为安置随军家属就业而新开办的企业，自领取税务登记证之日起，其提供的应税服务3年内免征增值税。享受税收优惠政策的企业，随军家属必须占企业总人数的60%（含）以上，并有军（含）以上政治和后勤机关出具的证明。

（15）从事个体经营的军队转业干部，经主管税务机关批准，自领取税务登记证之日起，其提供的应税服务3年内免征增值税；为安置自主择业的军队转业干部就业而新开办的企业，凡安置自主择业的军队转业干部占企业总人数60%（含）以上的，经主管税务机关批准，自领取税务登记证之日起，其提供的应税服务3年内免征增值税。享受上述优惠政策的自主择业的军队转业干部必须持有师以上部队颁发的转业证件。

（16）为安置自谋职业的城镇退役士兵就业而新办的服务型企业当年新安置自谋职业的城镇退役士兵达到职工总数30%以上，并与其签订1年以上期限劳动合同的，经县级以上民政部门认定、税务机关审核，其提供的应税服务（除广告服务外）3年内免征增值税。自谋职业的城镇退役士兵从事个体经营的，自领取税务登记证之日起，其提供的应税服务（除广告服务外）3年内免征增值税。

（17）持《就业失业登记证》（注明"自主创业税收政策"或附《高校毕业生自主创业证》）人员从事个体经营的，在3年内按照每户每年8 000元为限额依次扣减其当年实际应缴纳的增值税、城市维护建设税、教育费附加和个人所得税。服务型企业（除广告服务外）在新增加的岗位中，当年新招用持《就业失业登记证》（注明"企业吸纳税收政策"）人员，与其签订1年以上期限劳动合同并依法缴纳社会保险费的，在3年内按照实际招用人数予以定额依次扣减增值税、城市维护建设税、教育费附加和企业所得税优惠。定额标准为每人每年4 000元，可上下浮动20%。

（二）增值税起征点

对于个人销售额、应税服务额未达到财政部规定起征点的，免征增值税；达到或者超过起征点的，就其全额征收增值税。增值税起征点不适用于认定为一般纳税人的个体工商户。起征点的规定如下：

(1) 销售货物的，为月销售额 5 000 ~ 20 000 元;

(2) 提供应税劳务的，为月销售额 5 000 ~ 20 000 元;

(3) 提供应税服务的，为月销售额 5 000 ~ 20 000 元;

(4) 按次纳税的，为每次 (日) 销售额 300 ~ 500 元。

起征点的调整由财政部和国家税务总局规定。省、自治区、直辖市财政厅 (局) 和国家税务局应当在规定的幅度内，根据实际情况确定本地区适用的起征点，并报财政部和国家税务总局备案。

纳税人兼营免税、减税项目，应当单独核算减税、免税项目的销售额;未单独核算销售额的，不得减税、免税。

纳税人提供应税服务适用免税、减税规定的，可以放弃免税、减税，依法缴纳增值税。放弃免税、减税后，36 个月内不得再申请免税、减税。

纳税人提供应税服务同时适用免税和零税率规定的，优先适用零税率。

☞最新政策

财税 [2014] 71 号文件规定:为进一步加大对小微企业的税收支持力度，经国务院批准，2014 年 10 月 1 日至 2015 年 12 月 31 日，对月销售额 2 万 (含) ~3 万元的增值税小规模纳税人，免征增值税。

国家税务总局公告 2014 年第 57 号规定:自 2014 年 10 月 1 日起，增值税小规模纳税人，月销售额或营业额不超过 3 万元 (含) 的，按照文件规定免征增值税。其中，以 1 个季度为纳税期限的增值税小规模纳税人，季度销售额或营业额不超过 9 万元的，按照上述文件规定免征增值税。

项目二 应纳增值税计算及会计处理

任务一 增值税一般计税方法应纳税额计算

增值税一般纳税人基本适用一般计税方法，即将销项税额减去进项税额的差额作为应纳税额。计算公式为:

$$应纳税额 = 当期销项税额 - 当期进项税额$$

当期销项税额小于当期进项税额不足抵扣时，其不足部分可以结转下期继续抵扣。

增值税一般纳税人当期应纳增值税税额的大小主要取决于当期销项税额和当期进项税额两个因素，分别确定销项税额和进项税额，就不难计算出应纳税额。

(一) 增值税销项税额

销项税额，是指纳税人销售货物、提供应税劳务和应税服务，按照销售额、营业额和《增值税暂行条例》规定的税率计算并向购买方收取的增值税额。其计算公式如下:

$$销项税额 = 销售额 \times 税率 \qquad 或 \qquad 销项税额 = 组成计税价格 \times 税率$$

1. 销售额的确定

销售额为纳税人销售货物、提供应税劳务和应税服务而向购买方收取的全部价款和价外费用。价外费用，是指价外收取的各种性质的收费，包括手续费、补贴、基金、集资费、返还利润、奖励费、违约金、滞纳金、延期付款利息、赔偿金、代收款项、代垫款项、包装费、包装物租金、储备费、优质费、运输装卸费以及其他各种性质的价外收费，但下列项目不包括在内：

（1）受托加工应征消费税的消费品所代收代缴的消费税。

（2）同时符合以下条件的代垫运输费用：①承运部门的运输费用发票开具给购买方；②纳税人将该项发票转交给购买方。

（3）同时符合以下条件代为收取的政府性基金或者行政事业性收费：①由国务院或者财政部批准设立的政府性基金，由国务院或者省级人民政府及其财政、价格主管部门批准设立的行政事业性收费；②收取时开具省级以上财政部门印制的财政票据；③所收款项全额上缴财政。

（4）销售货物的同时代办保险等而向购买方收取的保险费，以及向购买方收取的代购买方缴纳的车辆购置税、车辆牌照费。

销售额以人民币计算。纳税人按照人民币以外的货币结算销售额的，应当折合成人民币计算。折合率可以选择销售额发生的当天或当月 1 日的人民币汇率中间价，纳税人应当事先确定采用何种折合率，且确定后 12 个月内不得变更。

2. 销售额的特殊规定

（1）折扣方式销售额。纳税人销售货物、提供应税劳务和应税服务，将价款和折扣额在同一张发票上分别注明的，以折扣后的价款为销售额；未在同一张发票上分别注明的，以价款为销售额，不得扣除折扣额。例如，某纳税人销售货物的价款为 1 000 元，折扣额为 100 元，如果将价款和折扣额在同一张发票上分别注明的，以 900 元为销售额；如果未在同一张发票上分别注明的，以 1 000 元为销售额。

价款和折扣额在同一张发票上分别注明是指价款和折扣额在同一张发票的"金额"栏分别注明，未在同一张发票的"金额"栏注明折扣额，而仅在发票的"备注"栏注明折扣额，折扣额不得从价款中减除。

【例 2-2】某企业以"买二赠一"的方式销售货物，2014 年 6 月销售甲商品 80 件，每件售价（含税）4 095 元，同时赠送乙商品（不含税单价 1 800 元）40 件。甲、乙商品适用税率均为 17%。计算该企业当月销项税额。

销项税额 = 4 095÷（1+17%）×80×17%+1 800×40×17%

= 47 600+12 240 = 59 840（元）

【例 2-3】甲企业（增值税一般纳税人）主要生产销售农膜，不含增值税售价为 100 元/件。为促销，该企业决定，凡购买农膜 1 000 件以上的，给予 20% 的价格折扣，当月甲企业一次性销售农膜 5 000 件给乙企业。计算该业务的销项税额。

如果折扣额与价款开在同一张发票上：

销项税额 = 5 000×100×80%×13% = 52 000（元）

如果折扣额与价款分别开发票：销项税额 = 5 000×100×13% = 65 000（元）

（2）以旧换新方式销售额。以旧换新是指纳税人在销售自己的货物时，有偿收回旧货物的行为。税法规定，采取以旧换新方式销售货物的，应按新货物的同期销售价格确定销售额，不得扣减旧货物的收购价格。

【例2-4】某商城为增值税一般纳税人，2014年5月采取"以旧换新"方式向消费者销售商品2 000件，新商品每件零售价0.25万元，旧商品每件作价0.22万元，每件商品取得差价款0.03万元。计算该业务的销项税额。

销项税额＝2 000×0.25÷（1+17%）×17%＝72.65（万元）

（3）还本销售方式销售额。还本销售是指纳税人在销售货物后，到一定期限由销售方一次或分次退还给购货方全部或部分价款。这种方式实际上是一种筹资，是以货物换取资金的使用价值，到期还本不付息的方法。税法规定，采取还本销售方式销售货物，其销售额就是货物的销售价格，不得从销售额中减除还本支出。

（4）以物易物方式销售额。以物易物是一种较为特殊的购销活动，是指购销双方不以货币结算，而以同等价款的货物相互结算，实现货物购销的一种方式。以物易物双方都应作购销处理，以各自发出的货物核算销售额并计算销项税额，以各自收到的货物按规定核算购货额并计算进项税额。

（5）包装物押金是否计入销售额的规定。包装物押金是指纳税人销售货物时对包装物另收取的押金。税法规定，纳税人为销售货物而出租出借包装物收取的押金，单独记账核算的，时间在1年以内又未过期的，不并入销售额征税。对因逾期未收回包装物不再退还的押金，应按所包装货物的适用税率计算销项税额。"逾期"是指按合同约定实际逾期或以1年为期限，对收取1年以上的押金，无论是否退还均并入销售额征税。在将包装物押金并入销售额征税时，需要先将该押金换算为不含税价，再并入销售额征税。从1995年6月1日起，对销售除啤酒、黄酒以外的其他酒类产品收取的包装物押金，无论是否返还以及会计上如何核算，均应并入销售额征税。

（6）销售自己使用过的固定资产的税务处理：

①销售自己使用过的2009年1月1日（或扩大增值税抵扣范围）以后购进或者自制的固定资产，按照适用税率征收增值税。销售自己使用过的2008年12月31日（或扩大增值税抵扣范围）以前购进或者自制的固定资产，按简易办法依3%征收率减按2%征收增值税。

②营改增纳税人销售自己使用过的2012年1月1日（含）以后购进或自制的固定资产，按照适用税率征收增值税；销售自己使用过的2014年12月31日（含）以前购进或者自制的固定资产，按简易办法依3%征收率减按2%征收增值税。

③一般纳税人出售使用过的固定资产视同销售行为，应按规定征税。已使用过的固定资产视同销售行为，其销售额无法确定的，以固定资产净值为销售额。固定资产净值，是指纳税人按照财务会计制度计提折旧后计算的固定资产净值。

（7）发生销售货物、提供应税劳务和应税服务中止或折让的处理。纳税人销售货物、提供应税劳务和应税服务，开具增值税专用发票后，发生销售货物、提供应税劳务和应税服务中止、折让、开票有误等情形，应当按照国家税务总局的规定开具红字增值税专用发票。未按规定开具红字增值税专用发票的，一律不得扣减当期销项税额或者销售额。

3. 特殊销售行为销售额的规定

（1）混业经营的规定。混业经营是指纳税人兼有不同税率或征收率的销售货物、提供应税劳务或应税服务的业务。例如，纳税人销售货物，适用税率17%，又提供适用11%税率的交通运输服务。混业经营的纳税人，应当分别核算适用不同税率或征收率的销售额，未分别核算销售额的，按照以下方法适用税率或征收率：

①兼有不同税率的销售货物、提供应税劳务或应税服务的，从高适用税率。

②兼有不同征收率的销售货物、提供应税劳务或应税服务的，从高适用征收率。

③兼有不同税率和征收率的销售货物、提供应税劳务或应税服务的，从高适用税率。

（2）兼营的规定。兼营营业税应税项目是指增值税纳税人在从事销售货物、提供应税劳务或应税服务的同时，还从事营业税应税服务，且从事的营业税应税服务与某项销售货物、提供应税劳务或应税服务并无直接的联系和从属关系。如某纳税人一方面从事有形动产的租赁服务业务，另一方面从事不动产的租赁服务业务。

纳税人兼营营业税应税项目的，应当分别核算销售货物、提供应税劳务或应税服务的销售额和营业税应税项目的营业额；未分别核算的，由主管税务机关核定销售货物、提供应税劳务或应税服务的销售额。

（3）混合销售的规定。纳税人的一项销售行为如果既涉及货物又涉及营业税应税劳务，为混合销售行为。营业税应税劳务，是指属于应缴营业税的建筑业、金融保险业、文化体育业、娱乐业、部分服务业税目征收范围的劳务。从事货物的生产、批发或者零售的企业、企业性单位和个体工商户的混合销售行为，视为销售货物，应当缴纳增值税，其销售额为货物的销售额与非增值税应税劳务营业额的合计；其他单位和个人的混合销售行为，视为提供非增值税应税劳务，不缴纳增值税。

纳税人的下列混合销售行为，应当分别核算货物的销售额和非增值税应税劳务的营业额，并根据其销售货物的销售额计算缴纳增值税，非增值税应税劳务的营业额不缴纳增值税；未分别核算的，由主管税务机关核定其货物的销售额：①销售自产货物并同时提供建筑业劳务的行为；②财政部、国家税务总局规定的其他情形。

☞知识链接

混业经营、混合销售、兼营之间的区别

混业经营：纳税人经营行为涉及应征增值税的不同项目。

混合销售：纳税人的一项经营行为既涉及增值税应税项目，又涉及营业税应税项目（这里指营改增后的项目）。

兼营：纳税人的经营行为既涉及增值税应税项目，又涉及营业税应税项目（这里指营改增后的项目）。

4. 价格明显偏低且无正当理由以及视同销售行为而无销售额的规定

纳税人销售货物、提供应税劳务和应税服务的价格明显偏低或偏高且不具有合理商业目的的，或者发生视同提供销售而无销售额的，主管税务机关有权按照下列顺序确定销售额：

（1）按照纳税人最近时期提供同类应税服务的平均价格确定。

（2）按照其他纳税人最近时期提供同类应税服务的平均价格确定。

（3）按照组成计税价格确定，组成计税价格=成本×（1+成本利润率），成本利润率由国家税务总局确定。

属于应征消费税的货物，其组成计税价格应加计消费税额。计算公式为：

$$组成计税价格=成本×（1+成本利润率）+消费税额$$

或　　　　　　　　$$组成计税价格=成本×（1+成本利润率）/（1-消费税税率）$$

上式中，"成本"分为两种情况：属于销售自产货物的为实际生产成本；属于销售外购货物的为实际采购成本。成本利润率为10%。属于应从价定率征收消费税的货物，其组成计税价格公式中的成本利润率，为《消费税若干具体问题的规定》中规定的成本利润率。

5. 价款和税款合并收取情况下的销售额

一般纳税人销售货物、提供应税劳务和应税服务，采用销售额和销项税额合并定价方法的，按下列公式计算销售额：

$$销售额=含税销售额÷（1+税率）$$

【例2-5】某酒厂（增值税一般纳税人）本月向一小规模纳税人销售白酒，并开具普通发票，注明金额93 600元，同时收取单独核算的包装物押金2 000元（尚未逾期），计算此业务的销项税额。

销项税额=（93 600+2 000）÷（1+17%）×17%=13 890.6（元）

（二）增值税进项税额

增值税进项税额，是指纳税人购进货物或接受应税劳务和应税服务，支付或负担的增值税税额。进项税额与销项税额是相互对应的两个概念，在购销业务中，对于销货方而言，在收回货款的同时，收回销项税额；对于购货方而言，在支付货款的同时，支付进项税额。即销货方收取的销项税额就是购货方支付的进项税额。

一般而言，准予抵扣的进项税额根据以下方法确定：一是进项税额体现支付或负担的增值税，即直接在销货方开具的增值税专用发票上注明的税额，不需要计算；二是购进某些货物或接受应税劳务时，其进项税额通过支付金额和法定的扣除率计算出来。

准予从销项税额中抵扣的进项税额具体如下：

（1）从销售方或提供方取得的增值税专用发票（含货物运输业增值税专用发票、税控机动车销售统一发票，下同）上注明的增值税额。

（2）从海关取得的海关进口增值税专用缴款书上注明的增值税额。

（3）购进农产品，除取得增值税专用发票或海关进口增值税专用缴款书外，按照农产品收购发票或销售发票上注明的农产品买价和13%的扣除率计算得到的进项税额。计算公式为：进项税额=买价×扣除率。买价是纳税人购进农产品在农产品收购发票或销售发票上注明的价款和按照规定缴纳的烟叶税。购进农产品，按照《农产品增值税进项税额核定扣除试点实施办法》抵扣进项税额的除外。

（4）接受境外单位或个人提供的应税服务，从税务机关或境内代理人取得的解缴税款的中华人民共和国税收缴款凭证（以下简称税收缴款凭证）上注明的增值税额。

不得从销项税额中抵扣的进项税额具体如下：

（1）纳税人取得的增值税扣税凭证不符合法律、行政法规或国家税务总局有关规定的，其进项税额不得从销项税额中抵扣。增值税扣税凭证，是指增值税专用发票、海关进口增值税专用缴款书、农产品收购发票、农产品销售发票和税收缴款凭证。

纳税人凭税收缴款凭证抵扣进项税额的，应当具备书面合同、付款证明和境外单位的对账单或发票。资料不全的，其进项税额不得从销项税额中抵扣。

（2）下列项目的进项税额不得从销项税额中抵扣：

①用于简易计税方法计税项目、非增值税应税项目、免征增值税项目、集体福利或个人消费的购进的货物、接受的应税劳务或者应税服务。其中涉及的固定资产、专利技术、非专利技术、商誉、商标、著作权、有形动产租赁，仅指专用于上述项目的固定资产、专利技术、非专利技术、商誉、商标、著作权、有形动产租赁。

②非正常损失的购进货物及相关的加工、修理修配劳务或者交通运输业服务。

③非正常损失的在产品、产成品所耗用的购进货物（不包括固定资产）、加工、修理修配劳务或交通运输业服务。

④接受的旅客运输服务。

☞温馨提示

非增值税应税项目，是指非增值税应税劳务、转让无形资产（专利技术、非专利技术、商誉、商标、著作权除外）、销售不动产以及不动产在建工程。

非增值税应税劳务，是指《应税服务范围注释》所列项目以外的营业税应税劳务。

不动产，是指不能移动或移动后会引起性质、形状改变的财产，包括建筑物、构筑物和其他土地附着物。

纳税人新建、改建、扩建、修缮、装饰不动产，均属于不动产在建工程。

个人消费，包括纳税人的交际应酬消费。

固定资产，是指使用期限超过12个月的机器、机械、运输工具以及其他与生产经营有关的设备、工具、器具等有形动产。

非正常损失，是指因管理不善造成被盗、丢失、霉烂变质的损失，以及被执法部门依法没收或者强令自行销毁的货物。

（3）适用一般计税方法的纳税人，兼营简易计税方法计税项目、非增值税应税劳务、免征增值税项目而无法划分不得抵扣的进项税额，按照下列公式计算不得抵扣的进项税额：

$$\text{不得抵扣的进项税额} = \text{当期无法划分的全部进项税额} \times \left(\frac{\text{当期简易计税方法计税项目销售额} + \text{非增值税应税劳务营业额} + \text{免征增值税项目销售额}}{\text{当期全部销售额} + \text{当期全部营业额}} \right)$$

主管税务机关可以按照上述公式依据年度数据对不得抵扣的进项税额进行清算。

（4）有下列情形之一者，应当按照销售额和增值税税率计算应纳税额，不得抵扣进项税额，也不得使用增值税专用发票：①一般纳税人会计核算不健全，或不能提供准确税务资料的。②应当申请办理一般纳税人资格认定而未申请的。

（三）应纳税额计算的相关规定

一般纳税人在计算当期销项税额和进项税额后就可以得出实际应纳税额。

1. 计算应纳税额的时间限定

（1）销项税额的时间限定。增值税纳税人销售货物、提供应税劳务或应税服务后，什么时间计算销项税额，关系到当期销项税额的大小。当期，是指税务机关依照税法规定对纳税人确定的纳税期限。只有在纳税期限内实际发生的销项税额、进项税额，才是法定的当期销项税额、当期进项税额。关于销项税额的确定时间，总的原则是：销项税额的确定不得滞后。

我国《增值税暂行条例》和《营业税改征增值税试点实施办法》规定，销售货物、提供应税劳务或应税服务，为收讫销售款项或取得索取销售款项凭据的当天；先开具发票的，为开具发票的当天。进口货物，为报关进口的当天。

①采取直接收款方式销售货物，不论货物是否发出，均为收到销售款或取得索取销售款凭据的当天。

②采取托收承付和委托银行收款方式销售货物，为发出货物并办妥托收手续的当天。

③采取赊销和分期收款方式销售货物，为书面合同约定的收款日期的当天，无书面合同的或书面合同没有约定收款日期的，为货物发出的当天。

④采取预收货款方式销售货物，为货物发出的当天，但生产销售生产工期超过12个月的大型机械设备、船舶、飞机等货物，为收到预收款或书面合同约定的收款日期的当天。

⑤委托其他纳税人代销货物，为收到代销单位的代销清单或收到全部或者部分货款的当天。未收到代销清单及货款的，为发出代销货物满180天的当天。

⑥销售应税劳务，为提供劳务同时收讫销售款或者取得索取销售款的凭据的当天。

⑦纳税人发生《增值税暂行条例实施细则》第4条第3项至第8项所列视同销售货物行为的，为货物移送的当天。纳税人发生《营业税改征增值税试点实施办法》第11条视同提供应税服务的，其纳税义务发生时间为应税服务完成的当天。

⑧纳税人提供有形动产租赁服务采取预收款方式的，其纳税义务发生时间为收到预收款的当天。

（2）进项税额抵扣的时间限定。进项税额是纳税人购进货物或接受应税劳务所支付或负担的增值税额。进项税额的大小，直接影响纳税人的应纳税额的多少，而进项税额抵扣时间，则影响纳税人不同纳税期的应纳税额。关于进项税额的抵扣时间，总的原则是：进项税额的抵扣不得提前。

增值税一般纳税人申请抵扣的防伪税控系统开具的"增值税专用发票"、"货物运输业增值税专用发票"、"机动车销售统一发票"，必须自该发票开具之日起180天内到税务机关认证，否则不予抵扣进项税额。

增值税纳税人认证通过的防伪税控系统开具的增值税专用发票，应在认证通过的当月按照增值税有关规定核算当期进项税额并申报抵扣，否则不予抵扣进项税额。

2. 扣减当期进项税额的规定

已抵扣进项税额的购进货物、接受应税劳务或应税服务，发生《营业税改征增值税试点实施办法》第 24 条规定情形（简易计税方法计税项目、非增值税应税劳务、免征增值税项目除外），应当将该进项税额从当期进项税额中扣减；无法确定该进项税额的，按照当期实际成本计算应扣减的进项税额。

3. 销售退回或折让涉及销项税额和进项税额的处理

纳税人提供的适用一般计税方法计税销售货物、提供应税劳务和应税服务，因销售货物、提供劳务和服务中止或折让而退还购买方的增值税额，应当从当期的销项税额中扣减；发生服务中止、购进货物退货、折让而收回的增值税额，应当从当期的进项税额中扣减。

4. 计算应纳税额时进项税额不足抵扣的税务处理

纳税人在计算应纳税额时，当期销项税额小于当期进项税额不足抵扣的部分，可以结转下期继续抵扣。

5. 向供货方取得返还收入的税务处理

自 2004 年 7 月 1 日起，对商业企业向供货方收取的与商品销售量、销售额挂钩（如以一定比例、金额、数量计算）的各种返还收入，均应按照平销返利行为的有关规定冲减当期增值税进项税额。应冲减进项税额的计算公式为：

$$当期应冲减进项税额=\frac{当期取得的返还资金}{\left(1+所购货物适用的增值税税率\right)}\times 所购货物适用的增值税税率$$

商业企业向供货方收取的各种返还收入，一律不得开具增值税专用发票。

6. 一般纳税人注销时进项税额的处理

一般纳税人注销或被取消辅导期一般纳税人资格，转为小规模纳税人时，其存货不作进项税额转出处理，其留抵税额也不予退税。

7. 关于增值税税控系统专用设备和技术维护费抵减增值税额的有关政策

（1）增值税纳税人 2014 年 12 月 1 日（含，下同）以后初次购买增值税税控系统专用设备（包括分开票机）支付的费用，可凭购买增值税税控系统专用设备取得的增值税专用发票，在增值税应纳税额中全额抵减（抵减额为价税合计额），不足抵减的可结转下期继续抵减。增值税纳税人非初次购买增值税税控系统专用设备支付的费用，由其自行负担，不得在增值税应纳税额中抵减。

增值税税控系统包括：增值税防伪税控系统、货物运输业增值税专用发票税控系统、机动车销售统一发票税控系统和公路、内河货物运输业发票税控系统。

增值税防伪税控系统的专用设备包括金税卡、IC 卡、读卡器或金税盘和报税盘；货物运输业增值税专用发票税控系统专用设备包括税控盘和报税盘；机动车销售统一发票税控系统和公路、内河货物运输业发票税控系统专用设备包括税控盘和传输盘。

（2）增值税纳税人 2014 年 12 月 1 日以后缴纳的技术维护费（不含补缴的 2014 年 11 月 30 日以前的技术维护费），可凭技术维护服务单位开具的技术维护费发票，在增值税应纳税额中全额抵减，不足抵减的可结转下期继续抵减。技术维护费按照价格主管部门核定的标准执行。

（3）增值税一般纳税人支付的两项费用在增值税应纳税额中全额抵减的，其增值税专用发票不作为增值税抵扣凭证，其进项税额不得从销项税额中抵扣。

（4）纳税人购买的增值税税控系统专用设备自购买之日起 3 年内因质量问题无法正常使用的，由专用设备供应商负责免费维修，无法维修的免费更换。

【例 2-6】某机床厂（增值税一般纳税人）2014 年 8 月的外购项目如下（假定外购货物均已验收入库，相关票据均在本月认证并抵扣）：

（1）外购钢材，价款 50 000 元，增值税专用发票注明税额 8 500 元。

（2）外购煤炭，价款 10 000 元，增值税专用发票注明税额 1 700 元。

（3）外购协作件，价款 30 000 元，增值税专用发票注明税额 5 100 元。

（4）外购低值易耗品 6 500 元，其中从一般纳税人购入物品 4 000 元，增值税专用发票注明税额 680 元；从小规模纳税人购入物品 2 500 元，发票未注明税额。

（5）外购生产用电力，价款 2 000 元，增值税专用发票注明税额 340 元。

（6）外购生产用水，价款 1 000 元，增值税专用发票注明税额 60 元。

该厂本月销售情况如下：

（1）采用托收承付结算方式销售给甲企业机床 60 000 元（不含税），货已发出，托收已在银行办妥，货款尚未收到。

（2）采用分期收款结算方式销售给乙企业机床 100 000 元（不含税），货已发出，合同规定本月收到货款 40 000 元，但实际只收回货款 20 000 元。

（3）采用其他结算方式销售给丙企业机床及配件 80 000 元（不含税），货已发出，货款已收到。

根据上述资料，计算该厂本月应纳增值税。

本月销项税额的计算：该厂本月销售货物的结算方式分为托收承付、分期收款和其他结算方式。采用托收承付和其他结算方式，其纳税义务发生时间为货物发出，同时收讫价款或者取得索取价款凭证的当天；采用分期收款结算方式销售货物，其纳税义务发生时间为销售合同规定的收款日期当天。因此，该厂本月的计税销售额为：销售给甲企业货物，价款 60 000 元；销售给乙企业货物，价款 40 000 元；销售给丙企业货物，价款 80 000 元；合计 180 000 元。

本月销项税额 = 180 000×17% = 30 600（元）

本月进项税额的计算：该厂本月进项税额为：钢材 8 500 元，煤炭 1 700 元，外协件 5 100元，低值易耗品 680 元，电力 340 元，水 60 元，合计 16 380 元。

本月应纳增值税额 = 30 600−16 380 = 14 220（元）

【例 2-7】某工业企业为增值税一般纳税人，生产销售的产品适用增值税基本税率，2014 年 10 月发生以下经济业务：

（1）购进原材料一批，取得增值税专用发票注明价款为 400 000 元，增值税 68 000 元，取得铁路运输部门的运输业增值税专用发票注明增值税 1 260 元；

（2）接受外单位投资转入材料一批，取得增值税专用发票注明价款为 100 000 元，增值税 17 000 元，材料未到；

（3）购进低值易耗品一批，取得增值税专用发票注明价款为 50 000 元，增值税 8 500 元，款项已经支付，低值易耗品尚未验收入库；

（4）销售产品一批，开出增值税专用发票，价款 900 000 元，税款 153 000 元；

（5）将产品投资入股 200 000 元（成本价），该企业无同类产品售价；

（6）销售已使用的一台设备，取得收入 220 480 元（含税价），设备账面原值 200 000 元（2008 年购入，当时未抵扣进项税额）。

根据上述资料，计算该企业 10 月应纳增值税额（本月取得的相关发票均在本月认证并抵扣）。

当月允许抵扣的进项税额为：68 000+1 260+100 000×17% +8 500 = 94 760（元）

当月的销项税额为：

153 000+200 000× （1+10%）×17% +220 480/1.04×4% /2 = 194 640（元）

说明：投资入股的 200 000 元，无同类产品销售价格，需按组成计税价格计算其销项税额。2009 年以后出售未抵扣进项税额的固定资产，按 4% 征收率减半征收。

本月应纳增值税额为：194 640–94 760 = 99 880（元）

任务二　简易计税方法应纳税额的计算

简易计税方法的应纳税额，是指按照销售额和增值税征收率计算的增值税额，不得抵扣进项税额。应纳税额计算公式为：应纳税额 = 销售额×征收率。

实行简易计税方法，销售货物、提供应税劳务和应税服务，纳税人不得自行开具增值税专用发票，因此销售额不包括其应纳税额，纳税人采用销售额和应纳税额合并定价方法的，按照下列公式计算销售额：销售额 = 含税销售额÷（1+征收率）。

纳税人适用按照简易办法依 3% 征收率减按 2% 征收增值税政策的，按下列公式确定销售额和应纳税额：销售额 = 含税销售额÷（1+3%），应纳税额 = 销售额×2%。

纳税人提供的适用简易计税方法计税的应税服务，因服务中止或折让而退还接受方的销售额，应当从当期销售额中扣减。扣减当期销售额后仍有余额造成多缴的税款，可以从以后的应纳税额中扣减。

【例 2-8】某纳税人为增值税小规模纳税人，主要从事汽车修理和装潢业务。2014 年 9 月提供汽车修理业务取得收入 210 000 元，销售汽车装饰用品取得收入 150 000 元；购进的修理用配件被盗，账面成本 6 000 元。计算该纳税人当期应纳增值税额。

应纳增值税额 = （210 000+150 000）÷ （1+3%）×3% = 10 458.44（元）

【例 2-9】某建材厂（小规模纳税人）2014 年 4 月购进材料含税价 20 600 元，款已付，取得普通发票；当月销售货物取得含税收入 30 900 元，款已收，计算应纳增值税额。

计税销售额 = 30 900÷ （1+3%） = 30 000（元）

应纳增值税额 = 30 000×3% = 900（元）

☞知识链接

关于购置税控收款机的税款抵扣的计算

自 2004 年 12 月 1 日起，增值税小规模纳税人购置税控收款机，经主管税务机关审核批准后，可凭购进税控收款机取得的增值税专用发票，按照发票上注明的增值税额，抵免当期应纳增值税；或者按照购进税控收款机取得的普通发票上注明的价款依下列公式计算可抵免税额：可抵免税额＝价款÷（1+17%）×17%。当期应纳税额不足抵免的，未抵免部分可在下期继续抵免。

任务三　进口货物的应纳税额计算

纳税人进口应税货物，应该按照组成计税价格和规定征收率计算应纳税额，不得抵扣任何进项税额。进口货物增值税的组成计税价格中包括已纳关税额，如果进口货物属于消费税应税消费品，其组成计税价格还要包括进口环节已纳消费税额。

组成计税价格的计算公式是：

$$组成计税价格＝关税完税价格+关税+消费税$$

或
$$组成计税价格＝\frac{关税完税价格+关税+消费税定额税}{1-消费税税率}$$

$$应纳税额＝组成计税价格×税率$$

即进口货物先要征收具有保护作用的关税；对应征收消费税的，还要再征收消费税，以进行特殊调节；然后以关税完税价格、关税和消费税之和为税基，征收增值税。进口货物的增值税由海关代征。小规模纳税人进口货物，也按上述规定计算、缴纳增值税，个人携带或邮寄进境自用物品的增值税，连同关税一并计征。

【例2-10】 某日化厂为增值税一般纳税人，2014年8月进口一批香精，买价85万元，境外运费及保险费共计5万元。海关于8月15日开具完税凭证。日化厂缴纳进口环节税金后海关放行。计算该日化厂进口环节应纳增值税（关税税率为50%，消费税税率为30%）。

关税完税价格＝85+5＝90（万元）

组成计税价格＝90×（1+50%）/（1-30%）＝192.86（万元）

进口环节应纳增值税＝192.86×17%＝32.79（万元）

【例2-11】 大力公司2014年4月2日从国外进口材料一批，料到并已验收入库，海关核定的关税完税价格折合人民币为500 000元，应纳关税50 000元，增值税税率为17%。货物验收入库，货款已支付。计算应纳增值税额。

应纳增值税＝（500 000+50 000）×17%＝93 500（元）

任务四　增值税会计处理

（一）会计科目设置

一般纳税人应在"应交税费"科目下设置"应交增值税"、"未交增值税"两个明细科目；辅导期管理的一般纳税人应在"应交税费"科目下增设"待抵扣进项税额"明细科目；增值税一般纳税人兼有应税服务，改征期初有进项留抵税款，应在"应交税费"科目下增设"增值税留抵税额"明细科目。在"应交增值税"明细账中，借方应设置"进项税额"、"已交税金"、"出口抵减内销应纳税额"、"减免税款"、"转出未交增值税"等专栏，贷方应设置"销项税额"、"出口退税"、"进项税额转出"、"转出多交增值税"等专栏。

"进项税额"专栏，记录企业购入货物或接受应税劳务和应税服务而支付的、准予从销项税额中抵扣的增值税额。企业购入货物或接受应税劳务和应税服务支付的进项税额，用蓝字登记。

"已交税金"专栏，记录企业已缴纳的增值税额，已缴纳的增值税额用蓝字登记。

"出口抵减内销应纳税额"专栏，记录企业按免抵退税规定计算的向境外单位提供适用增值税零税率应税服务的当期应免抵税额。

"减免税款"专栏，用于记录该企业按规定抵减的增值税应纳税额，包括允许在增值税应纳税额中全额抵减的初次购买增值税税控系统专用设备支付的费用以及缴纳的技术维护费。

"转出未交增值税"专栏，记录企业月末转出应交未交的增值税，转出当月发生的应交未交的增值税额用蓝字登记。

"销项税额"专栏，记录企业销售货物或提供应税劳务和应税服务应收取的增值税额。企业应收取的销项税额用蓝字登记，发生服务终止或按规定可以实行差额征税、按照税法规定允许扣减的增值税额应冲减销项税额，用红字或负数登记。

"出口退税"专栏，记录企业向境外提供适用增值税零税率的应税服务，按规定计算的当期免抵退税额或按规定直接计算的应收出口退税额；出口业务办理退税后发生服务终止而补交已退的税款，用红字或负数登记。

"进项税额转出"专栏，记录由于各类原因而不应从销项税额中抵扣，按规定转出的进项税额。

"转出多交增值税"专栏，记录企业月末转出多交的增值税。企业转出当月发生的多交的增值税额用蓝字登记。

"未交增值税"明细科目，核算企业月末转入的应交未交增值税额，多交的增值税也转入本明细科目核算。

"待抵扣进项税额"明细科目，核算企业按税法规定不符合抵扣条件，暂不予在本期申报抵扣的进项税额。

"增值税留抵税额"明细科目，核算企业试点当月按照规定不得从应税服务的销项税额中抵扣的月初增值税留抵税额。

小规模纳税人应在"应交税费"科目下设置"应交增值税"明细科目，不需要设置上述专栏。

（二）会计处理方法

（1）一般纳税人国内购进货物、接受应税劳务和应税服务，取得增值税专用发票（不含小规模纳税人代开的货运增值税专用发票），按发票注明增值税额，借记"应交税费——应交增值税（进项税额）"科目；按应计入相关项目成本的金额，借记"材料采购"、"商品采购"、"原材料"、"制造费用"、"管理费用"、"销售费用"、"固定资产"、"主营业务成本"、"其他业务成本"等科目；按照应付或实际支付的金额，贷记"应付账款"、"应付票据"、"银行存款"等科目。购入货物发生退货或接受服务发生中止，作相反的会计分录。

【例2-12】2014年8月，A物流企业委托B企业承担一项运输业务，取得B企业开具的货物运输业增值税专用发票，价款20万元，注明增值税额2.2万元。A企业的会计处理为：

借：主营业务成本　　　　　　　　　　　　　　　　　　　　　　　200 000
　　应交税费——应交增值税（进项税额）　　　　　　　　　　　　 22 000
　贷：应付账款——B 企业　　　　　　　　　　　　　　　　　　　　222 000

【例 2-13】2014 年 9 月 2 日，A 物流企业与 H 公司签订合同，为其提供购进货物的运输服务，H 公司于签订协议时全额支付现金 6 万元，且取得增值税专用发票。9 月 8 日，由于前往目的地的道路被冲毁，双方同意中止履行合同。H 公司将尚未认证的增值税专用发票退还给 A 企业，A 企业返还运费。H 公司 9 月 2 日取得增值税专用发票的会计处理为：

借：在途物资　　　　　　　　　　　　　　　　　　　　　　　　54 054.05
　　应交税费——应交增值税（进项税额）　　　　　　　　　　　　5 945.95
　贷：现金　　　　　　　　　　　　　　　　　　　　　　　　　　60 000

H 公司 9 月 8 日发生服务中止的会计处理为：

借：银行存款　　　　　　　　　　　　　　　　　　　　　　　　60 000
借：在途物资　　　　　　　　　　　　　　　　　　　　　　　　−54 054.05
　　应交税费——应交增值税（进项税额）　　　　　　　　　　　　−5 945.95

（2）一般纳税人购进农产品，取得销售普通发票或开具农产品收购发票的，按农产品买价和 13%的扣除率计算进项税额，进行会计核算。

【例 2-14】2014 年 9 月，S 生物科技公司进行灵芝栽培技术研发，向附近农民收购 1 500 元的稻草与棉壳用作研发过程中的栽培基料，按规定已开具收购凭证，价款已支付。会计处理如下：

借：低值易耗品　　　　　　　　　　　　　　　　　　　　　　　1 305
　　应交税费——应交增值税（进项税额）　　　　　　　　　　　　195
　贷：现金　　　　　　　　　　　　　　　　　　　　　　　　　　1 500

（3）一般纳税人进口货物或接受境外单位或者个人提供的应税服务，按照海关提供的海关进口增值税专用缴款书上注明的增值税额或中华人民共和国税收通用缴款书上注明的增值税额进行会计核算。

【例 2-15】2014 年 8 月，G 港口公司从澳大利亚 R 公司进口散货装卸设备一台，价款 1 500 万元已于上月支付，缴纳进口环节的增值税 255 万元，取得海关进口增值税专用缴款书。相关会计处理为：

借：工程物资　　　　　　　　　　　　　　　　　　　　　　　15 000 000
　贷：预付账款　　　　　　　　　　　　　　　　　　　　　　　15 000 000
借：应交税费——应交增值税（进项税额）　　　　　　　　　　　2 550 000
　贷：银行存款　　　　　　　　　　　　　　　　　　　　　　　2 550 000

【例 2-16】2014 年 9 月，G 港口公司在进行传输带系统技术改造过程中，接受澳大利亚 R 公司技术指导，合同总价为 18 万元。当月改造完成，澳大利亚 R 公司在境内无代理机构，G 公司办理扣缴增值税手续，取得扣缴通用缴款书，并将扣税后的价款支付给 R 公司。书面合同、付款证明和 R 公司的对账单齐全。扣缴增值税税款时的会计处理为：

借：应交税费——应交增值税（进项税额）　　　　　　　　　　　10 188.68
　贷：银行存款　　　　　　　　　　　　　　　　　　　　　　　10 188.68

支付价款时的会计处理为：

借：在建工程　　　　　　　　　　　　　　　　　　　　169 811.32

　　贷：银行存款　　　　　　　　　　　　　　　　　　　169 811.32

（4）一般纳税人（辅导期）国内采购货物或接受应税劳务和应税服务，已经取得增值税扣税凭证，按税法规定不符合抵扣条件，暂不予在本期申报抵扣的进项税额，借记"应交税费——待抵扣进项税额"科目；应计入采购成本的金额，借记"材料采购"、"商品采购"、"原材料"、"制造费用"、"管理费用"、"销售费用"、"固定资产"、"主营业务成本"、"其他业务成本"等科目；按照应付或实际支付的金额，贷记"应付账款"、"应付票据"、"银行存款"等科目。

收到税务机关告知的稽核比对结果通知书及其明细清单后，按稽核比对结果通知书及其明细清单注明的稽核相符、允许抵扣的进项税额，借记"应交税费——应交增值税（进项税额）"，贷记"应交税费——待抵扣进项税额"。

【例2-17】某小型商贸批发企业的注册资本为50万元，从业人员8人，2014年4月1日被认定为辅导期一般纳税人，辅导期限为3个月，4月购进货物，增值税专用发票注明价款20万元；5月领购千元版增值税专用发票25份，开具销售金额24万元，购进货物，增值税专用发票注明价款50万元；6月领购千元版增值税专用发票25份，开具销售金额24万元，由于该单位业务量增大，25份专用发票不能满足经营需要，向主管税务机关申请增购千元版专用发票40份，按规定预缴增值税税款7 200元，当月增购发票开具销售金额35万元。该单位增值税税率为17%。4月购进货物取得增值税抵扣凭证时，作会计分录：

借：库存商品　　　　　　　　　　　　　　　　　　　　200 000

　　应交税费——待抵扣进项税额　　　　　　　　　　　　34 000

　　贷：银行存款　　　　　　　　　　　　　　　　　　　234 000

一般纳税人（辅导期）当月购进货物，其进项税额不能抵扣，次月根据"稽核结果通知书"做账务处理。5月根据"稽核结果通知书"交叉稽核比对无误后，作会计分录：

借：应交税费——应交增值税（进项税额）　　　　　　　34 000

　　贷：应交税费——待抵扣进项税额　　　　　　　　　　34 000

根据销售货物专用发票，作会计分录：

借：银行存款　　　　　　　　　　　　　　　　　　　　280 800

　　贷：主营业务收入　　　　　　　　　　　　　　　　　240 000

　　　　应交税费——应交增值税（销项税额）　　　　　　40 800

购进货物取得增值税抵扣凭证时，作会计分录：

借：库存商品　　　　　　　　　　　　　　　　　　　　500 000

　　应交税费——待抵扣进项税额　　　　　　　　　　　　85 000

　　贷：银行存款　　　　　　　　　　　　　　　　　　　85 000

5月应交增值税=40 800-34 000=6 800（元）

借：应交税费——应交增值税（转出未交增值税）　　　　6 800

　　贷：应交税费——未交增值税　　　　　　　　　　　　6 800

6 月缴纳 5 月增值税时，作会计分录：

借：应交税费——未交增值税   6 800

 贷：银行存款   6 800

根据"稽核结果通知书"交叉稽核比对无误后，作会计分录：

借：应交税费——应交增值税（进项税额）   85 000

 贷：应交税费——待抵扣进项税额   85 000

增购专用发票预缴增值税时，作会计分录：

借：应交税费——应交增值税（已交税金）   7 200

 贷：银行存款   7 200

根据本月销售货物专用发票（包括领购和增购），作会计分录：

借：银行存款   690 300

 贷：主营业务收入   590 000

   应交税费——应交增值税（销项税额）   100 300

6 月应交增值税 = 100 300 - 85 000 = 15 300（元）

应补交增值税 = 15 300 - 7 200 = 8 100（元）

借：应交税费——应交增值税（转出未交增值税）   8 100

 贷：应交税费——未交增值税   8 100

7 月缴纳 6 月增值税时，因已预缴增值税 7 200 元，应补交增值税 8 100 元，作会计分录：

借：应交税费——未交增值税   8 100

 贷：银行存款   8 100

（5）混业经营，分别按适用税率计算缴纳增值税，兼有增值税应税服务的原增值税一般纳税人，应在营业税改征增值税开始试点的当月月初将不得从应税服务的销项税额中抵扣的上期留抵税额，转入"增值税留抵税额"明细科目，借记"应交税费——增值税留抵税额"科目，贷记"应交税费——应交增值税（进项税额转出）"科目。待以后期间允许抵扣时，按允许抵扣的金额，借记"应交税费——应交增值税（进项税额）"科目，贷记"应交税费——增值税留抵税额"科目。

【例 2-18】甲生产企业向乙工业企业销售一批货物并负责运输，适用增值税税率 17%，双方都为增值税一般纳税人。甲企业收取货物价款（含税）351 000 元，运费 1 300 元，以上款项均通过银行转账结算。会计处理如下：

销售货物销项税额 = 351 000 ÷（1 + 17%）× 17% = 51 000（元）

运输服务销项税额 = 1 300 ÷（1 + 11%）× 11% = 128.83（元）

借：银行存款   352 300

 贷：主营业务收入   301 171.17

   应交税费——应交增值税（销项税额）   51 128.83

（6）一般纳税人销售货物、提供应税劳务和应税服务，按照确认的收入和按规定收取的增值税额，借记"应收账款"、"应收票据"、"银行存款"等科目；按照按规定收取的增值税额，贷记"应交税费——应交增值税（销项税额）"科目；按确认的收入，贷记

"主营业务收入"、"其他业务收入"等科目。销售货物、提供应税劳务和应税服务发生中止或折让，做相反的会计分录。

【例2-19】2014年10月，A物流企业的交通运输收入100万元，物流辅助收入100万元，按照适用税率，分别开具增值税专用发票，款项已收。取得运输收入的会计处理为：

借：银行存款   1 110 000
 贷：主营业务收入——运输   1 000 000
   应交税费——应交增值税（销项税额）   110 000

取得物流辅助收入的会计处理为：

借：银行存款   1 060 000
 贷：其他业务收入——物流   1 000 000
   应交税费——应交增值税（销项税额）   60 000

【例2-20】2014年9月2日，A物流企业与H公司签订合同，为其提供购进货物的运输服务，H公司于签订协议时全额支付现金6万元，且取得增值税专用发票。9月8日，由于前往目的地的道路被冲毁，双方同意中止履行合同。H公司将尚未认证增值税专用发票退还A企业，A企业返还运费。A企业9月2日取得运输收入的会计处理为：

借：现金   60 000
 贷：主营业务收入——运输   54 054.05
   应交税费——应交增值税（销项税额）   5 945.95

A企业9月8日发生服务中止的会计处理为：

贷：银行存款   60 000
 贷：主营业务收入——运输   −54 054.05
   应交税费——应交增值税（销项税额）   −5 945.95

【例2-21】2014年9月，X设备租赁公司出租给L公司两台数控机床，收取半年租金18万元并开具发票，L公司使用2个月后发现其中一台机床的齿轮存在故障无法运转，要求X公司派人进行维修并退还L公司维修期间租金2万元，L公司至主管税务机关开具《开具红字增值税专用发票通知单》，X公司开具红字专用发票，退还已收租金2万元。X公司9月取得租金收入的会计处理为：

借：银行存款   180 000
 贷：主营业务收入——设备出租   153 846.15
   应交税费——应交增值税（销项税额）   26 153.85

X公司开具红字专用发票的会计处理为：

贷：银行存款   20 000
 贷：主营业务收入——运输   −17 094.02
   应交税费——应交增值税（销项税额）   −2 905.98

（7）视同销售的会计处理。我国《增值税暂行条例实施细则》列举了8种视同销售行为：①将货物交付他人代销；②销售代销货物；③设有两个以上机构并实行统一核算的纳税人，将货物从一个机构移送其他机构用于销售，但相关机构设在同一县（市）的除外；④将自产或委托加工的货物用于非应税项目；⑤将自产、委托加工或购买的货物作为投资，提供给其他单位或个体经营者；⑥将自产、委托加工或购买的货物分配给股东或投资者；⑦将自产、委托加工的货物用于集体福利或个人消费；⑧将自产、委托加工或购买的货物无偿赠送他人。

通常将以下销售行为也归类为增值税视同销售：①以自产、委托加工或购买的货物偿债；②以自产、委托加工或购买的货物换入其他非货币性资产。

以上 10 种视同销售行为，是指企业在会计核算时不作为销售核算，但在税务上要作为销售确认计缴增值税的商品或劳务的转移行为。

单位和个体工商户的下列情形，视同提供应税服务：①向其他单位或个人无偿提供交通运输业、邮政业和部分现代服务业服务，但以公益活动为目的或以社会公众为对象的除外。②财政部和国家税务总局规定的其他情形。

①将自产或委托加工的货物用于非增值税应税项目，如用于企业工程项目等，作会计分录：

借：在建工程（存货成本+销项税额）
　　贷：库存商品（存货成本）
　　　　应交税费——应交增值税（销项税额）（公允价值×增值税税率）

【例 2-22】甲公司将生产的产品用于在建工程，该产品的成本为 20 万元，计税价格（公允价值）为 30 万元，增值税税率为 17%，则甲公司的账务处理如下：

借：在建工程　　　　　　　　　　　　　　　　　　　　　　　251 000
　　贷：库存商品　　　　　　　　　　　　　　　　　　　　　200 000
　　　　应交税费——应交增值税（销项税额）　　　　　　　　　51 000

②将自产、委托加工的货物用于集体福利或个人消费，会计处理如下：

公司决定发放非货币性福利时：

借：生产成本
　　制造费用等
　　贷：应付职工薪酬——非货币性福利（公允价值+销项税额）

实际发放非货币性福利时：

借：应付职工薪酬——非货币性福利
　　贷：主营业务收入（公允价值）
　　　　应交税费——应交增值税（销项税额）（公允价值×增值税税率）

借：主营业务成本
　　贷：库存商品（货物成本）

【例 2-23】A 公司为增值税一般纳税人，2014 年 11 月内部领用自产产品用于员工福利，领用的产品成本 10 万元，公允价值 40 万元。财务部、行政部等后勤部门领用的公允价值为 20 万元（不含税价），市场部、销售部等业务部领用的公允价值为 20 万元（不含税价）。会计处理如下：

计提员工福利：

借：管理费用——职工福利费　　　　　　　　　　　　　　　234 000
　　销售费用——职工福利费　　　　　　　　　　　　　　　234 000
　　贷：应付职工薪酬——非货币性福利　　　　　　　　　　468 000

确认收入：

借：应付职工薪酬——非货币性福利　　　　　　　　　　　　　　468 000

　　贷：应交税费——应交增值税（销项税金）　　　　　　　　　68 000

　　　　主营业务收入　　　　　　　　　　　　　　　　　　　400 000

结转成本：

借：主营业务成本　　　　　　　　　　　　　　　　　　　　　100 000

　　贷：库存商品　　　　　　　　　　　　　　　　　　　　　100 000

③将自产、委托加工或者购进的货物作为投资、分配给股东或投资者，作会计分录：

借：长期股权投资（或应付股利等）

　　贷：主营业务收入或其他业务收入（公允价值）

　　　　应交税费——应交增值税（销项税额）（公允价值×增值税税率）

借：主营业务成本（或其他业务成本）

　　贷：库存商品（或原材料等）

【例 2-24】某公司将产成品一批对外投资，产品账面成本 32 万元，计税价格 40 万元，假设未计提跌价准备，不涉及补价，其他税费略。

若该投资具有商业实质，且产成品的公允价值能可靠计量（即市价 40 万元），会计处理应确认销售收入，则作会计分录：

借：长期股权投资　　　　　　　　　　　　　　　　　　　　468 000

　　贷：主营业务收入　　　　　　　　　　　　　　　　　　400 000

　　　　应交税费——应交增值税（销项税额）　　　　　　　　68 000

借：主营业务成本　　　　　　　　　　　　　　　　　　　　320 000

　　贷：库存商品　　　　　　　　　　　　　　　　　　　　320 000

若该投资不具有商业实质，或产成品的公允价值不能可靠计量，会计处理则不能确认销售收益，作会计分录：

借：长期股权投资　　　　　　　　　　　　　　　　　　　　388 000

　　贷：库存商品　　　　　　　　　　　　　　　　　　　　320 000

　　　　应交税费——应交增值税（销项税额）　　　　　　　　68 000

④将自产、委托加工或者购进的货物无偿赠送其他单位或者个人，作会计分录：

借：营业外支出（货物成本+销项税额）

　　贷：库存商品等

　　　　应交税费——应交增值税（销项税额）（公允价值×增值税税率）

【例 2-25】某企业向本地希望小学捐赠自产水泥 500 吨用于教学楼机房改造。水泥单位成本 140 元，单位售价（不含税）320 元。会计处理如下：

借：营业外支出　　　　　　　　　　　　　　　　　　　　　97 200

　　贷：库存商品　　　　　　　　　　　　　　　　　　　　70 000

　　　　应交税费——应交增值税（销项税额）　　　　　　　　27 200

⑤将自产、委托加工或购进的货物用于非货币性资产交换，作会计分录：

借：固定资产、无形资产、库存商品等
　　贷：主营业务收入或其他业务收入（公允价值）
　　　　应交税费——应交增值税（销项税额）（公允价值×增值税税率）
　　　　银行存款等（或借）
借：主营业务成本（或其他业务成本）
　　贷：库存商品或原材料等

【例2-26】2014年9月，A公司以生产经营过程中使用的一台设备交换B公司生产的一批打印机，换入的打印机作为固定资产管理。设备的账面原价为150万元，在交换日的累计折旧为45万元，公允价值为90万元。打印机的账面价值为110万元，公允价值为90万元，计税价格等于公允价值。B公司换入A公司的设备是生产打印机过程中需要使用的设备。根据增值税的有关规定，企业以库存商品换入其他资产，视同销售行为发生。B公司的账务处理如下：

借：固定资产　　　　　　　　　　　　　　　　　　　　　1 053 000
　　贷：主营业务收入　　　　　　　　　　　　　　　　　　　900 000
　　　　应交税费——应交增值税（销项税额）　　　　　　　　153 000
借：主营业务成本　　　　　　　　　　　　　　　　　　　1 100 000
　　贷：库存商品　　　　　　　　　　　　　　　　　　　　1 100 000

（8）将自产、委托加工或购进的货物用于债务重组。会计处理如下：
借：应付账款等
　　贷：主营业务收入或其他业务收入（公允价值）
　　　　应交税费——应交增值税（销项税额）（公允价值×增值税税率）
借：主营业务成本（或其他业务成本）
　　贷：库存商品或原材料等

【例2-27】甲公司欠乙公司购货款35万元。由于甲公司财务发生困难，短期内不能支付已于2014年5月1日到期的货款。2014年7月1日，经双方协商，乙公司同意甲公司以其生产的产品偿还债务。该产品的公允价值为20万元，实际成本为12万元。甲公司为增值税一般纳税人，适用的增值税税率为17%，乙公司于2014年8月1日收到甲公司抵债的产品，并作为库存商品入库。甲公司账务处理如下：

借：应付账款　　　　　　　　　　　　　　　　　　　　　350 000
　　贷：主营业务收入　　　　　　　　　　　　　　　　　　200 000
　　　　应交税费——应交增值税（销项税额）　　　　　　　　34 000
　　　　营业外收入——债务重组利得　　　　　　　　　　　116 000
借：主营业务成本　　　　　　　　　　　　　　　　　　　120 000
　　贷：库存商品　　　　　　　　　　　　　　　　　　　　120 000

一般纳税人发生《营改增试点实施办法》第11条所规定情形，视同提供应税服务应提取的销项税额，借记"营业外支出"、"应付利润"等科目，贷记"应交税费——应交增值税（销项税额）"科目。

【例 2-28】2014 年 8 月 3 日，W 律师事务所安排两名律师参加某企业家沙龙，免费提供资产重组相关业务法律咨询服务 4 小时。8 月 5 日，该律师事务所安排三名律师参加"学雷锋"日活动，在市民广场进行免费法律咨询服务 3 小时。该律师事务所民事业务咨询服务价格为每人 800 元/小时。会计处理如下：

8 月 3 日免费提供资产重组业务法律咨询，按最近时期提供同类应税服务的平均价格计算销项税额：销项税额 =（2×4×800）÷（1+6%）×6% = 362.26（元）

　　借：营业外支出　　　　　　　　　　　　　　　　　　　　362.26
　　　贷：应交税费——应交增值税（销项税额）　　　　　　　　362.26

8 月 5 日为以社会公众为对象的服务活动，不属于视同提供应税服务。

（9）一般纳税人向境外单位提供适用零税率的应税服务，不计算应税服务销售额应缴纳的增值税。凭有关单证向税务机关申报办理该项出口服务的免抵退税。

①按税务机关批准的免抵税额借记"应交税费——应交增值税（出口抵减内销应纳税额）"，按应退税额借记"其他应收款——应收退税款（增值税出口退税）"等科目，按免抵退税额贷记"应交税费——应交增值税（出口退税）"科目。

②收到退回的税款时，借记"银行存款"科目，贷记"其他应收款——应收退税款（增值税出口退税）"科目。

③办理退税后发生服务中止补交已退回税款的，用红字或负数登记。

（10）发生购进货物改变用途以及非正常损失等原因，按规定进项额不得抵扣的，借记"其他业务成本"、"在建工程"、"应付福利费"、"待处理财产损溢"等科目，贷记"应交税费——应交增值税（进项税额转出）"科目。

（11）免征增值税收入纳税人提供应税服务取得按规定的免征增值税收入时，借记"银行存款"、"应收账款"、"应收票据"等科目，贷记"主营业务收入"、"其他业务收入"等科目。

（12）当月缴纳本月增值税时，借记"应交税费——应交增值税（已交税金）"科目，贷记"银行存款"科目。

【例 2-29】M 货运公司 2014 年 8 月虚开增值税专用发票被国税稽查部门查处，当月收到主管税务机关的《税务事项通知书》，告知对其实行纳税辅导期管理。9 月 3 日，M 公司当月第一次领购专用发票 25 份，17 日已全部开具，取得营业额 86 000 元（含税）；18 日该公司再次到主管税务机关申领发票，按规定对前次已领购并开具的专用发票销售额预缴增值税。预缴增值税的会计处理为：

预缴增值税 = 86 000÷（1+11%）×3% = 2 324.32（元）

　　借：应交税费——应交增值税（已交税金）　　　　　　　　2 324.32
　　　贷：银行存款　　　　　　　　　　　　　　　　　　　　2 324.32

（13）一般纳税人首次购入增值税税控系统专用设备，按实际支付或应付的金额，借记"固定资产"科目，贷记"银行存款"、"应付账款"等科目。按规定抵减的增值税应纳税额，借记"应交税费——应交增值税（减免税款）"科目，贷记"递延收益"科目。按期计提折旧，借记"管理费用"等科目，贷记"累计折旧"科目；同时，借记"递延收益"科目，贷记"管理费用"等科目。

一般纳税人发生技术维护费,按实际支付或应付的金额,借记"管理费用"等科目,贷记"银行存款"等科目。按规定抵减的增值税应纳税额,借记"应交税费——应交增值税(减免税款)"科目,贷记"管理费用"等科目。

【例2-30】2014年10月,S生物科技公司首次购入增值税税控系统设备,支付价款1 416元,同时支付当年增值税税控系统专用设备技术维护费370元。当月两项合计抵减当月增值税应纳税额1 786元。会计处理如下:

首次购入增值税税控系统专用设备:

借:固定资产——税控设备   1 416
  贷:银行存款   1 416

发生防伪税控系统专用设备技术维护费:

借:管理费用   370
  贷:银行存款   370

抵减当月增值税应纳税额:

借:应交税费——应交增值税(减免税款)   1 786
  贷:管理费用   370
    递延收益   1 416

以后各月计提折旧(按3年,残值10%举例):

借:管理费用   35.40
  贷:累计折旧   35.40
借:递延收益   35.40
  贷:管理费用   35.40

(14)一般纳税人提供适用简易计税方法应税服务的,借记"现金"、"银行存款"、"应收账款"等科目,贷记"主营业务收入"、"其他业务收入"等科目,贷记"应交税费——未交增值税"科目。

一般纳税人提供适用简易计税方法的应税服务,发生《营改增试点实施办法》第11条所规定情形视同提供应税服务应缴纳的增值税额,借记"营业外支出"、"应付利润"等科目,贷记"应交税费——未交增值税"科目。

【例2-31】2014年10月25日,Z巴士公司当天取得公交乘坐费85 000元。按简易计税办法计算增值税应纳税款:85 000÷103%×3% = 2 475.739(元),相应会计处理为:

借:现金   85 000
  贷:主营业务收入   82 524.27
    应交税费——未交增值税   2 475.73

(15)税款缴纳。月末,一般纳税人应将当月发生的应交未交增值税额自"应交税费——应交增值税"科目转入"未交增值税"明细科目,借记"应交税费——应交增值税(转出未交增值税)"科目,贷记"应交税费——未交增值税"科目;或将本月多交的增值税自"应交税费——应交增值税"科目转入"未交增值税"明细科目,借记"应交税费——未交增值税"科目,贷记"应交税费——应交增值税(转出多交增值税)"科目。

　　一般纳税人的"应交税费——应交增值税"科目的期末借方余额，反映尚未抵扣的增值税。"应交税费——未交增值税"科目的期末借方余额，反映多交的增值税；贷方余额，反映未交的增值税。

　　次月缴纳本月应交未交的增值税，借记"应交税费——未交增值税"科目，贷记"银行存款"科目。收到退回多交增值税税款时，借记"银行存款"科目，贷记"应交税费——未交增值税"科目。

　　（16）小规模纳税人提供应税服务，按确认的收入和按规定收取的增值税额，借记"应收账款"、"应收票据"、"银行存款"等科目；按规定收取的增值税额，贷记"应交税费——应交增值税"科目；按确认的收入，贷记"主营业务收入"、"其他业务收入"等科目。

　　（17）小规模纳税人初次购入增值税税控系统专用设备，按实际支付或应付的金额，借记"固定资产"科目，贷记"银行存款"、"应付账款"等科目。按规定抵减的增值税应纳税额，借记"应交税费——应交增值税"科目，贷记"递延收益"科目。按期计提折旧，借记"管理费用"等科目，贷记"累计折旧"科目；同时，借记"递延收益"科目，贷记"管理费用"等科目。

　　小规模纳税人发生技术维护费，按实际支付或应付的金额，借记"管理费用"等科目，贷记"银行存款"等科目。按规定抵减的增值税应纳税额，借记"应交税费——应交增值税"科目，贷记"管理费用"等科目。

　　（18）小规模纳税人月份终了上交增值税时，借记"应交税费——应交增值税"科目，贷记"银行存款"科目。收到退回多交的增值税税款时，作相反的会计分录。

【例2-32】甲运输公司是增值税小规模纳税人，2014年9月取得收入合计200万元，其中国内客运收入185万元，销售货物收入12万元，运送该批货物取得运输收入3万元。会计处理如下：

应交增值税＝［（185+3）÷（1+3%）×3%+12÷（1+3%）×3%］=5.83（万元）

借：银行存款　　　　　　　　　　　　　　　　　　　　　　　　200
　　贷：主营业务收入　　　　　　　　　　　　　　　　　　　194.17
　　　　应交税费——应交增值税　　　　　　　　　　　　　　　5.83

项目三　增值税的纳税申报

任务一　增值税的征收管理

（一）纳税期限

　　增值税的纳税期限分别为1日、3日、5日、10日、15日、1个月或者1个季度。纳税人的具体纳税期限，由主管税务机关根据纳税人应纳税额的大小分别核定；不能按照固定期限纳税的，可以按次纳税。以1个季度为纳税期限的规定仅适用于小规模纳税人。

纳税人以 1 个月或者 1 个季度为 1 个纳税期的，自期满之日起 15 日内申报纳税。

（二）纳税地点

为了保证纳税人按期申报纳税，根据企业跨地区经营和搞活商品流通的特点及不同情况，税法还具体规定了增值税的纳税地点：

（1）固定业户应当向其机构所在地主管税务机关申报纳税。总机构和分支机构不在同一县（市）的，应当分别向各自所在地主管税务机关申报纳税；经国家税务总局或其授权的税务机关批准，也可由总机构汇总向总机构所在地主管税务机关申报纳税。

（2）固定业户到外县（市）销售货物的，应当向其机构所在地主管税务机关申请开具外出经营活动税收管理证明，向其机构所在地主管税务机关申报纳税。未持有其机构所在地主管税务机关核发的外出经营活动税务管理证明，到外县（市）销售货物或者应税劳务的，销售地主管税务机关一律按 6% 的征收率征税，其在销售地发生的销售额，回机构所在地后，仍应按规定申报纳税，在销售地缴纳的税款不得从当期应纳税额中扣减。

（3）非固定业户销售货物或者应税劳务，应当向销售地主管税务机关申报纳税。非固定业户到外县（市）销售货物或者应税劳务未向销售地主管税务机关申报纳税的，由其机构所在地或居住地主管税务机关补征税款。

（4）进口货物，应当由进口人或其代理人向报关地海关申报纳税。

（三）增值税专用发票的使用及管理

1. 专用发票的联次

专用发票由基本联次或者基本联次附加其他联次构成，基本联次为三联：第一联为税款抵扣联，购货方作扣税凭证。第二联为发票联，购货方作付款的记账凭证。第三联为记账联，销货方作销售的记账凭证。

2. 专用发票的开票限额

最高开票限额由一般纳税人申请，税务机关依法审批。最高开票限额为 10 万元及以下的，由区县级税务机关审批；最高开票限额为 100 万元的，由地市级税务机关审批；最高开票限额为 1 000 万元及以上的，由省级税务机关审批。

3. 专用发票的开具范围

商业企业一般纳税人零售的烟、酒、食品、服装、鞋帽（不包括劳保专用部分）、化妆品等消费品不得开具专用发票。

增值税小规模纳税人（以下简称小规模纳税人）需要开具专用发票的，可向主管税务机关申请代开。

4. 专用发票与不得抵扣进项税额的规定

（1）有下列情形之一的，不得作为增值税进项税额的抵扣凭证：①无法认证；②纳税人识别号认证不符；③专用发票代码、号码认证不符。税务机关退还原件，购买方可要求销售方重新开具专用发票。

（2）出现重复认证情形的，暂不得作为增值税进项税额的抵扣凭证。税务机关扣留原件，查明原因，区别情况进行处理。

任务二　增值税纳税申报

（一）增值税一般纳税人纳税申报表的填制

增值税一般纳税人（以下简称一般纳税人）的纳税申报表及其附列资料包括：（1）《增值税纳税申报表（适用于增值税一般纳税人）》；（2）《增值税纳税申报表附列资料（一）》（本期销售情况明细）；（3）《增值税纳税申报表附列资料（二）》（本期进项税额明细）；（4）《增值税纳税申报表附列资料（三）》（应税服务扣除项目明细），一般纳税人提供应税服务，在确定应税服务销售额时，按照有关规定可以从取得的全部价款和价外费用中扣除价款的，需填报《增值税纳税申报表附列资料（三）》，其他情况不填写该附列资料；（5）《增值税纳税申报表附列资料（四）》（税收抵减情况表）；（6）《固定资产进项税额抵扣情况表》。

上述纳税申报表及其附列资料表样和填写说明详见国家税务总局关于调整增值税纳税申报有关事项的公告（国家税务总局公告 2013 年第 32 号）。

【例 2-33】某企业为增值税一般纳税人，从事计算机硬件的销售业务并提供技术咨询服务及设备租赁服务，截至 2014 年 12 月 31 日，"一般货物及劳务"列第 20 栏"期末留抵税额"为零。假设该纳税人 1 月取得的所有需认证的发票均于当月认证且申报抵扣。2015年 1 月发生如下业务：

（1）取得技术咨询服务费，开具防伪税控《增值税专用发票》，销售额 40 000 元，销项税额 2 400 元。

（2）出租机械设备，开具《增值税普通发票》，销售额 25 000 元，销项税额4 250元。

（3）销售电脑一批，开具防伪税控《增值税专用发票》，销售额 20 000 元，销项税额 3 400 元。

（4）销售电脑配件一批，开具《增值税普通发票》，销售额 10 000 元，销项税额1 700元。

（5）销售软件产品，开具防伪税控《增值税专用发票》，销售额 15 000 元，销项税额 2 550 元。

（6）购进电脑一批，取得防伪税控《增值税专用发票》，金额 4 000 元，增值税额 680 元。

（7）接受纳税人提供的应税服务，取得《增值税专用发票》，金额 3 000 元，税率6%，增值税额 180 元。

（8）取得纳税人开具的《货物运输业增值税专用发票》，金额 2 000 元，税率 11%，增值税额 220 元。

（9）取得开发软件产品相关可抵扣进项税额 1 200 元。

应税服务销售额＝40 000+25 000＝65 000（元）

应税服务销项税额＝2 400+4 250＝6 650（元）

一般货物及劳务销售额＝20 000+10 000＝30 000（元）

一般货物及劳务销项税额=3 400+1 700=5 100（元）

即征即退货物及劳务销售额=15 000（元）

即征即退货物及劳务销项税额=2 550（元）

本期认证相符且本期申报抵扣
的增值税专用发票金额 =4 000+3 000+2 000=9 000（元）

本期认证相符且本期申报抵扣的增值税专用发票税额=680+180+220=1 080（元）

本期认证相符且本期申报开发软件产品可抵扣进项税额=1 200（元）

提示：对于申报表35行即征即退实际退税额，软件产品的退税额计算依据如下：

《财政部 国家税务总局关于软件产品增值税政策的通知》（财税〔2011〕100号）规定，增值税一般纳税人销售其自行开发生产的软件产品，按17%税率征收增值税后，对其增值税实际税负超过3%的部分实行即征即退政策。计算公式为：

即征即退税额=当期软件产品增值税应纳税额-当期软件产品销售额×3%

即征即退税额=1 350-15 000×3%=1 350-450=900（元）

该企业填制纳税申报表如表2-1所示。

表2-1　　　　　　　　　　　增值税纳税申报表（适用于增值税一般纳税人）

税款所属时间：自2014年1月1日至2014年1月31日			填表日期：2014年2月1日		金额单位：元至角分	
纳税人识别号				所属行业		
纳税人名称	（公章）	法定代表人姓名		注册地址	营业地址	
开户银行及账号		企业登记注册类型			电话号码	
项　　目		栏次	一般货物及劳务和应税服务		即征即退货物及劳务和应税服务	
			本月数	本年累计	本月数	本年累计
销售额	（一）按适用税率征税销售额	1	95 000.00	95 000.00	15 000.00	15 000
	其中：应税货物销售额	2	65 000.00	65 000.00	—	—
	应税劳务销售额	3	30 000.00	30 000.00	—	—
	纳税检查调整的销售额	4	—	—	—	—
	（二）按简易征收办法征税销售额	5				
	其中：纳税检查调整的销售额	6	—	—	—	—
	（三）免、抵、退办法出口销售额	7				
	（四）免税销售额	8				
	其中：免税货物销售额	9	—	—	—	—
	免税劳务销售额	10	—	—	—	—

续表

税款计算	销项税额	11	11 750.00	11 750.00	2 550.00	
	进项税额	12	1 080.00	1 080.00	1 200.00	
	上期留抵税额	13	0		0	—
	进项税额转出	14	0		0	
	免、抵、退应退税额	15	0		0	—
	按适用税率计算的纳税检查应补缴税额	16	0		—	—
	应抵扣税额合计	17＝12＋13－14－15＋16	1 080.00	1 080.00	1 200.00	
	实际抵扣税额	18(如17<11,则为17,否则为11)	1 080.00	1 080.00	1 200.00	
	应纳税额	19＝11－18	10 670.00	10 670.00	1 350.00	
	期末留抵税额	20＝17－18	0		0	
	简易征收办法计算的应纳税额	21	0		0	
	按简易征收办法计算的纳税检查应补缴税额	22	—		—	—
	应纳税额减征额	23	0		0	
	应纳税额合计	24＝19＋21－23	10 670.00	10 670.00	1 350.00	
税款缴纳	期初未缴税额(多缴为负数)	25	—	—	—	—
	实收出口开具专用缴款书退税额	26	—	—	—	—
	本期已缴税额	27＝28＋29＋30＋31		—		—
	①分次预缴税额	28	0	—	0	—
	②出口开具专用缴款书预缴税额	29	—	—	—	—
	③本期缴纳上期应纳税额	30	—	—	—	—
	④本期缴纳欠缴税额	31	—	—	—	—
	期末未缴税额(多缴为负数)	32＝24＋25＋26－27	—	—	—	—
	其中:欠缴税额(≥0)	33＝25＋26－27	—	—	—	—
	本期应补(退)税额	34＝24－28－29	10 670.00	—	1 350.00	—
	即征即退实际退税额	35	—		00.00	—
	期初未缴查补税额	36	—	—	—	—
	本期入库查补税额	37	—	—	—	—
	期末未缴查补税额	38＝16＋22＋36－37	—	—	—	—

（二）增值税小规模纳税人纳税申报表的填制

增值税小规模纳税人的纳税申报表及其附列资料包括：（1）《增值税纳税申报表（适用于增值税小规模纳税人）》；（2）《增值税纳税申报表（小规模纳税人适用）附列资料》。小规模纳税人提供应税服务，在确定应税服务销售额时，按照有关规定可以从取得的全部价款和价外费用中扣除价款的，需填报《增值税纳税申报表（小规模纳税人适用）附列资料》。其他情况不填写该附列资料。

上述纳税申报表及其附列资料表样和填写说明详见国家税务总局关于调整增值税纳税申报有关事项的公告（国家税务总局公告 2013 年第 32 号）。

【例 2-34】 某增值税小规模纳税人有关业务如下：

（1）2014 年 12 月 11 日取得技术服务费收入 30.9 万元，开具增值税普通发票。

（2）2014 年 12 月 25 日向主管国税机关申请代开增值税专用发票，取得技术服务费收入 20 万元（发票金额 20 万元），缴纳税款 6 000 元。

（3）2014 年 12 月 1 日购买税控装置一套，取得增值税专用发票注明价款 8 000 元，注明税额 1 360 元。

（4）2014 年 12 月 1—31 日销售计算机零配件收入 6.18 万元。

该小规模纳税人填制纳税申报表如表 2-2 所示。

（三）一般纳税人纳税申报程序

1. 增值税一般纳税人网上申报流程

增值税一般纳税人（以下简称纳税人）在每月 15 日前，通过网上申报系统，填写增值税纳税申报表主表、附表及其他附列资料，审核确认无误后通过"纳税申报"模块在线提交电子报表。具体步骤如下：

进入"发票资料"：（1）发票领用存—下载信息—保存。（2）进项发票—远程导入—保存。（3）销项发票—导入或手工添加—保存。（4）普通发票—导入或手工添加—保存。（5）其他发票录入—保存。（6）进项税转出（有就录入）—保存。（7）填写报表。先打开附表一、附表二，保存后再打开增值税纳税申报表，然后点击"保存"。填写资产负债表、损益表，点击"保存"。别的报表都可自动生成。（8）发送报表。全选后，点击"发送"即可。（9）反馈查询。可以查看发送的报表是否申报处理成功，然后把报税资料打印出来，待年终后一次性报主管税务机关。

2. 纳税申报资料

纳税人进行纳税申报必须实行电子信息采集。使用防伪税控系统开具增值税专用发票的纳税人必须在抄报税成功后，方可进行纳税申报。

（1）必报资料包括：

①《增值税纳税申报表（适用于增值税一般纳税人）》、《增值税纳税申报表附列资料（一）》（本期销售情况明细）、《增值税纳税申报表附列资料（二）》（本期进项税额明细）、《增值税纳税申报表附列资料（三）》（应税服务扣除项目明细）、《增值税纳税申报表附列资料（四）》（税收抵减情况表）和《固定资产进项税额抵扣情况表》。

②使用防伪税控系统的纳税人，必须报送记录当期纳税信息的 IC 卡（明细数据备份在软盘上的纳税人还须报送备份数据软盘）。

表 2-2　　　　　　增值税纳税申报表（适用于增值税小规模纳税人）

纳税人识别号：□□□□□□□□□□□□□□□□□□

纳税人名称（公章）：　　　　　　　　　　　　　　　　　金额单位：元（列至角分）

税款所属期：2014 年 12 月 1 日至 2014 年 12 月 31 日　　　填表日期：2015 年 1 月 1 日

	项目	栏次	本期数		本年累计	
			应税货物及劳务	应税服务	应税货物及劳务	应税服务
一、计税依据	（一）应征增值税不含税销售额	1	60 000	500 000		
	税务机关代开的增值税专用发票不含税销售额	2		200 000 〔业务2〕		
	税控器具开具的普通发票不含税销售额	3	60 000 〔业务4〕	300 000 〔业务1〕		
	（二）销售使用过的应税固定资产不含税销售额	4（4≥5）				
	其中：税控器具开具的普通发票不含税销售额	5				
	（三）免税销售额	6＝7+8+9				
	其中：小微企业免税销售额	7				
	未达起征点销售额	8				
	其他免税销售额	9				
	（四）出口免税销售额	10（10≥11）				
	其中：税控器具开具的普通发票销售额	11				
二、税款计算	本期应纳税额	12	1 800	15 000 〔业务3〕		
	本期应纳税额减征额	13		9 360		
	本期免税额	14				
	其中：小微企业免税额	15				
	未达到起征点免税额	16				
	应纳税额合计	17＝12−13		5 640 〔业务2〕		
	本期预缴税额	18		6 000	—	—
	本期应补（退）税额	19＝17−18	1 800	−360	—	—

纳税人或代理人声明：此纳税申报表是根据国家税收法律的规定填报的，我确定它是真实的、可靠的、完整的。	如纳税人填报，由纳税人填写以下各栏：
	办税人员（签章）：　　　　　　　财务负责人（签章）：
	法定代表人（签章）：　　　　　　联系电话：
	如委托代理人填报，由代理人填写以下各栏：
	代理人名称：　　　经办人（签章）：　　　联系电话：
	代理人（公章）：

受理人：　　　　　　受理日期：　　年　月　日　　　受理税务机关（签章）：

本表为 A3 竖式一式三份，一份纳税人留存、一份主管税务机关留存、一份征收部门留存。

③资产负债表和损益表。

④《成品油购销存情况明细表》（发生成品油零售业务的纳税人填报）。

⑤主管税务机关规定的其他必报资料。

纳税申报实行电子信息采集的纳税人，除向主管税务机关报送上述必报资料的电子数据外，还需报送纸介的《增值税纳税申报表（适用于增值税一般纳税人）》（主表及附表）。

（2）备查资料包括：

①已开具的税控"机动车销售统一发票"和普通发票的存根联。

②符合抵扣条件且在本期申报抵扣的防伪税控"增值税专用发票"、"货物运输业增值税专用发票"、税控"机动车销售统一发票"的抵扣联。

③符合抵扣条件且在本期申报抵扣的海关进口增值税专用缴款书、购进农产品取得的普通发票复印件。

④符合抵扣条件且在本期申报抵扣的中华人民共和国税收缴款凭证及其清单，书面合同、付款证明和境外单位的对账单或者发票。

⑤已开具的农产品收购凭证的存根联或报查联。

⑥纳税人提供应税服务，在确定应税服务销售额时，按照有关规定从取得的全部价款和价外费用中扣除价款的合法凭证及其清单。

⑦主管税务机关规定的其他资料。

备查资料是否需要在当期报送，由各省级国家税务局确定。

（四）小规模纳税人纳税申报程序

增值税小规模纳税人网上申报流程如下：

（1）纳税人向国税局的征管部门提出网上申报纳税申请，经县（市）区局审批同意后，正式参与网上申报纳税。

（2）纳税人向税务机关提供在银行已经开设的缴税账户，并保证账户中有足够用于缴税的资金。

（3）纳税人与银行签署委托划款协议，委托银行划缴税款。

（4）纳税人利用计算机和申报纳税软件制作纳税申报表，并通过电话网、因特网传送给税务机关的计算机系统。

（5）税务机关将纳税人的应划缴税款信息，通过网络发送给有关的银行，由银行从纳税人的存款账户上划缴税款，并打印税收转账专用完税证。

（6）银行将实际划缴的税款信息利用网络传送给税务机关的计算机系统。

（7）税务机关接收纳税人的申报信息和税款划缴信息，打印税收汇总缴款书，办理税款的入库手续。

（8）纳税人在方便的时候到银行营业网点领取税收转账完税证，进行会计核算。

增值税小规模纳税人纳税申报资料包括：（1）增值税小规模纳税人纳税申报表；（2）资产负债表和损益表；（3）主管税务机关要求的其他资料。

项目四 办理出口货物增值税退（免）税

任务一 确定增值税出口货物退免税政策的适用范围

免税并退税的出口货物：一般应具备以下四个条件：（1）必须是属于增值税、消费税征税范围的货物；（2）必须是报关离境的货物；（3）必须是在财务上作销售处理的货物；（4）必须是出口收汇并已核销的货物。

对出口的凡属于已征或应征增值税、消费税的货物，除国家明确规定不予退（免）税的货物和出口企业从小规模纳税人购进并持普通发票的部分货物外，都是出口货物退（免）税的货物范围，均应予以退还已征增值税和消费税或免征应征的增值税和消费税。

（一）下列企业出口满足上述四个条件的货物，除另有规定外，给予免税并退税

（1）生产企业自营出口或委托外贸企业代理出口的自产货物。

（2）有出口经营权的外贸企业收购后直接出口或委托其他外贸企业代理出口的货物。

（3）特定出口的货物：①对外承包工程公司运出境外用于对外承包项目的货物。②对外承接修理修配业务的企业用于对外修理修配的货物。③外轮供应公司、远洋运输供应公司销售给外轮、远洋国轮而收取外汇的货物。④企业在国内采购并运往境外作为在国外投资的货物。

（二）下列企业出口的货物，除另有规定外，给予免税但不退税

（1）属于生产企业的小规模纳税人自营出口或委托外贸企业代理出口的自产货物，免税但不退税。

（2）外贸企业从小规模纳税人购进并持普通发票的货物出口，免税但不退税。

（3）外贸企业直接购进国家规定的免税货物出口，免税但不退税。

（三）下列出口的货物，免税但不予退税

（1）来料加工复出口的货物，即原材料进口免税，加工自制的货物出口不退税。

（2）避孕药品和用具、古旧图书，内销免税，出口也免税。

（3）有出口卷烟权的企业出口国家出口卷烟计划内的卷烟，在生产环节免征增值税、消费税，出口环节不办理退税。其他非计划内出口的卷烟照章征收增值税和消费税，出口一律不退税。

（4）军品以及军队系统企业出口军需工厂生产或军需部门调拨的货物免税。

（5）国家规定的其他免税货物。

（四）出口不免税也不退税的货物和企业

除经批准属于进料加工复出口贸易以外，下列出口货物不免税也不退税：（1）国家计划外出口的原油；（2）援外出口货物；（3）国家禁止出口的货物。

对没有进出口经营权的商贸企业，从事出口贸易不免税也不退税。

（五）外贸企业出口视同内销货物征税时的进项税额抵扣的处理

（1）外贸企业购进货物后，无论内销还是出口，须将所取得的增值税专用发票在规定的认证期限内到税务机关办理认证手续。凡未在规定的认证期间内办理认证手续的增值税专用发票不予抵扣或退税。

（2）外贸企业出口货物，凡未在规定期限内申报退（免）税或虽已申请退（免）税但未在规定期限内向税务机关补齐有关凭证，以及未在规定期限内申报开具《代理出口货物证明的》，自规定期限截止之日的次日起30天内，由外贸企业根据应征税货物相应的未办理过退税或抵扣的进项税专用发票情况，填具进项发票明细表。

任务二　确定出口货物增值税退税率

出口货物的退税率，是出口货物的实际退税额与退税计税依据的比例。现行出口货物的增值税退税率有17%、15%、14%、13%、11%、9%、8%、6%、5%等。

任务三　增值税出口货物退税的计算与会计处理

为了与出口企业的会计核算办法相一致，我国《出口货物退（免）税管理办法》规定了两种退税计算办法：第一种办法是"免、抵、退"税办法，主要适用于自营和委托出口自产货物的生产企业；第二种办法是"先征后退"办法，目前主要用于收购货物出口的外（工）贸企业。

（一）"免、抵、退"税的计算方法与会计核算

1. 生产企业"免、抵、退"税的会计核算

生产企业出口货物"免、抵、退"税的会计核算，根据业务流程主要可分为：出口货物销售收入的核算、出口货物不予免征和抵扣税额的核算、应交税金的核算、"免、抵、退"货物不得免征和抵扣税额抵减额的核算、出口货物应免抵税额和应退税额的核算。根据现行会计制度的规定，对出口货物"免、抵、退"税的核算，主要涉及"应交税费——应交增值税"、"应交税费——未交增值税"和"应收补贴款"（或"应收出口退税款"）等会计科目。其中"应交税费——应交增值税"科目需根据"免、抵、退"税业务的需要，相应增加较多的核算内容。

生产企业销售货物出口，免征本环节的增值税，并按规定的退税率计算出口货物的进项税额，抵减内销产品的应纳税额。这类货物免税出口环节增值税，其耗用的购进货物所负担的进项税额，记入"应交税金——应交增值税（进项税额）"账户；按该货物适用的增值税税率与退税率之差乘以出口货物离岸价折合人民币的金额，计算当期出口货物不予抵扣或退税的税额，借记"主营业务成本"账户，贷记"应交税费——应交增值税（进项税额转出）"账户；企业按照国家规定的退税率计算的出口货物的进项税抵减内销产品的应纳税额时，借记"应交税费——应交增值税（出口抵减内销产品应纳税额）"账户，贷记"应交税费——应交增值税（出口退税）"账户；对因出口比重大，在规定期限内不足抵减的，不足部分按有关规定给予退税，借记"其他应收款"账户，贷记"应交税费——应交增值税（出口退税）"账户；企业在实际收到退税款时，借记"银行存款"账户，贷记"其他应收款"账户。

2. 生产企业"免、抵、退"税的计算方法

（1）具体计算方法与计算公式。生产企业自营或委托外贸企业代理出口（以下简称生产企业出口）自产货物，除另有规定外，增值税一律实行"免、抵、退"税管理办法。

实行"免、抵、退"税办法的"免"税，是指对生产企业出口的自产货物，免征本企业生产销售环节增值税；"抵"税，是指生产企业出口自产货物所耗用的原材料、零部件、燃料、动力等所含应予退还的进项税额，抵顶内销货物的应纳税额；"退"税，是指生产企业出口的自产货物在当月内应抵的进项税额大于应纳税额时，对未抵顶完的部分予以退税。

①当期应纳税额计算：

$$当期应纳税额 = \frac{当期内销货物}{的销项税额} - \left(\frac{当期进}{项税额} - \frac{当期免抵退税不得}{免征和抵扣税额}\right) - \frac{当期留}{抵税额}$$

其中：

$$\frac{当期免抵退税不得}{免征和抵扣税额} = \frac{出口货物}{离岸价} \times \frac{外汇人民币}{牌价} \times \left(\frac{出口货物}{征税率} - \frac{出口货物}{退税率}\right) - \frac{免抵退税不得免征和}{抵扣税额抵减额}$$

$$\frac{免抵退税不得免征}{和抵扣税额抵减额} = \frac{免税购进}{原材料价格} \times \left(\frac{出口货物}{征税率} - \frac{出口货物}{退税率}\right)$$

免税购进原材料包括从国内购进免税原材料和进料加工免税进口料件，其中进料加工免税进口料件的价格为组成计税价格。

进料加工免税进口料件的组成计税价格 = 货物到岸价 + 海关实征关税 + 消费税

②免抵退税额的计算：

免抵退税额 = 出口货物离岸价 × 外汇人民币牌价 × 出口货物退税率 − 免抵退税额抵减额

其中：　　　　免抵退税额抵减额 = 免税购进原材料价格 × 出口货物退税率

③当期应退税额和免抵税额的计算：

如当期期末留抵税额 ≤ 当期免抵退税额，则：

当期应退税额 = 当期期末留抵税额　　　当期免抵税额 = 当期免抵退税额 − 当期应退税额

如当期期末留抵税额 > 当期免抵退税额，则：

当期应退税额 = 当期免抵退税额　　　当期免抵税额 = 0

（2）企业免、抵、退税计算实例及相应账务处理。

【例2-35】某自营出口的生产企业为增值税一般纳税人，出口货物的征税率为17%，退税率为13%。2010年4月的有关经营业务为：购进原材料一批，取得的增值税专用发票注明的价款200万元，外购货物准予抵扣的进项税额34万元通过认证。上月末留抵税款3万元，本月内销货物不含税销售额100万元，收款117万元存入银行，本月出口货物的销售额折合人民币200万元。试计算该企业当期的"免、抵、退"税额。

当期免抵退税不得免征和抵扣税额 = 200 × (17% − 13%) = 8（万元）

当期应纳税额 = 100 × 17% − (34 − 8) − 3 = 17 − 26 − 3 = −12（万元）

出口货物"免、抵、退"税额 = 200 × 13% = 26（万元）

按规定，如当期末留抵税额 ≤ 当期免抵退税额，当期应退税额 = 当期期末留抵税额，即该企业当期应退税额 = 12（万元）。

当期免抵税额 = 当期免抵退税额 − 当期应退税额，当期免抵税额 = 26 − 12 = 14（万元）。

相关账务处理如下：

进货：

借：原材料 2 000 000
　　应交税费——应交增值税（进项税额） 340 000
　　　贷：应付账款 2 340 000
内销：
借：银行存款 1 170 000
　　贷：主营业务收入 1 000 000
　　　　应交税费——应交增值税（销项税额） 170 000
外销：
借：应收账款 2 000 000
　　贷：主营业务收入 2 000 000
结转当期免抵退税不得免征和抵扣税额：
借：主营业务成本 80 000
　　贷：应交税费——应交增值税（进项税额转出） 80 000
收到退税机关审批的上月《生产企业出口货物免抵退税申报汇总表》后：
借：其他应收款 120 000
　　应交税费——应交增值税（出口抵减内销产品应纳税额） 140 000
　　贷：应交税费——应交增值税（出口退税） 260 000

【例 2-36】某自营出口的生产企业为增值税一般纳税人，出口货物的征税率为 17%，退税率为 13%。2010 年 6 月有关经营业务为：购原材料一批，取得的增值税专用发票注明的价款 400 万元，外购货物准予抵扣的进项税额 68 万元通过认证。上期末留抵税款 5 万元。本月内销货物不含税销售额 100 万元，收款 117 万元存入银行。本月出口货物的销售额折合人民币 200 万元。试计算该企业当期的"免、抵、退"税额。

当期免抵退税不得免征和抵扣税额 = 200 × (17% − 13%) = 8（万元）
当期应纳税额 = 100 × 17% − (68 − 8) − 5 = 17 − 60 − 5 = −48（万元）
出口货物"免、抵、退"税额 = 200 × 13% = 26（万元）

按规定，如当期期末留抵税额大于当期免抵退税额，当期应退税额 = 当期免抵退税额，即该企业当期应退税额 = 26（万元）。

当期免抵税额 = 当期免抵退税额 − 当期应退税额，该企业当期免抵税额 = 26 − 26 = 0（万元）。相关账务处理如下：

进货：
借：原材料 4 000 000
　　应交税费——应交增值税（进项税额） 680 000
　　　贷：应付账款 4 680 000
内销：
借：银行存款 1 170 000
　　贷：主营业务收入 1 000 000
　　　　应交税费——应交增值税（销项税额） 170 000
外销：

```
借：应收账款                                                          2 000 000
    贷：主营业务收入                                                  2 000 000
```

结转当期免抵退税不得免征和抵扣税额：

```
借：主营业务成本                                                        80 000
    贷：应交税费——应交增值税（进项税额转出）                            80 000
```

收到退税机关审批的上月《生产企业出口货物免抵退税申报汇总表》后：

```
借：其他应收款                                                        260 000
    贷：应交税费——应交增值税（出口退税）                             260 000
```

【例 2-37】某自营出口生产企业是增值税一般纳税人，出口货物的征税率为 17%，退税率为 13%。2010 年 8 月有关经营业务为：购原材料一批，取得的增值税专用发票注明的价款 200 万元，外购货物准予抵扣进项税额 34 万元通过认证。当月进料加工免税进口料件的组成计税价格 100 万元。上期末留抵税款 6 万元。本月内销货物不含税销售额 100 万元。收款 117 万元存入银行。本月出口货物销售额折合人民币 200 万元。试计算该企业当期的"免、抵、退"税额。

$$免抵退税不得免征和抵扣税额抵减额 = 免税进口料件的组成计税价格 \times \left(\frac{出口货物}{征税率} - \frac{出口货物}{退税率} \right)$$

$$= 100 \times (17\% - 13\%) = 4 （万元）$$

$$免抵退税不得免征和抵扣税额 = 当期出口货物离岸价 \times 外汇人民币牌价 \times \left(\frac{出口货物}{征税率} - \frac{出口货物}{退税率} \right) - 免抵退税不得免征和抵扣税额抵减额$$

$$= 200 \times (17\% - 13\%) - 4 = 8 - 4 = 4 （万元）$$

当期应纳税额 = $100 \times 17\% - (34 - 4) - 6 = 17 - 30 - 6 = -19$（万元）

免抵退税额抵减额 = 免税购进原材料 × 材料出口货物退税率 = $100 \times 13\% = 13$（万元）

出口货物"免、抵、退"税额 = $200 \times 13\% - 13 = 13$（万元）

按规定，如当期期末留抵税额大于当期免抵退税额，当期应退税额 = 当期免抵退税额，即该企业应退税额 = 13（万元）

当期免抵税额 = 当期免抵退税额 - 当期应退税额，当期该企业免抵税额 = $13 - 13 = 0$。

8 月期末留抵结转下期继续抵扣税额为 6 万元（19-13）。相关账务处理如下：

进货：

```
借：原材料                                                          2 000 000
    应交税费——应交增值税（进项税额）                                  340 000
    贷：应付账款                                                    2 340 000
借：原材料                                                          1 000 000
    贷：应付账款                                                    1 000 000
```

内销：

```
借：银行存款                                                        1 170 000
    贷：主营业务收入                                                1 000 000
        应交税费——应交增值税（销项税额）                              170 000
```

外销：

借：应收账款	2 000 000
贷：主营业务收入	2 000 000

结转当期免抵退税不得免征和抵扣税额：

借：主营业务成本	40 000
贷：应交税费——应交增值税（进项税额转出）	40 000

收到退税机关审批的上月《生产企业出口货物免抵退税申报汇总表》后：

借：其他应收款	130 000
贷：应交税费——应交增值税（出口退税）	130 000

（二）外贸企业"先征后退"税的会计核算

外贸企业收购出口的货物，在购进时，应按照增值税专用发票上注明的增值税额，借记"应交税费——应交增值税（进项税额）"账户；按照增值税专用发票上记载的应计入采购成本的金额，借记"材料采购"、"销售费用"等；按照应付或实际支付的金额，贷记"应付账款"、"应付票据"、"银行存款"等账户。货物出口销售后，结转销售成本时，借记"主营业务成本"账户，贷记"库存商品"账户；按照出口货物购进时取得的增值税专用发票上记载的进项税额或应分摊的进项税额，与按照国家规定的退税率计算的应退税额的差额，借记"主营业务成本"账户，贷记"应交税费——应交增值税（进项税额转出）"账户；外贸企业按照规定的退税率计算出应收的出口退税时，借记"其他应收款"账户，贷记"应交税费——应交增值税（出口退税）"账户；收到出口退税款时，借记"银行存款"账户，贷记"其他应收款"账户。

1. 库存商品和销售成本价格单独确认的核算

【例2-38】某外贸进出口公司当期收购出口A设备100台，增值税专用发票上注明：价款7 000 000元，税额1 190 000元，合计8 190 000元。本月合计出口90台，出口FOB价格折合人民币为9 000 000元，另购进出口设备取得运输发票10 000元。所有货款、运费均以银行存款付讫。办妥退税事宜（退税率15%），并收到退税款。进行有关计算并作相应的会计处理。

购进出口A设备时：

借：应交税费——应交增值税（进项税额）	1 190 000
材料采购	7 000 000
贷：银行存款	8 190 000

购进商品入库时：

借：库存商品	7 000 000
贷：材料采购	7 000 000

出口A设备90台时：

借：应收账款	9 000 000
贷：主营业务收入	9 000 000

支付运费时：

借：销售费用 9 300

　　应交税费——应交增值税（进项税额） 700

　贷：银行存款 10 000

结转销售成本时：

借：主营业务成本 6 300 000

　贷：库存商品 6 300 000

计算不予退税的税额：

不予抵扣或退税的税额=90×[（119+0.07）÷100]-90×（700÷100）×15%

=12.663（万元）

借：主营业务成本 126 630

　贷：应交税费——应交增值税（进项税额转出） 126 630

计算应退增值税额：

应退增值税额=90×（700÷100）×15%=94.5（万元）

借：其他应收款 945 000

　贷：应交税费——应交增值税（出口退税） 945 000

收到退税款时：

借：银行存款 945 000

　贷：其他应收款 945 000

2. 库存商品和销售成本采用加权平均价格计算的核算

【例2-39】某五金矿产进出口公司对小五金的购进和销售采用加权平均价的方法核算其库存。3月10日，该公司购入小五金100件，不含税单价20元，20日又购入小五金200件，不含税单价18元，25日公司出口销售小五金300件。上月末小五金库存150件，平均不含税单价为21元。增值税税率为17%，退税率为13%。

本月出口销售小五金的平均进价单价=（21×150+20×100+18×200）÷（150+100+200）

=8 750÷450=19.44（元/件）

本月小五金的退税款=出口货物数量×加权平均进价×退税率=300×19.44×13%

=758.16（元）

申报退税时，作会计分录：

借：其他应收款 758.16

　贷：应交税费——应交增值税（出口退税） 758.16

结转不予抵扣或退税的税额，作分计分录：

300×19.44×（17%-13%）=233.28（元）

借：主营业务成本 233.28

　贷：应交税金——应交增值税（进项税额转出） 233.28

3. 从小规模纳税人购进特准退税的出口货物

【例2-40】某土产进出口公司从小规模纳税人处购入麻纱一批用于出口，金额60 000元，小规模纳税人开来普通发票。土产公司已将该批货物出口完毕，有关出口退税的全套凭证已经备齐，退税率为6%。

应退税额=普通发票所列销售金额÷（1+征收率）×退税率

$\qquad$ =60 000÷（1+6%）= 3 396. 23 （元）

申报退税时，作会计分录：

借：其他应收款 $\qquad$ 3 396.23

　　贷：应交税费——应交增值税（出口退税） $\qquad$ 3 396.23

收到出口退税时，作会计分录：

借：银行存款 $\qquad$ 3 396.23

　　贷：其他应收款 $\qquad$ 3 396.23

【例2-41】假定上例中，土产公司取得小规模纳税人所在地税务机关代开的增值税专用发票，列明：价款51 282.05元，税额3 076.92元，其余条件不变。外贸企业依据购进麻纱的增值税发票上列明的价款和退税率计算退税额如下：

应退税额=51 282.05×6%=3 076. 92 （元）

申报退税时，作会计分录：

借：其他应收款 $\qquad$ 3 076.92

　　贷：应交税费——应交增值税（出口退税） $\qquad$ 3 076.92

收到退税时，作会计分录：

借：银行存款 $\qquad$ 3 076.92

　　贷：其他应收款 $\qquad$ 3 076.92

任务四　出口货物增值税退税的办理

外贸企业自货物报关出口之日（以出口货物报关单〈出口退税专用〉上注明的出口日期为准）起90日内未向主管税务机关退税部门申报出口退税的货物，除另有规定者和确有特殊原因，经地市以上税务机关批准者外，企业须向主管税务机关征税部门进行纳税申报并计提销项税额。

$$销项税额=\left(出口货物离岸价格×外汇人民币牌价\right)÷\left(1+法定增值税税率\right)×法定增值税税率$$

应纳税额=（出口货物离岸价格×外汇人民币牌价）÷（1+征收率）×征收率

新发生出口业务的退免税的规定如下：

（1）对新发生出口业务的企业，除下面第二条、第三条规定外，自发生首笔出口业务之日起12个月内发生的应退税额，不实行按月退税的办法，而是采取结转下期继续抵顶其内销货物应纳税额。

（2）注册开业时间在一年以上的新发生出口业务的企业（小型出口企业除外），经地市税务机关核实确有生产能力并无偷税行为及走私、逃套汇等违法行为的，可实行统一的按月计算办理免、抵、退税的办法。

（3）新成立的内外销售额之和超过500万元（含）人民币，且外销销售额占其全部销售额的比例超过50%（含）的生产企业，如在自成立之日起12个月内不办理退税确有困难的，经省、自治区、直辖市国家税务局批准，可实行统一的按月计算办理免、抵、退税的办法。

任务五　出口货物增值税退（免）税申报

出口货物的退（免）税申报，是指出口企业在其出口货物报关离境并在财务上作出口销售处理后，按照出口退（免）税的法规和要求，凭有关退（免）税凭证定期向主管退（免）税的税务机关提出退（免）税申请的一项法定义务和手续。它是税务部门据以审核、批准并办理退（免）税的依据。出口企业应在规定期限内（货物报关出口之日起90天后第一个增值税纳税申报截止之日）向主管税务机关办理退（免）税申报。

（一）出口退（免）税凭证资料

（1）申请出口退（免）税必须提供的凭证。

①实行"免、抵、退"税管理办法的生产企业提供出口货物的出口发票，外贸企业提供购进出口货物的增值税专用发票。凡外贸企业购进的出口货物，外贸企业应在购进货物后按规定及时要求供货企业开具增值税专用发票；其购进货物开具的增值税专用发票，退税部门应要求外贸企业自开票之日起30日内办理认证手续。

②出口货物报关单（出口退税专用）。

③出口收汇核销单。

④税务机关要求提供的其他资料。

如对外贸企业购进出口的消费税应税货物，还须提供"税收（出口货物专用）缴款书"或"出口货物完税分割单"。

（2）对特准退税的出口货物向出口退税税务机关申请退税时，除提供上述列举的有关凭证外，还需提供下列资料：

①外轮供应公司、远洋运输供应公司销售给外轮、远洋国轮的货物，提供的外销发票必须列明销售货物名称、数量、销售额并经外轮、远洋国轮船长签名方为有效。

②对外承包工程公司运出境外用于对外承包工程项目的设备、原材料、施工机械等货物的有关对外承包工程合同等。

③企业在国内采购并运往境外作为在国外投资的货物，还应提供对外贸易经济合作部及其授权单位批准其在国外投资的文件（影印件）；在国外办理的企业注册登记副本和有关合同副本。

④对利用中国政府的援外优惠贷款和合资合作项目基金方式下的援外出口企业，还须提供对外贸易经济合作部批准使用援外优惠贷款的批文（援外任务书）复印件或对外贸易经济合作部批准使用援外合资合作项目基金的批文（援外任务书）复印件，以及与中国进出口银行签订的"援外优惠贷款协议"复印件或与对外经济贸易合作部的有关部门签订的"援外合资合作项目基金借款合同"复印件等。

⑤对开展境外带料加工装配的企业须提供对外贸易经济合作部批准的"境外带料加工装配企业批准证书"（复印件）。

⑥利用外国政府或国际金融组织贷款采用国际招标方式国内中标的机电产品，中标企业还须提供由中国招标公司或国内其他招标组织填写的、中标企业所在地税务机关签发的

《中标证明通知书》。

（二）出口退税办理流程步骤

因出口退税的对象不同，而有不同的分类。按出口企业生产经营的特点，可分为具有进出口经营权的生产企业和外贸企业；按出口的贸易类型，可分为一般贸易和进料加工；按出口的经营方式，可分为自营出口和委托代理出口；按出口退税的方法，可分为免税企业、先征后退企业和"免抵退"企业。但无论何种出口企业，其出口退税程序基本如下：出口退税登记—出口退税申报—出口退税审核—税款退付与退税清算。

（1）出口退税登记。出口退税登记是办理出口退税的第一步。出口企业在征税机关办理税务登记和增值税一般纳税人认定登记之后，应到主管退税的税务机关办理出口退税登记手续。

首先，出口企业在获准具有进出口经营权之日起 30 日内，持国家外经贸部及其授权单位批准其出口经营权的批件、工商营业执照副本、税务登记证副本等证件到所在地主管退税机关办理出口退税登记手续：①填写出口退税登记表，经主管退税机关审核；②办理出口退税登记证；③提交出口专职或兼职办税员的有关资料，经由主管退税机关考核，发给《办税员证》。出口企业只有在领取了出口退税登记证明之后，才具有办理出口退税的权利和资格。未办理退税登记的出口企业，一律不予办理出口货物的退（免）税。

其次，出口企业的出口退税登记的内容如有变更，或发生改组、分立、合并、撤销等情况，应于主管部门批准之日起 30 日内，持有关证件向所在地主管退税的税务机关办理变更或注销出口退税登记手续。出口企业如更换办税员，亦应办理变更手续。

（2）出口退税申报。由于出口企业的情况不同，出口退税申报的要求也有所差别。一般规定是，台商投资企业应在货物报关出口并在财务上作销售后，按月填报"外商投资企业出口货物退税申报表"，并提供海关签发的出口退税专用报关单、外汇结汇水单、购进货物的增值税专用发票（税款抵扣联）、外销发票、其他有关账册等到当地涉外税收管理机关申请办理免税抵扣和退税手续。

（3）出口退税审核。出口退税的审批权原则上集中在省级和计划单列市国家税务局，也可根据出口退税审核工作的实际情况，由地（市）一级国家税务局参与出口退税的具体审核工作。在上述有权的国家税务局，设立有进出口受税管理处（分局），直接办理出口退税业务。

关于台商投资企业出口退税审批管理问题。台商投资企业出口退税的日常管理，如办证、检查、清算及资料的审核、保管等工作，统一由各地国家税务局涉外税收管理机关具体负责，企业出口退税的退库手续，由同级进出口税收管理机关负责办理。

涉外税收管理机关接到企业退（免）税申报表后，经审核无误，报上级涉外税收管理机关审批后办理；对于采用"免、抵、退"办法以及采取先征后退办法应予办理退税的，经上级涉外税收管理机关审查后，送同级进出口税收管理机关审批核准办理退库。

负责出口退税审核的税务机关在接到出口企业的退税申报表时，亦必须严格按照出口退税规定认真审核，确认无误后，逐级报请有权审批的税务机关审批，只有在批准后，才可填写《收入退还书》，送当地银行（国库）办理退税。

出口退税审核的主要内容有：出口报关单原始单据、进项税额原始单据、出口货物销售账簿和应交税金账簿等。

台商投资企业提出的退税申请手续齐备、内容真实的，当地涉外税收管理机关必须自接到申请之日起，15日内审核完毕；上一级涉外税收管理机关必须自接到有关材料后15日内审批完毕；进出口税收管理机关必须在接到有关材料后，30日内办完有关退税手续。

（4）税款退付与退税清算：

①税款退付。税款退付是在出口退税申报和审批之后，银行依据《收入退还书》将出口退税款从国库退付到出口企业的开户银行账户的行为。出口货物在办理退税手续后，如发生退关、国外退货或转为内销，企业必须向所在地主管出口退税的税务机关办理申报手续，补交已退（免）的税款。

②退税清算。出口企业要于年度终了后3个月内，进行上一年度出口退税的清算，按规定期限向主管退税机关报送"清算表"及相关资料由主管税务机关进行全面清查。主管退税机关在出口企业清算结束后两个月内，对企业上报清算报表的清算资料进行清算核查，并向出口企业发出《清算情况通知书》说明以下问题：①出口企业的性质和清算范围，出口货物的品种、数量及销售额，清算后出口企业应退税款、已退税款。②清算中发现的问题，多退、少退、错退的金额。③清算处理结果及意见。

思考与练习

一、单项选择题

1. 下列项目适用17%税率征税的有（　　　）。
   A. 商场销售鲜奶
   B. 花农销售自种花卉
   C. 印刷厂印刷图书报刊（委托方提供纸张）
   D. 国有瓜果销售公司批发水果

2. 自2009年1月1日起，年应税销售额超过小规模纳税人标准的其他个人按小规模纳税人纳税；非企业性单位、不经常发生应税行为的企业（　　　）。
   A. 不缴纳增值税　　　　　　　　　B. 可选择按小规模纳税人纳税
   C. 一律按小规模纳税人纳税　　　　D. 参照一般纳税人纳税

3. 下列各项中，属于增值税混合销售行为缴纳增值税的是（　　　）。
   A. 建材商店在向甲销售建材，同时为乙提供装饰服务
   B. 宾馆为顾客提供住宿服务的同时销售高档毛巾
   C. 塑钢门窗商店销售产品并负责为客户提供安装服务
   D. 电信局为客户提供电话安装服务的同时又销售所安装的电话机

4. 下列属于兼营增值税不同税率货物或应税劳务的是（　　　）。

A. 某农机制造厂既生产销售农机，同时也承担农机修理业务

B. 销售软件产品并随同销售一并收取的软件安装费

C. 零售商店销售家具并实行有偿送货上门

D. 饭店提供餐饮服务并销售香烟、酒水

5. 下列增值税税率描述错误的是（　　）。

A. 提供有形动产租赁服务，税率为17%

B. 小规模纳税人提供应税服务，税率3%

C. 提供部分现代服务业服务（有形动产租赁除外），税率为6%

D. 提供交通运输业服务，税率为11%

6. 以下行业不纳入营改增范围的有（　　）。

A. 设计服务

B. 网吧业务

C. 广告从设计到制作到发布的整个流程

D. 广告代理公司的各项代理业务

7. 下列项目的进项税额准予从销项税额中抵扣（　　）。

A. 接受交通运输业服务，除取得增值税专用发票外，按照运输费用结算单据上注明的运输费用金额和7%的扣除率计算的进项税额

B. 接受的旅客运输劳务

C. 自用的应征消费税的摩托车、汽车、游艇

D. 增值税普通发票

8. 下列各项中属于视同销售行为应当计算销项税额的是（　　）。

A. 将自产的货物用于非应税项目　　B. 将购买的货物用于在建工程

C. 将自产货物用于换取生产资料　　D. 将购买的货物奖励给内部员工

9. 小规模纳税人提供应税服务适用（　　）计税。

A. 简易计税方法　　　　　　　　B. 简单计税方法

C. 一般计税方法　　　　　　　　D. 复杂计税方法

10. 一般纳税人销售货物同时提供运输服务，未分别核算销售额的，应按（　　）征税。

A. 3%　　　　　B. 6%　　　　　C. 11%　　　　　D. 17%

二、多项选择题

1. 下列选项中，属于混合销售行为特征的有（　　）。

A. 既涉及货物销售又涉及非增值税应税劳务

B. 发生在同一项销售行为中

C. 从一个购买方取得货款

D. 从不同购买方收取货款

2. 企业收取的下列款项中，应作为价外费用并入销售额计算增值税销项税额的有(　　)。

  A. 商业企业向供货方收取的返还收入

  B. 生产企业销售货物时收取的包装物租金

  C. 供电企业收取的逾期未退的电费保证金

  D. 燃油电厂从政府财政专户取得的发电补贴

3. 下列选项中，进项税额不得抵扣的有（　　　）。

  A. 免税货物的进项税额

  B. 正常损失货物的进项税额

  C. 购进生产用固定资产的进项税额

  D. 非应税项目耗用货物的进项税额

4. 下列行为属于增值税征税范围，应征收增值税的有（　　　）。

  A. 银行销售金银的业务　　　　　　　B. 邮政部门发行报刊

  C. 电力公司向发电企业收取的过网费　　D. 代销货物收取的手续费

5. 纳税人提供应税服务，应当向索取增值税专用发票的接受方开具增值税专用发票，并在增值税专用发票上分别注明销售额和销项税额。属于下列情形之一的，不得开具增值税专用发票：（　　　）

  A. 向消费者个人提供应税服务

  B. 适用免征增值税规定的应税服务

  C. 用于非增值税应税项目的应税服务

  D. 用于集体福利和个人消费的应税服务

6. 部分现代服务业，是指围绕制造业、文化产业、现代物流产业等提供技术性、知识性服务的业务活动，包括（　　　）。

  A. 鉴证咨询服务　　　　　　　　　　B. 信息技术服务

  C. 有形动产租赁服务　　　　　　　　D. 物流辅助服务

7. 关于混业经营，下列说法正确的是（　　　）。

  A. 兼有不同税率的销售货物、提供加工修理修配劳务或者应税服务的，从高适用税率

  B. 兼有不同征收率的销售货物、提供加工修理修配劳务或者应税服务的，从高适用税率

  C. 兼有不同税率和征收率的销售货物、提供加工修理修配劳务或者应税服务的，从高适用税率

  D. 兼有不同征收率的销售货物、提供加工修理修配劳务或者应税服务的，从高适用征收率

8. 下列项目免征增值税（　　　）。

  A. 运输公司提供货物运输服务　　　　B. 个人转让著作权

  C. 残疾人个人提供应税服务　　　　　D. 航空公司提供飞机播洒农药服务

9. 营改增试点实施之后，增值税税率包括（　　　）。

  A. 17%　　　　　B. 11%　　　　　C. 3%　　　　　D. 6%　　　　　E. 13%

10. 增值税的计税方法，包括（　　　）。

A. 简易办法征收　　　　　B. 简易计税方法

C. 销项减进项　　　　　　D. 一般计税方法

三、判断题

1. 一般纳税人提供应税服务必须适用一般计税方法计税。（　　）

2. 研发服务属于非增值税应税劳务。（　　）

3. 为工厂提供包车服务属于本次营改增的应税服务范围。（　　）

4. 丢失的购进货物其增值税进项税额不得抵扣。（　　）

5. 用一般计税方法的纳税人，兼营简易计税方法计税项目、非增值税应税劳务、免征增值税项目而无法划分不得抵扣的进项税额，不采取年度清算方式。（　　）

6. 纳税人收讫销售款项，是指纳税人提供应税服务之前或者完成后收到款项。（　　）

7. 纳税人发生视同提供应税服务的，其纳税义务发生时间为应税服务完成的当天。（　　）

8. 增值税扣缴义务发生时间为纳税人增值税纳税义务发生的当天。（　　）

9. 增值税一般纳税人的应纳税额的计算公式为：应纳税额＝当期销项税额－当期进项税额。（　　）

10. 文化创意服务包括设计服务、商标所有权转让服务、知识产权服务、广告服务和会议展览服务。（　　）

四、计算题

1. 某家用电器商场为增值税一般纳税人。2014 年 3 月发生如下经济业务：

（1）销售特种空调取得含税销售收入 160 000 元，同时提供安装服务收取安装费 20 000元。

（2）销售电视机 80 台，每台含税零售单价为 2 400 元，每售出一台可取得厂家给予的返利收入 200 元。

（3）代销一批数码相机并开具普通发票，企业按含税销售总额的 5% 提取代销手续费 15 000 元，当月尚未将代销清单交付给委托方。

（4）当月该商场其他商品含税销售额为 175 500 元。

（5）购进热水器 50 台，不含税单价 800 元，货款已付；购进 DVD 播放机 100 台，不含税单价 600 元，两项业务取得的增值税专用发票均已经税务机关认证，还有 40 台 DVD 播放机未向厂家付款。

（6）购置生产设备一台，取得的增值税专用发票上注明的价款 70 000 元，增值税税额 11 900 元。

（7）另知该商场上期有未抵扣进项税额 6 000 元。

当期获得的增值税专用发票以及运费发票已经通过认证并申报抵扣。

要求：依据增值税纳税申报表的口径：（1）计算该商场 3 月的可抵扣的进项税额。（2）计算该商场 3 月的销项税额。（3）计算该商场 3 月的应纳增值税额。

2. 甲公司为一般纳税人，2014 年 12 月发生业务如下：

（1）为某企业提供运输服务，取得收入 20 000 元。

（2）销售货物一批，税率 17%，取得收入 40 000 元。

（3）销售不动产，取得收入 120 000 元。

（4）销售散装蔬菜一批，取得收入 20 000 元。

（5）当期进项税额共 5 000 元，其中该公司无法准确划分不得抵扣的进项税额为 4 000 元。

要求：（1）计算该公司 12 月销项税额；（2）计算不得抵扣的进项税额；（3）计算 12 月的应纳税额。

3. A 文化有限公司为增值税一般纳税人，主要从事各方面设计业务，该公司 2014 年 12 月发生以下经济业务：

（1）为甲公司个人提供服装设计服务，取得收入 100 000 元；

（2）为张某个人提供创意策划服务，取得收入 90 000 元；

（3）为乙公司提供环境设计服务，取得收入 60 000 元；

（4）为贾某个人提供婚庆服务取得收入 2 000 元。

（5）购买办公用电脑，取得增值税专用发票上注明税款 5 000 元；

（6）购买公司个人消费用小轿车汽油，取得增值税专用发票上注明税款 3 000 元；

（7）购买公司业务接待用礼品，取得增值税专用发票上注明税款 4 000 元；

（8）取得非试点地区某纳税人开具的公路运输发票，金额为 28 571.43 元；

（9）取得税务机关代开的试点地区小规模纳税人运输业增值税专用发票，价税合计 14 285.71 元；

（10）取得试点地区北京某运输公司一般纳税人开具的运输业增值税专用发票，价税合计 3 000 元。

该公司会计核算健全，所有收入为含税价款，取得的各类发票均已认证相符。

要求：（1）A 公司提供的服务属于"营改增"试点应税范围中现代服务业的哪一类？

（2）A 公司对外提供服务收入中哪一项不缴纳增值税？

（3）计算 A 公司当月的销项税额、进项税额、应缴纳的增值税额。

消费税纳税实务

技能目标

1. 能准确计算消费税纳税人的应纳消费税额
2. 能准确地对消费税有关业务进行账务处理
3. 能准确填制消费税纳税申报表，并能进行网上申报
4. 会办理消费税出口退税业务

知识目标

1. 熟悉消费税法律知识，能计算应纳消费税额
2. 熟悉消费税的会计处理，填制消费税纳税申报表并进行网上申报
3. 办理出口货物消费税退（免）税

情境导入

某酒厂将自产的一种新型粮食白酒 5 吨用作职工福利，粮食白酒的成本共计 8 000 元，该粮食白酒无同类产品市场销售价格，但已知其成本利润率为 10%。

请问：该酒厂消费税的计税依据是多少？税率怎样确定？应纳消费税额如何计算？

项目一　熟悉消费税法律知识

为调节产品结构、引导消费方向、保证财政收入，我国对一些需要区别对待的货物在增值税普遍征收的基础上再征收一道消费税。消费税是对在我国境内从事生产、委托加工和进口应税消费品的单位和个人，就其应税消费品征收的一种税。消费税是价内税，税收随价格转嫁给消费者，税款最终由消费者负担。

任务一　判别消费税的征税范围

《消费税暂行条例》规定，消费税的征税范围为在中华人民共和国境内生产、委托加工和进口《消费税暂行条例》规定的消费品，见表 3-1。

目前，我国消费税共选择了 16 种消费品，按征税目的不同可分为以下五类：

（1）一些过度消费会对人类健康、社会秩序、生态环境等方面造成危害的特殊消费品，如烟、酒、鞭炮和焰火等。

（2）奢侈品、非生活必需品，如化妆品、贵重首饰及珠宝玉石等。

（3）高能耗及高档消费品，如小轿车、摩托车、游艇、高档手表、高尔夫球及球具等。

（4）不可再生且不可替代的稀缺资源消费品，如成品油、实木地板、木制一次性筷子等。

（5）税基宽广、消费普遍、征税后不影响居民基本生活并具有一定财政意义的消费品，如汽车轮胎、酒精、电池、涂料等。

表 3-1 　　　　　　　　　　　　　　消费税税目表

税目	子税目	税目解释	特殊事项
一、烟	1. 卷烟 2. 雪茄烟 3. 烟丝	烟是以烟叶为原料加工生产的特殊消费品，卷烟是指将各种烟叶切成烟丝并按照一定的配方辅之以糖、酒、香料加工而成的产品	卷烟实行复合计税；自 2009 年 5 月 1 日起，在卷烟批发环节加征一道从价计征的消费税
二、酒	1. 粮食白酒 2. 薯类白酒 3. 黄酒 4. 啤酒 5. 其他酒	酒是酒精度在 1 度以上的各种酒类饮料，包括粮食白酒、薯类白酒、黄酒、啤酒、其他酒	白酒实行复合计税；白酒生产企业向商业销售单位收取的品牌使用费为价外收入；啤酒、黄酒从量征收；调味料酒属于调味品，不征收消费税
三、化妆品		化妆品是日常生活中用于修饰美化人体表面的用品。该税目征收范围包括各类美容、修饰类化妆品、高档护肤类化妆品和成套化妆品	不含舞台、戏剧、影视化妆用的上妆油、卸妆油、油彩
四、贵重首饰及珠宝玉石		以金、银、白金、宝石、珍珠、钻石、翡翠、珊瑚、玛瑙等高贵稀有物质以及其他金属、人造宝石等制作的各种纯金银首饰及镶嵌首饰和经采掘、打磨、加工的各种珠宝玉石	金银首饰、钻石及钻石饰品在零售环节征税 对出国人员免税商店销售的金银首饰征收消费税
五、鞭炮焰火		鞭炮又称爆竹，是用多层纸密裹火药，接以药引线制成的一种爆炸品；焰火是指烟火剂，一般系包扎品，内装药剂，点燃后烟火喷射，呈现各种颜色，有的还变幻成各种景象，分平地小焰火和空中大焰火两类	不含体育用发令纸、鞭炮药引线

续表

税目	子税目	税目解释	特殊事项
六、成品油	1. 汽油 2. 柴油 3. 石脑油 4. 溶剂油 5. 润滑油 6. 航空煤油 7. 燃料油	成品油是原油经生产加工而成的汽油、煤油、柴油及其他符合国家产品质量标准、具有相同用途的乙醇汽油和生物柴油等替代燃料	航空煤油暂缓征收消费税；生产企业将自产石脑油用于本企业连续生产汽油等应税消费品的，不缴纳消费税；植物性润滑油、动物性润滑油和化工原料合成润滑油不属于润滑油的征收范围
七、汽车轮胎		汽车轮胎是指用于各种汽车、挂车、专用车和其他机动车上的内、外胎	含汽车与农用拖拉机、收割机、手扶拖拉机通用轮胎；子午线轮胎免征消费税，翻新轮胎停止征收消费税
八、小汽车	1. 乘用车 2. 中轻型商用客车	汽车是指由动力驱动，具有四个或四个以上车轮的非轨道承载的车辆 乘用车，含驾驶员座位在内最多不超过9个座位（含），在设计和技术特性上用于载运乘客和货物 中轻型商用客车，含驾驶员座位在内的座位数在10~23座（含23座），在设计和技术特性上用于载运乘客和货物	电动汽车以及沙滩车、雪地车、卡丁车、高尔夫车等均不属于本税目范围，不征消费税；企业购进货车或厢式货车改装生产的商务车、卫星通信车等专用汽车不属于消费税征收范围；车身长度大于7米（含）且座位在10~23座（含）以下的商用客车，不属于中轻型商用客车，不征收消费税；对于购进乘用车和中轻型商用客车整车改装生产的汽车，应征收消费税
九、摩托车		含最大设计车速不超过50km/h、发动机汽缸总工作容积不超过50ml的两轮机动车的轻便摩托车及最大设计车速超过50km/h、发动机汽缸总工作容积超过50ml、空车重量不超过400kg（带驾驶室的正三轮车及特种车的空车重量不受此限）的两轮摩托车和三轮机动车	对最大设计车速不超过50km/h，发动机汽缸总工作容量不超过50ml的三轮摩托车不征消费税
十、高尔夫球及球具		高尔夫球及球具是指从事高尔夫球运动所需的各种专用装备，包括高尔夫球、高尔夫球杆及高尔夫球包（袋）、高尔夫球杆的杆头、杆身和握把	高尔夫球杆的杆头、杆身和握把属于本税目的征收范围
十一、高档手表		高档手表是指售价（不含增值税）每只在10 000元以上的手表	

续表

税目	子税目	税目解释	特殊事项
十二、游艇		游艇是指长度大于8米（含）小于90米（含），船体由玻璃钢、钢、铝合金、塑料等多种材料制作，可以在水上移动的水上浮载体。按照动力划分，游艇分为无动力艇、帆艇和机动艇	
十三、木制一次性筷子		又称卫生筷子，是指以木材为原料经过锯段、浸泡、旋切、刨切、烘干、筛选、打磨、倒角、包装等环节加工而成的各类一次性使用的筷子	未经打磨、倒角的木制一次性筷子属于本税目征税范围
十四、实木地板		实木地板是指以木材为原料，经锯割、干燥、刨光、截断、开榫、涂漆等工序加工而成的块状或条状的地面装饰材料	含各类规格的实木地板、实木指接地板、实木复合地板及用于装饰墙壁、天棚的侧端面为榫、槽的实木装饰板，以及未经涂饰的素板
十五、电池		电池是一种将化学能、光能等直接转换为电能的装置，一般由电极、电解质、容器、极端，通常还有隔离层组成的基本功能单元，以及用一个或多个基本功能单元装配成的电池组，范围包括原电池、蓄电池、燃料电池、太阳能电池和其他电池	对无汞原电池、金属氢化物镍蓄电池（又称"氢镍蓄电池"或"镍氢蓄电池"）、锂原电池、锂离子蓄电池、太阳能电池、燃料电池和全钒液流电池免征消费税
十六、涂料		涂料是指涂于物体表面能形成具有保护、装饰或特殊性能的固态涂膜的一类液体或固体材料之总称	对施工状态下挥发性有机物（Volatile Organic Compounds，VOC）含量低于420克/升（含）的涂料免征消费税

任务二　确定消费税的纳税人

消费税的纳税人，是指在中华人民共和国境内生产、委托加工和进口消费税条例规定的消费品的单位和个人。其中"单位"是指国有企业、集体企业、私有企业、股份制企业、其他企业和行政单位、事业单位、军事单位、社会团体及其他单位；"个人"是指个体经营者及其他个人。在中华人民共和国境内，是指生产、委托加工和进口属于应当缴纳消费税的消费品的起运地或者所在地在境内。消费税纳税人及纳税环节如下：

（1）生产应税消费品的单位和个人。自产销售的应税消费品，在销售时纳税；自产自用的应税消费品，用于连续生产应税消费品的，不纳税；用于其他方面的，于移送使用时纳税。自 2013 年 1 月 1 日起，工业企业以外的单位和个人的下列行为视为应税消费品的生产行为，按规定征收消费税：

①将外购的消费税非应税产品以消费税应税产品对外销售；

②将外购的消费税低税率应税产品以高税率应税产品对外销售。

（2）进口应税消费品的单位和个人。进口报关单位或个人为消费税的纳税人，进口消费税由海关代征。

（3）委托加工应税消费品的单位和个人。委托加工的应税消费品，除受托方为个人外，由受托方在向委托方交货时代收代缴税款。

（4）零售金银首饰、钻石、钻石饰品的单位和个人。生产、进口和批发金银首饰、钻石、钻石饰品时不征收消费税，纳税人在零售时纳税，其他贵重首饰和珠宝玉石在生产销售时纳税。

（5）批发卷烟的单位和个人。从 2009 年 5 月 1 日起，纳税人批发销售的所有牌号规格的卷烟，在卷烟批发环节加征一道从价税。纳税人销售给纳税人以外的单位和个人的卷烟于销售时纳税。纳税人之间销售的卷烟不缴纳消费税。

任务三 确定应税消费品的适用税率

消费税实行比例税率、定额税率和从量定额与从价定率相结合的复合计税三种形式。多数消费品采用比例税率；对成品油和黄酒、啤酒等分别按单位体积或单位重量确定单位税额；对卷烟、粮食白酒、薯类白酒实行复合计税办法。具体见表 3-2。

表 3-2 消费税税率表

税 目	税 率
一、烟	
1. 卷烟	
（1）甲类卷烟：每标准条（200 支，下同），调拨价 70 元（含 70 元，不含增值税，下同）以上	56% 加 0.003 元/支
（2）乙类卷烟：每标准条（200 支，下同）调拨价 70 元以下	36% 加 0.003 元/支
（3）批发环节	5%
2. 雪茄烟	36%
3. 烟丝	30%
二、酒	
1. 白酒	20% 加 0.5 元/500 克（或 500ml）
2. 黄酒	240 元/吨
3. 啤酒	
（1）甲类啤酒：出厂价（含包装物及押金）3 000 元（含 3 000 元，不含增值税，下同）	250 元/吨
（2）乙类啤酒：出厂价 3 000 元以下	220 元/吨
4. 其他酒	10%

续表

税　目	税　率
三、化妆品	30%
四、贵重首饰及珠宝玉石	
1. 金银首饰、铂金首饰和钻石及钻石饰品	5%
2. 其他贵重首饰和珠宝玉石	10%
五、鞭炮、焰火	15%
六、成品油	
1. 汽油	1.52 元/升
2. 柴油	1.20 元/升
3. 航空煤油	1.20 元/升
4. 石脑油	1.52 元/升
5. 溶剂油	1.52 元/升
6. 润滑油	1.52 元/升
7. 燃料油	1.20 元/升
七、汽车轮胎	3%
八、摩托车	
1. 汽缸容量（排气量，下同）在 250 毫升（含 250 毫升）以下的	3%
2. 汽缸容量在 250 毫升以上的	10%
九、小汽车	
1. 乘用车	
（1）汽缸容量（排气量，下同）在 1.0 升（含 1.0 升）以下的	1%
（2）汽缸容量在 1.0 升以上至 1.5 升（含 1.5 升）的	3%
（3）汽缸容量在 1.5 升以上至 2.0 升（含 2.0 升）的	5%
（4）汽缸容量在 2.0 升以上至 2.5 升（含 2.5 升）的	9%
（5）汽缸容量在 2.5 升以上至 3.0 升（含 3.0 升）的	12%
（6）汽缸容量在 3.0 升以上至 4.0 升（含 4.0 升）的	25%
（7）汽缸容量在 4.0 升以上的	40%
2. 中轻型商用客车	5%
十、高尔夫球及球具	10%
十一、高档手表	20%
十二、游艇	10%
十三、木制一次性筷子	5%
十四、实木地板	5%
十五、电池	4%
十六、涂料	4%

☞**温馨提示**

消费税采用列举法按具体应税消费品设置税目、税率，征税界限清楚，一般不易发生错用税率的情况。但是，存在下列情况时，应按适用税率中最高税率征税：（1）纳税人兼营不同税率的应税消费品，即生产销售两种税率以上的应税消费品时，应当分别核算不同税率应税消费品的销售额或销售数量，未分别核算的，按最高税率征税；（2）纳税人将应税消费品与非应税消费品以及适用税率不同的应税消费品组成成套消费品销售的，应根据组合产品的销售金额按应税消费品中适用最高税率的消费品税率征税。

☞**练一练**

某啤酒厂销售啤酒不含增值税价格为 2 850 元/吨，同时规定每吨另收取服务费 100 元、手续费 40 元，单独核算包装物押金 50 元（期限 3 个月），确定啤酒的消费税使用税额时，要将其包装物押金价税分离并入销售额确定税率级次，即：2 850+（100+40+50）/（1+17%）＝3 012.39（元）。该批啤酒适用 250 元/吨的税率。该笔业务增值税的计税依据是多少？

任务四 确定消费税的计税依据

（一）从价定率计征办法的计税依据

实行从价定率办法征税的应税消费品，计税依据为应税消费品的不含税销售额（不包括应向购货方收取的增值税税款）。如果纳税人应税消费品的销售额中未扣除增值税税款或者因不得开具增值税专用发票而发生价款和增值税税款合并收取的，在计算消费税时，应当换算为不含增值税税款的销售额。其换算公式为：

应税消费品的销售额=含增值税的销售额÷（1+增值税税率或者征收率）

销售额是指纳税人销售应税消费品向购买方收取的全部价款和价外费用。"价外费用"，是指价外收取的基金、集资费、返还利润、补贴、违约金（延期付款利息）和手续费、包装费、储备费、优质费、运输装卸费、代收款项、代垫款项以及其他各种性质的价外收费，但下列款项不包括在内：

（1）同时符合以下条件的代垫运输费用：①承运部门的运输费用发票开具给购买方的；②纳税人将该项发票转交给购买方的。

（2）同时符合以下条件代为收取的政府性基金或者行政事业性收费：①由国务院或者财政部批准设立的政府性基金，由国务院或者省级人民政府及其财政、价格主管部门批准设立的行政事业性收费；②收取时开具省级以上财政部门印制的财政票据；③所收款项全额上缴财政。

其他价外费用，无论是否属于纳税人的收入，均应并入销售额计算征税。

另外，销售应税消费品时有关包装物的计税规则如表 3-3 所示。

表 3-3

计税方式	包装物状态
直接并入销售额计税	应税消费品连同包装物销售的，无论包装物是否单独计价以及在会计上如何核算，均应并入应税消费品的销售额中缴纳消费税 对酒类产品生产企业销售酒类产品（黄酒、啤酒除外）而收取的包装物押金，无论押金是否返还以及会计上如何核算，均需并入酒类产品销售额中，依酒类产品的适用税率征收消费税
逾期并入销售额计税	如果包装物不作价随同产品销售，而是收取押金（酒类除外），此项押金不应并入应税消费品的销售额中征税，但对因逾期未收回的包装物不再退还的或者已收取的时间超过 12 个月的押金，应并入应税消费品的销售额，按照应税消费品的适用税率缴纳消费税（啤酒的包装物押金不包括供重复使用的塑料周转箱的押金）

☞温馨提示

纳税人销售的应税消费品，以外汇结算销售额的，其销售额的人民币折合率可以选择结算的当天或者当月 1 日的国家外汇牌价（原则上为中间价）。纳税人应事先确定采取何种折合率，确定后 1 年内不得变更。

（二）从量定额计征办法的计税依据

啤酒、黄酒及成品油等消费品实行从量定额征收办法，计税依据主要是应税消费品的销售数量。

1. 销售数量的确定

（1）销售应税消费品的，为应税消费品的销售数量；

（2）自产自用应税消费品的，为应税消费品的移送使用数量；

（3）委托加工应税消费品的，为纳税人收回的应税消费品数量；

（4）进口应税消费品的，为海关核定的应税消费品进口征税数量。

2. 计量单位的换算标准

由于黄酒、啤酒是以吨为税额单位，汽油、柴油、石脑油、溶剂油、润滑油、燃料油、航空煤油是以升为税额单位，为了规范不同产品的计量单位，以准确计算应纳税额，需要掌握应税消费品计量单位的换算标准：

啤酒　1 吨 = 988 升	石脑油　1 吨 = 1 385 升	航空煤油　1 吨 = 1 246 升
黄酒　1 吨 = 962 升	柴油　　1 吨 = 1 176 升	溶剂油　　1 吨 = 1 282 升
汽油　1 吨 = 1 388 升	润滑油　1 吨 = 1 126 升	燃料油　　1 吨 = 1 015 升

（三）从量定额与从价定率相结合计征办法的计税依据

对烟类、酒类产品实行从量定额与从价定率相结合征税办法，其计税依据是纳税人销售应税消费品的数量和销售额。

生产销售卷烟、粮食白酒、薯类白酒从量定额计税依据为实际销售数量。进口、委托加工、自产自用卷烟、粮食白酒、薯类白酒从量定额计税依据分别为海关核定的进口征税数量、委托方收回数量、移送使用数量。

非标准条包装卷烟应当折算成标准条包装卷烟的数量，依其实际销售收入计算确定其折算成标准条包装后的实际销售价格，并确定适用的比例税率。

☞温馨提示

1. 非标准条包装卷烟应当折算成标准条包装卷烟的数量，依其实际销售收入计算确定其折算成标准条包装后的实际销售价格，并确定适用的比例税率。卷烟的折算标准如下：1 箱＝250 条，1 条＝10 包，1 包＝20 支。

2. 应税消费品的计税价格的核定权限规定如下：

（1）卷烟、白酒和小汽车的计税价格由国家税务总局核定，送财政部备案；

（2）其他应税消费品的计税价格由省、自治区和直辖市国家税务局核定；

（3）进口的应税消费品的计税价格由海关核定。

任务五 熟悉消费税的优惠政策

政策一：经国务院批准，金银首饰（包括铂金首饰）消费税由 10% 的税率减按 5% 的税率征收。减按 5% 征收消费税的范围仅限于金、银和金基、银基合金首饰，以及金、银和金基、银基合金的镶嵌首饰。不在上述范围内的应税首饰仍按 10% 的税率征收消费税。

政策二：自 2001 年 1 月 1 日起，对"汽车轮胎"税目中的子午线轮胎免征消费税，对翻新轮胎停止征收消费税。

政策三：对生产销售达到低污染排放值的小轿车、越野车、小客车减征 30% 的消费税。计算公式为：

$$减征税额＝按法定税率计算的消费税额×30\%$$
$$应征税额＝按法定税率计算的消费税额－减征税额$$

政策四：从 2009 年 1 月 1 日起，对成品油生产企业在生产成品油过程中，作为燃料、动力及原料消耗掉的自产成品油，免征消费税。对用于其他用途或直接对外销售的成品油照章征收消费税。

政策五：从 2009 年 1 月 1 日起，对同时符合下列条件的利用废弃的动物油和植物油为原料生产的纯生物柴油免征消费税。

（1）生产原料中废弃的动物油和植物油用量所占比重不低于 70%。

（2）生产的纯生物柴油符合国家《柴油机燃料调和生物柴油（BD100）》标准。

对不符合第一条规定的生物柴油，或者以柴油、柴油组分调和生产的生物柴油照章征收消费税。

项目二 应纳消费税计算及会计处理

任务一 从价定率计算应纳消费税及会计处理

实行从价定率办法计算消费税的基本公式为：

$$应纳税额=销售额×税率$$

卷烟消费税在生产和批发两个环节征收后，批发企业在计算纳税时不得扣除已含的生产环节的消费税税款。

纳税人生产的需要缴纳消费税的消费品，在销售时借记"应收账款"或"银行存款"账户，贷记"主营业务收入"、"应交税金——应交增值税"科目；同时按照应交消费税借记"营业税金及附加"科目，贷记"应交税费——应交消费税"科目。实际缴纳消费税时，借记"应交税费——应交消费税"科目，贷记"银行存款"科目。发生销货退回及退税时作相反会计分录。

☞知识链接

消费税纳税义务发生时间

《消费税暂行条例实施细则》规定，消费税纳税义务发生的时间，以货款结算方式或行为发生时间分别确定：

1. 纳税人生产销售应税消费品，其纳税义务发生时间为：

（1）纳税人采取赊销和分期付款结算方式的，其纳税义务发生时间，为销售合同规定的收款日期的当天。

（2）纳税人采取预收货款结算方式的，其纳税义务的发生时间，为发出应税消费品的当天。

（3）纳税人采取托收承付和委托银行收款方式销售的应税消费品，其纳税义务的发生时间，为发出应税消费品并办妥托收手续的当天。

（4）纳税人采取其他结算方式的，其纳税义务的发生时间，为收讫销售款或者取得索取销售款的凭据的当天。

2. 纳税人自产自用的应税消费品，其纳税义务的发生时间，为移送使用的当天。

3. 纳税人委托加工的应税消费品，其纳税义务的发生时间，为纳税人提货的当天。

4. 纳税人进口的应税消费品，其纳税义务的发生时间，为报关进口的当天。

【例3-1】某化妆品厂为一般纳税人，2014年5月10日销售化妆品给某商场（一般纳税人），取得销货款400 000元，开具增值税专用发票，化妆品消费税税率为30%，计算化妆品厂此笔业务应纳消费税额，作相应会计分录。

应纳消费税额=40 000×30%＝120 000（元）

取得销售收入时：

借：银行存款　　　　　　　　　　　　　　　　　　　　　　468 000

　　贷：主营业务收入　　　　　　　　　　　　　　　　　　　400 000

　　　　应交税费——应交增值税（销项税额）　　　　　　　　68 000

计提消费税：

借：营业税金及附加　　　　　　　　　　　　　　　　　　　120 000

　　贷：应交税费——应交消费税　　　　　　　　　　　　　　120 000

☞温馨提示

　　纳税人将自产的应税消费品与外购或自产的非应税消费品组成套装销售，以套装产品的销售额（不含增值税）为计税依据。

任务二　从量定额计算应纳消费税及会计处理

实行从量定额办法计算消费税的基本公式为：

$$应纳税额＝销售数量×单位税额$$

从量定额办法计算应纳消费税所涉会计科目和记账方法与从价定率计算应纳消费税会计处理相同。

【例3-2】某啤酒厂2014年3月12日销售给光明公司啤酒50吨，出厂价格为2 000元/吨，货已发出，办妥托收手续，货款尚未收回，计算应纳消费税额，作相应会计分录。

应纳税额＝应税数量×单位税额＝50×220＝11 000（元）

销售啤酒时：

借：应收账款　　　　　　　　　　　　　　　　　　　　　　117 000

　　贷：主营业务收入　　　　　　　　　　　　　　　　　　　100 000

　　　　应交税费——应交增值税（销项税额）　　　　　　　　17 000

计提消费税：

借：营业税金及附加　　　　　　　　　　　　　　　　　　　11 000

　　贷：应交税费——应交消费税　　　　　　　　　　　　　　11 000

任务三　复合计税计算应纳消费税及会计处理

国家对卷烟、粮食白酒和薯类白酒实行从价定率和从量定额相结合的复合计税办法，应纳税额计算公式为：

$$应纳税额＝销售数量×定额税率＋销售额×比例税率$$

复合计税办法计算应纳消费税所涉会计科目和记账方法与从价定率计算应纳消费税会计处理相同。

【例3-3】某酒厂为一般纳税人，2014年3月采取委托银行收款方式销售粮食白酒4 000公斤，开具增值税专用发票，销售额100 000元，货已发出，办妥托收手续，货款尚未收到。计算酒厂应缴纳的消费税，作相应会计分录。

应纳消费税＝4 000×2×0.5＋100 000×20％＝24 000（元）

销售白酒时：

借：应收账款　　　　　　　　　　　　　　　　　　　　　117 000

　　贷：主营业务收入　　　　　　　　　　　　　　　　　　100 000

　　　　应交税费——应交增值税（销项税额）　　　　　　　17 000

计提消费税：

借：营业税金及附加　　　　　　　　　　　　　　　　　　　24 000

　　贷：应交税费——应交消费税　　　　　　　　　　　　　24 000

任务四　应纳税额的特殊计算方法及会计处理

（一）自产自用应税消费品应纳税额的计算方法及会计处理

自产自用应税消费品通常是指纳税人生产应税消费品后，不直接用于对外销售，而是用于连续生产应税消费品或用于生产非应税消费品，或用于在建工程、管理部门、非生产机构、提供劳务以及用于馈赠、赞助、集资、广告、样品、职工福利、奖励等其他方面。纳税人自产自用的应税消费品，用于其他方面，应当按照纳税人生产的同类消费品的销售价格计算纳税。同类消费品的销售价格是指纳税人当月销售的同类消费品的价格，如果当月同类消费品各期销售价格高低不同，应按销售数量加权平均计算。

如果当月无销售或当月未完结，应按照同类消费品上月或最近月份的销售价格计算纳税。没有同类消费品销售价格的，按照组成计税价格的计算纳税。组成计税价格的计算公式为：

（1）从价计税：（成本+利润）÷（1-消费税税率）

（2）从量计税：不用组成计税价格。

（3）复合计税：（成本+利润+自产自用数量×定额税率）÷（1-消费税税率）

上述公式中所说的"成本"，是指应税消费品的产品生产成本。所说的"利润"，是指根据应税消费品的全国平均成本利润率计算的利润。应税消费品全国平均成本利润率由国家税务总局确定（见表3-4）。

表3-4　　　　　　　　　　　应税消费品平均成本利润率表

货物名称	利润率（%）	货物名称	利润率（%）
1. 甲类卷烟	10	11. 贵重首饰及珠宝玉石	6
2. 乙类卷烟	5	12. 汽车轮胎	5
3. 雪茄烟	5	13. 摩托车	6
4. 烟丝	5	14. 高尔夫球及球具	10
5. 粮食白酒	10	15. 高档手表	20
6. 薯类白酒	5	16. 游艇	10
7. 其他酒	5	17. 木制一次性筷子	5
8. 酒精	5	18. 实木地板	5
9. 化妆品	5	19. 乘用车	8
10. 鞭炮、焰火	5	20. 中轻型商用客车	5

☞温馨提示

销售的应税消费品有下列情况之一的，不得列入加权平均计算：（1）销售价格明显偏低又无正当理由的；（2）无销售价格的。如果当月无销售或者当月未完结，应按照同类消费品上月或最近月份的销售价格计算纳税。

纳税人自产自用的应税消费品，消费税的相关会计处理如下：

（1）用于连续生产应税消费品，此环节不用缴纳消费税，因而不需进行相关会计处理。

（2）用于在建工程、职工福利或者直接转为固定资产。纳税人将自产的应税消费品用于在建工程或直接转为固定资产，应于货物移送使用时，按同类消费品的平均销售价格计算应纳消费税和应纳增值税。贷记"应交税费——应交消费税"、"应交税费——应交增值税"，按移送的货物成本，贷记"库存商品"科目；按应纳的增值税、消费税和移送货物的成本之和，借记"在建工程"、"固定资产"科目。

（3）用于捐赠、赞助、广告。纳税人将自产的应税消费品用于捐赠、赞助、广告，应于货物移送使用时，按同类消费品的平均销售价格或组成计税价格计算应纳消费税和应纳增值税。贷记"应交税费——应交消费税"、"应交税费——应交增值税"，按移送的货物成本，贷记"库存商品"科目；按应纳的增值税、消费税和移送货物的成本之和，借记"营业外支出"、"销售费用"科目。

（4）应税消费品换取生产资料、消费资料。纳税人将自产的应税消费品用于换取生产资料、消费资料属于非货币性资产交换，按换入资产可抵扣的增值税进项税额，借记"应交税费——应交增值税（进项税额）"科目；按换出应税消费品应支付的相关税费，贷记"应交税费——应交消费税"、"应交税费——应交增值税（销项税额）"等科目。

（5）应税消费品用于投资入股。纳税人将自产的应税消费品用于投资入股，借记有关投资科目，按同类消费品的平均销售价格或组成计税价格，贷记"主营业务收入"科目；按应交增值税额，贷记"应交税费——应交增值税（销项税额）"科目；按应交消费税额借记"营业税金及附加"科目、贷记"应交税费——应交消费税"；按移送的货物成本，借记"主营业务成本"科目，贷记"库存商品"科目。

（6）应税消费品用于抵偿债务。纳税人将自产的应税消费品用于清偿债务，按应付账款的账面余额，借记"应付账款"科目，按用于清偿债务的应税消费品的公允价值，贷记"主营业务收入"科目，按增值税额，贷记"应交税费——应交增值税（销项税额）"科目，按其差额，贷记"营业外收入"或借记"营业外支出"科目。按应交消费税，贷记"应交税费——应交消费税"科目，借记"营业税金及附加"科目；按用于抵债的应税消费品的账面余额，借记"主营业务成本"科目，贷记"库存商品"科目。

【例3-4】某企业将一批自产的化妆品作为职工福利，企业无同类产品价格，这批化妆品的成本10 000元，消费税税率为30%，要求计算该批自产自用化妆品应纳消费税税额，作相应的会计分录。

组成计税价格=（成本+利润）÷（1-消费税税率）
=［10 000+（10 000×5%）］÷（1-30%）=15 000（元）

应纳消费税额=15 000×30%＝4 500（元）

发放给职工时：

借：应付职工薪酬　　　　　　　　　　　　　　　　　　17 550

　　贷：主营业务收入　　　　　　　　　　　　　　　　　　　15 000

　　　　应交税费——应交增值税（销项税额）　　　　　　　2 550

计提消费税：

借：营业税金及附加　　　　　　　　　　　　　　　　　　4 500

　　贷：应交税费——应交消费税　　　　　　　　　　　　　　4 500

结转产品成本：

借：主营业务成本　　　　　　　　　　　　　　　　　　10 000

　　贷：库存商品　　　　　　　　　　　　　　　　　　　　10 000

☞**温馨提示**

如果自产自用的应税消费品当月有不同的销售价格，将自产自用的应税消费品用于其他方面的，消费税视同销售的规定，有些与增值税的视同销售规定一致，如用于在建工程、管理部门、非生产机构、提供劳务以及用于馈赠、赞助、集资、广告、样品、职工福利、奖励等，计税价格均为平均价格。有些与增值税的视同销售规定不一致，如纳税人自产的应税消费品用于换取生产资料、消费资料、投资入股和抵偿债务等方面，应当按照纳税人同类应税消费品的最高销售价格作为消费税的计税依据。

如果将应税消费品用于连续生产非应税消费品，这一环节需要视同销售缴纳消费税，但这一环节不作增值税视同销售处理。

（二）委托加工应税消费品应纳税额的计算方法及会计处理

对于确定属于委托方提供原料和主要材料，受托方只收取加工费和代垫部分辅助材料加工的应税消费品，由受托方在向委托方交货时代收代缴消费税。如果受托方对委托加工应税消费品未代收代缴或少代收代缴消费税，就要依照《税收征收管理法》的规定，承担补税和罚款的法律责任。但纳税人委托个体经营者加工应税消费品，一律于委托方收回后在委托方所在地缴纳消费税。委托加工的应税消费品，按照受托方的同类消费品的销售价格计算纳税；没有同类消费品销售价格的，按照组成计税价格计算纳税。组成计税价格的计算公式为：

组成计税价格＝（材料成本+加工费）÷（1-消费税税率）

式中，"材料成本"是指委托方所提供加工材料的实际成本。委托加工应税消费品的纳税人，必须在委托加工合同上如实注明（或以其他方式提供）材料成本，凡未提供材料成本的，受托方所在地主管税务机关有权核定其材料成本。"加工费"，是指受托方加工应税消费品向委托方所收取的全部费用，包括代垫辅助材料的实际成本，不包括增值税。

（1）委托加工的应税消费品，收回后直接销售。委托加工的应税消费品，受托方在交货时代收代缴消费税，委托方收回后直接出售的，不再征收消费税。

委托方应将受托方代收代缴的消费税计入委托加工的应税消费品成本,借记"委托加工物资"科目,贷记"银行存款"或"应付账款"科目。受托方按应收的消费税额,借记"银行存款"或"应收账款"等科目,贷记"应交税费——应交消费税"科目。

【例3-5】某酒厂委托东方酒厂为其加工黄酒10吨,粮食由该酒厂提供,价款40 000元,支付加工费5 000元(不含增值税)。东方酒厂生产同类黄酒每吨销售价格10 000元(不含增值税)。酒税率为240元/吨,应纳消费税为:

受托方代收代缴消费税=10×240=2 400(元)

委托方的账务处理如下:

发出材料时,作会计分录:

借:委托加工物资   40 000

  贷:原材料   40 000

支付加工费、消费税和增值税,作会计分录:

借:委托加工物资   7 400

     应交税费——应交增值税(进项税额)   850

  贷:银行存款   8 250

受托方的账务处理如下:

收取加工费及代扣消费税,作会计分录:

借:银行存款   8 250

  贷:主营业务收入   5 000

     应交税费——应交增值税(销项税额)   850

     应交税费——应交消费税   2 400

(2)委托加工收回的应税消费品连续生产应税消费品。委托加工的应税消费品因为已由受托方代收代缴消费税,因此,委托方收回货物后用于连续生产应税消费品的,其已纳税款准予按照规定从连续生产的应税消费品应纳消费税额中抵扣。按照国家税务总局的有关规定,目前下列连续生产的应税消费品准予从应纳消费税额中按当期生产领用数量计算扣除委托加工收回的应税消费品已纳消费税额:

①以委托加工收回的已税烟丝为原料生产的卷烟。

②以委托加工收回的已税化妆品为原料生产的化妆品。

③以委托加工收回的已税珠宝玉石为原料生产的贵重首饰及珠宝玉石。

④以委托加工收回的已税鞭炮、焰火为原料生产的鞭炮、焰火。

⑤以委托加工收回的已税汽油、柴油为原料生产的汽油、柴油。

⑥以委托加工收回的已税摩托车连续生产的摩托车。

⑦以委托加工收回的已税石脑油为原料生产的应税消费品。

⑧以委托加工收回的已税润滑油为原材料生产的润滑油。

⑨以委托加工收回的已税杆头、杆身和握把为原料生产的高尔夫球杆。

⑩以委托加工收回的已税木制一次性筷子为原料生产的木制一次性筷子。

⑪以委托加工收回的已税实木地板为原料生产的实木地板。

上述当期准予扣除委托加工收回的应税消费品已纳消费税税款的计算公式为:

当期准予扣除的　期初库存的委托　当期收回的委托　期末库存的委托
委托加工应税　＝加工应税消费品+加工应税消费品-加工应税消费品
消费品已纳税款　　已纳税款　　　　已纳税款　　　　已纳税款

温馨提示

已改在零售环节征收消费税的金银首饰、钻石及钻石饰品，在计税时一律不得扣除委托加工时已纳的消费税税款。

委托加工收回的应税消费品连续生产应税消费品，按规定准予抵扣的，委托方按代收代缴的消费税额，借记"应交税费——应交消费税"科目，贷记"银行存款"或"应付账款"等科目。待加工成最终应税消费品销售时，按最终应税消费品应缴纳的消费税，借记"营业税金及附加"，贷记"应交税费——应交消费税"科目。

【例 3-6】 某日用化工厂生产高档化妆品，为增值税一般纳税人。2014 年 3 月委托某工厂加工一批应税化妆品，提供原材料价值 50 000 元，委托方开具的增值税专用发票上注明加工费 6 000 元。将该批加工产品已收回后（受托方没有同类化妆品的销售价格），领用 70% 投入生产，进一步加工并分装出厂取得不含税销售额 100 000 元，计算该批化妆品应缴纳的消费税，作相应会计分录。

发出材料时：

借：委托加工物资 　　　　　　　　　　　　　　　　　　　　　　　　 50 000

　　贷：原材料 　　　　　　　　　　　　　　　　　　　　　　　　　 50 000

支付加工费及代扣消费税时：

组成计税价格 ＝（50 000+6 000）÷（1–30%）＝ 80 000（元）

应纳消费税 ＝80 000×30% ＝ 24 000（元）　　　应纳增值税 ＝ 6 000×17% ＝ 1 020（元）

借：委托加工物资 　　　　　　　　　　　　　　　　　　　　　　　　 6 000

　　应交税费——应交增值税（进项税额） 　　　　　　　　　　　　 1 020

　　应交税费——应交消费税 　　　　　　　　　　　　　　　　　　 24 000

　　贷：银行存款 　　　　　　　　　　　　　　　　　　　　　　　 31 020

分装后销售：

应纳消费税 ＝100 000×30% ＝ 30 000（元）　　应纳增值税 ＝ 100 000×17% ＝ 17 000（元）

借：应收账款 　　　　　　　　　　　　　　　　　　　　　　　　　 117 000

　　贷：主营业务收入 　　　　　　　　　　　　　　　　　　　　　 100 000

　　　应交税费——应交增值税（销项税额） 　　　　　　　　　　　 17 000

借：营业税金及附加 　　　　　　　　　　　　　　　　　　　　　　 30 000

　　贷：应交税费——应交消费税 　　　　　　　　　　　　　　　　 30 000

实际缴纳当月应纳消费税时：

当月实际应纳消费税 ＝100 000×30% –80 000×30%×70% ＝ 13 200（元）

借：应交税费——应交消费税 　　　　　　　　　　　　　　　　　　 13 200

　　贷：银行存款 　　　　　　　　　　　　　　　　　　　　　　　 13 200

（三）外购已税消费品生产应税消费品应纳税额的计算方法及会计处理

由于某些应税消费品是用外购已缴税的应税消费品连续生产出来的，对这些连续生产出来的应税消费品计算征税时，按当期生产领用数量计算准予扣除外购的应税消费品已纳的消费税税款。扣除范围包括：（1）外购烟丝生产的卷烟。（2）外购已税化妆品生产的化妆品。（3）外购已税珠宝玉石生产的贵重首饰及珠宝玉石。（4）外购已税鞭炮、焰火生产的鞭炮、焰火。（5）外购已税汽油、柴油生产的汽油、柴油。（6）外购已税摩托车生产的摩托车（如用外购两轮摩托车改装三轮摩托车）。（7）以外购的已税石脑油为原料生产的应税消费品。（8）以外购的已税润滑油为原料生产的润滑油。（9）以外购的已税木制一次性筷子为原料生产的木制一次性筷子。（10）以外购的已税实木地板为原料生产的实木地板。（11）外购已税杆头、杆身或握把为原料生产的高尔夫球杆。

上述当期准予扣除外购应税消费品已纳消费税税款的计算公式为：

$$\begin{array}{l}当期准予扣除的外购\\应税消费品已纳税额\end{array}=\begin{array}{l}当期准予扣除的外购\\应税消费品买价或数量\end{array}\times\begin{array}{l}外购应税消费品\\适用税率或税额\end{array}$$

$$\begin{array}{l}当期准予扣除的\\外购应税消费品的\\买价或数量\end{array}=\begin{array}{l}期初库存的\\外购应税消费品的\\买价或数量\end{array}+\begin{array}{l}当期购进的\\应税消费品的\\买价或数量\end{array}-\begin{array}{l}期末库存的\\外购应税消费品的\\买价或数量\end{array}$$

外购已税消费品的买价是指外购应税消费品增值税专用发票上注明的销售额（不包括增值税额）。

购入已税消费品时，借记"原材料"、"应交税费——应交增值税（进项税额）"，贷记"银行存款"或"应收账款"科目；领用已税消费品投入生产时，借记"生产成本"、"应交税费——应交消费税"，贷记"原材料"；销售应税消费品时，借记"应收账款"或"银行存款"等科目，贷记"主营业务收入"、"应交税费——应交消费税"科目。

☞温馨提示

1. 允许扣税的应税消费品只限于从工业企业购进的和进口的应税消费品，对从商业企业购进的应税消费品不得计算抵扣。纳税人用外购的珠宝玉石生产的改在零售环节征收消费税的金银首饰（镶嵌首饰）、钻石首饰，在计税时一律不得扣除外购珠宝玉石的已纳税款。

2. 纳税人采取以旧换新方式销售的金银首饰，应按实际收取的不含增值税的全部价款确定计税依据征收消费税。

【例3-7】某首饰厂2014年4月购进蓝宝石戒面2 000粒，税控发票注明价款120 000元，增值税20 400元。将蓝宝石戒面1 000粒直接销售给另一家首饰厂，价税合计81 900元；用18K金镶嵌，将剩余的1 000粒蓝宝石戒面加工成宝石戒指销售给某商贸公司，取得不含税价300 000元，计算应纳消费税，作相应会计分录。

因宝石戒指不在此环节纳消费税，所以：

蓝宝石戒面应纳消费税=81 900÷（1+17%）×10%−120 000×50%×10%

=1 000（元）

购进蓝宝石戒面时：

```
借：库存商品                                          120 000
    应交税金——应交增值税（进项税额）              20 400
  贷：银行存款                                                    140 400
```

销售蓝宝石戒面：

```
借：银行存款                                          81 900
  贷：主营业务收入                                              70 000
      应交税金——应交增值税（销项税额）                    11 900
```

结转产品成本：

```
借：主营业务成本                                      54 000
    应交税金——应交消费税                            6 000
  贷：库存商品                                                    60 000
```

计算应纳消费税：

```
借：主营业务税金及附加                                7 000
  贷：应交税金——应交消费税                                  7 000
```

实际缴纳时：

```
借：应交税金——应交消费税                            1 000
  贷：银行存款                                                    1 000
```

（四）进口应税消费品应纳税额的计算方法及会计处理

进口应税消费品应根据消费品的不同类型确定相应的消费税计算办法，主要包括三种类型，见表3-5：

表3-5

类型	组成计税价格	应纳税额
从价定率	（关税完税价格+关税）÷（1-消费税比例税率）	组成计税价格×消费税比例税率
从量定额	进口应税消费品的数量	进口应税消费品的数量×消费税定额税率
复合计税	（关税完税价格+关税+进口应税消费品的数量×消费税定额税率）÷（1-消费税比例税率）	组成计税价格×消费税比例税率+进口应税消费品的数量×消费税定额税率

进口时，根据买价、运费、保险费、缴纳的关税、海关代征的消费税借记"材料采购"，根据海关代征的增值税借记"应交税金——应交增值税"，贷记"银行存款"或"应付账款"科目。

【例3-8】某进出口贸易公司2014年6月从美国进口一批应税消费品，该批应税消费品关税完税价格为500 000元，按规定应纳关税100 000元，消费税税率为5%，要求计算该公司本月应纳消费税税额，作相应会计分录。

组成计税价格＝（关税完税价格+关税）÷（1-消费税税率）

　　　　　　＝（500 000+100 000）÷（1-5%）＝631 579（元）

应纳消费税＝组成计税价格×消费税税率＝631 579×5%＝31 579（元）

购进时，作会计分录：

借：材料采购　　　　　　　　　　　　　　　　　　　　　631 579

　　应交税金——应交增值税（进项税）　　　　　　　　　107 368

　　贷：银行存款　　　　　　　　　　　　　　　　　　　738 947

项目三　办理消费税纳税申报

任务一　消费税的征收管理

（一）纳税期限

《消费税暂行条例》规定，消费税的纳税期限分别为 1 日、3 日、5 日、10 日、15日、1 个月或者 1 个季度。纳税人的具体纳税期限，由主管税务机关根据纳税人应纳税额的大小分别核定；不能按照固定期限纳税的，可以按次纳税。

纳税人以 1 个月或者 1 个季度为 1 个纳税期的，自期满之日起 15 日内申报纳税；以 1日、3 日、5 日、10 日或者 15 日为 1 个纳税期的，自期满之日起 5 日内预缴税款，于次月 1 日起 15 日内申报纳税并结清上月应纳税款。

纳税人进口应税消费品，应当自海关填发税款缴款书之日起 15 日内缴纳税款。

如果纳税人不能按照规定的纳税期限依法纳税，将按《税收征收管理法》的有关规定处理。

（二）纳税地点

消费税根据下列情况分别确定纳税地点：

（1）纳税人生产销售以及自产自用的应税消费品，除另有规定者外均应在纳税人的核算地缴纳消费税。

（2）纳税人的总机构与分支机构不在同一县（市）的，应在生产应税消费品分支机构所在地缴纳消费税，如需改由总机构汇总在总机构所在地纳税的，需经国家税务总局所属分局批准；对纳税人的总机构与分机构不在同一省（自治区、直辖市）的，如需改由总机构汇总在总机构所在地纳税的，需经国家税务总局批准。

（3）纳税人到外县（市）销售或委托外县（市）代销自产应税消费品的，于应税消费品销售后，回纳税人核算地或所在地缴纳消费税。

（4）纳税人委托加工的应税消费品，除受托方为个体经营者外，由受托方向所在地主管税务机关缴纳消费税。

（5）进口的应税消费品，由进口人或者其代理人向报关地海关申报纳税。

（6）纳税人销售的应税消费品，如因质量等原因由购买方退回时，经所在地主管税务机关审核批准后，可退还已征收的消费税税款，但不能自行直接抵减应纳税额。

任务二　消费税纳税申报

（一）纳税申报资料

（1）《消费税纳税申报表》两份。

（2）生产石脑油、溶剂油、航空煤油、润滑油、燃料油的纳税人在办理纳税申报时还应提供《生产企业生产经营情况表》和《生产企业产品销售明细表（油品）》。

（3）外购应税消费品连续生产应税消费品的，提供外购应税消费品增值税专用发票（抵扣联）原件和复印件。如果外购应税消费品的增值税专用发票属于汇总填开的，除提供增值税专用发票（抵扣联）原件和复印件外，还应提供随同增值税专用发票取得的由销售方开具并加盖财务专用章或发票专用章的销货清单原件和复印件。

（4）委托加工收回应税消费品连续生产应税消费品的，提供"代扣代收税款凭证"原件和复印件。

（5）进口应税消费品连续生产应税消费品的，提供"海关进口消费税专用缴款书"原件和复印件。

（6）扣缴义务人必须报送《消费税代扣代缴税款报告表》。

（7）汽油、柴油消费税纳税人还需报送：①生产企业生产经营情况表（油品）；②生产企业产品销售明细表（油品）；③主管部门下达的月度生产计划；④企业根据生产计划制订的月份排产计划。

（8）抵减进口葡萄酒消费税退税纳税人还需报送《海关进口消费税专用缴款书》复印件。

（二）主表内容及格式

纳税人无论当期有无销售或是否赢利，均应在次月 1 日至 15 日根据应税消费品分别填写《烟类应税消费品消费税纳税申报表》、《卷烟消费税纳税申报表》（批发）、《酒及酒精消费税纳税申报表》、《成品油消费税纳税申报表》、《小汽车消费税纳税申报表》、《其他应税消费品消费税纳税申报表》，向主管税务机关进行纳税申报。

除了纳税申报表以外，每类申报表都有附表《本期准予扣除计算表》、《本期代收代缴税额申报表》、《生产经营情况表》、《准予扣除消费税凭证明细表》等，在申报时一并填写。

（三）网上申报流程

按照规定的格式填列的消费税纳税申报表应在规定的时间内报送主管税务机关。目前主要报送方式有直接报送和网上报送。

直接报送是将纳税申报表直接送达主管税务机关的办税服务大厅，由税务人员签收。经税务机关审核，纳税人提供的资料完整、填写内容准确、各项手续齐全、无违章问题，符合条件的，当场办结，并在《消费税纳税申报表》上签章，返回一份给纳税人。当期申报有税款的，纳税人需缴纳税款，税务机关确认税款缴纳后开具完税凭证予以办结。

网上报送是比较经济快捷的报送方式。网上申报的主要程序如下：

（1）进入主管国税申报大厅。

（2）点击"申报征收"菜单，可以进入申报页面，系统自动带出可以申报的税种，选择消费税申报。

（3）填写系统弹出的税款所属日期对话框。

（4）填写起止所属时期后，点击"进入申报"按钮，在纳税申报表中填写申报数据，填写完成后，点击"计算"按钮，系统自动计算税款。

（5）填写完纳税申报表，点击"提交"按钮，经检查无误后，点击"确定"按钮完成本次申报。

（6）网上缴税。在申报完成后，可以直接进入"网上缴税"页面，显示企业欠税信息，点击"清缴税款"按钮，系统弹出提示，点击"确定"按钮，系统将自动从纳税人银行进行扣款。

项目四　办理出口货物消费税退（免）税

纳税人出口应税消费品与已纳增值税出口货物一样，国家都给予退（免）税优惠。出口应税消费品同时涉及退（免）增值税和消费税，两者在退（免）税办理程序、退（免）税审核、退（免）税管理等许多方面一致。下面仅就两者不同的地方予以介绍。

任务一　确定出口退税率

计算出口应税消费品应退消费税的税率或单位税额，依据《消费税暂行条例》所附《消费税税目税率（税额表）》执行。企业出口不同税率应税消费品，应分别核算、申报，按各自适用税率计算退税额，否则，只能从低适用税率退税。

任务二　确定适用的退（免）税政策类型

出口应税消费品退（免）消费税在政策上分为以下三种情况：

（1）出口免税并退税。适用于外贸企业购进应税消费品直接出口，或受其他外贸企业委托代理出口。

（2）出口免税但不退税。适用于生产企业自营出口或委托外贸企业代理出口自产的应税消费品。

（3）出口不免税也不退税。适用于一般商贸企业委托外贸企业代理出口的情况。

任务三　计算出口应税消费品退税额

外贸企业从生产企业购进货物直接出口或受其他外贸企业委托代理出口应税消费品的应退消费税税款，分两种情况处理：

（1）属于从价定率计征消费税的应税消费品，应依照外贸企业从工厂购进货物时征收消费税的价格计算应退消费税额，其公式为：

$$应退消费税 = 出口货物的工厂销售额 \times 消费税税率$$

☞温馨提示

上述公式中"出口货物的工厂销售额"不包含增值税。对含增值税的价格应换算为

123

不含增值税的销售额。

（2）属于从量定额计征消费税的应税消费品，应依货物购进和报关出口的数量计算应退消费税税款。其公式为：

$$应退消费税 = 出口数量 \times 单位税额$$

【例3-9】某生产企业出口兼内销，产品为鞭炮、烟火。2014年4月发生以下业务：

（1）自营出口自产产品，离岸价格1 000万元。

（2）销售给外贸企业一批鞭炮，开具专用发票上注明的销售额500万元。外贸企业将购进货物中的80%外销，离岸价格480万元，其余部分内销，不含税收入120万元。

计算生产企业及外贸企业当月应纳消费税。

生产企业：

内销部分应纳消费税 = 500 × 15% = 75（万元）

外销部分免税不退税。

外贸企业：

外销部分应退消费税 = 500 × 80% × 15% = 60（万元）

内销部分不纳消费税。

任务四　申报出口应税消费品退税额

出口的应税消费品办理退税后，发生退关或者国外退货进口时予以免税的，报关出口者必须及时向其所在地主管税务机关申报补缴已退的消费税税款。

纳税人直接出口的应税消费品办理免税后发生退关或国外退货，进口时已予以免税的，经所在地主管税务机关批准，可暂不办理补税，待其转为国内销售时，再向其主管税务机关申报补缴消费税。

思考与练习

一、单项选择题

1. 依据消费税的有关规定，下列行为中应缴纳消费税的是（　　）。
　　A. 进口烟丝　　　B. 进口服装　　　C. 零售化妆品　　　D. 零售白酒

2. 下列各项中，应同时征收增值税和消费税的是（　　）。
　　A. 批发环节销售的卷烟　　　　B. 零售环节销售的包金首饰
　　C. 生产环节销售的普通护肤护发品　D. 进口环节取得外国政府捐赠的小汽车

3. 某日化厂既生产化妆品又生产护发品，为了扩大销路，该厂将化妆品和护发品配成礼盒销售，当月单独销售化妆品取得收入8.5万元，单独销售护发品取得收入6.8万元，销售化妆品和护发品礼盒取得收入12万元，上述收入均不含增值税。该企业应纳的消费税为（　　）。
　　A. 6.15万元　　　B. 8.19万元　　　C. 3.6万元　　　D. 2.55万元

4. 某制药厂 1 月生产医用酒精 20 吨，成本 16 000 元，将 5 吨投入车间连续加工跌打正骨水，10 吨对外销售，取得含税收入 10 000 元，企业当期销售跌打正骨水取得含税收入 200 000 元，当期发生可抵扣增值税进项税额 30 000 元，该企业当期应纳增值税和消费税合计数为 （   ） 元。

    A. 1 358. 12   B. 1 240. 53   C. 1 153. 85   D. 1 403

5. 某汽车厂将 1 辆自产小汽车奖励发给优秀职工，其成本 5 000 元/辆，成本利润率 10%，适用消费税税率 9%，则应纳的增值税销项税额 （   ） 元。

    A. 1 027. 47   B. 1 230. 60   C. 1 154. 85   D. 1 123. 20

6. 下列外购商品中已缴纳的消费税，可以从本企业应纳消费税额中扣除的是 （   ）。

    A. 从工业企业购进已税汽车轮胎生产的小汽车

    B. 从工业企业购进已税酒精为原料生产的勾兑白酒

    C. 从工业企业购进已税溶剂油为原料生产的溶剂油

    D. 从工业企业购进已税高尔夫球杆握把为原料生产的高尔夫球杆

7. 确定消费税的应税销售额时，不能计入销售额的项目是 （   ）。

    A. 消费税   B. 价外收取的基金

    C. 增值税   D. 包装费

8. 自产自用的白酒，其组成计税价格的公式是 （   ）。

    A. （成本+利润）÷（1+比例税率）

    B. （完税价格+关税）÷（1+比例税率）

    C. （完税价格+关税）÷（1−比例税率）

    D. （成本+利润+定额税额）÷（1−比例税率）

9. 以下不属于征收消费税的项目是 （   ）。

    A. 高尔夫球   B. 高尔夫球杆   C. 高尔夫球包   D. 高尔夫车

10. 2014 年 9 月，某汽车轮胎厂（增值税一般纳税人）生产的一批汽车轮胎交门市部，计价 50 万元，门市部门将其零售取得含税收入 60 万元。汽车轮胎的消费税税率为 3%，该项业务应缴纳的消费税为 （   ） 万元。

    A. 1. 54   B. 2. 13   C. 1. 62   D. 2. 11

二、多项选择题

1. 《消费税暂行条例》规定，下列情形之一的应税消费品，以纳税人同类应税消费品的最高销售价格作为计税依据计算消费税的有 （   ）。

    A. 用于抵债的应税消费品   B. 用于馈赠的应税消费品

    C. 用于换取消费资料的应税消费品 D. 对外投资入股的应税消费品

2. 下列各项中，应当征收消费税的有 （   ）。

    A. 化妆品厂作为样品赠送给客户的香水

    B. 用于产品质量检验耗费的高尔夫球杆

    C. 白酒生产企业向百货公司销售的试制药酒

    D. 轮胎厂移送非独立核算门市部待销售的汽车轮胎

3. 消费品的销售数量是指纳税人生产、加工和进口应税消费品的数量，以下不正确的有（　　）。

  A. 销售应税消费品的，为应税消费品的销售数量

  B. 自产自用应税消费品的，为应税消费品的生产数量

  C. 委托加工应税消费品的，为纳税人委托加工的应税消费品的数量

  D. 进口的应税消费品，为海关核定的应税消费品进口征税数量

4. 以下关于委托加工环节应税消费品应纳税额的计算，说法正确的是（　　）。

  A. 委托加工的应税消费品，受托方在交货时已代收代缴消费税，委托方收回后直接出售的，不再征收消费税

  B. 对委托方补征税款，在检查时，收回的应税消费品已经直接销售的，按销售额计税

  C. 收回的应税消费品尚未销售或不能直接销售的，按组成计税价格计税

  D. 对销售价格明显偏低又无正当理由的，不得列入加权平均计算

5. 《消费税暂行条例》规定，有以下情形之一的应税消费品，以纳税人同类应税消费品的最高销售价格作为计税依据计算消费税的有（　　）。

  A. 用于换取生产资料的应税消费品　　B. 用于换取消费资料的应税消费品

  C. 对外投资入股的应税消费品　　　　D. 用于馈赠的应税消费品

三、判断题

1. 纳税人自制或委托加工的应税消费品，用于连续生产应税消费品的，不缴纳消费税。（　　）

2. 销售额为纳税人销售应税消费品向购买方收取的全部价款和价外费用。（　　）

3. 纳税人自产自用的应税消费品计算纳税的销售价格，按照纳税人生产的同类消费品的销售价格和组成计税价格孰高确定。（　　）

4. 纳税人自产自用的应税消费品，实行复合计税办法计算纳税消费税的组成计税价格公式为：组成计税价格＝（成本＋利润＋自产自用数量×定额税率）÷（1−比例税率）。（　　）

5. 消费税实行复合计税办法计算纳税的组成计税价格既包括增值税也包括消费税。（　　）

6. 纳税人应税消费品的计税价格明显偏低但有正当理由的，主管税务机关也要核定其计税价格。（　　）

7. 消费税由税务机关征收，进口的应税消费品的消费税由海关代征。（　　）

8. 纳税人销售应税消费品采取赊销和分期收款结算方式的，其纳税义务发生时间为书面合同约定的收款日期的当天，书面合同没有约定收款日期或者无书面合同的，为收讫销售款或者取得索取销售款凭据的当天。（　　）

9. 纳税人销售应税消费品采用赊销、分期收款、托收承付和委托银行收款结算方式的，其消费税的纳税义务发生时间和增值税相同。（　　）

10. 消费税的纳税环节包括生产环节、零售环节、进口环节和移送环节。（　　）

四、计算题

1. 甲企业（增值税一般纳税人）为白酒生产企业，2014年7月发生以下业务：

（1）向某烟酒专卖店销售粮食白酒20吨，开具普通发票，取得含税收入200万元，另收取品牌使用费50万元、包装物租金20万元。

（2）提供10万元的原材料委托乙企业加工散装药酒1 000千克，收回时向乙企业支付不含增值税的加工费1万元，乙企业已代收代缴消费税。

（3）将其中900千克散装药酒继续加工成瓶装药酒1 800瓶，以每瓶不含税售价100元通过非独立核算门市部销售完毕。将剩余100千克散装药酒作为福利分给职工，同类药酒的不含税销售价为每千克150元。

说明：药酒的消费税税率为10%，白酒的消费税税率为20%加0.5元/500克。

要求：（1）计算本月甲企业向专卖店销售白酒应缴纳消费税。（2）计算乙企业已代收代缴消费税。（3）计算本月甲企业销售瓶装药酒应缴纳消费税。（4）计算本月甲企业分给职工散装药酒应缴纳消费税。

2. 甲化妆品厂（增值税一般纳税人）2014年1月初增值税留抵税额20 000元，2014年1月发生下列业务：

（1）购买香水精1千克，增值税发票注明价款8 000元，增值税1 360元。

（2）外购酒精8 000千克，价款40 000元，增值税6 800元。

（3）支付运输公司酒精运杂费250元，其中运费200元，建设基金20元，装卸保管费30元。

（4）将酒精和香水精送到乙化妆品厂（增值税一般纳税人）加工成10 000千克香水，支付乙化妆品厂加工费2 000元和辅料费1 000元（均含增值税并取得增值税发票）。

（5）将收回香水的50%直接批发销售给其他商业单位，每千克单位价格80元（不含增值税），10%赠送客户试用，5%发给职工用作福利。

（6）将收回香水25%进一步调香调色，以每千克100元的价格（不含增值税）对外销售2 000千克。

说明：以上取得的增值税发票均经过认证。

要求：（1）计算乙化妆品厂应代收代缴甲化妆品厂的消费税；（2）计算甲化妆品厂当月申报缴纳的消费税；（3）计算甲化妆品厂当月申报的增值税进项税额与销项税额；（4）计算甲化妆品厂当月申报缴纳的增值税应纳税额。

营业税纳税实务

🔅 技能目标

1. 能准确计算营业税纳税人的应纳营业税额
2. 能准确地对营业税有关业务进行账务处理
3. 能准确填制营业税申报表，并能进行网上申报

🔅 知识目标

1. 营业税纳税对象、范围、税率
2. 应纳税额的计算
3. 纳税申报表的格式、内容以及申报缴纳程序
4. 计税、代扣、申报缴纳等涉及的会计科目

🔅 情境导入

小张 3 年前购买了一套 60 平方米的私人住房，由于准备近期结婚，想换一套较大的新房，打算通过房屋中介机构出售旧房。

请问：小张出售旧房是否应该缴纳营业税？缴纳多少营业税？

项目一　熟悉营业税法律知识

营业税是以在我国境内提供应税劳务、转让无形资产和销售不动产的单位和个人，就其取得的营业额所征收的一种税。

任务一　判别营业税的征税范围

凡在我国境内从事建筑业、金融保险业、文化体育业、娱乐业、服务业（仓储业、广告业和有形动产租赁已纳入增值税）、转让无形资产和销售不动产业务，都属于营业税的征税范围。加工和修理、修配，不属于《营业税暂行条例》规定的劳务。单位和个体工商户聘用的员工为本单位或雇主提供劳务，不包括在内。

营业税的税目是营业税征收范围的具体体现，营业税的税目按照行业、类别的不同分别设置，见表4-1。

表 4-1　　　　　　　　　　　　　营业税税目表

税目	子税目	说　明　事　项
建筑业	1. 建筑 2. 安装 3. 修缮 4. 装饰 5. 其他工程作业	自建自用建筑物，其自建行为不是建筑业税目的征税范围。出租或投资入股的自建建筑物，也不是建筑业的征税范围。但单位和个人自建并销售建筑物，首先将自建行为视同"建筑业"税目征收营业税，其次就其销售建筑物行为按"销售不动产"税目征收营业税。纳税人提供的矿山爆破、穿孔、表面附着物（包括岩层、土层、砂层等）剥离和清理劳务，以及矿井、巷道构筑劳务，属于营业税应税劳务
金融保险业	1. 金融 2. 保险	金融包括贷款、金融商品转让、金融经纪业和其他金融业务 人民银行的贷款业务不征收营业税；货物期货不征收营业税；存款或购入金融商品行为不征收营业税 保险有两个含义：一是指境内保险机构为境内标的物提供的保险，不包括境内保险机构为出口货物提供保险；二是指境外保险机构以在境内的物品为标的提供保险
文化体育业	1. 文化业 2. 体育业	文化业是经营文化活动的业务，包括表演，经营游览场所和各种展览、培训活动，举办文学、艺术、科技讲座、讲演、报告会，图书馆的图书和资料的借阅业务等。文化创意服务征增值税，不征营业税 体育业是指举办各种体育比赛和为体育比赛或体育活动提供场所的业务，以租赁方式为文化活动、体育比赛提供场所，按租赁业征营业税
娱乐业		包括经营歌厅、舞厅、卡拉 OK 歌舞厅、音乐茶座、台球、高尔夫球、保龄球场、网吧、游艺场等娱乐场所，以及娱乐场所为顾客进行娱乐活动提供服务的业务 娱乐场所为顾客进行娱乐活动提供的饮食服务及其他各种服务，均属于本税目征收范围
服务业	1. 代理业 2. 旅店业 3. 饮食业 4. 旅游业 5. 租赁业 （有形动产租赁除外） 6. 其他服务业	单位和个人在旅游景点经营索道取得的收入按"旅游业"征收营业税 福利彩票机构发行销售福利彩票取得的收入不征收营业税，对福利彩票机构以外的代销单位销售福利彩票取得的手续费收入应按规定征收营业税 交通部门有偿转让高速公路收费权行为，按租赁业征营业税 单位和个人受托种植植物、饲养动物的行为，按服务业征营业税，不征增值税 旅店业和饮食业纳税人销售非现场消费的食品应征增值税，不征营业税
转让无形资产		转让无形资产是指转让无形资产所有权和使用权的行为，包括转让土地使用权、转让自然资源使用权 以无形资产投资入股，参与接受投资方的利润分配、共同承担投资风险的行为，不征收营业税。在投资后转让其股权的也不征收营业税

续表

税目	子税目	说　明　事　项
销售不动产		销售不动产是指有偿转让不动产所有权的行为，包括销售建筑物或构筑物和销售其他土地附着物。在销售不动产时，连同不动产所占土地的使用权一并转让的行为，比照销售不动产征收营业税 以不动产投资入股，参与接受投资方利润分配，共同承担投资风险的行为，不征营业税，在投资后转让该项股权的也不征营业税 单位或者个人将不动产或者土地使用权无偿赠送其他单位或者个人，应视同发生应税行为

任务二　确定营业税的纳税人

（一）纳税义务人

在中华人民共和国境内提供应税劳务、转让无形资产或者销售不动产的单位和个人，为营业税的纳税人，应当依照规定缴纳营业税。在中华人民共和国境内是指税收行政管辖权的区域。具体情况为：（1）提供或者接受《营业税暂行条例》规定劳务的单位或者个人在境内；（2）所转让的无形资产（不含土地使用权）的接受单位或者个人在境内；（3）所转让或者出租土地使用权的土地在境内；（4）所销售或者出租的不动产在境内。

负有营业税纳税义务的单位为发生应税行为并收取货币、货物或者其他经济利益的单位，但不包括单位依法不需要办理税务登记的内设机构。单位是指企业、行政单位、事业单位、军事单位、社会团体及其他单位。个人是指个体工商户和其他个人。

☞知识链接

单位以承包、承租、挂靠方式经营的，承包人、承租人、挂靠人（以下统称承包人）发生应税行为，承包人以发包人、出租人、被挂靠人（以下统称发包人）名义对外经营并由发包人承担相关法律责任的，以发包人为纳税人；否则以承包人为纳税人。

建筑安装业务实行分包的，分包者为纳税人。

（二）营业税扣缴义务人

（1）境外单位或者个人在境内发生应税行为而在境内未设有经营机构的，其应纳税款以代理者为扣缴义务人，没有代理者的，以受让者或者购买者为扣缴义务人。

（2）国务院财政、税务主管部门规定的其他扣缴义务人。

任务三　确定营业税的适用税率

营业税涉及的行业较多，每个行业特点不同。因此，根据不同行业，税法规定了3%、5%、20%等三个档次的税率，见表4-2。

表4-2   营业税税率表

税 目	税 率	税 目	税 率
建筑业	3%	服务业	5%
金融保险业	5%	销售不动产	5%
文化体育业	3%	转让无形资产	5%
娱乐业	5%～20%		

☞温馨提示

纳税人经营娱乐业具体适用的税率，由省、自治区、直辖市人民政府在《营业税暂行条例》规定的幅度内决定。

任务四　确定营业税的计税依据

营业税的计税依据是纳税人提供应税劳务的营业额、转让无形资产的转让额或者销售不动产的销售额，统称为营业额。

（一）营业税计税依据的基本规定

（1）计税依据为收入全额的情况。包括纳税人提供应税劳务、转让无形资产或者销售不动产向对方收取的全部价款和价外费用。价外费用，包括收取的手续费、补贴、基金、集资费、返还利润、奖励费、违约金、滞纳金、延期付款利息、赔偿金、代收款项、代垫款项、罚息及其他各种性质的价外收费，但不包括同时符合以下条件代为收取的政府性基金或者行政事业性收费：①由国务院或者财政部批准设立的政府性基金，由国务院或者省级人民政府及其财政、价格主管部门批准设立的行政事业性收费；②收取时开具省级以上财政部门印制的财政票据；③所收款项全额上缴财政。

关于折扣处理原则：纳税人发生应税行为，如果将价款与折扣额在同一张发票上注明的，以折扣后的价款为营业额；如果将折扣额另开发票的，不论其在财务上如何处理均不得从营业额中减除。

（2）计税依据为收入差额的情况。允许减除特定项目金额（必须取得合法有效凭证）。

（3）需核定营业额的情况。纳税人提供应税劳务、转让无形资产或销售不动产价格明显偏低而无正当理由的，主管税务机关有权按下列程序核定其营业额：

①按纳税人最近时期提供的同类应税行为的平均价格核定。②按其他纳税人最近时期发生的同类应税行为的平均价格核定。③按下列公式核定：计税价格＝营业成本或工程成本×（1+成本利润率）÷（1-营业税税率），公式中的成本利润率由省、自治区、直辖市税务局确定。

☞知识链接

国务院主管税务部门有关规定的凭证（合法有效凭证）

1. 支付给境内单位或者个人的款项，且该单位或者个人发生的行为属于营业税或者增值税征收范围的，以该单位或者个人开具的发票为合法有效凭证；

2. 支付的行政事业性收费或者政府性基金，以开具的财政票据为合法有效凭证；

3. 支付给境外单位或者个人的款项，以该单位或者个人的签收单据为合法有效凭证，税务机关对签收单据有疑义的，可以要求其提供境外公证机构的确认证明；

4. 国家税务总局规定的其他合法有效凭证。

（二）不同行业的计税依据具体规定

（1）建筑业的计税依据。建筑业的营业额为承包建筑、修缮、安装、装饰和其他工程作业取得的营业收入额，即建筑安装企业向建设单位收取的工程价款（即工程造价）及工程价款之外收取的各种费用。

①纳税人将建筑工程分包给其他单位的，以其取得的全部价款和价外费用扣除其支付给其他单位的分包款后的余额为营业额。

②纳税人提供建筑业劳务（不含装饰劳务）的，其营业额应当包括工程所用原材料、设备及其他物资和动力价款在内，但不包括建设方提供的设备价款。

从事安装工程作业，如果设备由发包方提供，承包方只提供安装劳务，营业额不应包括设备的价值；如果设备由承包方提供，与安装劳务一并收款，营业额应包括设备的价款。

③自建行为和单位将不动产无偿赠与他人，由主管税务机关按照特别规定顺序核定营业额。

☞知识链接

通信线路工程和输送管道工程所使用的电缆、光缆和构成管道工程主体的防腐管段、管件（弯头、三通、冷弯管、绝缘接头）、清管器、收发球筒、机泵、加热炉、金属容器等物品均属于设备，其价值不包括在工程的计税营业额中。其他建筑安装工程的计税营业额也不应包括设备价值，具体设备名单可由省级地方税务机关根据各自实际情况列举。

（2）金融保险业的计税依据。一般贷款以利息收入全额为营业额。对金融机构当期实际收到的结算罚款、罚金、加息等收入应并入营业额中征税。对金融机构的出纳长款收入，不征收营业税。

中国人民银行对金融机构的贷款业务，不征收营业税。中国人民银行对企业贷款或委托金融机构贷款的业务应当征收营业税。

典当业的抵押贷款的营业额为经营者取得的利息和其他各种名目的费用。

外汇、有价证券、期货等金融商品买卖业务，以卖出价减去买入价后的余额为营业额。

金融企业买卖金融商品（包括股票、债券、外汇及其他金融商品，下同），可在同一会计年度末，将不同纳税期出现的正差和负差按同一会计年度汇总的方式计算并缴纳营业税，如果汇总计算应缴的营业税税额小于本年已缴纳的营业税额，可以向税务机关申请办理退税，但不得将一个会计年度内汇总后仍为负差的部分结转下一会计年度。

个人买卖外汇、有价证券或非贸物期货、其他金融商品，暂免征收营业税。

金融经纪业和其他金融业务（中间业务）以金融服务手续费（佣金）等收入为营业额。

金融企业从事受托收款业务，如代收电话费、水电煤气费、信息费、学杂费、寻呼费、社保统筹费、交通违章罚款、税款等，以全部收入减去支付给委托方价款后的余额为营业额。

保险业的营业额是纳税人提供属于保险业征税范围劳务向受让方取得的全部收入。

办理初保业务，营业额为纳税人经营保险业务向对方收取的全部价款，即向被保险人收取的全部保险费。

储金业务，保险公司如采用储金方式取得经济利益（即以被保险人所交保险资金的利息收入为保费收入，保险期满后将保险资金本金返还给被保险人），其储金业务的营业额，为纳税人在纳税期内取得的储金平均余额乘以银行公布的1年期存款利率折算的月利率。储金平均为纳税期初储金余额与期末余额之和乘以50%。

保险企业取得的追偿款不征收营业税。以上所称追偿款，是指发生保险事故后，保险公司按照保险合同的约定向被保险人支付赔款，并从被保险人处取得对保险标的价款进行追偿的权利而追回的价款。

保险企业已征收过营业税的应收未收保费，凡在财务会计制度规定的核算期限内未收回的，允许从营业额中减除。在会计核算期限以后收回的已冲减的应收未收保费，再并入当期营业额中。

中华人民共和国境内的保险人将其承保的以境内标的物为保险标的的保险业务向境外再保险人办理分保的，以全部保费收入减去分保保费后的余额为营业额。境外再保险人应就其分保收入承担营业税纳税义务，并由境内保险人扣缴境外再保险人应缴纳的营业税税额。

保险企业开展无赔偿奖励业务的，以向投保人实际收取的保费为营业额。

（3）文化体育业的计税依据。单位或个人进行演出，以全部票价收入或包场收入（即全部收入）减去付给提供演出场所的单位、演出公司或者经纪人的费用后的余额为营业额。提供演出场所的单位、演出公司或者经纪人不是文化体育业的纳税人，提供演出场所的单位的场租收入按租赁业征收营业税；演出公司或者经纪人的收入按代理业征收营业税。

（4）娱乐业的计税依据。娱乐业的营业额为经营娱乐业收取的全部价款和价外费用，包括门票收费、台位费、点歌费、烟酒、饮料、茶水、鲜花、小吃等收费及经营娱乐业的其他各项收费。

（5）服务业的计税依据。服务业的营业额是指纳税人提供代理业、旅店业、饮食业、旅游业、租赁业、其他服务业的应税劳务向对方收取的全部价款和价外费用。服务业一般以收入全额为营业额。

纳税人从事旅游业务的，以其取得的全部价款和价外费用扣除替旅游者支付给其他单位或者个人的住宿费、餐费、交通费、旅游景点门票和支付给其他接团旅游企业的旅游费后的余额为营业额。

代理业的营业额为纳税人从事代理业务向委托方实际收取的报酬。

物业管理企业代有关部门收取费用的代理手续费收入应征收营业税。从事物业管理的单位，以与物业管理有关的全部收入减去代业主支付的水、电、燃气以及代承租者支付的水、电、燃气、房屋租金的价款后的余额为营业额。

劳务公司接受用工单位的委托，为其安排劳动力，凡用工单位将其应支付给劳动力的工资和为劳动力上交的社会保险以及住房公积金统一交给劳务公司代为发放或办理的，以劳务公司从用工单位收取的全部价款减去代收转付给劳动力的工资和为劳动力办理社会保险及住房公积金后的余额为营业额。

境内单位派出本单位的员工为境外企业提供劳务，不属于在境内提供应税劳务，境外劳务服务取得的各项收入不征营业税。

（6）销售不动产或受让土地使用权的计税依据。

①销售不动产或受让土地使用权的营业额，是指受让方支付给转让方的全部货币、实物和其他经济利益。转让方收取实物时，由税务机关根据同类物品的市场价值核定实物的价值，转让方取得其他经济利益时，也由税务机关核定其货币价值。

②单位和个人销售或转让其购置的不动产或受让的土地使用权，以全部收入减去不动产或土地使用权的购置或受让原价后的余额为营业额。

③单位和个人销售或转让抵债所得的不动产、土地使用权的，以全部收入减去抵债时该项不动产或土地使用权作价后的余额为营业额。

④个人将购买不足 5 年的住房对外销售的，全额征收营业税。个人将购买超过 5 年（含 5 年）的非普通住房对外销售的，按照其销售收入减去购买房屋的价款后的差额征收营业税。个人将购买超过 5 年（含 5 年）的普通住房对外销售的，免征营业税。

☞温馨提示

1. 单位和个人提供营业税应收税劳务、转让无形资产和销售不动产发生退款，凡该项退款已征收过营业税的，允许退还已征税款，也可以从纳税人以后的营业额中减除。

2. 营业税纳税人购置税控收款机，经主管税务机关审核批准后，可凭购进税控收款机取得的增值税专用发票，按照发票上注明的增值税税额，抵免当期应纳营业税税额，或者按照购进税控收款机取得的普通发票上注明的价款，依照下列公式计算可抵免税额。

$$可抵免税额 = 价款 \div (1 + 17\%) \times 17\%$$

任务五　熟悉营业税的优惠政策

（一）政策一：免征营业税的劳务

（1）托儿所、幼儿园、养老院、残疾人福利机构提供的育养服务，婚姻介绍，殡葬服务。

（2）残疾人员个人提供的劳务。

（3）医院、诊所和其他医疗机构提供的医疗服务。

（4）学校和其他教育机构提供的教育劳务，学生勤工俭学提供的劳务。学校和其他教育机构是指普通学校以及经地、市级以上人民政府或者同级政府的教育行政部门批准成立、国家承认其学员学历的各类学校。

（5）农业机耕、排灌、病虫害防治、植物保护、农牧保险以及相关技术培训业务，家禽、牲畜、水生动物的配种和疾病防治。

（6）纪念馆、博物馆、文化馆、文物保护单位管理机构、美术馆、展览馆、书画院、图书馆举办文化活动的门票收入，宗教场所举办文化、宗教活动的门票收入。

纪念馆、博物馆、文化馆、文物保护单位管理机构、美术馆、展览馆、书画院、图书馆举办文化活动，是指这些单位在自己的场所举办的属于文化体育业税目征税范围的文化活动。其门票收入，是指销售第一道门票的收入。宗教场所举办文化、宗教活动的门票收入，是指寺院、宫观、清真寺和教堂举办文化、宗教活动销售门票的收入。

（7）境内保险机构为出口货物提供的保险产品。

除上述规定外，营业税的免税、减税项目由国务院规定。任何地区、部门均不得规定免税、减税项目。

（二）政策二：减征或免征营业税的劳务

（1）保险公司开展的1年期限以上返还性人身保险业务的保费收入免征营业税。

（2）将土地使用权转让给农业生产者用于农业生产，免征营业税。

（3）社会团体按财政部门或民政部门规定标准收取的会费，不征收营业税。

（4）对经营公租房所取得的租金收入，免征营业税、房产税。公租房租金收入与其他住房经营收入应单独核算，未单独核算的，不得享受免征营业税、房产税优惠政策。

（5）对住房公积金管理中心用住房公积金在指定的委托银行发放个人住房贷款取得的收入，免征营业税。

（6）为促进军队转业干部自主择业，从事个体经营的军队转业干部、随军家属，经主管税务机关批准，自领取税务登记证之日起，3年内免征营业税。

（7）对非营利性医疗机构按照国家规定的价格取得的医疗服务收入，免征营业税。

（8）对中华人民共和国境内单位或者个人在中华人民共和国境外提供建筑业、文化体育业（除播映）劳务暂免征收营业税。

（9）担保机构从事中小企业信用担保或再担保业务取得的收入（不含信用评级、咨询、培训等收入），符合免税条件的，3年内免征营业税，免税时间自担保机构向主管税务机关办理免税手续之日起计算。享受3年营业税减免政策期限已满的担保机构，仍符合上述条件的，可继续申请。

（10）对持《就业失业登记证》（注明"自主创业税收政策"或附《高校毕业生自主创业证》）人员从事个体经营（除建筑业、娱乐业以及销售不动产、转让土地使用权、广告业、房屋中介、桑拿、按摩、网吧、氧吧外）的，在3年内按每户每年8 000元为限额依次扣减其当年实际应缴纳的营业税、城市维护建设税、教育费附加和个人所得税。

纳税人年度应缴纳税款小于上述扣减限额的，以其实际缴纳的税款为限；大于上述扣减限额的，应以上述扣减限额为限。

对商贸企业、服务型企业（除广告业、房屋中介、典当、桑拿、按摩、氧吧外）、劳动就业服务企业中的加工型企业和街道社区具有加工性质的小型企业实体，在新增加的岗位中，当年新招用持《就业失业登记证》（注明"企业吸纳税收政策"）人员，与其签订1年以上期限劳动合同并依法缴纳社会保险费的，在3年内按实际招用人数予以定额依次扣减营业税、城市维护建设税、教育费附加和企业所得税优惠。定额标准为每人每年4 000元，可上下浮动20%，由各省、自治区、直辖市人民政府根据本地区实际情况在此幅度内确定具体定额标准，并报财政部和国家税务总局备案。

按上述标准计算的税收扣减额应在企业当年实际应缴纳的营业税、城市维护建设税、教育费附加和企业所得税税额中扣减，当年扣减不足的，不得结转下年使用。该税收优惠政策的审批期限为2011年1月1日至2013年12月31日，以纳税人到税务机关办理减免税手续之日起作为优惠政策起始时间。税收优惠政策在2013年12月31日未执行到期的，可继续享受至3年期满为止。下岗失业人员再就业税收优惠政策在2010年12月31日未执行到期的，可继续享受至3年期满为止。

（11）自2009年1月1日至2013年12月31日，对金融机构农户小额贷款的利息收入，免征营业税。自2009年1月1日至2013年12月31日，对金融机构农户小额贷款的利息收入在计算应纳税所得额时，按90%计入收入总额。自2009年1月1日至2014年12月31日，对农村信用社、村镇银行、农村资金互助社、由银行业机构全资发起设立的贷款公司、法人机构所在地在县（含县级市、区、旗）及县以下地区的农村合作银行和农村商业银行的金融保险业收入减按3%的税率征收营业税。自2009年1月1日至2013年12月31日，对保险公司为种植业、养殖业提供保险业务取得的保费收入，在计算应纳税所得额时，按90%比例减计收入。

（三）政策三：起征点

对于经营营业税应税项目的个人和小微企业，纳税人营业额达到起征点，应按营业额全额计算应纳税额，未达到起征点的营业额免税。自2014年10月1日起，营业税纳税人月营业额不超过3万元（含）的，免征营业税。其中，以1个季度为纳税期限的营业税纳税人，季度营业额不超过9万元（含）的，免征营业税。

项目二　应纳营业税计算及会计处理

任务一　应纳营业税计算

营业税的一般计算方法是：应纳税额＝计税营业额×营业税税率

批发或者零售的企业、企业性单位和个体工商户的混合销售行为，视为销售货物，不缴纳营业税；其他单位和个人的混合销售行为，视为提供应税劳务，缴纳营业税。

（三）兼营应税行为与货物或者非应税劳务的行为

纳税人兼营应税行为和货物或者非应税劳务的，应当分别核算应税行为的营业额和货物或者非应税劳务的销售额，其应税行为营业额缴纳营业税，货物或者非应税劳务销售额不缴纳营业税；不分别核算或不能准确核算的，由主管税务机关核定其应税行为营业额。

（四）常见的增值税与营业税范围的划分

（1）建筑业务征税问题。纳税人的下列混合销售行为，应当分别核算应税劳务的营业额和货物的销售额，其应税劳务的营业额缴纳营业税，货物销售额不缴纳营业税；未分别核算的，由主管税务机关核定其应税劳务的营业额：①提供建筑业劳务的同时销售自产货物的行为；②财政部、国家税务总局规定的其他情形。

基本建设单位和从事建筑安装业务的企业附设的工厂、车间生产的水泥预制构件、其他构件或建筑材料，用于本单位或本企业的建筑工程的，应在移送使用时征收增值税。但对在建筑现场制造的预制构件，凡直接用于本单位或本企业建筑工程的，征收营业税，不征收增值税。

（2）其他与增值税有关的问题。

①燃气公司和生产、销售货物或提供增值税应税劳务的单位，在销售货物或提供增值税应税劳务时，代有关部门向购买方收取的集资费、手续费、代收款等，属于增值税价外收费，应征收增值税，不征收营业税。

②随汽车销售提供有汽车按揭服务和代办服务业务征收增值税，单独提供按揭、代办服务业务并不销售汽车的，应征收营业税。

（3）商业企业向货物供应方收取的部分费用征收流转税问题。商品企业向供货方收取的与商品销售量、销售额无必然联系，且商业企业向供货方提供一定劳务的收入。例如，进场费、广告费、促销费、上架费、展示费、管理费等，不属于平销返利，不冲减当期增值税进项税额，应按营业税的适用税目税率（5%）征收营业税。

（4）视同发生应税行为。纳税人有下列情形之一的，视同发生应税行为：①单位或者个人将不动产或者土地使用权无偿赠送其他单位或者个人；②单位或者个人自己新建（以下简称自建）建筑物后销售，其所发生的自建行为；③财政部、国家税务总局规定的其他情形。

任务三　营业税会计处理

营业税的会计处理一般来说分为三部分：（1）企业按营业额和规定的税率计算应缴纳的营业税额；（2）根据计算出的营业税额，缴纳税款；（3）会计期末，将计提的税金转入"当期损益"，核算本年利润。营业税的核算一般应设置"营业税金及附加"、"应交税费——应交营业税"等科目。

（一）营业税核算的账户设置

企业应根据不同情况设置"应交税费——应交营业税"、"营业税金及附加"和"固定资产清理"等科目。取得应税收入时,借记"银行存款"、"应收账款"等科目,贷记"主营业务收入"、"其他业务收入"等科目;计提营业税金时,借记"营业税金及附加"科目,贷记"应交税费——应交营业税"科目;缴纳营业税时,借记"应交税费——应交营业税"科目,贷记"银行存款"科目。

(二) 提供应税劳务的账务处理

主营业务为提供营业税应税劳务的企业,按期于期末计算应纳营业税时,借记"营业税金及附加"科目,贷记"应交税费——应交营业税"科目。

【例4-8】 某建筑公司承接一项工程,6月收到工程款5 000万元,该公司支付给某装修公司分包价款1 000万元。会计处理如下:

应纳营业税 = (5 000-1 000) ×3% =120 (万元)

收到工程款,作会计分录:

借:银行存款	50 000 000
贷:工程结算	40 000 000
应付账款	10 000 000

计算应交营业税,作会计分录:

借:营业税金及附加	1 200 000
贷:应交税费——应交营业税	1 200 000

支付分包价款,作会计分录:

借:应付账款	10 000 000
贷:银行存款	10 000 000

(三) 转让无形资产的账务处理

企业拥有的无形资产可以依法出售,出售无形资产实质上是将对无形资产的占有、使用、收益及处置的权利转让给受让方。出售无形资产时,应将所得款项存入银行,按已计提的累计摊销借记"累计摊销"科目,按应支付的相关税费及其他费用贷记"应交税费"、"银行存款"等科目,按其账面余额贷记"无形资产"科目,按其差额贷记"营业外收入——处置非流动资产利得"或借记"营业外支出——处置非流动资产损失"科目。

【例4-9】 某建筑公司去年取得一块土地,成本420万元。经过开发,今年6月售出,取得收入560万元,转让时发生相关费用10万元。会计处理如下:

应纳营业税 = (560-420) ×5% =7 (万元)

取得转让收入,作会计分录:

借:银行存款	5 600 000
贷:主营业务收入	5 600 000

计算应纳营业税,作会计分录:

借:营业税金及附加	70 000
贷:应交税费——应交营业税	70 000

(四) 销售不动产的账务处理

销售不动产,非房地产开发企业往往是进行固定资产处置,计算应交的营业税作为固定资产清理支出处理,借记"固定资产清理"等科目,贷记"应交税费——应交营业税"

科目。

【例4-10】 某建筑公司自建的两幢房屋本月竣工结算，工程总成本2 000万元，核定的成本利润率为10%，当月对外销售一幢，取得出售收入1 400万元。会计处理如下：

应纳营业税 = 1 400×5% + 1000×（1+10%）×3% = 103（万元）

开发产品竣工，作会计分录：

借：开发产品	20 000 000
贷：开发成本	20 000 000

自建房屋出售，作会计分录：

借：银行存款	14 000 000
贷：主营业务收入	14 000 000

结转当月已售房屋成本，作会计分录：

借：主营业务成本	10 000 000
贷：开发产品	10 000 000

计算应纳营业税，作会计分录：

借：营业税金及附加	1 030 000
贷：应交税费——应交营业税	1 030 000

缴纳本月营业税款，作会计分录：

借：应交税费——应交营业税	1 030 000
贷：银行存款	1 030 000

项目三　办理营业税纳税申报

任务一　营业税的征收管理

（一）营业税的纳税期限

营业税的纳税期限分别为5日、10日、15日、1个月或者1个季度。纳税人的具体纳税期限，由主管税务机关根据纳税人应纳税额的大小分别核定；不能按照固定期限纳税的，可以按次纳税。

纳税人以1个月或者1个季度为一个纳税期的，自期满之日起15日内申报纳税；以5日、10日或者15日为一个纳税期的，自期满之日起5日内预缴税款，于次月1日起15日内申报纳税并结清上月应纳税款。

扣缴义务人解缴税款的期限，依照上述规定执行。

银行、财务公司、信托投资公司、信用社、外国企业常驻代表机构的纳税期限为1个季度，自纳税期满之日起15日内申报纳税。保险业的纳税期限为1个月。

（二）营业税的纳税地点

为了解决在实际执行中一些应税劳务的发生地难以确定的问题，考虑到大多数应税劳务的发生地与机构所在地是一致的，而且有些应税劳务的纳税地点现行政策已经规定为机构所在地，将营业税纳税人提供应税劳务的纳税地点由按劳务发生地原则确定调整为按机构所在地或者居住地原则确定。

（1）纳税人提供应税劳务应当向其机构所在地或者居住地的主管税务机关申报纳税。但是，纳税人提供的建筑业劳务以及国务院财政、税务主管部门规定的其他应税劳务，应当向应税劳务发生地的主管税务机关申报纳税。

（2）纳税人转让无形资产应当向其机构所在地或者居住地的主管税务机关申报纳税。但是，纳税人转让、出租土地使用权，应当向土地所在地的主管税务机关申报纳税。

（3）纳税人销售、出租不动产应当向不动产所在地的主管税务机关申报纳税。

扣缴义务人应当向其机构所在地或者居住地的主管税务机关申报缴纳其扣缴的税款。

任务二　纳税申报表的填报

（一）纳税申报资料

（1）《营业税纳税申报表》，见表4-3。

（2）按照本纳税人发生营业税应税行为所属的税目，分别填报相应税目的营业税纳税申报表附表；同时发生两种或两种以上税目应税行为的，应同时填报相应的纳税申报表附表。

（3）凡使用税控收款机的纳税人应同时报送税控收款机 IC 卡。

（4）主管税务机关规定的其他申报资料。

纳税申报资料的报送方式、报送的具体份数由省一级地方税务局确定。

（二）申报流程

纳税人持填好的《营业税纳税申报表》和相关资料到办税服务厅申报纳税窗口进行申报。经税务机关审核，纳税人提供的资料完整、填写内容准确、各项手续齐全、无违章问题，符合条件的，当场办结，并在《营业税纳税申报表》上签章，返还一份给纳税人。当期申报有税款的，纳税人需缴纳税款，税务机关确认税款缴纳后开具完税凭证予以办结。

为了方便纳税人，税务机关提供了网上申报、邮寄申报等多元化申报方式。采用电子申报的主要程序如下：

（1）进入网上办税大厅。

（2）进入纳税申报窗口。

（3）建立新期，生成申报本月税款的界面。

（4）确定业务所属范围，即本期申报业务的起止时间。

（5）填写纳税申报表（以服务业为例）及相关附表。采用电子申报方式的交通运输业、建筑业、金融保险业、娱乐业、服务业营业税纳税申报表只需填写附表，主表自动生成；邮电通信业、文化体育业、转让无形资产、销售不动产的营业税纳税申报人，没有相应附表的，直接填写主表。

（6）纳税申报表填写完毕检查无误后，点击"确定"按钮，出现网络通信提示框（网络通信提示框会提示纳税人是否申报成功）。出现这个提示框，说明纳税人本期税款已经申报成功，等待税务机关开票或自行扣税。

表 4-3

电脑编码:

税人名称(盖章):

湖北省地方税(费)综合申报表

主管税务机关:　　　　　　　　　　　　　　税管员:

金额单位:元

序号	税(费)种	税(费)目	税款所属时间	应税(费)金额或数量①	可扣除金额或数量②	计税(费)金额或数量③=①-②	适用税(费)率或单位税额(征收率)④	应纳税(费)款⑤=③×④	批准减免税(费)款⑥	已缴税(费)款⑦	应补(退)税(费)款⑧=⑤-⑥-⑦	备注
1	营业税	金融业										
2	营业税	代理业										

附: 本期营业(销售)总额　　　　　　0

谨声明: 此纳税(费)申报表是根据《中华人民共和国税收征收管理法》及其实施细则和国家有关税收规定填报的,是真实的、可靠的、完整的。

法定代表人或负责人:　　　　办税员:　　　　申报时间:　年　月　日

本表一式两份,纳税人、税务机关各存一份。

思考与练习

一、单项选择题

1. 下列项目中，属于营业税征收范围的有（　　）。
   A. 加工修理、修配　　　　　　　B. 转让土地使用权
   C. 商业零售　　　　　　　　　　D. 法院根据国家规定直接收取的诉讼费

2. 纳税人转让土地使用权或销售不动产，采取预收款方式的，其纳税义务的时间为（　　）。
   A. 所有权转移的当天　　　　　　B. 收到预收款的当天
   C. 收到全部价款的当天　　　　　D. 所有权转移并收到全部款项的当天

3. 下列各项收入中，可以免征营业税的是（　　）。
   A. 餐饮服务收入
   B. 个人出租自有住房取得的租金收入
   C. 保险公司开展的 1 年以上的返还性人身保险业务
   D. 高等学校利用学生公寓为社会服务取得的收入

4. 营业税纳税期限不包括（　　）。
   A. 3 天　　　　　B. 5 天　　　　　C. 10 天　　　　　D. 15 天

5. 营业税的纳税人，是在中华人民共和国境内提供劳务、转让无形资产或者销售不动产的（　　）。
   A. 单位和个人　　　B. 企业　　　　　C. 法人　　　　　D. 机关团体

6. 某歌厅 2 月发生的业务如下：包间费收入 430 000 元，销售香烟收入 12 000 元，销售酒水、饮料收入 150 000 元，门面房出租取得租金 30 000 元，当地的娱乐业营业税税率为 20%，该歌厅本月应纳营业税为（　　）元。
   A. 124 400　　　B. 95 600　　　C. 31 000　　　D. 119 900

7. A 公司承建 B 公司的一项工程，总造价 5 000 万元，其中 B 公司提供的设备的价款 1 500 万元，则 A 公司应纳营业税是（　　）。
   A. 100 万元　　　B. 105 万元　　　C. 150 万元　　　D. 120 万元

8. 某金融企业从事债券买卖业务，8 月购入 A 债券（购入价 50 万元）和 B 债券（购入价 80 万元），共支付相关费用和税金 1.3 万元；当月又将债券卖出，A 债券售出价 65 万元，B 债券售出价 75 万元，卖出时共支付相关费用和税金 1 万元。该企业当月当纳营业税为（　　）。
   A. 1 185 元　　　B. 5 000 元　　　C. 2 500 元　　　D. 64 000 元

9. 某公园本月取得门票收入和游艺场经营收入 300 000 元，没有分别核算。同时给某民间艺术团表演提供场地取得收入 50 000 元，假定当地的游艺场的营业税税率为 20%，则该公园本月应纳营业税为（　　）。
   A. 11 500 元　　　B. 17 500 元　　　C. 62 500 元　　　D. 70 000 元

二、多项选择题

1. 下列项目中，免征营业税的有（   ）。
   A. 残疾人本人为社会提供的劳务   B. 公园第一道门票收入
   C. 农业机耕服务   D. 博物馆第一道门票收入

2. 下列项目中，属于营业税征收范围的有（   ）。
   A. 销售电力   B. 销售不动产
   C. 转让土地使用权   D. 装卸搬运

3. 娱乐业的计税营业额包括向顾客收取的下列费用（   ）。
   A. 门票收费   B. 台位费
   C. 点歌费   D. 烟酒、饮料收费

4. 下列行为按建筑业征收营业税的是（   ）。
   A. 建筑、安装   B. 修缮、装饰   C. 平整土地   D. 打捞

5. 某市旅行社本月收取云南十日游旅客旅游收费 4 万元，旅游期间支付旅客旅馆费8 000 元、餐费 5 000 元、交通费 10 000 元、门票费 2 000 元，下列表述正确的是（   ）。
   A. 营业收入是 15 000 元   B. 应交营业税 750 元
   C. 应纳城市维护建设税 52.5 元   D. 应纳教育费附加 22.5 元

6. 某公园本月取得以下收入，门票收入 3 000 元，游乐场收入 12 000 元（碰碰车、游戏机、弹子房等），进公园营业摊点摊位费收入 5 000 元。下列说法正确的是（   ）。
   A. 所有收入按照文化业征收营业税   B. 门票收入按文化业征收营业税
   C. 游乐场收入按娱乐业征收营业税   D. 摊位费按服务业征收营业税

7. 金融机构从事的下列业务，不征收营业税的有（   ）。
   A. 中国人民银行对金融机构的贷款业务
   B. 中国人民银行对企业贷款的业务
   C. 金融机构拆借资金的利息收入
   D. 金融机构的出纳长款收入

8. 下列项目属于营业税免税项目的有（   ）。
   A. 残疾人员个人提供劳务   B. 医院提供的医疗服务
   C. 学校提供的教育劳务   D. 个人转让著作权

9. 下列项目中，属于营业税征税范围的是（   ）。
   A. 所出租的不动产在境外   B. 境内旅行社在境外组织旅客入境旅游
   C. 所转让的土地使用权在境外   D. 所出租的不动产在境内

10. 下列经营活动中，关于营业税的税率适用正确的有（   ）。
    A. 为体育比赛或体育活动提供场所的业务，营业税税率为 5%
    B. 建筑设计收入，营业税税率为 3%
    C. 个人按市场价格出租居民住房收入，营业税税率为 3% 减半
    D. 银行销售支票业务，营业税税率为 5%

三、判断题

1. 营业税是价外税（　　）。

2. 典当业按金融业缴纳营业税（　　）。

3. 单位或个人自建建筑物后销售，其自建行为视同提供应税劳务，因此应分别按建筑业、销售不动产缴纳两道营业税（　　）。

4. 混合销售行为只征收增值税，不征收营业税（　　）。

5. 旅游业务，以全部收费减去为旅游者付给其他单位的食、宿、交通、门票和其他代付费用后的余额为营业额（　　）。

6. 营业税纳税人兼营应税劳务项目和减免税劳务项目的，未单独核算或不能准确核算减免税项目的营业额，也可以减免税。（　　）

7. 营业税的计税依据营业额包括纳税人向对方收取的全部价款和价外费用。（　　）

8. 我国现行营业税把所有应税劳务都纳入征税范围。（　　）

9. 以不动产投资入股，参与接受投资方利润分配，共同承担投资风险的行为，不征收营业税。（　　）

四、计算题

1. 位于市区的某房地产开发公司有自己的施工队（非独立核算），2014 年 10 月的经营业务如下：

（1）销售自建商品住宅楼一栋，取得销售收入 1 800 万元，工程成本 650 万元，成本利润率 10%。

（2）施工队为房地产开发公司建成自用办公楼一栋，施工队与房地产开发公司结算工程价款为 2 000 万元。

（3）房地产开发公司以一幢房屋向某银行抵押贷款，到期本息合计 2 800 万元，房地产开发公司到期无法支付，银行将抵押的房屋收归己有，经房产评估机构评定该房产价值 3 400 万元，银行向房地产开发公司支付了 600 万元。

（4）房地产开发公司所属施工队承包某安装、装饰工程，工程结算价款为 1 200 万元，另取得提前完工奖励费 100 万元，施工队自带的辅助性装饰材料价值 50 万元。

要求：（1）计算销售自建商品住宅应缴纳营业税；（2）计算向银行转让抵押房产业务应缴纳营业税；（3）计算施工队业务应缴纳营业税；（4）计算该公司当月共应缴纳的营业税。

2. 某温泉度假酒店是一家集餐饮、住宿和娱乐为一体的综合性餐饮企业，酒店设有餐饮部、客房部、娱乐部等经营部门，各经营部门业务实行独立核算。2014 年 6 月酒店取得以下收入：餐饮收入 150 万元；住宿收入 86 万元；出租商业用房租金收入 9 万元；卡拉 OK 门票收入 17 万元、点歌费收入 6 万元、台位费收入 23 万元、烟酒和饮料费收入 71 万元。服务业适用的营业税税率为 5%，娱乐业适用的营业税税率为 10%。

要求：（1）计算该酒店当月餐饮收入应缴纳的营业税；（2）计算该酒店当月住宿收入应缴纳的营业税；（3）计算该酒店当月租金收入应缴纳的营业税；

（4）计算该酒店当月娱乐收入应缴纳的营业税。

3. 2014 年 12 月，某国际旅行社组织甲、乙两个假日旅游团。

（1）甲团是由 36 人组成的境内旅游团。旅行社向每人收取 4 500 元。旅游期间，旅行社为每人支付交通费 1 600 元，住宿费 400 元，餐费 300 元，公园门票等费用 600 元。

（2）乙团是由 30 人组成的境外旅游团。旅行社向每人收取 6 800 元，在境外该团改由当地 W 旅游公司接团，负责在境外安排旅游。旅行社按协议支付境外 W 旅游公司旅游费折合人民币 144 000 元。

要求：计算该旅行社 12 月应缴纳的营业税。

4. 某市商业银行 2014 年第四季度发生以下经济业务：

（1）取得贷款业务利息收入 600 万元，支付单位、个人存款利息 100 万元；

（2）取得转让公司债券收入 1 100 万元，债券的买入价为 900 万元；

（3）取得金融服务手续费收入 15 万元；

（4）吸收居民存款 500 万元。

要求：计算该银行第四季度应缴纳的营业税。

关税纳税实务

📝 **技能目标**

1. 能正确确定关税完税价格并计算进出口商品应纳关税税额
2. 能正确填制海关进出口关税专用缴款书，及时足额缴纳关税
3. 能根据进出口业务正确进行关税的会计处理并正确登记相关明细账

📝 **知识目标**

1. 了解关税的税制要素，熟悉关税最新的法律法规
2. 掌握关税税额的计算方法
3. 掌握关税的会计处理要点

📝 **情境导入**

刘娜是某高职院校会计专业毕业生，2014 年 6 月 6 日应聘到上海市一农业用品公司做报关员，该公司具有进出口经营权。该公司在 2014 年 12 月 5 日出口化肥尿素 100 吨，成交价格为 FOB 上海 USD80 000，其中含支付国外佣金 1%，另外进口方还支付货物包装费 USD1 000，当日的外汇牌价为 USD100＝RMB622。国家为了保障国内化肥市场供应，稳定化肥市场价格，为来年春耕化肥需求高峰做好储备工作，同时也有助于抑制当前农产品价格过快上涨势头，近期对化肥出口关税做出了一定的调整。刘娜该如何计算这批出口化肥该缴纳的关税？如何填报关税专用缴款书？

项目一　熟悉关税法律知识

任务一　确定关税的征税对象和纳税人

关税是由海关对进出口国境和关境的货物和物品征收的一种流转税。国境是一个国家全面行使主权的境域，包括领土、领海和领空。关境是一个国家关税法令完全施行的境域。一般情况下，一个国家的国境与关境是一致的，但当一个国家在国境内设立自由贸易港的、自由贸易区、保税区、保税仓库时，关境就小于国境；当几个国家结成关税同盟，成员国之间相互取消关税，对外实行共同的关税税则时，就其成员国而言，关境就大于国境。

我国关税具有以下特点：（1）在统一的国境或关境内征收；（2）只对进口国境或关境的货物和物品征税；（3）对同一进口货物采用复式税则制，分别设置优惠和普通税率，

具有维护国家主权、平等互利、发展国际贸易往来和技术经济合作的特点；（4）由国家专设的海关机构负责征收。

（一）关税的征税对象

我国关税的征税对象为国家特许进出国境或关境的应税货物和物品。

货物是指中国允许进出口的贸易性商品，包括境外采购的原产于中国境内的货物。

物品指入境旅客随身携带的行李物品、个人邮递物品、各种运输工具的服务人员携带进口的自用物品、馈赠物品以及其他方式进境的个人物品。

（二）关税的纳税人

我国关税的纳税（义务）人分贸易性进出口货物的纳税人和非贸易性进出口物品的纳税人两类。

贸易性进出口货物的纳税人是进出口货物的收货人、发货人或进出口货物的代理人。进出口货物的收、发货人是依法取得对外贸易经营权，并进口或者出口货物的法人或者其他社会团体，具体包括：外贸进出口公司、工贸或农贸进出口公司、科技贸易进出口公司、大型商业集团以及其他经批准经营进出口商品的企业。

非贸易性进出口物品的纳税人为进出口物品的所有人。在所有人难以确定的情况下，税法规定以推定所有人为纳税人。一般情况下，对于携带进境的物品，推定其携带人为所有人；对分离运输的行李，推定相应的进出境旅客为所有人；对以邮递方式进境的物品，推定其收件人为所有人；以邮递或其他方式出境的物品，推定其寄件人或托运人为所有人。

☞**想一想**

下列各项中，属于关税法定纳税义务人的有（　　　）。

A. 进口货物的收货人　　　　　　B. 进口货物的代理人
C. 出口货物的发货人　　　　　　D. 出口货物的代理人

任务二　确定不同货物的适用关税税率

由于进出口商品种类繁多，变化日新月异，要把每一种进出口商品准确地进行归类并确定不同的适用税率，是一项专业性、技术性很强的工作。目前我国以《商品名称及编码协调制度》为基础制定了关税进出口税则，按一定标准对进出口货物进行分类并确定了相关的税率，2015年我国进出口关税税目总共8 285个。我国现行关税的税率为差别比例税率，具体分为进口关税税率、出口关税税率和进口特别关税税率三部分，具体包括最惠国税率、协定税率、特惠税率、普通税率、配额税率和暂定税率等税率。

（一）进口关税税率的设置与适用

（1）最惠国税率，适用原产于与我国适用最惠国待遇条款的世界贸易组织成员国家或地区的进口货物，或原产于与我国签订又相互给予最惠国待遇条款的双边贸易协定的国家或地区的进口货物，以及原产于我国境内的进口货物。

（2）协定税率，适用原产于我国参加的含有关税优惠条款的区域性贸易协定的有关缔约方的进口货物。

（3）特惠税率，适用原产于与我国签订有特殊优惠关税协定的国家或地区的进口货物。

（4）普通税率，适用原产于上述国家或地区以外的国家或地区的进口货物。

（5）配额税率，是对一部分实行关税配额的货物，按低于配额外税率的进口税率征税的关税。按照国家规定实行关税配额管理的进口货物，关税配额内的，适用关税配额税率；关税配额外的，其税率的适用按照前述的规定执行。

（6）暂定税率，是对某些税号中的部分货物在适用最惠国税率的前提下，通过法律程序暂时实施的进口税率，具有非全税目的特点，低于最惠国税率。

适用最惠国税率的进口货物又暂定税率的，应当适用暂定税率；适用协定税率、特惠税率的进口货物又暂定税率的，从低适用税率；适用普通税率的进口货物，不适用暂定税率。

（二）进口特别关税税率

进口特别关税税率主要是征收特别关税时适用的税率。特别关税主要是国家用于宏观调控的一种手段，对于贸易国采取不正当的方式进行竞争，或者对中国进行倾销的一种抑制措施。特别关税包括报复性关税、反倾销税与反补贴税、保障性关税。征收特别关税的货物、适用国别、税率、期限和征收办法，由国务院关税税则委员会决定，海关总署负责实施。

（三）出口关税税率

出口关税税率是对出口货物征收关税而规定的税率。为鼓励出口，我国大部分商品不征收出口关税，仅对少数资源性产品及需要规范出口秩序的半制成品征收出口关税。目前我国主要是对鳗鱼苗、部分有色金属矿砂及其精矿、生锑、磷、氟硅酸盐、苯、山羊板皮、部分合金铁、钢铁废碎料、硅铜和铝原料及其制品、镍锭、锌锭、锑锭等36种税目进行征税，而且对其中23个税目实行零或较低的出口暂定税率。2011年提高了个别稀土产品的出口关税，适当调整了化肥出口季节关税淡旺季税率适用时段和淡季出口关税基准价格。继续以暂定税率的形式对煤炭、原油、化肥、有色金属等"两高一资"产品征收出口关税。

任务三　确定关税的计税依据

关税的计税依据一般有两种情况，如果是从量计征，其计税依据为进出口货物的数量；若是从价计征，其计税依据为关税完税价格。关税完税价格是海关计征关税所使用的计税价格，根据《完税价格办法》一般贸易进口货物的完税价格确定方法有两种。对能确定成交价格的进口货物，其完税价格由海关以进口货物的实际成交价格为基础审定的价格。对不能确定成交价格的进口货物，其完税价格由海关依法估定。实际成交价格是一般贸易项下进口或出口货物的买方为该项货物向卖方实际支付或应当支付的价格。纳税人向海关的申报的价格不一定等于完税价格，只有经海关审核并接受的申报价格才能作为完税价格。

（一）进口货物的完税价格的确定

1. 一般贸易方式进口货物的完税价格的确定

（1）以成交价格为基础确定完税价格。进口货物的完税价格，由海关以该货物的成交价格为基础审查确定，并应当包括货物运抵我国境内输入地点起卸前的运输及其相关费用、保险费。进口货物的成交价格是指买方为购买该货物，并按照《完税价格办法》的有关规定调整后的实付或应付价格。

下列费用应包括在进口货物的完税价格中：

①由买方负担的除购货佣金以外的佣金和经纪费。"购货佣金"是指买方为购买进口货物向自己的采购代理人支付的劳务费用，"经纪费"是指买方进口货物向代表买卖双方利益的经纪人支付的劳务费用。

②由买方负担的与该货物视为一体的容器费用。

③由买方负担的包装材料和包装劳务费用。

④与该货物的生产和向我国境内销售有关的，由买方以免费或者低于成本的方式提供并可以按适当比例分摊的料件、工具、模具、消耗材料及类似货物的价款以及在境外开发、设计等相关服务费的费用。

⑤作为该货物向我国境内销售的一项条件，应当由买方直接或间接支付的、与该货物有关的特许权使用费。

⑥卖方直接或间接从买方获得的该货物进口后转售、处置或者使用的收益。

下列费用，如能与纳税人进口货物实付或应付价格区分单列的，不得计入完税价格：①厂房、机械、设备等货物进口后的基建、安装、装配、维修和技术服务的费用。②货物运抵境内输入地点后的运输费用、保险费和其他相关费用。③进口关税及其他国内税收。

（2）海关估定进口货物完税价格。《完税价格办法》规定，进口货物的价格不符合成交价格条件或者成交价格都不能确定的，海关应当依次以相同货物成交价格方法、类似货物成交价格方法、倒扣价格方法、计算价格方法及其他合理方法确定的价格为基础，估定完税价格。

☞想一想

下列未包含在进口货物价格中的项目，应计入关税完税价格的有（　　）。

A. 由买方负担的购货佣金

B. 由买方负担的包装材料和包装劳务费

C. 由买方支付的进口货物在境内的复制权费

D. 由买方负担的与该货物视为一体的容器费用

2. 特殊贸易方式进口货物的完税价格的确定

（1）加工贸易进口料件及其制成品。加工贸易进口料件及其制成品需征税或内销补税的，海关按照一般进口货物的完税价格规定，审定完税价格。其中：

①进口时需征税的进料加工进口料件，以该料件申报进口时的价格估定。

②内销的进料加工进口料件或其制成品（包括残次品、副产品），以料件原进口时的

价格估定。

③内销的来料加工进口料件或其制成品（包括残次品、副产品），以料件申报内销时的价格估定。

④出口加工区内的加工企业内销的制成品（包括残次品、副产品），以制成品申报内销时的价格估定。

⑤保税区内的加工企业内销的进口料件或其制成品（包括残次品、副产品），分别以料件或制成品申报内销时的价格估定。如果内销的制成品中含有从境内采购的料件，则以所含从境外购入的料件原进口时的价格估定。

⑥加工贸易加工过程中产生的边角料，以申报内销时的价格估定。

（2）保税区、出口加工区货物运往境外修理的。运往境外修理的机械器具、运输工具或其他货物，出境时已向海关报明，并在海关规定期限内复运进境的，应当以海关审定的境外修理费和料件费为完税价格。

（3）从保税区或出口加工区销往区外、从保税仓库出库内销的进口货物（加工贸易进口料件及其制成品除外），以海关审定的从保税区或出口加工区销往区外、从保税仓库出库内销的价格估定完税价格。对经审核销售价格不能确定的，海关按照《审价办法》第7条至第11条的规定确定完税价格。如果销售价格中未包括在保税区、出口加工区或保税仓库中发生的仓储、运输及其他相关费用，海关按照客观量化的数据资料予以计入。

（4）运往境外加工的货物，出境时已向海关报明，并在海关规定期限内复运进境的，应当以海关审定的境外加工费和料件费以及该货物复运进境的运输及其相关费用、保险费估定完税价格。

☞算一算

某企业2014年9月将一台账面余值55万元的进口设备运往境外修理，当月在海关规定的期限内复运进境。经海关审定的境外修理费4万元、料件费6万元。假定该设备的进口关税税率为30%，该企业应缴纳多少关税？

（5）暂时进境货物对于经海关批准的暂时进境的货物，应当按照一般进口货物估价办法的规定，估定完税价格。

（6）租赁方式进口的货物中，以租金方式对外支付的租赁货物；在租赁期间以海关审定的租金作为完税价格；留购的租赁货物，以海关审定的留购价格作为完税价格；承租人申请一次性缴纳税款的，经海关同意，按照一般进口货物估价办法的规定估定完税价格。

（7）留购的进口货样等，对于境内留购的进口货样、展览品和广告陈列品，以海关审定的留购价格作为完税价格。

（8）予以补税的减免税货物，减税或免税进口的货物需予补税时，应当以海关审定的该货物原进口时的价格，扣除折旧部分价值作为完税价格，计算公式为：

$$完税价格 = \frac{海关审定的该货物}{原进口时的价格} \times \left[1 - \frac{申请补税时实际}{已使用的时间（月）} \div （监管年限 \times 12） \right]$$

（9）以其他方式进口的货物，以易货贸易、寄售、捐赠、赠送等其他方式进口的货物，应当按照一般进口货物估价办法的规定，估定完税价格。

3. 进口货物关税完税价格中运输及相关费用、保险费的确定

（1）以一般陆运、海运、空运方式进口的货物。陆运、海运和空运进口的货物的运费和保险费，应当按照实际支付的费用计算。如果进口货物的运费无法确定或未实际发生，海关应当按照该货物进口同期运输行业公布的运费率（额）计算运费，按照"货价加运费"两者总额的3‰计算保险费。

（2）以其他方式进口的货物：邮运进口的货物应当以邮费作为运输及相关费用、保险费；以境外边境口岸价格条件成交的铁路或者公路运输进口货物，海关应当按照货价的1%计算运费及其相关费用、保险费；作为进口货物的自驾进口的运输工具，海关在审定关税价格时，可以不另行计入运费。

（二）出口货物完税价格的确定

（1）以成交价格为基础确定完税价格。出口货物的完税价格，由海关以出口货物的成交价格以及该货物运至中国境内输出地点装载前的运输及其相关费用、保险费为基础审查确定，但是要扣除其中包含的出口关税。出口货物成交价格中含有支付给境外的佣金的，如果单列，应当扣除。

（2）海关估定出口货物完税价格。出口货物的成交价格不能确定时，完税价格由海关依次使用下列方法估定：

①同时或大约同时向同一国家或地区出口相同货物的成交价格；

②同时或大约同时向同一国家或地区出口类似货物的成交价格；

③根据境内生产相同或类似货物的成本、利润和一般费用以及境内发生的运输及其相关费用、保险费计算所得的价格；

④其他合理方法估定的价格。

项目二　应纳关税计算及会计处理

任务一　进口关税额的计算及会计处理

（一）进口关税额的计算

我国《进出口关税条例》规定，进出口货物关税，以从价计征、从量计征或者国家规定的其他方式征收。目前我国关税的计征方法主要有从价计征、从量计征、从量从价复合计征、滑准计征、选择计征等。

（1）从价税的计算。从价计征是指以货物的完税价格为征税依据，适用比例税率征收的一种方法。公式如下：

$$应纳进口关税额 = 应税进口货物数量 \times 单位完税价格 \times 关税税率$$
$$= 关税完税价格 \times 关税税率$$

（2）从量税的计算。从量税是指以进（出）口货物的重量、长度、容量、面积等计量单位为计税依据的一种关税计征方法。公式如下：

$$应纳进口关税额=应税进口货物数量×单位货物税额$$

【例5-1】深圳某进出口公司从法国进口啤酒200万升，假设该啤酒进口关税税率7.5元/升。请计算进口啤酒应纳的进口关税。

应纳进口关税额=200×7.5=1 500（万元）

（3）复合税的计算。复合税，是指对某种进（出）口货物同时使用从价和从量计征的一种关税计征方法。我国目前实行的复合税都是先计征从量税，再计征从价税。

$$应纳进口关税额=\frac{应税进口}{货物数量}×\frac{单位货物}{税额}+\frac{应税进口}{货物数量}×\frac{单位完税}{价格}×\frac{关税}{税率}$$

（4）滑准税的计算。滑准税是指关税的税率随着进口货物价格的变动而反方向变动的一种税率形式，即价格越高，税率越低，税率为比例税率。因此，实行滑准税率的进口货物应纳关税额的计算方法与从价税的计算方法相同。公式如下：

$$应纳进口关税额=应税进口货物数量×单位完税价格×滑准税税率$$

（二）进口关税额的会计处理

（1）会计科目的设置。企业缴纳进口关税时，应设置"应交税费"科目，并在该科目下设"应交进口关税"明细科目进行核算。该账户贷方登记企业应交的进口关税额，借方登记企业已经缴纳的进口关税额，期末余额在贷方，表示企业应交未交的进口关税额。

（2）自营进口关税的核算。自营进出口是指有进出口自营权的企业办理对外洽谈和签订进出口合同，执行合同并办理运输、开证、付汇全过程，并自负盈亏。

根据现行会计制度的规定，企业自营进口商品计算应纳关税额时，借记"材料采购"、"库存商品"等科目，贷记"应交税费——应交进口关税"；按照规定时间缴纳税款时，借记"应交税费——应交进口关税"，贷记"银行存款"。

在实际工作中，由于企业经营进出口业务的形式和内容不同，具体会计核算方式有所区别。

【例5-2】北京某外贸公司从国外自营进口一批货物，该货物的到岸价为人民币500 000万元，该货物适用的关税税率为20%，代征增值税税率为17%，企业以银行转账支票付讫税款。试计算该公司应纳关税，并作相应会计处理。

应纳关税额=500 000×20%=100 000（元）

代征增值税额=（500 000+100 000）×17%=102 000（元）

商品采购成本=500 000+100 000=600 000（元）

购进商品并计算应纳关税时：

借：材料采购	600 000
贷：应交税费——应交进口关税	100 000
应付账款	500 000

实际缴纳税款时：

借：应交税费——应交进口关税	100 000
应交税费——应交增值税（进项税额）	102 000
贷：银行存款	202 000

商品验收入库时：

借：库存商品　　　　　　　　　　　　　　　　　　　　　　　　　600 000

　　贷：材料采购　　　　　　　　　　　　　　　　　　　　　　　600 000

（3）代理进口关税的核算。代理进出口是外贸企业接受国内委托方的委托，办理对外洽谈和签订进出口合同，执行合同并办理运输、开证、付汇全过程的进出口业务。受托企业不负担进出口盈亏，只按规定收取一定比例的手续费。受托企业进口商品计算应纳关税时，借记"应收账款"等有关科目，贷记"应交税费——应交进口关税"科目；代交进口关税时，借记"应交税费——应交进口关税"科目，贷记"银行存款"科目；收到委托单位的税款时，借记"银行存款"科目，贷记"应收账款"科目。

【例5-3】广州某外贸公司受甲单位的委托进口商品一批，成交价格为纽约离岸价USD20 000，另支付运费USD500，包装费USD300，保险费USD400，代理手续费按货价的3%收取，该批商品的关税税率为10%，外汇牌价为USD100=RMB622，委托单位已经将货款USD20 000全部汇入外贸公司的存款账户。该批商品现在已经运达，向委托单位办理结算。计算该批商品应该缴纳的关税，并作相应的会计处理。

应纳关税额=（20 000+500+300+400）×6.22×10%=3 186.4（元）

代理手续费=21 200×6.22×3%=3 955.92（元）

外贸公司收到委托单位的货款时：

借：银行存款　　　　　　　　　　　　　　　　　　　　　　　　124 400

　　贷：预收账款——甲单位　　　　　　　　　　　　　　　　　124 400

进口商品付汇时：

借：应收账款　　　　　　　　　　　　　　　　　　　　　　　　131 864

　　贷：银行存款　　　　　　　　　　　　　　　　　　　　　　131 864

计算并缴纳关税时：

借：预收账款——甲单位　　　　　　　　　　　　　　　　　　13 186.4

　　贷：应交税费——应交进口关税　　　　　　　　　　　　　13 186.4

借：应交税费——应交进口关税　　　　　　　　　　　　　　　13 186.4

　　贷：银行存款　　　　　　　　　　　　　　　　　　　　　13 186.4

将进口商品交付委托单位并收取手续费时：

借：预收账款——甲单位　　　　　　　　　　　　　　　　　135 819.92

　　贷：其他业务收入（或主营业务收入）　　　　　　　　　　3 955.92

　　　　应收账款　　　　　　　　　　　　　　　　　　　　　131 864

委托单位补付货款时：

借：银行存款　　　　　　　　　　　　　　　　　　　　　　24 606.32

　　贷：预收账款　　　　　　　　　　　　　　　　　　　　24 606.32

任务二　出口关税额的计算及会计处理

（一）出口关税额的计算

（1）从价税的计算。

$$应纳出口关税额=应税出口货物数量×单位完税价格×关税税率$$
$$=关税完税价格×关税税率$$

【例5-4】大连某进出口公司出口产品一批，成交价格为大连离岸价 USD204 000，其中含支付国外佣金 2%，另外进口方还支付货物包装费 USD5 000，当日的外汇牌价为 USD100=RMB681，关税税率为 10%，计算应交出口关税。

离岸价内包含的支付国外的佣金应扣除，而买方在出口货物离岸价外另支付的包装费应计入完税价格，则：

不含佣金的离岸价=204 000÷（1+2%）=USD200 000

完税价格=（200 000+5 000）÷（1+10%）=USD 200 980.39

应纳出口关税额=200 980.39×6.81×10%=136 867.65（元）

（2）从量税的计算。从量计征出口关税额计算与进口关税的计算方法一样：
$$应纳出口关税额=应税出口货物数量×单位货物税额$$

（3）复合税的计算。
$$\begin{matrix}应纳出口\\关税额\end{matrix}=\begin{matrix}应税出口\\货物数量\end{matrix}×\begin{matrix}单位货物\\税额\end{matrix}+\begin{matrix}应税出口\\货物数量\end{matrix}×\begin{matrix}单位完税\\价格\end{matrix}×\begin{matrix}关税\\税率\end{matrix}$$

（4）滑准税的计算。
$$应纳出口关税额=应税出口货物数量×单位完税价格×滑准税税率$$

（二）出口关税额的会计处理

（1）会计科目的设置。企业缴纳进（出）口关税时，也应设置"应交税费"科目，并在该科目下设"应交出口关税"明细科目进行核算。该账户贷方登记企业应交的出口关税额，借方登记企业已经缴纳的出口关税额，期末余额在贷方，表示企业应交未交的出口关税额。

（2）自营出口关税的核算。根据现行会计制度的规定，企业自营出口商品计算应纳关税额时，借记"营业税金及附加"等科目，贷记"应交税费——应交出口关税"；按照规定时间缴纳税款时，借记"应交税费——应交出口关税"，贷记"银行存款"。

【例5-5】某进出口公司自营出口商品一批，该商品的离岸价折合人民币为 650 000 元，出口关税税率为 15%，根据海关开出的缴款书，以银行转账支票付讫税款。计算该公司应纳关税，并作相应会计处理。

应纳关税额=650 000÷（1+15%）×15%=112 125（元）

出口商品确认收入时：

借：应收账款 650 000

　　贷：主营业务收入 650 000

计算出口关税时：

借：营业税金及附加 112 125

　　贷：应交税费——应交出口关税 112 125

实际缴纳税款时：

借：应交税费——应交出口关税 112 125

　　贷：银行存款 112 125

（3）代理出口关税的核算。受托企业出口商品计算应纳出口关税时，借记"应收账款"等有关科目，贷记"应交税费——应交出口关税"科目；代交出口关税时，借记"应交税费——应交出口关税"科目，贷记"银行存款"科目；收到委托单位的税款时，借记"银行存款"科目，贷记"应收账款"科目。

【例5-6】 某进出口公司代理W公司出口商品一批，该商品的离岸价折合人民币240 000元，出口关税税率为20%，手续费10 000元，计算应纳出口关税，并作相应的会计处理。

应纳关税额＝240 000÷（1+20%）×20%＝20 000（元）

计算并缴纳关税时：

借：应收账款——W公司	20 000
贷：应交税费——应交出口关税	20 000
借：应交税费——应交出口关税	20 000
贷：银行存款	20 000

计算手续费时：

借：应收账款——W公司	10 000
贷：其他业务收入（或主营业务收入）	10 000

收到委托单位支付的税款及手续费时：

借：银行存款	30 000
贷：应收账款——W公司	30 000

项目三　办理进出口货物关税的纳税申报

在进出口贸易的实际业务中，绝大多数是卖方负责出口货物报关，买方负责进口货物报关，即绝大多数的贸易公司只是同自己国家的海关打交道。

任务一　熟悉报关流程

（一）进出口报关流程

1. 报关资料准备

（1）报关注册登记单位，应向海关提交有关文件材料：经贸管理部门批准其经营进、出口业务的文件副本或影印件；工商行政管理部门核发的营业执照副本或影印件；银行出具的经济担保书或具有同等效力的证明文件；《报关注册登记申请书》；有关部门批准开业的证件副本或者影印件。以上内容经海关审核批准后，发给《报关注册登记证明书》。

（2）代理报关注册登记单位，应向海关提交有关文件材料：工商行政管理部门核发的营业执照；代理报关注册登记申请书；资信证明文件，如有足够的流动资产或银行存款、保证进出口货物税款能够及时缴纳的证明文件，或是向金融机构投保并向海关提交金融机构出具的经济担保书，或者通过公证机关以固定资产抵押形式保证缴纳的资信证明文件。申请经海关审核批准后，发给《报关注册登记证明书》。企业取得报关单位的资格后，即可由专职或兼职报关员办理货物进出关境的手续。

2. 进出口报关程序

报关工作的全部程序分为申报、查验、放行三个阶段。

（1）进出口货物的申报。进出口货物的收、发货人或者其代理人，在货物进出口时，应在海关规定的期限内，按海关规定的格式填写进出口货物报关单，随附有关的货运、商业单据，同时提供批准货物进出口的证件，向海关申报。

报关的主要单证有以下几种：①进口货物报关单。一般填写一式两份（有的海关要求三份）。②出口货物报关单。一般填写一式两份（有的海关要求三份）。填单要求与进口货物报关单基本相同。如因填报有误或需变更填报内容而未主动、及时更改的，出口报关后发生退关情况，报关单位应在三天内向海关办理更正手续。③随报关单交验的货运、商业单据。④进（出）口货物许可证。⑤入（出）境货物通关单和入（出）境检验检疫证书。⑥其他单证。

（2）进出口货物的查验。进出口货物，除海关总署特准查验的以外，都应接受海关查验。查验的目的是核对报关单证所报内容与实际到货是否相符，有无错报、漏报、瞒报、伪报等情况，审查货物的进出口是否合法。

（3）进出口货物的放行。海关对进出口货物的报关，经过审核报关单据、查验实际货物，并依法办理了征收货物税费手续或减免税手续后，在有关单据上签盖放行章，货物的所有人或其代理人才能提取或装运货物。此时，海关对进出口货物的监管才算结束。

另外，进出口货物因各种原因需海关特殊处理的，可向海关申请担保放行。海关对担保的范围和方式均有明确的规定。

（二）报关期限

进出口货物的报关期限在《海关法》中有明确的规定，而且出口货物报关期限与进口货物报关期限是不同的。

（1）出口货物报关期限。出口货物的发货人或其代理人除海关特许外，应当在装货的 24 小时以前向海关申报。做出这样的规定是为了在装货前给海关以充足的查验货物的时间，以保证海关工作的正常进行。如果在这一规定的期限之前没有向海关申报，海关可以拒绝接受通关申报，这样，出口货物就得不到海关的检验、征税和放行，无法装货运输，从而影响运输单据的取得，甚至导致延迟装运、违反合同。因此，应该及早地向海关办理申报手续，做到准时装运。

（2）进口货物报关期限。进口货物的收货人或其代理人应当自载运该货的运输工具申报进境之日起 14 天内向海关办理进口货物的通关申报手续。做出这样的规定是为了加快口岸疏运，促使进口货物早日投入使用，减少差错，防止舞弊。如果在法定的 14 天内没有向海关办理申报手续，海关将征收滞报金。滞报金的起收日期为运输工具申报进境之日起的第 15 天，转关运输货物为货物运抵指运地之日起的第 15 天，邮运进口货物为收到邮局通知之日的第 15 天，截止日期为海关申报之日。滞报金的每日征收率为进口货物到岸价格的 0.5‰，起征点为人民币 10 元。计算滞报金的公式为：

$$滞报金总额 = 货物的到岸价格 \times 滞报天数 \times 0.5‰$$

进口货物的收货人自运输工具申报进境之日起超过 3 个月未向海关申报的，其进口货物由海关提取变卖处理。所得价款在扣除运输、装卸、存储等费用和税款后，尚有余款的，自货物变卖之日起1年内经收货人申请，予以发还；逾期无人申请的，上缴国库。确属误卸或者溢卸的进境货物除外。

任务二　缴纳进出口关税

（一）关税的缴纳期限

进口货物自运输工具申报进境之日起14日内、进口货物在货物运抵海关监管区后装货的24小时以前，应由进出口货物的纳税义务人向货物进（出）境地海关申报，海关根据税则归类和完税价格计算应缴纳的关税和进口环节代征税，并填发税款缴款书。纳税义务人应当自海关填发税款缴款书之日起15日内，向指定银行缴纳税款。如关税缴纳期限的最后1日是周末或法定节假日，则关税缴纳期限顺延至周末或法定节假日过后的第一个工作日。为方便纳税义务人，经申请且海关同意，进（出）口货物的纳税义务人可以在设有海关的指运地（启运地）办理海关申报，纳税手续。

关税纳税人因不可抗力或者在国家税收政策调整的情形下，不能按期缴纳税款的，经海关总署批准，可以延期缴纳税款，但最长不超过6个月。

（二）关税的缴纳方式

我国的关税缴纳方式有两种：一是口岸的纳税，即进出口货物和物品的关税，在货物和物品的进出口岸所在地海关按申报进口或出口之日实施的税率计算纳税。二是集中纳税，即为了简化手续、加速验放，对由经直属各进出口总公司向国外订货并负责对外付款的进出口货物，由总公司集中在北京向中央金库计算缴纳。

海关在接受进出口货物通关手续申报后，逐票计算应征关税并向纳税人或其代理人填发《海关进（出）口关税专用缴款书》，纳税人或其代理人持《海关进（出）口关税专用缴款书》在规定期限内向银行办理税款交付手续。

（三）关税强制执行

纳税义务人未在关税缴纳期限内缴纳税款，即构成关税滞纳。为保证海关征收关税决定的有效执行和国家财政收入的及时入库，《海关法》赋予海关对滞纳关税的纳税义务人强制执行的权利。强制措施主要有两类：

（1）征收关税滞纳金。滞纳金自关税缴纳期限届满滞纳之日起，至纳税义务人缴纳关税之日止，按滞纳税款0.5‰的比例按日征收，周末或法定节假日不予扣除。具体计算公式为：

$$关税滞纳金金额＝滞纳关税税额×滞纳金征收比率（5‰）×滞纳天数$$

（2）强制征收。如纳税义务人自海关填发缴款书之日起3个月仍未缴纳税款，经海关关长批准，海关可以采取强制扣缴、变价抵缴等强制措施。强制扣缴即海关从纳税义务人在开户银行或其他金融机构的存款中直接扣缴税款。变价抵缴即海关将应税货物依法变卖，以变卖所得抵缴税款。

☞算一算

某公司进口一批货物，海关于2014年3月1日填发税款缴款书，但公司迟至3月27

日才缴纳 500 万元的关税。海关应征收多少关税滞纳金？

（四）关税退还

关税退还是关税纳税义务人按海关核定的税款缴纳关税后，因某种原因的出现，海关将实际征收多于应当征收的税额退还给原纳税人的一种行政行为。根据《海关法》的规定，海关发现多征税款的，应当立即通知纳税义务人办理退还手续。

有下列情形之一的，进出口货物的纳税人可以自缴纳税款之日起 1 年内，书面声明理由，连同原纳税收据向海关申请退税并加算银行同期活期存款利息，逾期不予受理：

(1) 因海关误征，多纳税款的；

(2) 海关核准免验进口的货物，在完税后，发现有短卸情形，经海关审查认可的；

(3) 已征出口关税的货物，因故未将其运出口，申报退关，经海关查验属实的。

（五）关税补征和追征

补征和追征是海关在关税纳税义务人按海关核定的税额缴纳关税后，发现实际征收税额少于应当征收的税额（称短征关税）时，责令纳税义务人补缴所差税款的一种行政行为。海关法根据短征关税的原因，将海关征收原短征关税的行为分为补征和追征两种。由于纳税人违反海关规定造成短征关税的，称为追征；非因纳税人违反海关规定造成短征关税的，称为补征。区分关税追征和补征的目的是为了区别不同情况适用不同的征收时效，超过时效规定的期限，海关就丧失了追补关税的权力。根据《海关法》规定，进出口货物放行后，海关发现少征或者漏征税款的，应当自缴纳税款或者货物放行之日起 1 年内，向纳税义务人补征税款；因纳税义务人违反规定造成少征或者漏征税款的，海关可以自缴纳税款之日起 3 年内追征税款，并从缴纳税款之日起按日加收少征或者漏征税款 5‰ 的滞纳金。

（六）关税纳税争议

为保护纳税人合法权益，我国《海关法》和《关税条例》都规定了纳税义务人对海关确定的进出口货物的征税、减税、补税或者退税等有异议时，有提出申诉的权利。在纳税义务人同海关发生纳税争议时，可以向海关申请复议，但同时应当在规定期限内按海关核定的税额缴纳关税，逾期则构成滞纳，海关有权按规定采取强制执行措施。

纳税争议的内容一般为进出境货物和物品的纳税义务人对海关在原产地认定、税则归类、税率或汇率适用、完税价格确定、关税减征、免征、追征、补征和退还等征税行为是否合法或适当，是否侵害了纳税义务人的合法权益，而对海关征收关税的行为表示异议。

纳税争议的申诉程序：纳税义务人自海关填发税款缴款书之日起 30 天内，向原征税海关的上一级海关书面申请复议。逾期申请复议的，海关不予受理。海关应当自收到复议申请之日起 60 天内作出复议决定，并以复议决定书的形式正式答复纳税义务人；纳税义务人对海关复议决定仍然不服的，可以自收到复议决定书之日起 15 天内，向人民法院提起诉讼。

思考与练习

一、单项选择题

1. 下列关于关税特点的说法，正确的是（   ）。

A. 关税的高低对进口国的生产影响较大，对国际贸易影响不大

B. 关税是多环节价内税

C. 关税是单一环节的价外税

D. 关税不仅对进出境的货物征税，还对进出境的劳务征税

2. 关税纳税义务人因不可抗力或者在国家税收政策调整的情形下，不能按期缴纳税款的，经海关总署批准，可以延期缴纳税款，但最多不得超过（   ）。

A. 3 个月　　　　B. 6 个月　　　　C. 9 个月　　　　D. 12 个月

3. 进口货物的保险费无法确定时，应按以下方法计算（   ）。

A. 完税价格的 1‰　　　　　　　B. 完税价格的 3‰

C. （货价+运费）×1‰　　　　　D. （货价+运费）×3‰

4. 进口货物自运输工具申报进境之日起（   ）内向货物进（出）境海关申报。

A. 14 日　　　　B. 15 日　　　　C. 24 小时　　　　D. 7 日

5. 纳税义务人或他们的代理人应在海关填发税款缴纳证之日起（   ）日内，向指定银行缴纳税款。

A. 15　　　　B. 30　　　　C. 7　　　　D. 10

6. 特别关税的征收由（   ）负责。

A. 海关总署　　B. 财政部　　C. 国家税务总局　　D. 国务院关税税则委员会

7. 加工贸易进口料件及其制成品需征税的，海关应按照一般进口货物的规定审定完税价格。下列各项中，符合审定完税价格规定的是（   ）。

A. 进口时需征税的进料加工进口料件，以该料件申报进口时的价格估定

B. 内销的进料加工进口料件或其制成品，以该料件申报进口时的价格估定

C. 内销的来料加工进口料件或其制成品，以该料件申报进口时的价格估定

D. 出口加工区内的加工企业内销的制成品，以该料件申报进口时的价格估定

8. 下列各项中，符合进口关税完税价格规定的是（   ）。

A. 留购的进口货样，以海关审定的留购价格为完税价格

B. 转让进口的免税旧货物，以原入境的到岸价格为完税价格

C. 准予暂时进口的施工机械，按同类货物的到岸价格为完税价格

D. 运往境外加工的货物，应以加工后进境时的到岸价格为完税价格

9. 2012 年 9 月 1 日某公司承担国家重要工程项目，经批准免税进口一套电子设备。使用 2 年后项目完工，2014 年 8 月 31 日公司将该设备出售给了国内另一家企业。该电子设备的到岸价格为 300 万元，关税税率为 10%。海关规定的监管年限为 5 年，按规定公司应补缴关税（   ）万元。

A. 12　　　　　　　B. 15　　　　　　　C. 18　　　　　　　D. 30

10. 某公司进口一台机器设备，成交价格为 404 万元人民币，运费和保险费共为 1.5 万元，成交价格中包含有该公司向境外采购代理人支付的购货佣金 4 万元，进口关税税率为 15%，则该公司应纳进口关税（　　）万元。

A. 60　　　　　　　B. 60.18　　　　　　C. 60.225　　　　　D. 60.825

二、多项选择题

1. 进口关税的征收形式有（　　）。
   A. 从价税　　　　B. 从量税　　　　　C. 复合税　　　　　D. 滑准税

2. 进口货物成交价格中，如果未包括下列费用，则应调整计入完税价格的有（　　）。
   A. 进口人支付的卖方佣金
   B. 进口人为购买进口货物，而向代表买卖双方利益的经纪人支付的劳务费用
   C. 由买方负担的与该货物视为一体的容器费用
   D. 运抵境内输入地起卸前的运费、装卸费

3. 下列费用，如能与该货物实付或应付价格区分，不得计入完税价格的有（　　）。
   A. 厂房、机械、设备等货物进口后的基建、安装、装配、维修和技术服务的费用
   B. 货物运抵境内输入地点之后的运输费用、保险费和其他相关费用
   C. 由买方负担的包装材料和包装劳务费用
   D. 进口关税及其他国内税收

4. 下列各项中，经海关确定可申请退税的有（　　）。
   A. 由于海关误征而多纳税款的
   B. 海关核准免验进口的货物，完税后发现有短卸情况，经海关审查认可的
   C. 已征出口关税的货物，因故未装运出口的，申报退关，经海关查验属实的
   D. 已征出口关税的货物，因货物品种或规格原因原状复运进境的，经海关查验属实的

5. 运往境外修理的机械器具、运输工具，出境时已向海关报明并在海关规定期限内复运进境的，应当以海关审查确定的正常的（　　）估定完税价格。
   A. 修理费　　　　B. 料件费　　　　　C. 运输费　　　　　D. 保险费

三、判断题

1. 出口货物应以海关审定的成交价格为基础的离岸价格为完税价格。（　　）
2. 我国对少数进口商品计征关税时采用的滑税实质上是一种特殊的从价税。（　　）
3. 海关在对进出口货物的完税价格进行审定时，可以进入进出口货物收发货人的生产经营场所，检查与进出口活动有关的货物和生产经营情况，但不可以进入该收发货人的业务关联企业进行检查。（　　）
4. 在海关对进出口货物进行完税价格审定时，如海关不接受申报价格，而认为有必要估定完税价格时，可以与进出口货物的纳税人进行磋商。（　　）
5. 减征关税在我国加入世界贸易组织之前以规定税率为基准，在我国加入世贸组织

之后以最惠国税税率或普通税率为基准。（　　）

四、计算题

1. 进出口公司从 A 国进口货物一批，成交价（离岸价）折合人民币 9 000 万元（包括单独计价并经海关审查属实的货物进口后装配调试费用 60 万元，向境外采购代理人支付的买方佣金 50 万元）。另支付运费 180 万元，保险费 90 万元。货物运抵我国口岸后，该公司在未经批准缓税的情况下，于海关填发税款缴纳证之日起第 20 天才缴纳税款。假设该货物适用的关税税率为 100%，增值税税率为 17%，消费税税率为 5%。请分别计算该公司应缴的：（1）关税；（2）关税滞纳金；（3）消费税；（4）增值税。

2. 某单位从 A 国进口一批小轿车（消费税率 5%），到岸价格为 4 000 美元。出口一批货物离岸价格为 10 万美元。计算某单位应缴纳的进口关税和海关代征进口环节的增值税、消费税。设汇率为 1∶6，进出口关税率均为 10%。

3. 某公司进口货物一批，CIF 成交价格为人民币 600 万元，含单独计价并经海关审核属实的进口后装配调试费用 30 万元，该货物进口关税率为 10%，海关填发税款缴纳证日期为 2004 年 1 月 10 日，该公司于 1 月 28 日缴纳税款。计算其应纳关税及滞纳金。

4. 上海某进出口公司从美国进口货物一批，货物实际成交价折合人民币为 1 410 万元（包括单独计价并经海关审查属实的向境外采购代理人支付的买方佣金 10 万元，但不包括因使用该货物而向境外支付的软件费 50 万元、向卖方支付的佣金 15 万元），另支付货物运抵我国上海港的运费、保险费等 35 万元。假设该货物适用的关税税率为 20%。增值税税率为 17%、消费税税率为 10%。计算：（1）该公司应纳关税；（2）该公司应纳消费税；（3）该公司应纳增值税。

资源税类纳税实务

技能目标

1. 能准确计算企业应缴纳的资源税等其他税种应纳税额
2. 能对资源税等其他税种的业务熟练地进行账务处理
3. 能及时完成资源税等其他税种的申报与缴纳

知识目标

1. 熟悉资源税、土地增值税、城镇土地使用税、耕地占用税法律知识
2. 计算应纳资源税税额，熟悉各资源税的会计处理
3. 办理各资源税的纳税申报

情境导入

甲县某独立矿山 2014 年 4 月开采铜矿石原矿 5 万吨，当月还到乙县收购未税铜矿石原矿 4 万吨并运回甲县，上述矿石的 70% 已在当月销售。假定甲县铜矿石原矿单位税额每吨 7 元，请问：该独立矿山 4 月应向甲县税务机关缴纳多少资源税？

项目一　资源税纳税实务

任务一　熟悉资源税法律知识

资源税是对在中国境内从事开采矿产品及生产盐的单位和个人，就其产品的课税数量征收的一种税。它是以各种自然资源为课税对象。

为了正确处理国家与自然资源开发和利用者之间的分配关系，充分发挥税收的调节作用，于 1984 年 10 月 1 日起开征了资源税，把自然资源条件差异形成的级差收入收归国家所有。1994 年税制改革，把盐税归并到资源税中，同时扩大了资源税征税范围，并适当提高了税率。2011 年 9 月 21 日国务院第 173 次常务会议通过了《国务院关于修改〈中华人民共和国资源税暂行条例〉的决定》，自 2011 年 11 月 1 日起施行。

（一）确定资源税的征税范围

资源税的征税范围，目前只有 7 大类：

（1）原油，是指开采的天然原油，不包括人造石油。

（2）天然气，是指专门开采或与原油同时开采的天然气，暂不包括煤矿生产的天然气。

（3）煤炭，是指原煤，不包括洗煤、选煤及其他煤炭制品。

（4）其他非金属矿原矿，是指上列产品和井矿盐以外的非金属矿原矿。包括宝石、金刚石、玉石、石墨、石英砂、长石、滑石、萤石、云母、大理石、石灰石、石膏、石棉等。

（5）黑色金属矿原矿，是指纳税人开采后自用、销售的，用于直接入炉冶炼或作为主产品先入选精矿，制造人工矿，再最终入炉冶炼的黑色金属矿石原矿，包括铁矿石、锰矿石和铬矿石等。

（6）有色金属矿原矿，包括铜矿石、铅矿石、铝土矿石、钨矿石、锡矿石、镍矿石、黄金矿石、钒矿石（含石煤钒）等。

（7）盐。包括固体盐、液体盐。固体盐是指海盐、湖盐、原盐和井矿盐，税额为10~60 元／吨。液体盐是指卤水，税额为 2~10 元／吨。

未列举名称的其他非金属矿原矿和其他有色金属矿原矿，由省、自治区、直辖市人民政府决定征收或暂缓征收资源税，并报财政部和国家税务总局备案。

（二）资源税税目与税率

资源税根据税目不同分别采用幅度比例税率和定额税率，贯彻"普遍征收，级差调节"的原则。由于资源税具有调节资源级差的作用，应税产品之间税额应体现出差别，资源条件好的，税额高些；条件差的，税额低些。资源税税目税率见表 6-1：

表 6-1　　　　　　　　　　　　　　　　资源税税目税率表

税　目		税　率
1. 原油		销售额的 6%~10%
2. 天然气		销售额的 6%~10%
3. 煤炭	原煤	销售额的 2%~10%
4. 其他非金属矿原矿	普通非金属矿原矿	每吨或者每立方米 0.5~20 元
	贵重非金属矿原矿	每千克或者每克拉 0.5~20 元
5. 黑色金属矿原矿		每吨 2~30 元
6. 有色金属矿原矿	稀土矿	每吨 0.4~60 元
	其他有色金属矿原矿	每吨 0.4~30 元
7. 盐	固体盐	每吨 10~60 元
	液体盐	每吨 2~10 元

税目、税率的部分调整，由国务院决定。纳税人具体适用的税率，在资源税税目税率表规定的税率幅度内，根据纳税人所开采或者生产应税产品的资源品位、开采条件等情况，由财政部商国务院有关部门确定；财政部未列举名称且未确定具体适用税率的其他非金属矿原矿和有色金属矿原矿，由省、自治区、直辖市人民政府根据实际情况确定，报财政部和国家税务总局备案。

纳税人开采或者生产不同税目应税产品的，应当分别核算不同税目应税产品的销售额或者销售数量；未分别核算或者不能准确提供不同税目应税产品的销售额或者销售数量的，从高适用税率。

☞知识链接

调整稀土资源税税额标准

经国务院批准，自 2011 年 4 月 1 日起，统一调整稀土矿原矿资源税税额标准。调整后的税额标准为：轻稀土，包括氟碳铈矿、独居石矿，60 元/吨；中重稀土，包括磷钇矿、离子型稀土矿，30 元/吨。开采与铁矿共生、伴生的氟碳铈矿、独居石矿等稀土矿，除征收铁矿石资源税外，按规定税额标准征收稀土资源税。

（三）确定资源税的纳税人和扣缴义务人

对在中华人民共和国领域及管辖海域从事应税矿产品开采和生产盐（以下称开采或者生产应税产品）的单位和个人，为资源税的纳税人。单位，是指企业、行政单位、事业单位、军事单位、社会团体及其他单位。个人，是指个体工商户和其他个人。

为加强对资源税的征管和保证税款及时、安全入库，堵塞漏洞，现行资源税规定以收购未税矿产品的单位作为资源税的扣缴义务人。独立矿山、联合企业及其他收购未税矿产品的单位为扣缴义务人。扣缴义务人主要是对那些税源小、零散、不定期开采，税务机关难以控制，容易发生漏税的单位和个人，在收购其未税矿产品时代扣代缴其应纳的税款。

（四）确定资源税的计税依据

1. 从价定率征收的计税依据

实行从价定率征收的以销售额作为计税依据。销售额为纳税人销售应税产品向购买方收取的全部价款和价外费用，但不包括收取的增值税销项税额。

价外费用，包括价外向购买方收取的手续费、补贴、基金、集资费、返还利润、奖励费、违约金、滞纳金、延期付款利息、赔偿金、代收款项、代垫款项、包装费、包装物租金、储备费、优质费、运输装卸费以及其他各种性质的价外收费。但下列项目不包括在内：

（1）同时符合以下条件的代垫运输费用：①承运部门的运输费用发票开具给购买方的；②纳税人将该项发票转交给购买方的。

（2）同时符合以下条件代为收取的政府性基金或者行政事业性收费：①由国务院或者财政部批准设立的政府性基金，由国务院或者省级人民政府及其财政、价格主管部门批准设立的行政事业性收费；②收取时开具省级以上财政部门印制的财政票据；③所收款项全额上缴财政。

另外，纳税人以人民币以外的货币结算销售额的，应当折合成人民币计算。其销售额的人民币折合率可以选择销售额发生的当天或者当月 1 日的人民币汇率中间价。纳税人应在事先确定采用何种折合率计算方法，确定后1年内不得变更。

纳税人销售应税资源税产品，采用销售额和销项税额合并定价方法的，按下列公式计算销售额：

$$不含税销售额＝含税销售额÷（1+增值税税率或征收率）$$

【例6-1】 某油田为一般纳税人。本月向小规模纳税人销售原油，并开具普通发票上注明金额93 600元；同时收取单独核算的包装物押金2 000元（尚未逾期），计算此业务应税销售额。

$$不含税销售额＝93 600÷（1+17\%）＝80 000（元）$$

纳税人申报的应税产品销售额明显偏低并且无正当理由的、有视同销售应税产品行为而无销售额的，除财政部、国家税务总局另有规定外，按下列顺序确定销售额：

（1）按纳税人最近时期同类产品的平均销售价格确定。

（2）按其他纳税人最近时期同类产品的平均销售价格确定。

（3）按组成计税价格确定。组成计税价格为：

$$组成计税价格＝成本×（1+成本利润率）÷（1-税率）$$

公式中的成本是指应税产品的实际生产成本。公式中的成本利润率由省、自治区、直辖市税务机关确定。

☞知识链接

应税煤炭的销售额

应税煤炭销售额依照《资源税暂行条例实施细则》第5条和财政部、国家税务总局的有关规定确定。

（1）纳税人开采原煤直接对外销售的，以原煤销售额作为应税煤炭销售额计算缴纳资源税：原煤应纳税额＝原煤销售额×适用税率

原煤销售额不含从坑口到车站、码头等的运输费用。

（2）纳税人将其开采的原煤，自用于连续生产洗选煤的，在原煤移送使用环节不缴纳资源税；自用于其他方面的，视同销售原煤，依照《资源税暂行条例实施细则》第7条和财政部、国家税务总局的有关规定确定销售额，计算缴纳资源税。

（3）纳税人将其开采的原煤加工为洗选煤销售的，以洗选煤销售额乘以折算率作为应税煤炭销售额计算缴纳资源税。

$$洗选煤应纳税额＝洗选煤销售额×折算率×适用税率$$

洗选煤销售额包括洗选副产品的销售额，不包括洗选煤从洗选煤厂到车站、码头等的运输费用。

折算率可通过洗选煤销售额扣除洗选环节成本、利润计算，也可通过洗选煤市场价格与其所用同类原煤市场价格的差额及综合回收率计算。折算率由省、自治区、直辖市财税

部门或其授权地市级财税部门确定。

（4）纳税人将其开采的原煤加工为洗选煤自用的，视同销售洗选煤，依照《资源税暂行条例实施细则》第7条和有关规定确定销售额，计算缴纳资源税。

2. 从量定额征收的计税依据

实行从量定额征收，以纳税人的销售数量或自用数量为计税依据，计税依据确定的基本要求如下：

（1）从量定额征收计税依据的一般规定：

纳税人开采或生产应税产品销售的，以销售数量为课税数量。

纳税人开采或生产应税产品自用的，以自用数量为课税数量。

（2）从量定额征收计税依据的特殊规定：

①纳税人不能准确提供应税产品销售数量或移送使用数量的，以应税产品的产量或主管税务机关确定的折算比换算成数量为课税数量。

②金属和非金属矿产品原矿，因无法准确掌握纳税人移送使用原矿数量的，可将其精矿按选矿比折算成原矿数量作为课税数量。其计算公式为：

$$选矿比 = 精矿数量 \div 耗用原矿数量$$

③纳税人以自产液体盐加工固体盐，由于二者均为应税产品，为避免重复征税，规定以加工的固体盐数量为课税数量，按固体盐税额征税。纳税人以外购的已税液体盐加工固体盐，其加工固体盐所耗用液体盐的已纳税额准予抵扣。

纳税人开采或者生产不同税目应税产品的，应当分别核算不同税目应税产品的课税数量；未分别核算或者不能准确提供不同税目应税产品的课税数量的，从高适用税额。

（五）熟悉资源税的优惠政策

（1）开采原油过程中用于加热、修井的原油免税。

（2）纳税人开采或者生产应税产品过程中，因意外事故或者自然灾害等原因遭受重大损失的，由省、自治区、直辖市人民政府酌情决定减税或者免税。

（3）自2007年2月1日起，北方海盐资源税暂减按每吨15元征收；南方海盐、湖盐、井矿盐资源税暂减按10元/吨；液体盐资源税暂减按2元/吨。

（4）纳税人的减税、免税项目，应当单独核算课税数量；未单独核算或者不能准确提供课税数量的，不予减税或者免税。

（5）从2007年1月1日起，对地面抽采煤层气（煤矿瓦斯）暂不征收资源税。

（6）资源税对进口资源产品不征税，对出口资源产品不免征或不退还已纳资源税。

（7）纳税人在新疆开采的原油、天然气，自用于连续生产原油、天然气的，不缴纳资源税；自用于其他方面的，视同销售，依照规定计算缴纳资源税。

（8）对衰竭期煤矿开采的煤炭，资源税减征30%；对充填开采置换出来的煤炭，资源税减征50%。

（9）对稠油、高凝油和高含硫天然气资源税减征40%。

（10）对三次采油资源税减征30%。三次采油，是指二次采油后继续以聚合物驱、复合驱、泡沫驱、气水交替驱、二氧化碳驱、微生物驱等方式进行采油。

（11）对低丰度油气田资源税暂减征20%。

（12）对深水油气田资源税减征30%。

为便于征管，对开采稠油、高凝油、高含硫天然气、低丰度油气资源及三次采油的陆上油气田企业，根据以前年度符合上述减税规定的原油、天然气销售额占其原油、天然气总销售额的比例，确定资源税综合减征率和实际征收率，计算资源税应纳税额。计算公式为：

$$综合减征率 = \sum（减税项目销售额 × 减征幅度 × 6\%）÷ 总销售额$$

$$实际征收率 = 6\% - 综合减征率 \qquad 应纳税额 = 总销售额 × 实际征收率$$

（六）确定资源税的纳税义务发生时间和地点

1. 纳税义务发生时间

（1）纳税人销售应税消费品，其纳税义务发生时间为：

①纳税人采取分期收款结算方式的，其纳税义务发生时间，为销售合同规定的收款日期的当天。

②纳税人采取预收货款结算方式的，其纳税义务发生时间，为发出应税产品的当天。

③纳税人采取其他结算方式的，其纳税义务发生时间，为收到销售款或者取得索取销售款凭据的当天。

（2）纳税人自产自用应税产品的纳税义务发生时间，为移送使用应税产品的当天。

（3）扣缴义务人代扣代缴税款的纳税义务发生时间，为支付首笔货款或者开具应支付货款凭据的当天。

2. 纳税地点

（1）纳税人应纳的资源税，应当向应税产品的开采或者生产所在地主管税务机关缴纳。

（2）纳税人在本省、自治区、直辖市范围内开采或者生产应税产品，其纳税地点需要调整的，由所在地省、自治区、直辖市税务机关决定。

（3）纳税人跨省开采资源税应税产品，其下属生产单位与核算单位不在同一省、自治区、直辖市的，对其开采的矿产品，一律在开采地纳税，其应纳税款由独立核算，自负盈亏的单位，按照开采地的实际销售量（或者自用量）及适用的单位税额计算划拨。

（4）扣缴义务人代扣代缴资源税，向收购地主管税务机关缴纳。

任务二 应纳资源税计算及会计处理

（一）熟悉会计科目设置

企业进行资源税会计核算时，通过"应交税费——应交资源税"科目核算，该科目属于负债类科目，贷方发生额反映企业应缴纳的资源税，借方反映企业已缴纳的或允许抵扣的资源税，贷方余额反映企业应缴未缴的资源税。

（二）资源税应纳税额计算及会计处理

（1）销售应税矿产品资源税计算及会计处理。企业销售应税矿产品计提资源税时借记"营业税金及附加"科目，贷记"应交税费——应交资源税"科目，在缴纳资源税时借记"应交税费——应交资源税"科目，贷记"银行存款"科目。

【例6-2】某油田2014年7月销售原油取得货款120 000 000元。该油田适用的资源税税率为10%，计算其当月应纳的资源税并作会计分录。

应纳资源税=课税数量×单位税额=120 000 000×10%=12 000 000（元）

计提资源税时：

借：营业税金及附加	12 000 000
贷：应交税费——应交资源税	12 000 000

实际缴纳资源税时：

借：应交税费——应交资源税	12 000 000
贷：银行存款	12 000 000

（2）自产自用应税矿产品资源税计算及会计处理。企业自产自用应税矿产品计提资源税时借记"生产成本"、"制造费用"、"管理费用"等科目，贷记"应交税费——应交资源税"科目；在缴纳资源税时借记"应交税费——应交资源税"科目，贷记"银行存款"科目。

【例6-3】某省一独立核算的煤炭企业，2014年4月该企业开采原煤50万吨，当月销售原煤9万吨，所属发电厂领用40万吨。已知原煤每吨单位税额4元，计算其当月该企业缴纳的资源税并作会计分录。

应纳资源税=（90 000+400 000）×4=1 960 000（元）

计提资源税时：

借：营业税金及附加	360 000
生产成本	1 600 000
贷：应交税费——应交资源税	1 960 000

实际缴纳资源税时：

借：应交税费——应交资源税	1 960 000
贷：银行存款	1 960 000

（3）收购未税矿产品应纳资源税计算及会计处理。企业收购未税矿产品时，按实际支付的收购款，借记"材料采购"等科目，贷记"银行存款"等科目。按照代扣代缴的资源税，借记"材料采购"等科目，贷记"应交税费——应交资源税"科目；在上缴资源税时借记"应交税费——应交资源税"科目，贷记"银行存款"科目。

【例6-4】某企业2014年4月10日在某县收购磷矿石2 000吨，已知磷矿石每吨单位税额5元，计算其当月该企业缴纳的资源税并作会计分录。

应纳资源税=2 000×5=10 000（元）

计算代扣代缴资源税时：

借：材料采购　　　　　　　　　　　　　　　　　　　　　　　10 000
　　贷：应交税费——应交资源税　　　　　　　　　　　　　　　　　10 000
实际缴纳资源税时：
借：应交税费——应交资源税　　　　　　　　　　　　　　　　10 000
　　贷：银行存款　　　　　　　　　　　　　　　　　　　　　　　10 000

（4）外购液体盐加工固体盐应纳资源税计算及会计处理。纳税人以外购的已税液体盐加工固体盐，其加工固体盐所耗用液体盐的已纳资源税额准予抵扣，因此购入液体盐按照允许抵扣资源税，借记"应交税费——应交资源税"科目；按照外购价款允许抵扣资源税后的数额，借记"材料采购"等科目；按支付的全部价款，贷记"银行存款"等科目。

当加工成固体盐销售以后，借记"营业税金及附加"科目，贷记"应交税费——应交资源税"科目；将销售固体盐应纳资源税抵扣液体盐已纳资源税的差额上缴资源税时，借记"应交税费——应交资源税"科目，贷记"银行存款"科目。

【例6-5】某企业2014年4月购入液体盐1 000吨，每吨含增值税价款117元，价税合计117 000元，该液体盐资源税每吨5元；企业将外购液体盐全部领用，加工成固体盐350吨，月末全部售出，每吨含增值税价款702元，取得含增值税收入245 700元；固体盐资源税每吨40元。计算应纳资源税并作会计分录。

购入液体盐时：
借：原材料——液体盐　　　　　　　　　　　　　　　　　　95 000
　　应交税费——应交资源税　　　　　　　　　　　　　　　　 5 000
　　应交税费——应交增值税（进项税额）　　　　　　　　　　17 000
　　贷：银行存款　　　　　　　　　　　　　　　　　　　　　　117 000
销售固体盐时计提资源税：
借：营业税金及附加　　　　　　　　　　　　　　　　　　　 9 000
　　贷：应交税金——应交资源税　　　　　　　　　　　　　　　　 9 000
固体盐销售应纳资源税＝（350×40）－（1 000×5）＝9 000（元）
实际缴纳资源税时：
借：应交税费——应交资源税　　　　　　　　　　　　　　　 9 000
　　贷：银行存款　　　　　　　　　　　　　　　　　　　　　　 9 000

任务三　办理资源税的纳税申报

（一）纳税申报表的填列

资源税的纳税人应按《资源税暂行条例》的有关规定，如实填写资源税纳税申报表，具体格式见表6-2、表6-3。

（二）报送纳税申报表

按照规定的格式填列的资源税纳税申报表应在规定的时间内报送主管税务局，资源税申报表的报送可以采取直接报送和网上申报。直接报送是将纳税申报表直接送达主管税务局的办税服务大厅,由税务工作人员签收。资源税的网上申报可参照营业税的网上申报流程。

(三) 纳税期限

纳税人的纳税期限为 1 日、3 日、5 日、10 日、15 日或者 1 个月,由主管税务机关根据实际情况具体核定。不能按固定期限计算纳税的,可以按次计算纳税。

纳税人以 1 个月为一期纳税的,自期满之日起 10 日内申报纳税;以 1 日、3 日、5 日、10 日或者 15 日为一期纳税的,自期满之日起 5 日内预缴税款,于次月 1 日起 10 日内申报纳税并结清上月税款。

扣缴义务人的解缴税款期限,比照前两款的规定执行。

表 6-2 　　　　　　　**资源税纳税申报表 (一)**
(按从价定率办法计算应纳税额的纳税人适用)

税款所属期限: 自　年　月　日至　年　月　日

填表日期: 　年　月　日　　　　　　　　　　金额单位: 元至角分

纳税人识别号 □□□□□□□□□□□□□□□□□□

栏次	征收品目	征收子目	销售量	销售额	折算率	适用税率或实际征收率	本期应纳税额	减征比例	本期减免税额	减免性质代码	本期已缴税额	本期应补(退)税额
1	2	3	4	5	6	7	8	9=7×8	10	11	12=7-9-11
合计												

以下由纳税人填写:

纳税人声明	此纳税申报表是根据《中华人民共和国资源税暂行条例》及其实施细则的规定填报的,是真实的、可靠的、完整的。			
纳税人签章		代理人签章		代理人身份证号

以下由税务机关填写:

受理人		受理日期	年　月　日	受理税务机关签章	

表6-3

资源税纳税申报表（二）

（按从量定额办法计算应纳税额的纳税人适用）

税款所属期限：自　年　月　日至　年　月　日

填表日期：　年　月　日　　　　　　　　　　　　　金额单位：元至角分

纳税人识别号 □□□□□□□□□□□□□□□□□□

栏次	征收品目	征收子目	计税单位	销售量	单位税额	本期应纳税额	本期减免销量	本期减免税额	减免性质代码	本期已缴税额	本期应补（退）税额
1	2	3	4	5	6=4×5	7	8	9	10	11=6-8-10	
合计											

以下由纳税人填写：			
纳税人声明	此纳税申报表是根据《中华人民共和国资源税暂行条例》及其实施细则的规定填报的，是真实的、可靠的、完整的。		
纳税人签章		代理人签章	代理人身份证号
以下由税务机关填写：			
受理人		受理日期　年　月　日	受理税务机关签章

项目二　土地增值税纳税实务

任务一　熟悉土地增值税法律知识

（一）确定土地增值税的征税范围

土地增值税是对有偿转让国有土地使用权、地上建筑物及其附着物产权，取得增值收入的单位和个人征收的一种税。其基本法律依据是1993年12月国务院颁布的《中华人民共和国土地增值税暂行条例》和1995年1月财政部制定的《中华人民共和国土地增值税暂行条例实施细则》。

土地增值税的征税对象是有偿转让国有土地使用权及地上建筑物和其他附着物产权所取得的增值额。其征税范围的一般规定为：

（1）土地增值税只对转让国有土地使用权的行为征税，转让非国有土地和出让国有土地的行为均不征税。对于属于集体所有的土地，按现行规定，必须先由国家征用后才能转让。土地出让在性质上属于政府凭借所有权在土地一级市场上收取的租金，因此出让行为及出让取得的收入不属于土地增值税范围之列。

（2）土地增值税既对转让土地使用权征税，也对转让地上建筑物和其他附着物的产权征税，即纳税人转让房产取得的全部增值额都要征税，而不是仅仅对土地使用权转让收入征税。

（3）土地增值税只对有偿转让的房地产征税，而对继承、赠与等方式无偿转让的房地产不予征税。

关于征税范围的具体规定为：

（1）以房地产进行投资、联营。对于以房地产进行投资、联营的，如果投资、联营的一方以土地（房地产）作价入股进行投资或作为联营条件，暂免征收土地增值税。但是，如果投资、联营企业将上述房地产再转让，则要征收土地增值税。

根据财政部国家税务总局《关于土地增值税若干问题的通知》（财税〔2006〕21号），自2006年3月2日起，对于以土地（房地产）作价入股进行投资或联营的，凡所投资、联营的企业从事房地产开发的，或者房地产开发企业以其建造的商品房进行投资和联营的，均不适用《财政部、国家税务总局关于土地增值税一些具体问题规定的通知》（财税字〔1995〕048号）第一条暂免征收土地增值税的规定。

（2）合作建房。对于一方出地，另一方出资金，双方合作建房，建成后分房自用的，暂免征收土地增值税。但如果建成后转让的，则应征收土地增值税。

（3）企业兼并转让房地产。在企业兼并中，对被兼并企业将房地产转让到兼并企业中，暂免征收土地增值税。

（4）房地产出租。出租行为虽然取得了收入但并未发生产权转让，因此不征土地增值税。

（5）房地产抵押。在抵押期内，没有发生产权转移，因此不征土地增值税。期满后，如果收回房产，不征土地增值税；如果因抵债而发生房地产产权转移的，则应征收土地增值税。

（6）房地产交换。交换房地产行为既发生了产权转移，交换双方又取得了实物形态的收入，按规定应属于征收土地增值税的范围。但对于个人之间互相交换自有居住用房地产的，经当地税务机关核实，可以免征土地增值税。

（7）房地产评估增值。并未发生房地产权属转移，因此不征土地增值税。

（8）国家收回国有土地使用权、征用地上建筑物及附着物。虽然发生了产权转移，同时转让方取得了一定的收入，但按税法有关规定，免征土地增值税。

☞想一想：

下列项目中，按税法规定可以免征或不征土地增值税的有（　　）。

A. 国家机关转让自用的房产　　　B. 税务机关拍卖欠税单位的房产

C. 对国有企业进行评估增值的房产　　D. 因为国家建设需要而被政府征用的房产

（二）确定土地增值税的纳税人

根据《土地增值税暂行条例》的规定，土地增值税的纳税人是转让国有土地使用权及地上的一切建筑物和其他附着物产权，并取得收入的单位和个人。单位包括各类企事业单位、国家机关、社会团体及其他组织，包括外商投资企业、外国企业及外国机构，个人包括个体经营者，也包括华侨、港澳台同胞及外国公民等。

（三）熟悉土地增值税的税率

土地增值税实行的是四级超率累进税率，其目的是抑制房地产的投机、炒卖活动，适当调节纳税人的收入分配，增值多的多征，增值少的少征，无增值的不征。具体税率如表6-4所示。

表6-4

级数	增值额与扣除项目金额的比率	税率（%）	速算扣除系数（%）
1	不超过50%的部分	30	0
2	超过50%~100%的部分	40	5
3	超过100%~200%的部分	50	15
4	超过200%的部分	60	35

（四）熟悉土地增值税的优惠政策

（1）纳税人建造普通标准住宅出售，增值额未超过扣除项目金额20%的，免征土地增值税。这里所称的普通标准住宅，是指按所在地一般民用住宅标准建造的居住用住宅。高级公寓、别墅、度假村等不属于普通标准住宅。普通标准住宅与其他住宅的具体划分界限由各省、自治区、直辖市人民政府规定。纳税人建造普通标准住宅出售，增值额超过扣除项目金额之和20%的，应就其全部增值额按规定计税。纳税人既建造普通标准住宅，又从事其他房地产开发的，应分别核算增值额；未分别核算或不能准确核算的，其建造的普通标准住宅不适用该免税规定。

（2）因国家建设需要依法征用、收回的房地产，免征土地增值税。这里所说的"因国家建设需要依法征用，收回的房地产"是指因城市实施规划、国家建设的需要而被政府批准征用的房产或收回的土地使用权。因城市实施规划、国家建设的需要而搬迁，由纳税人自行转让原房地产的，比照有关规定免征土地增值税。

符合上述免税规定的单位和个人，须向房地产所在地税务机关提出免税申请，经税务机关审核后，免予征收土地增值税。

（3）个人因工作调动或改善居住条件而转让原自用住房，经向税务机关申报核准，凡居住满5年或5年以上的，免予征收土地增值税；居住满3年未满5年的，减半征收土地增值税。居住未满3年的，按规定计征土地增值税。

（五）确定土地增值税的纳税地点

土地增值税的纳税人应向房地产所在地主管税务机关申报纳税，并向税务机关提供相关合同资料。纳税人转让的房地产坐落在两个或两个以上地区的，应按房地产所在地分别申报。

（1）纳税人是法人。当转让的房地产坐落地与其机构所在地或经营所在地一致时，则在办理税务登记的原管辖税务机关申报纳税即可；如果转让的房地产坐落地与其机构所在地或经营所在地不一致时，则应在房地产坐落地所管辖的税务机关申报纳税。

（2）纳税人是自然人。当转让的房地产坐落地与其居住所在地一致时，则在住所所在地税务机关申报纳税；当转让的房地产坐落地与其居住所在地不一致时，在办理过户手续所在地的税务机关申报纳税。

任务二　房地产企业应纳土地增值税计算及会计处理

（一）熟悉会计科目设置

企业进行土地增值税会计核算时，通过"应交税费——应交土地增值税"科目核算，同时，企业负担的土地增值税额，根据具体情况，分别在"营业税金及附加"、"其他业务成本"、"固定资产清理"等账户中列支。

（二）确定应税收入与扣除项目

1. 收入的确定

房地产企业转让房地产所取得的收入，包括货币收入、实物收入及其他收入在内的全部价款及有关的经济利益。对取得的实物收入，要按收入时的市场价格折算成货币收入；取得的外币收入，应以取得收入当天或当月1日国家公布的市场汇率折合成人民币。对取得的无形资产收入，应进行专门的评估，确定其价值后折算成货币收入。

2. 扣除项目金额的确定

准予纳税人从转让收入额扣减的扣除项目包括以下几项：

（1）取得土地使用权所支付的金额。

①纳税人为取得土地使用权支付的地价款。以出让方式取得土地使用权时，为支付的土地出让金；以行政划拨方式取得土地使用权时，为转让土地使用权时按规定补缴的出让金；以转让方式取得土地使用权时，为支付的地价款。

②纳税人在取得使用权时按国家统一规定缴纳的有关费用，它是指纳税人在取得土地使用权过程中为办理有关手续，按国家统一规定缴纳的有关登记、过户手续费。

（2）房地产开发成本。这是指纳税人房地产开发项目实际发生的成本，包括土地征用及拆迁补偿费、前期工程费、建筑安装工程费、基础设施费、公共配套设施费、开发间接费用。

（3）房地产开发费用。这是指与房地产开发项目有关的销售费用、管理费用、财务费用。

财务费用中的利息支出，凡能够按转让房地产项目计算分摊并提供金融机构证明的，允许据实扣除，但最高不能超过按商业银行同类同期贷款利率计算的金额。其他房地产开发费用，按取得土地使用权支付的金额和房地产开发成本之和的5%以内计算扣除。

凡不能按转让房地产项目计算分摊利息支出或不能提供金融机构证明的，房地产开发费用按取得土地使用权支付的金额和房地产开发成本之和的10%以内计算扣除。

对于超过贷款期限的利息部分和加罚的利息不允许扣除。

上述计算扣除的具体比例，由各省、自治区、直辖市人民政府规定。

（4）与转让房地产有关的税金，是指在转让房地产时缴纳的营业税、城市维护建设税、印花税。因转让房地产交纳的教育费附加，也可视同税金予以扣除。房地产开发企业缴纳的印花税已列入管理费用中作为开发费用扣除，因此在计算"与转让有关的税金"时不再扣除印花税。

（5）加计扣除，房地产企业可按取得土地使用权支付的金额和房地产开发成本之和，加计20%的扣除。

（三）确定土地增值税的增值额和税率

土地增值税的增值额等于纳税人的应税收入减去扣除项目金额后的余额为增值额，然后根据土地增值额对照税率表选择适用税率和速算扣除率。

$$土地增值额 = 应税收入 - 扣除项目金额$$

（四）计算应纳土地增值税及会计处理

土地增值税按照纳税人转让房地产所取得的增值额和规定的税率计算征收，计算公式为：

$$应纳土地增值税 = 土地增值额 \times 适用税率 - 扣除项目金额 \times 速算扣除系数$$

$$土地增值额 = 应税收入 - 扣除项目金额$$

【例6-6】某房地产开发公司2014年4月出售一幢写字楼，收入总额为8 000万元，开发该写字楼有关支出为：支付地价款及各种费用800万元，房地产开发成本2 400万元，财务费用中利息支出为500万元（可按转让项目计算分摊并提供金融机构证明），但其中有50万元属加罚的利息。转让环节缴纳的有关税费为444万元，其中包含印花税4万元。该单位所在地政府规定的其他房地产开发费用计算扣除比例为5%。

计算应纳土地增值税：

（1）取得土地使用权支付的地价款及有关费用为800万元。

（2）房地产开发成本为2 400万元。

（3）房地产开发费用 = 500 - 50 + （800 + 2 400）× 5% = 610（万元）

（4）转让环节相关税费 = 444 - 4 = 440万元（房地产开发企业印花税已在管理费用中列支，不得再次扣除）

（5）加计扣除 = （800 + 2 400）× 20% = 640（万元）

（6）扣除项目金额合计 = 800 + 2 400 + 610 + 440 + 640 = 4 890（万元）

（7）增值额 = 8 000 - 4 890 = 3 110（万元）

（8）增值率 = 3 110 ÷ 4 890 × 100% = 63.6%

（9）应纳税额 = 3 110 × 40% - 4 890 × 5% = 999.5（万元）

会计处理：

借：营业税金及附加　　　　　　　　　　　　　　　　　9 995 000

　　贷：应交税费——应交土地增值税　　　　　　　　　　　9 995 000

☞知识链接

其他纳税人销售房地产应纳土地增值税计算

其他纳税人与房地产开发企业在应纳土地增值税的计算中主要有两点不同：

1. 没有按取得土地使用权支付的金额和房地产开发成本之和加计20%的扣除；

2. 转让环节相关税费中可列支印花税。

任务三　房地产开发企业土地增值税清算

自2009年6月1日起，各省（自治区、直辖市、计划单列市）税务机关可按以下规定对房地产开发企业土地增值税进行清算。各省税务机关可根据以下规定并结合本地实际情况，对《土地增值税清算管理规程》进行进一步细化。

（一）土地增值税的清算单位

土地增值税以国家有关部门审批的房地产开发项目为单位进行清算，对于分期开发的项目，以分期项目为单位清算。

（二）土地增值税清算条件

（1）符合下列情形之一的，纳税人应进行土地增值税的清算：

①房地产开发项目全部竣工、完成销售的；

②整体转让未竣工决算房地产开发项目的；

③直接转让土地使用权的。

（2）符合下列情形之一的，主管税务机关可要求纳税人进行土地增值税清算：

①已竣工验收的房地产开发项目，已转让的房地产建筑面积占整个项目可售建筑面积的比例在85%以上，或该比例虽未超过85%，但剩余的可售建筑面积已经出租或自用的；

②取得销售（预售）许可证满三年仍未销售完毕的；

③纳税人申请注销税务登记但未办理土地增值税清算手续的；

④省（自治区、直辖市、计划单列市）税务机关规定的其他情况。

对上述第三项情形，应在办理注销登记前进行土地增值税清算。

（三）非直接销售和自用房地产的收入确定

（1）房地产开发企业将开发产品用于职工福利、奖励、对外投资、分配给股东或投资人、抵偿债务、换取其他单位和个人的非货币性资产等，发生所有权转移时应视同销售房地产，其收入按下列方法和顺序确认：

①按本企业在同一地区、同一年度销售的同类房地产的平均价格确定；

②由主管税务机关参照当地当年、同类房地产的市场价格或评估价值确定。

（2）房地产开发企业将开发的部分房地产转为企业自用或用于出租等商业用途时，如果产权未发生转移，不征收土地增值税，在税款清算时不列收入，不扣除相应的成本和费用。

（四）土地增值税的扣除项目

（1）扣除取得土地使用权所支付的金额、房地产开发成本、费用及与转让房地产有关税金，须提供合法有效凭证；不能提供合法有效凭证的，不予扣除。

（2）房地产开发企业办理土地增值税清算所附送的前期工程费、建筑安装工程费、基础设施费、开发间接费用的凭证或资料不符合清算要求或不实的，地方税务机关可参照当地建设工程造价管理部门公布的建安造价定额资料，结合房屋结构、用途、区位等因素，核定上述四项开发成本的单位面积金额标准，并据以计算扣除。具体核定方法由省税务机关确定。

（3）房地产开发企业开发建造的与清算项目配套的居委会和派出所用房、会所、停车场（库）、物业管理场所、变电站、热力站、水厂、文体场馆、学校、幼儿园、托儿所、医院、邮电通信等公共设施，按以下原则处理：

①建成后产权属于全体业主所有的，其成本、费用可以扣除。

②建成后无偿移交给政府、公用事业单位用于非营利性社会公共事业的，其成本、费用可以扣除。

③建成后有偿转让的，应计算收入，并准予扣除成本、费用。

④房地产开发企业销售已装修的房屋，其装修费用可以计入房地产开发成本。

⑤属于多个房地产项目共同的成本费用，应按清算项目可售建筑面积占多个项目可售总建筑面积的比例或其他合理的方法，计算确定清算项目的扣除金额。

（五）土地增值税清算时应提供的清算资料

对于符合《土地增值税清算管理规程》第9条规定，应进行土地增值税清算的项目，纳税人应当在满足条件之日起90日内到主管税务机关办理清算手续。对于符合本规程第十条规定税务机关可要求纳税人进行土地增值税清算的项目，由主管税务机关确定是否进行清算；对于确定需要进行清算的项目，由主管税务机关下达清算通知，纳税人应当在收到清算通知之日起90日内办理清算手续。

应进行土地增值税清算的纳税人或经主管税务机关确定需要进行清算的纳税人，在上述规定的期限内拒不清算或不提供清算资料的，主管税务机关可依据《税收征收管理法》有关规定处理。

纳税人清算土地增值税时应提供以下资料：

（1）土地增值税清算表及其附表。

（2）房地产开发项目清算说明，主要内容应包括房地产开发项目立项、用地、开发、销售、关联方交易、融资、税款缴纳等基本情况及主管税务机关需要了解的其他情况。

（3）项目竣工决算报表、取得土地使用权所支付的地价款凭证、国有土地使用权出让合同、银行贷款利息结算通知单、项目工程合同结算单、商品房购销合同统计表、销售明细表、预售许可证等与转让房地产的收入、成本和费用有关的证明资料。主管税务机关需要相应项目记账凭证的，纳税人还应提供记账凭证复印件。

（4）纳税人委托税务中介机构审核鉴证的清算项目，还应报送中介机构出具的《土地增值税清算税款鉴证报告》。

纳税人委托税务中介机构进行清算申报的，还应附送具有鉴证资格的税务中介机构出具的《土地增值税清算鉴证报告》（以下简称《鉴证报告》）和税务中介机构资格、年检证明材料。

主管税务机关收到纳税人清算资料后，对符合清算条件的项目，且报送的清算资料完备的，予以受理；对纳税人符合清算条件、但报送的清算资料不全的，应要求纳税人在规定限期内补报，纳税人在规定的期限内补齐清算资料后，予以受理；对不符合清算条件的项目，不予受理。上述具体期限由各省、自治区、直辖市、计划单列市税务机关确定。主管税务机关已受理的清算申请，纳税人无正当理由不得撤销。

（六）土地增值税清算项目的审核鉴证

清算审核包括案头审核、实地审核。

案头审核是指对纳税人报送的清算资料进行数据、逻辑审核，重点审核项目归集的一致性、数据计算准确性等。

实地审核是指在案头审核的基础上，通过对房地产开发项目实地查验等方式，对纳税人申报情况的客观性、真实性、合理性进行审核。

清算审核时，应审核房地产开发项目是否以国家有关部门审批、备案的项目为单位进行清算；对于分期开发的项目，是否以分期项目为单位清算；对不同类型房地产是否分别计算增值额、增值率，缴纳土地增值税。

审核收入情况时，应结合销售发票、销售合同（含房管部门网上备案登记资料）、商品房销售（预售）许可证、房产销售分户明细表及其他有关资料，重点审核销售明细表、房地产销售面积与项目可售面积的数据关联性，以核实计税收入；对销售合同所载商品房面积与有关部门实际测量面积不一致，而发生补、退房款的收入调整情况进行审核；对销售价格进行评估，审核有无价格明显偏低的情况。

必要时，主管税务机关可通过实地查验，确认有无少计、漏计事项，确认有无将开发产品用于职工福利、奖励、对外投资、分配给股东或投资人、抵偿债务、换取其他单位和个人的非货币性资产等情况。

土地增值税扣除项目审核的内容包括：（1）取得土地使用权所支付的金额。（2）房地产开发成本，包括土地征用及拆迁补偿费、前期工程费、建筑安装工程费、基础设施费、公共配套设施费、开发间接费用。（3）房地产开发费用。（4）与转让房地产有关的税金。（5）国家规定的其他扣除项目。

纳税人委托中介机构审核鉴证的清算项目，主管税务机关应当采取适当方法对有关鉴证报告的合法性、真实性进行审核，对符合要求的鉴证报告，税务机关可以采信。

对纳税人委托中介机构审核鉴证的清算项目，主管税务机关未采信或部分未采信鉴证报告的，应当告知其理由。

税务机关要对从事土地增值税鉴证工作的税务中介机构在准入条件、工作程序、鉴证内容、法律责任等方面提出明确要求，并做好必要的指导和管理。

（七）土地增值税的核定征收

在土地增值税清算过程中，发现纳税人符合核定征收条件的，应按核定征收方式对房地产项目进行清算。

在土地增值税清算中符合以下条件之一的，可实行核定征收。

（1）依照法律、行政法规的规定应当设置但未设置账簿的；

（2）擅自销毁账簿或者拒不提供纳税资料的；

（3）虽设置账簿，但账目混乱或者成本资料、收入凭证、费用凭证残缺不全，难以确定转让收入或扣除项目金额的；

（4）符合土地增值税清算条件，企业未按照规定的期限办理清算手续，经税务机关责令限期清算，逾期仍不清算的；

（5）申报的计税依据明显偏低，又无正当理由的。

符合上述核定征收条件的，由主管税务机关发出核定征收的税务事项告知书后，税务人员对房地产项目开展土地增值税核定征收核查，经主管税务机关审核合议，通知纳税人申报缴纳应补缴税款或办理退税。

（八）清算后再转让房地产的处理

在土地增值税清算时未转让的房地产，清算后销售或有偿转让的，纳税人应按规定进行土地增值税的纳税申报，扣除项目金额按清算时的单位建筑面积成本费用乘以销售或转让面积计算。

单位建筑面积成本费用=清算时的扣除项目总金额÷清算的总建筑面积

任务四　办理土地增值税的纳税申报

（一）纳税申报表的填列

土地增值税的纳税人应在转让房地产合同签订后的7日内，到房地产所在地主管税务机关办理纳税申报。并向税务机关提交房屋及建筑物产权、土地使用权证书，土地转让、房产买卖合同，房地产评估报告及其他与转让房地产有关的资料。

纳税人因经常发生房地产转让而难以在每次转让后申报的，经税务机关审核同意后，可以定期进行纳税申报，具体期限由税务机关根据情况确定。具体要求如下：

（1）以一次交割并付清价款方式转让房地产的，主管税务机关可在纳税人办理纳税申报后，根据其应纳税额的大小及向有关部门办理过户、登记手续的期限等，规定其在办理过户、登记手续前数日内一次性缴纳全部税款。

（2）以分期收款方式转让房地产的，主管税务机关可根据合同规定的收款日期来确定具体的纳税期限。即先计算出应交纳的全部土地增值税额，再按总税额除以转让房地产的总收入，算出应纳税额占总收入的比例。然后，在每次收到价款时，按收到的价款乘以该比例，计算出每次应纳的土地增值税额。

（3）项目全部竣工决算前转让房地产的，可以预征土地增值税，待项目办理竣工结算后再进行清算，多退少补。

2009年5月12日，国家税务总局制定并下发了土地增值税纳税申报表。此表包括适用于从事房地产开发纳税人的《土地增值税项目登记表》和《土地增值税纳税申报表》（一）（见表6-5），及适用于非从事房地产开发纳税人的《土地增值税纳税申报表》（二）（见表6-6）。纳税人必须按照税法的有关规定，向房地产所在地主管税务机关如实申报转让房地产所取得的收入、扣除项目金额以及应纳的土地增值税额，并按期缴纳税额。

表6-5

土地增值税纳税申报表（一）

（从事房地产开发的纳税人适用）

税款所属时间： 年 月 日 填表日期： 年 月 日

纳税人编码： 金额单位：人民币元 面积单位：平方米

纳税人名称		项目名称		项目地址	
业 别		经济性质	纳税人地址		邮政编码	
开户银行		银行账号	主管部门		电 话	

项 目	行次	金 额
一、转让房地产收入总额 1＝2＋3	1	
其中　货币收入	2	
实物收入及其他收入	3	
二、扣除项目金额合计 4＝5＋6＋13＋16＋20	4	
1. 取得土地使用权所支付的金额	5	
2. 房地产开发成本 6＝7＋8＋9＋10＋11＋12	6	
其中　土地征用及拆迁补偿费	7	
前期工程费	8	
建筑安装工程费	9	
基础设施费	10	
公共配套设施费	11	
开发间接费用	12	
3. 房地产开发费用 13＝14＋15	13	
其中　利息支出	14	
其他房地产开发费用	15	
4. 与转让房地产有关的税金等 16＝17＋18＋19	16	
其中　营业税	17	
城市维护建设税	18	
教育费附加	19	
5. 财政部规定的其他扣除项目	20	
三、增值额 21＝1－4	21	
四、增值额与扣除项目金额之比（％）22＝21÷4	22	
五、适用税率（％）	23	
六、速算扣除系数（％）	24	

续表

项　目	行次	金　额
七、应缴土地增值税税额　25＝21×23－4×24	25	
八、已缴土地增值税税额	26	
九、应补（退）土地增值税税额　27＝25－26	27	

授权代理人	（如果你已委托代理申报人，请填写下列资料） 　　为代理一切税务事宜，现授权_____（地址）_____为本纳税人的代理申报人，任何与本报表有关的来往文件都可寄与此人。 　　　　　授权人签字：_____	声明	我声明：此纳税申报表是根据《中华人民共和国土地增值税暂行条例》及其实施细则的规定填报的。我确信它是真实的、可靠的、完整的。 　　　　声明人签字：_____

纳税人 签章		法人代表 签　章		经办人员（代理申报人） 签章		备注

（以下部分由主管税务机关负责填写）

主管税务机 关收到日期		接收人		审核日期		税务审核 人员签章	
审核 记录						主管税务 机关盖章	

表 6-6　　　　　　　　　　**土地增值税纳税申报表（二）**
（非从事房地产开发的纳税人适用）

税款所属时间：　　年　　月　　日　　填表日期：　　年　　月　　日
纳税人编码：　　　　　　　　金额单位：人民币元　　　　　　　　面积单位：平方米

纳税人名称		项目名称		项目地址	
业　别		经济性质		纳税人地址		邮政编码	
开户银行		银行账号		主管部门		电　话	

项　目	行次	金　额
一、转让房地产收入总额　1＝2+3	1	
其中：货币收入	2	
实物收入及其他收入	3	
二、扣除项目金额合计　4＝5+6+9	4	

续表

项　　　　目	行次	金　　　额
1. 取得土地使用权所支付的金额	5	
2. 旧房及建筑物的评估价格　6＝7×8	6	
其中　旧房及建筑物的重置成本价	7	
成新度折扣率	8	
3. 与转让房地产有关的税金等　9＝10+11+12+13	9	
其中　营业税	10	
城市维护建设税	11	
印花税	12	
教育费附加	13	
三、增值额　14＝1−4	14	
四、增值额与扣除项目金额之比（％）15＝14÷4	15	
五、适用税率（％）	16	
六、速算扣除系数（％）	17	
七、应缴土地增值税税额　18＝14×16−4×17	18	

授权代理人	（如果你已委托代理申报人，请填写下列资料） 　　为代理一切税务事宜，现授权 ＿＿＿＿（地址）＿＿＿＿ 为本纳税人的代理申报人，任何与本报表有关的来往文件都可寄与此人。 　　　　　　授权人签字：＿＿＿＿＿＿	声明	我声明：此纳税申报表是根据《中华人民共和国土地增值税暂行条例》及其实施细则的规定填报的。我确信它是真实的、可靠的、完整的。 　　　　　　声明人签字：＿＿＿＿＿＿
纳税人 签　章	法人代表 签　章		经办人员（代理申报人） 签　章	备注

（以下部分由主管税务机关负责填写）

主管税务机 关收到日期		接收人		审核日期		税务审核 人员签章	
审核 记录						主管税务 机关盖章	

（二）报送纳税申报表

　　土地增值税的纳税人应在转让房地产合同签订后的 7 日内，到房地产所在地主管税务机关办理纳税申报，报送土地增值税纳税申报表及附表，并向税务机关提交房屋及建筑物产权、土地使用权证书，土地转让、房屋买卖合同，房地产评估报告及其他与转让房地产有关的资料。

项目三　城镇土地使用税纳税实务

任务一　熟悉城镇土地使用税法律知识

（一）确定城镇土地使用税的征税范围

城镇土地使用税的征税范围，包括在城市、县城、建制镇和工矿区内的国家所有和集体所有的土地。城市的土地包括市区和郊区的土地，县城的土地是指县人民政府所在地的城镇的土地，建制镇的土地是指镇人民政府所在地的土地。

城市、县城、建制镇和工矿区的具体征税范围，由省、自治区、直辖市人民政府具体划定。

（二）确定城镇土地使用税的纳税人

在城市、县城、建制镇、工矿区范围内使用土地的单位和个人为城镇土地使用税的纳税人。所称单位，包括国有企业、集体企业、私营企业、股份制企业、外商投资企业、外国企业及其他企业和事业单位、社会团体、国家机关、军队及其他单位。所称个人，包括个体工商户及其他个人。具体规定如下：

（1）拥有土地使用权的单位和个人，为纳税义务人。

（2）拥有土地使用权的单位和个人不在土地所在地的，其土地的实际使用人和代管人为纳税义务人。

（3）土地使用权未确定或权属纠纷未解决的，其实际使用人为纳税义务人。

（4）土地使用权共有的，共有各方都是纳税义务人，由共有各方分别纳税。

（三）确定城镇土地使用税的税率

城镇土地使用税采用定额税率，即有幅度的差别税额，按大、中、小城市和县城、建制镇、工矿区分别规定每平方米土地使用的年应纳税额。具体标准如表6-7所示。

表6-7

级别	人口（人）	每平方米税额（元）
大城市	50万人以上	1.5~30
中等城市	20万~50万	1.2~24
小城市	20万以下	0.9~18
县城、建制镇、工矿区		0.6~12

（四）熟悉城镇土地使用税的优惠政策

城镇土地使用税的税收优惠包括：法定免缴土地使用税的优惠和省、自治区、直辖市地方税务局确定的减免土地使用税的优惠。

1. 法定免缴土地使用税的优惠

（1）国家机关、人民团体、军队自用的土地。

（2）由国家财政部门拨付事业经费的单位自用的土地。

（3）宗教寺庙、公园、名胜古迹自用的土地，如宗教人员生活用地、公园公共参观游览用地及其管理单位的办公用地。

以上单位的生产、经营用地和其他用地，不属于免税范围，应按规定缴纳土地使用税。例如，公园、名胜古迹中附设的营业单位，如影剧院、饮食部、茶社、照相馆、索道公司等使用的土地，应缴纳土地使用税。

（4）市政街道、广场、绿化地带等公共用地。

（5）直接用于农、林、牧、渔业的生产用地。这部分土地是指直接从事种植、养殖、饲养的专业用地，不包括农副产品加工场地和生活办公用地。

（6）经批准开山填海整治的土地和改造的废弃土地，从使用的月份起免缴土地使用税 5~10 年。

（7）对非营利性医疗机构、疾病控制机构和妇幼保健机构等卫生机构自用的土地，免征城镇土地使用税。对营利性医疗机构自用的土地自 2000 年起免征城镇土地使用税 3 年。

（8）企业办的学校、医院、幼儿园、托儿所，其用地能与企业其他用地明确区分的，免征城镇土地使用税。

（9）免税单位无偿使用纳税单位的土地（如公安、海关等单位使用铁路、民航等单位的土地），免征城镇土地使用税。纳税单位无偿使用免税单位的土地，纳税单位应照章缴纳城镇土地使用税。纳税单位与免税单位共同使用共有使用权土地上的多层建筑，对纳税单位可按其占用的建筑面积占建筑总面积的比例计征城镇土地使用税。

（10）对行使国家行政管理职能的中国人民银行总行（含国家外汇管理局）所属分支机构自用的土地，免征城镇土地使用税。

（11）为了体现国家的产业政策，支持重点产业的发展，对石油、电力、煤炭等能源用地，民用港口、铁路等交通用地和水利设施用地，三线调整企业、盐业、采石场、邮电等一些特殊用地划分了征免税界限，给予政策性减免税照顾：

①对企业的铁路专用线、公路等用地，在厂区以外与社会公用地段未加隔离的，暂免征收城镇土地使用税。

②对企业厂区以外的公共绿化用地和向社会开放的公园用地，暂免征收城镇土地使用税。

③对林业系统所属林区的育林地、运材道、防火道、防火设施用地，免征城镇土地使用税。林业系统的森林公园、自然保护区，可以比照公园免征土地使用税。

④自 2007 年 1 月 1 日起，在城镇土地使用税征收范围内经营采摘、观光农业的单位和个人，其直接用于采摘、观光的种植、养殖、饲养的土地，免征城镇土地使用税。

⑤从 2007 年 9 月 10 日起，对核电站的核岛、常规岛、辅助厂房和通信设施用地（不包括地下线路用地）以及生活、办公用地按规定征收城镇土地使用税，其他用地免征城镇土地使用税。对核电站应税土地在基建期内减半征收城镇土地使用税。

2. 省、自治区、直辖市地方税务局确定的减免土地使用税的优惠

下列土地免征城镇土地使用税：个人所有的居住房屋及院落用地；房产管理部门在房租调整改革前经租的居民住房用地；免税单位职工家属的宿舍用地；民政部门举办的安置残疾人占一定比例的福利工厂用地；集体和个人办的各类学校、医院、托儿所、幼儿园用地。

向居民供热并向居民收取采暖费的供热企业暂免征收城镇土地使用税。"供热企业"包括专业供热企业、兼营供热企业、单位自供热及为小区居民供热的物业公司等，不包括从事热力生产但不直接向居民供热的企业。

对既向居民供热，又向非居民供热的企业，可按向居民供热收取的收入占其总供热收入的比例划分征免税界限；对于兼营供热的企业，可按向居民供热收取的收入占其生产经营总收入的比例划分征免税界限。

（五）确定城镇土地使用税的纳税时间和地点

（1）纳税期限。城镇土地使用税实行按年计算、分期缴纳的征收办法，具体纳税期限由省、自治区、直辖市人民政府确定。

（2）纳税义务发生时间。使用城镇土地，一般是从次月起发生纳税义务，只有新征用耕地是在批准使用之日起满一年时开始纳税。具体归纳如表6-8所示。

表6-8

情　　况	纳税义务发生时间
购置新建商品房	房屋交付使用之次月起
购置存量房	房地产权属登记机关签发房屋权属证书之次月起
出租、出借房地产	交付出租、出借房地产之次月起
以出让或转让方式有偿取得土地使用权	应由受让方从合同约定交付土地时间的次月起缴纳城镇土地使用税，合同未约定交付土地时间的，由受让方从合同签订的次月起缴纳城镇土地使用税
新征用的耕地	批准使用之日起满一年时
新征用的非耕地	批准征用次月起
纳税人因土地权利状态发生变化而依法终止土地使用税的纳税义务	其应纳税款的计算应截止到房产的实物或权利发生变化的当月末（即次月免除纳税义务）

☞想一想

纳税人新征用耕地应缴纳城镇土地使用税，其纳税义务发生时间是（　　）。

A. 自批准征用之日起满3个月　　　B. 自批准征用之日起满6个月

C. 自批准征用之日起满1年　　　　D. 自批准征用之日起满2年

（3）纳税地点。城镇土地使用税的纳税地点为土地所在地，由土地所在地的税务机关负责征收。

任务二　应纳城镇土地使用税计算及会计处理

(一) 熟悉会计科目的设置

企业按规定计算城镇土地使用税时，借记"管理费用"科目，贷记"应交税费——应交土地使用税"科目；在实际缴纳税款时，借记"应交税费——应交土地使用税"科目，贷记"银行存款"科目。

(二) 应纳税额的计算及会计处理

(1) 确定城镇土地使用税的计税依据。城镇土地使用税以纳税人实际占用的土地面积为计税依据。纳税人实际占用的土地面积按下列方法确定：

①凡有由省、自治区、直辖市人民政府确定的单位组织测定土地面积的，以测定的面积为准。

②尚未组织测量，但纳税人持有政府部门核发的土地使用证书的，以证书确认的土地面积为准。

③尚未核发土地使用证书的，应由纳税人申报土地面积，据以纳税，待核发土地使用证以后再作调整。

(2) 计算城镇土地使用税的应纳税额。城镇土地使用税采用从量定额方法计算应纳税额。其计算公式为：

$$年应纳税额=实际占用应税土地面积（平方米）\times 适用税额$$

【例6-7】某公司实际使用土地面积 25 000m²，该公司所在城市计税标准为 5 元/m²，计算该公司应纳土地使用税，作相应会计分录。

年应纳税额=25 000×5=125 000 （元）

计提土地使用税时：

借：管理费用　　　　　　　　　　　　　　　　　　　　125 000
　　贷：应交税费——应交土地使用税　　　　　　　　　　　　125 000

缴纳土地使用税时：

借：应交税费——应交土地使用税　　　　　　　　　　　125 000
　　贷：银行存款　　　　　　　　　　　　　　　　　　　　125 000

任务三　办理城镇土地使用税的纳税申报

城镇土地使用税的纳税人应按《城镇土地使用税暂行条例》的有关规定，如实填写城镇土地使用税纳税申报表，并在规定的时间内，将填列的纳税申报表报送主管税务机关，及时缴纳税款。

项目四　耕地占用税纳税实务

耕地占用税是对占用耕地建房或从事其他非农业建设的单位和个人，就其占用的耕地面积征收的一种税。耕地占用税法是用以调整国家与耕地占用税纳税人之间征纳关系的法律规范，其基本法律依据是 2007 年 12 月 1 日国务院发布的《中华人民共和国耕地占用税暂行条例》（以下简称《条例》），自2008年1月1日起执行。

耕地是从事农业生产的基本条件，开征此税是加强土地管理、防止乱占耕地、综合治理非农业占用耕地的一种法律和经济手段。

任务一　熟悉耕地占用税法律知识

（一）确定耕地占用税的征税范围

耕地占用税以占用农用耕地（包括国家所有和集体所有的耕地）建房或从事其他非农业建设为征税范围。耕地是指种植农作物的土地（包括菜地、园地）。园地包括苗圃、花圃、茶园、果园、桑园和其他种植经济林木的土地。占用鱼塘及其他农用土地建房或从事其他非农业建设，也视同占用耕地，必须依法征收耕地占用税。占用其他农用土地，例如占用已开发从事种植、养殖的滩涂、草场、水面和林地等从事非农业建设，是否征税，由省、自治区、直辖市本着有利于保护农用土地资源和保护生态平衡的原则，结合具体情况加以确定。

☞想一想

下列各项中，属于耕地占用税征税范围的有（　　　）。

A. 占用菜地开发花圃　　　　　B. 占用农用土地建造住宅区

C. 占用耕地开发食品加工厂　　D. 占用养殖的滩涂修建飞机场跑道

（二）确定耕地占用税的纳税人

耕地占用税的纳税人是占用耕地建房或从事其他非农业建设的单位和个人。这里所称单位，包括国有企业、集体企业、私营企业、股份制企业、外商投资企业、外国企业及其他企业和事业单位、社会团体、国家机关、部队以及其他单位；所称个人，包括个体工商户以及其他个人。

（三）确定耕地占用税的税率

耕地占用税实行定额幅度税率，以县为单位按人均占有耕地多少（按总人口和现有耕地计算）并参照经济发展情况，确定适用税额。具体规定如下：

（1）人均耕地不超过1亩的地区（以县级行政区域为单位，下同），每平方米为10~50元；

（2）人均耕地超过1亩但不超过2亩的地区，每平方米为8~40元；

（3）人均耕地超过2亩但不超过3亩的地区，每平方米为6~30元；

（4）人均耕地超过3亩的地区，每平方米为5~25元。

国务院财政、税务主管部门根据人均耕地面积和经济发展情况确定各省、自治区、直辖市的平均税额。各地适用税额，由省、自治区、直辖市人民政府在《条例》第5条第1款规定的税额幅度内，根据本地区情况核定。各省、自治区、直辖市人民政府核定的适用税额的平均水平，不得低于《条例》第5条第2款规定的平均税额。

经济特区、经济技术开发区和经济发达且人均耕地特别少的地区，适用税额可以适当提高，但是提高的部分最高不得超过《条例》第5条第3款规定的当地适用税额的50%。

占用基本农田的，适用税额应当在《条例》第5条第3款、第6条规定的当地适用税额的基础上提高50%。

（四）熟悉耕地占用税的优惠政策

（1）下列经批准征用的耕地，免征耕地占用税：军事设施占用耕地；学校、幼儿园、养老院、医院占用耕地。

（2）根据《条例》的有关规定，下列项目减征或免征耕地占用税：

①铁路线路、公路线路、飞机场跑道、停机坪、港口、航道占用耕地，减按每平方米2元的税额征收耕地占用税。根据实际需要，国务院财政、税务主管部门商国务院有关部门并报国务院批准后，可以对上述情形免征或者减征耕地占用税。

②农村居民占用耕地新建住宅，按照当地适用税额减半征收耕地占用税。

③农村烈士家属、残疾军人、鳏寡孤独以及革命老根据地、少数民族聚居区和边远贫困山区生活困难的农村居民，在规定用地标准以内新建住宅缴纳耕地占用税确有困难的，经所在地乡（镇）人民政府审核，报经县级人民政府批准后，可以免征或者减征耕地占用税。

依照《条例》第8条、第9条规定免征或者减征耕地占用税后，纳税人改变原占地用途，不再属于免征或者减征耕地占用税情形的，应当按照当地适用税额补缴耕地占用税。

☞想一想

下列各项中，可以按照当地适用税额减半征收耕地占用税的是（　　）。

A. 供电部门占用耕地新建变电站　　　B. 农村居民占用耕地新建住宅

C. 市政部门占用耕地新建自来水厂　　D. 国家机关占用耕地新建办公楼

任务二　应纳耕地占用税计算及会计处理

（一）熟悉会计科目的设置

耕地占用税是在实际占用耕地时一次性缴纳的，不需要预提和清算，因此可不通过"应交税费"科目进行核算，直接计入有关项目的成本费用之中。按规定计算的耕地占用税，借记"在建工程"科目，贷记"银行存款"科目。房地产开发企业开发房地产缴纳的耕地占用税，作为房地产开发的构成内容，记入"开发成本"科目。

（二）应纳税额的计算及会计处理

耕地占用税以纳税人实际占用的耕地面积为计税依据，按规定的单位税额计算应纳税额：

$$应纳税额＝实际占用的耕地面积×单位税额$$

【例6-8】某市高新区一汽车改装厂经批准扩建，占用耕地40亩，该高新区耕地占用税适用税额为25元／m^2，计算该企业应缴纳的耕地占用税并作会计分录（1亩＝666.67m^2）。

应纳税额＝40×666.67×25＝666 670（元）

缴纳耕地占用税时，作会计分录：

借：在建工程	666 670
贷：银行存款	666 670

任务三　办理耕地占用税的纳税申报

耕地占用税由各级地方税务机关负责征收。土地管理部门在通知单位或者个人办理占用耕地手续时，应当同时通知耕地所在地同级地方税务机关。获准占用耕地的单位或者个人应当在收到土地管理部门的通知之日起 30 日内填写纳税申报表并缴纳耕地占用税。土地管理部门凭耕地占用税完税凭证或者免税凭证和其他有关文件发放建设用地批准书。

纳税人临时占用耕地，应当依照《条例》的规定缴纳耕地占用税。纳税人在批准临时占用耕地的期限内恢复所占用耕地原状的，全额退还已经缴纳的耕地占用税。

思考与练习

一、单项选择题

1. 城镇土地使用税是按规定（　　）对拥有土地使用权的单位和个人征收的一种税。

  A. 税率　　　　　　B. 税额　　　　　　C. 土地等级　　　　D. 土地面积

2. 某生产企业坐落在某县城，经有关行政部门核定 2014 年厂区内占用土地面积共计 15 000 平方米，其中幼儿园占地 1 000 平方米、子弟学校占地 1 500 平方米、绿化占地 2 000平方米，该地每平方米征收城镇土地使用税 3 元，该企业 2014 年应缴纳城镇土地使用税（　　）元。

  A. 31 500　　　　　B. 37 500　　　　　C. 42 000　　　　　D. 45 000

3. 土地增值税的清算主体是（　　）。

  A. 税务机关　　　B. 纳税人　　　　　C. 中介机构　　　　D. 房地产行业主管部门

4. 下列项目中，计征土地增值税时不按评估价格来确定转让房地产收入、扣除项目金额的（　　）。

  A. 出售新房屋　　　　　　　　　　B. 出售旧房

  C. 虚报房地产成交价格的　　　　　D. 扣除项目金额不实的

5. 土地增值税的纳税人应在转让房地产合同签订后（　　）日内，到税务机关办理纳税申报。

  A. 5　　　　　　　B. 7　　　　　　　C. 10　　　　　　　D. 15

6. 某纳税人本期以自产液体盐 60 000 吨和外购液体盐 10 000 吨（每吨已缴纳资源税 2 元）加工固体盐 12 000 吨对外销售，取得销售收入 600 万元。已知固体盐税额为每吨 10 元，该纳税人本期应缴纳资源税（　　）万元。

  A. 10　　　　　　　B. 12　　　　　　　C. 16　　　　　　　D. 20

7. 下列各项中，征收资源税的是（　　）。

  A. 人造石油　　　　　　　　　　　B. 洗煤

  C. 与原油同时开采的天然气　　　　D. 地面抽采煤层气

8. 某采矿企业 2 014 年 6 月开采锡矿石 50 000 吨，销售锡矿原矿 40 000 吨、锡矿精矿 100 吨（无法确定移送使用的锡矿原矿数量），锡矿精矿的选矿比为 1∶12，锡矿资源税适用税额每吨 0. 8 元。该企业 6 月应纳资源税（　　）元。

  A. 32 490   B. 37 430   C. 32 406   D. 32 960

二、多项选择题

1. 关于资源税的课税数量，下列陈述正确的有（　　）。

  A. 纳税人开采或者生产应税产品销售的，以销售数量为课税数量

  B. 纳税人开采或者生产应税产品自用的，以自用数量为课税数量

  C. 对于连续加工前无法正确计算原煤移送使用数量的煤炭，可按加工产品的综合回收率，将加工产品实际销量和自用量折算成原煤数量，以此作为课税数量

  D. 金属冶炼厂以收购的铁矿铸成铁工艺品，按收购的铁矿石数量代扣代缴资源税

2. 下列关于资源税计税依据的说法，正确的有（　　）。

  A. 纳税人自产天然气用于福利，以自用数量为计税依据

  B. 纳税人对外销售原煤，以销售额为计税依据

  C. 纳税人自产自用铁矿石加工精矿石后销售，以实际移送使用数量为计税依据

  D. 纳税人开采黑色金属矿原矿并销售，以销售数量为计税依据

3. 土地增值税的纳税人包括（　　）。

  A. 企事业单位   B. 国家机关   C. 社会团体   D. 外资企业

4. 下列各项中，房地产开发公司应进行土地增值税清算的有（　　）。

  A. 直接转让土地使用权的

  B. 房地产开发项目全部竣工完成销售的

  C. 整体转让未竣工决算房地产开发项目的

  D. 取得销售（预售）许可证满 2 年仍未销售完毕的

5. 计算土地增值税扣除项目金额中不得扣除的利息支出有（　　）。

  A. 发行债券支付的利息

  B. 境外借款利息

  C. 超过国家的有关规定上浮幅度的部分

  D. 超过贷款期限的利息部分

三、判断题

1. 同样是铜矿石，产自不同的铜矿，适用的资源税税额也会有所不同，资源条件好的税额高，反之，税额低。（　　）

2 收购未税矿产品的单位为资源税的扣缴义务人。（　　）

3. 资源税的纳税人采取预收货款结算方式的，其纳税义务发生时间为收到预收款的当天。（　　）

4. 纳税人开采应税产品自用时，应征资源税只包括用于生产的自产自用产品。（　　）

5. 资源税在生产、批发、零售诸环节对应税资源征税。（　　）

6. 城镇土地使用税中所称的城市是指经国务院批准设立的市，城市的土地包括市区和郊区的土地。(　　)

7. 城镇土地使用税是以开征范围的土地为征税对象，以实际占有的土地面积为计税，按规定税额对拥有土地使用权的单位和个人征收的一种税。(　　)

8. 土地使用权共有的，由共有各方按其实际占有的土地面积占总面积的比例，分别计算缴纳土地使用税。(　　)

9. 城镇土地使用税的应纳税额根据纳税人实际占有的土地面积乘以该土地所在地段的适用税额计算。(　　)

10. 纳税人应税土地面积，以国土、测绘管理部门测定的纳税人的实际占用土地面积为准。(　　)

11. 新征用的非耕地，自批准征用次月起开始缴纳土地使用税。(　　)

12. 土地增值税纳税人包括单位和个人，个人转让别墅应按规定缴纳土地增值税。(　　)

13. 房地产开发企业在项目开发过程中借款所发生的利息支出，应作为房地产开发成本列支。(　　)

14. 纳税人申请注销税务登记但未办理土地增值税清算手续的，纳税人应进行土地增值税的清算。(　　)

15. 自 2008 年 11 月 1 日起，对居民个人转让住房一律免征土地增值税。(　　)

16. 企业之间交换房地产免征土地增值税。(　　)

17. 合作建房的，无论是自用还是转让，都免征土地增值税。(　　)

18. 对取得土地使用权时未支付地价款或不能提供已支付地价款凭据的，在计征土地增值税时不允许扣除地价款。(　　)

19. 纳税人建造普通住宅出售的，增值额未超过扣除项目金额 20% 的房地产项目，免征土地增值税。(　　)

20. 纳税人因城市规划需要搬迁，自行转让原房地产的，比照有关规定免征土地增值税。(　　)

四、计算题

1. 某联合企业为增值税一般纳税人，2014 年 12 月生产经营情况如下：

(1) 专门开采的天然气 45 000 千立方米，开采原煤 450 万吨，采煤过程中生成天然气 2 800 千立方米。

(2) 销售原煤 280 万吨，取得不含税销售额 22 400 万元。

(3) 以原煤直接加工洗煤 110 万吨，对外销售 90 万吨，取得不含税销售额 15 840 万元。

(4) 企业职工食堂和供热等用原煤 2 500 吨。

(5) 销售天然气 37 000 千立方米（含采煤过程中生产的 2 000 千立方米），取得不含税销售额 6 660 万元。

(6) 购进采煤用原材料和低值易耗品，取得增值税专用发票，注明支付货款 7 000 万元、增值税税额1 190万元。支付购原材料运输费200 万元，取得运输公司开具的普通发票，原材料和低值易耗品验收入库。

（7）购进采煤机械设备10台，取得增值税专用发票，注明每台设备支付货款25 万元、增值税4.25 万元，已全部投入使用。

提示：天然气税率6%，原煤税率3%，洗煤与原煤的选矿比为60%。

要求：计算该联合企业2014 年12 月应缴纳的资源税。

2. 某房地产开发有限公司主要从事地产的开发和销售业务，2014 年发生如下经济业务：

（1）1月1日，向中国建设银行东海支行取得贷款10 000 万元，期限半年，利率为6%，全部用于开发商品房。

（2）1月3日，购买土地一块，支付土地价款2 000 万元，支付土地征用和拆迁补偿费500 万元，前期工程费500 万元，基础设施费300 万元。

（3）2月2日，支付建筑安装工程费4 000 万元，公共配套设施费1 000 万元。

（4）6月30日，商品房开发完成，共发生期间费用600 万元（全部支付），其中管理费用120 万元，销售费用180 万元，利息支出300 万元，有金融机构证明，销售房地产取得收入20 000 万元（收到价款存入银行）。

（5）6月30日，按规定计算了营业税、城市维护建设税（税率为7%）、印花税（已包含在管理费用中）和教育费附加，房地产开发费用扣除比例为5%。

要求：计算该公司2014 年应缴纳的土地增值税。

财产税类纳税实务

技能目标

1. 能正确计算财产各税应纳税额
2. 能填写财产各税的纳税申报表并缴纳
3. 能准确地对财产各税的有关业务进行账务处理

📝 **知识目标**

1. 熟悉房产税、车船税、车辆购置税、契税法律知识
2. 计算房产税等财产税的应纳税额，进行房产税等财产税的会计处理
3. 填制纳税申报表，办理纳税申报

📝 **情境导入**

坐落在县城的某大型国有企业，用于生产经营的厂房原值 6 000 万元。该企业还有一个用于出租的仓库，年租金为 8 万元。按当地规定，以减除房产原值 20% 后的余值为计税依据。

请问：该企业房产税的计税依据是多少？税率怎样确定？应纳房产税如何计算？

项目一 房产税纳税实务

任务一 熟悉房产税法律知识

所谓房产税，是以房屋为征税对象，按照房屋的计税余值或租金收入，向产权所有人征收的一种财产税。房产税法是指国家制定的用来调整房产税征收与缴纳权利义务关系的法律规范。1986 年 9 月 15 日，国务院颁布了《中华人民共和国房产税暂行条例》（以下简称《条例》），自同年 10 月 1 日起实施。

（一）判别房产税的征税范围

根据《条例》，房产税在城市、县城、建制镇和工矿区征收。因此，房产税的征税范围包括：

（1）城市，是指国务院批准设立的市。

（2）县城，是指县人民政府所在地的地区。

（3）建制镇，是指经省、自治区、直辖市人民政府批准设立的建制镇。

（4）工矿区，是指符合国务院规定的建制镇标准，但尚未设立建制镇的大中型工矿企业所在地。

（二）确定房产税的纳税人

房产税的纳税人是指房屋的产权所有人。产权所有人是指拥有房屋产权的单位、集体或个人，即房屋的使用权、收益权、转让权、赠与权等权利归其所有，也就是常说的"产权人"、"房东"或"业主"。具体包括：产权所有人、经营管理单位、承典人、代管人或者使用人。

（1）产权属国家所有的，由经营管理单位纳税；产权属集体和个人所有的，由集体单位和个人纳税。

（2）产权出典的，由承典人纳税。

（3）产权所有人、承典人不在房屋所在地的，由代管人或者使用人纳税。

（4）产权未确定及租典纠纷未解决的，由代管人或者使用人纳税。

（5）无租使用其他房产的，由使用人纳税。

（6）外商投资企业、外国企业和组织以及外籍个人，依照《条例》缴纳房产税。

（三）确定房产税的税率

现行房产税采用比例税率。由于房产税的计税依据有从价计征和从租计征两种形式，房产税的税率对应也有两种：对于从价计征的，税率为1.2%；对于从租计征的，税率为12%。另外，从2001年1月1日起，对个人按市场价格出租的居民住房用于居住的，可暂按4%的税率征收房产税。

（四）熟悉房产税的优惠政策

（1）国家机关、人民团体、军队自用的房产免征房产税。若上述免税单位出租房产以及非自身业务使用的生产、营业用房，则不属于免税范围。

（2）由国家财政部门拨付经费的事业单位自用的房产免征房产税。对于事业单位的非自用、公用房产，如事业单位的附属工厂、商店、招待所等，应照章纳税。此外，由国家拨付经费的事业单位，为了鼓励其经济自立，自其经济来源实行自收自支的年度起，免征3年房产税。

（3）宗教寺庙、公园、名胜古迹自用的房产免征房产税，但上述单位所附设的营业单位，如影剧院、饮食部、茶楼、照相馆等所使用的房产及其出租的房产，不属于免税房产，应照章纳税。

（4）个人所有非营业用的房产免征房产税。这里的个人所有非营业用的房产，主要是指居住用房，不分面积多少，一律免征房产税。但对个人拥有的营业用房或出租的房屋，则不属于免征范围，应照章纳税。

（5）经财政部批准免税的其他房产。

①损坏不堪使用的房屋和危险房屋，经有关部门鉴定，在停止使用后，可免征房产税。

②对因企业停产、撤销而停止不用的房产，经省、自治区、直辖市地方税务局批准可暂不征收房产税。但如果这些房产转给其他征收单位使用或企业恢复生产，应照章纳税。

③房产大修停用半年以上的，经纳税人申请，税务机关审核，在大修期间可免征房产税。

④在基建工地为基建工地服务的各种工棚、材料棚、休息棚和办公室、食堂、茶炉房、汽车房等临时性房屋，在施工期间，一律免征房产税。但工程结束后，施工企业将这

种临时性房屋交还或估价转让给基建单位的，应从基建单位接收的次月起，照章纳税。

⑤为鼓励利用地下人防设施，暂不征收房产税。

⑥老年服务机构自用的房产，如老年社会福利院、敬老院、养老院、老年服务中心、老年公寓等福利性、非营利性机构专门为老年人提供生活照料、护理、健身所使用的房产，免征房产税。

⑦从1988年1月1日起，对房管部门经租的居民房屋，在房租调整改革之前收取租金偏低的，可暂缓征收房产税。对房管部门经租的其他非营业用房，是否给予照顾，由各省、自治区、直辖市根据当地具体情况按税收管理体制的规定办理。

⑧对高校后勤实体免征房产税。

⑨对非营利性医疗机构、疾病控制机构和妇幼保健机构等卫生机构自用的房产，免征房产税。

⑩向居民供热并收取采暖费的供热企业暂免征收房产税。

⑪对邮政部门坐落在城市、县城、建制镇、工矿区范围以外的尚在县邮政局内核算的房产在单位财务账中划分清楚的，自2001年1月1日起不再征收房产税。

（五）房产税的计税依据

房产税的计税依据有两种：一种是从价计征；另一种是从租计征。

（1）从价计征。从价计征是指对纳税人经营自用的房产，按房产原值一次扣除10%~30%的损耗价值以后的余值计征房产税。其具体扣除幅度由省、自治区、直辖市人民政府自主确定。

至于房产原值，不同情况下有不同的确定原则。通常情形下，房产原值是指纳税人按有关会计制度规定，在"固定资产"账户中记录的房屋造价或原始价值，包括与房屋不可分割的各种附属设施以及不单独计价的各种配套设施。纳税人未按规定记录房产原值的，应参照当地同类房屋的现行市价来确定房产原价；房产原值明显不合理的，应聘请有关资产评估机构对该房产进行重新评估。

对按照房产原值计税的房产，无论会计上如何核算，房产原值均应包含地价，包括为取得土地使用权支付的价款、开发土地发生的成本费用等。宗地容积率低于0.5的，按房产建筑面积的2倍计算土地面积并据此确定计入房产原值的地价。

例如，某工厂有一宗土地，占地20 000平方米，每平方米平均地价1万元，该宗土地上房屋建筑面积8 000平米，通过计算可知该宗地容积率为0.4，因此，计入房产原值的地价=应税房产建筑面积×2×土地单价=8 000×2×1=16 000（万元）。

再如，某企业以8 000万元购置了一宗建筑面积为5 000平方米的房地产，其中，该宗土地面积1 000平方米，地价2 000万元，通过计算可知宗地容积率为5，因此，应将全部地价2 000万元计入房产原值计征房产税。

（2）从租计征。从租计征是指对纳税人出租的房产，以其收取的房产租金收入作为计税依据。所谓房产的租金收入是指房产所有人在出租房产使用权时所获得的总收入，包括货币收入、实物收入、劳务收入以及其他形式的收入。如果获得的是劳务形式或其他形式的收入，则应根据当地同类房产的平均租金水平从租计征。

对出租房产，租赁双方签订的租赁合同约定有免收租金期限的，免收租金期间由产权所有人按照房产原值缴纳房产税。

（六）房产税的征收管理

（1）纳税义务发生时间：

①纳税人将原有房产用于生产经营的，自生产经营之月起，缴纳房产税。

②纳税人自行建造房产用于生产经营的，自建成的下一月起，缴纳房产税。

③纳税人委托施工企业建造的房产，自办理验收手续后的下一月起，缴纳房产税。

④纳税人购买新建商品房，自房屋交付使用的下一月起，缴纳房产税。

⑤纳税人购买存量房，自办理产权过户、变更登记手续，获取房屋产权证书后的下一月起，缴纳房产税。

⑥纳税人出租、出借房产的，自交付出租、出借房产的下一月起，缴纳房产税。

⑦房地产开发企业自用、出租、出借本企业建造的商品房，自房屋使用或交付的下一月起，缴纳房产税。

（2）纳税期限。房产税实行按年计算、分期缴纳的征收方法，具体纳税期限由省、自治区、直辖市人民政府确定。

（3）纳税地点。房产税在房产所在地缴纳。房产不在同一地的纳税人，按房产的坐落地点分别向房产所在地的税务机关纳税。

任务二　应纳房产税计算及会计处理

企业核算房产税，应在"应交税费"科目下设置"应交房产税"明细科目。"应交房产税"明细科目，贷方登记计算应交的房产税税额，借方登记实际上缴的房产税税额；期末若为贷方余额，反映应交未交的房产税；若为借方余额，表示预缴的房产税。

企业按计算应交的房产税，借记"管理费用"科目，贷记"应交税费——应交房产税"科目。下月缴纳后根据税票的金额，借记"应交税费——应交房产税"，贷记"银行存款"。

（一）纳税人自用房产应纳房产税计算及会计处理

从价计征是按房产原值扣除10%~30%的比例后的余值计征，其公式为：

年应纳税额=应税房产原值×（1-扣除比例）×1.2%

【例7-1】某公司有房屋一栋，会计账簿记载房产原值1 000万元，按照当地规定，允许按扣除房产原值的30%后的余值计税，适用税率为1.2%。

年应纳房产税=10 000 000×（1-30%）×1.2%=84 000（元）

每季度终，作会计分录：

借：管理费用——房产税　　　　　　　　　　　　　　　　　21 000

　　贷：应交税费——应交房产税　　　　　　　　　　　　　　　21 000

季末次月15日前，上缴房产税时，作会计分录：

借：应交税费——应交房产税　　　　　　　　　　　　　　　21 000

　　贷：银行存款　　　　　　　　　　　　　　　　　　　　　21 000

（二）纳税人出租房产应纳房产税计算及会计处理

从租计征是按房产的租金收入计征，其公式为：

应纳税额=租金收入×12%

由于房屋租金收入不是企业的主营业务收入，出租房屋取得的收入应列入"其他业务收入",按配比原则,房屋发生的相关税费应列入"其他业务成本",取得租金收入时,应开据租赁发票,同时缴纳相关的税金。

【例7-2】某公司出租空置房屋,合同规定每年租金为10万元。

年应纳房产税 = 100 000×12% = 12 000(元)

缴纳房产税时,作会计分录:

借:其他业务成本 12 000

　　贷:银行存款 12 000

任务三　办理房产税的纳税申报

房产税的纳税人应按《条例》的有关规定,如实填写房产税纳税申报表,具体格式见表7-1。

表 7-1 **房产税纳税申报表**

填表日期:　　年　月　日

纳税人识别号: 金额单位:　　　　元(列至角分)

纳税人名称				税款所属时间							
房产坐落地				建筑面积(m²)				房屋结构			
以房产余值计征房产税					以租金收入计征房产税			全年应纳税额	缴纳次数	本期		应补(退)税额
房产原值	扣除率(%)	房产余值	适用税率(1.2%)	应纳税额	租金收入	适用税率(12%)	应纳税额			应纳税额	已纳税额	
1	2	3=1-1×2	4	5=3×4	6	7	8=6×7	9=5+8	10	11=9/10	12	13=11-12
合计												
如纳税人填报,由纳税人填写以下各栏			如委托代理人填报,由代理人填写以下各栏								备注	
会计主管(签章)		纳税人(签章)	代理人名称						代理人(公章)			
			代理人地址									
			经办人姓名						电话			
以下由税务机关填写												
收到申报表日期				接收人								

说明:1. 房产原值是指纳税人按照会计制度规定,在账簿"固定资产"科目中记载的房屋原价。

2. 房产余值=原产原值×(1-税法规定的扣除率)

企业填列申报表一式三联，按税务机关规定时间进行申报，申报时一式三联一并交专管员审核，经专管员审签后，第一联纳税人保存，第二联由主管税务机关保存，第三联纳税时交税务机关人员凭此开税票，并由税务机关人员作税收会计原始凭证。

项目二　车船税纳税实务

车船税是指国家依法对中华人民共和国境内属于《车船税税目税额表》规定的车辆、船舶（以下简称车船）的所有人或者管理人按照《中华人民共和国车船税法》应缴纳的一种税。车船税法是指国家制定的用以调整车船税征收与缴纳之间权利义务的法律规范，其基本法律依据原是 2006 年 12 月 29 日国务院颁布并于 2007 年 1 月 1 日实施的《中华人民共和国车船税暂行条例》（以下简称《车船税暂行条例》）。2011 年 2 月 25 日，第十一届全国人民代表大会常务委员会第十九次会议通过了《中华人民共和国车船税法》（以下简称《车船税法》），自 2012 年 1 月 1 日起施行。《车船税法》出台主要有四个方面的意义：一是体现税收法定原则。二是促进税收法律体系建设。三是通过立法完善税制，体现税负公平。四是作为第一部由条例升级的法律和第一部地方税法律，具有标志性意义。

任务一　熟悉车船税法律知识

（一）确定车船税的征税范围

车船税的征税范围，是指中华人民共和国境内属于《车船税法》所附《车船税税目税额表》规定的车辆、船舶（以下简称车船）。

包括依法应当在车船登记管理部门登记的机动车辆和船舶，也包括依法不需要在车船登记管理部门登记的在单位内部场所行驶或者作业的机动车辆和船舶。

应税车船，由机动车辆、机动船舶和游艇组成。

机动车辆，是依靠燃油、电力等能源为动力运行的车辆，如汽车、电车和摩托车等。机动车辆包括乘用车、商用车（包括客车、货车）、挂车、专用作业车、轮式专用机械车、摩托车。

机动船舶，是依靠燃料等能源为动力运行的船舶，包括客货轮船、汽垫船、拖轮和机帆船等；非机动驳船和拖船也视同机动船舶。

游艇是指具备内置机械推进动力装置，长度在 90 米以下，主要用于游览观光、休闲娱乐、水上体育运动等活动，并应当具有船舶检验证书和适航证书的船舶。

（二）确定车船税的纳税人

车船税的纳税人，是指中华人民共和国境内属于《车船税税目税额表》规定的车船的所有人或者管理人。

从事机动车交通事故责任强制保险（以下简称交强险）业务的保险机构为机动车车船使用税的扣缴义务人，应当在收取保险费时按照规定的税目税额代收车船使用税，并在机动车交强险的保险单以及保费发票上注明已收税款的信息，作为代收税款凭证。

由保险机构在办理机动车交强险业务时代收代缴机动车的车船使用税，可以方便纳税人缴纳车船使用税,节约征纳双方的成本,实现车辆车船使用税的源泉控管。

（三）确定车船税的税率

车船税实行幅度定额税率,各省、自治区、直辖市在规定的子税目税额幅度内,有确定本地区使用税额的权力。车船税税目税额见表7-2。

表7-2　　　　　　　　　　　　　　　　车船税税目税额

税　　目		计税单位	年基准税额	备　注
乘用车（按发动机汽缸容量（排气量）分档）	1.0升（含）以下的	每　辆	60 ~ 360 元	核定载客人数9人（含）以下
	1.0升以上至1.6升（含）的		300 ~ 540 元	
	1.6升以上至2.0升（含）的		360 ~ 660 元	
	2.0升以上至2.5升（含）的		660 ~ 1 200 元	
	2.5升以上至3.0升（含）的		1 200 ~ 2 400 元	
	3.0升以上至4.0升（含）的		2 400 ~ 3 600 元	
	4.0升以上的		3 600 ~ 5 400 元	
商用车	客　车	每　辆	480 ~ 1 440 元	核定载客人数9人以上,包括电车
	货　车	整备质量每吨	16 ~ 120 元	包括半挂牵引车、三轮汽车和低速载货汽车等
挂车		整备质量每吨	按照货车税额的50%计算	
其他车辆	专用作业车	整备质量每吨	16 ~ 120 元	不包括拖拉机
	轮式专用机械车		16 ~ 120 元	
摩托车		每　辆	36 ~ 180 元	
船舶	机动船舶	净吨位每吨	3 ~ 6 元	拖船、非机动驳船分别按照机动船舶税额的50%计算
	游　艇	艇身长度每米	600 ~ 2 000 元	

（四）熟悉车船税的优惠政策

（1）以下车船免征车船税:

①捕捞、养殖渔船,拖拉机;

②军队、武装警察部队专用的车船,军队、武警专用的车船;

③警用车船;

④依照法律规定应当予以免税的外国驻华使领馆、国际组织驻华代表机构及其有关人

员的车船。

（2）对节约能源、使用新能源的车船可以减征或者免征车船税；对受严重自然灾害影响纳税困难以及有其他特殊原因确需减税、免税的，可以减征或者免征车船税。具体办法由国务院规定，并报全国人民代表大会常务委员会备案。

省、自治区、直辖市人民政府根据当地实际情况，可以对公共交通车船，农村居民拥有并主要在农村地区使用的摩托车、三轮汽车和低速载货汽车定期减征或者免征车船税。

（五）确定车船税的纳税义务发生时间、纳税期限和纳税地点

（1）车船税的纳税义务发生时间。车船税纳税义务发生时间为取得车船所有权或者管理权的当月。

（2）车船税的纳税期限。车船税按年申报缴纳。具体申报纳税期限由省、自治区、直辖市人民政府规定。

由于机动车的车船税涉及面广、税源流动性强，且纳税人多为个人，征管难度较大。另外，纳税人直接到税务机关缴纳税款又存在道路不熟悉、停车困难、排队时间长等种种不便。为方便纳税人缴纳车船税，新《车船税法》规定，从事机动车第三者责任强制保险业务的保险机构为机动车车船税的扣缴义务人，应当在收取保险费时依法代收车船税，并出具代收税款凭证。

（3）车船税的纳税地点。车船税的纳税地点为车船的登记地或者车船税扣缴义务人所在地。依法不需要办理登记的车船，车船税的纳税地点为车船的所有人或者管理人所在地。

公安、交通运输、农业、渔业等车船登记管理部门、船舶检验机构和车船税扣缴义务人的行业主管部门应当在提供车船有关信息等方面，协助税务机关加强车船税的征收管理。

车辆所有人或者管理人在申请办理车辆相关登记、定期检验手续时，应当向公安机关交通管理部门提交依法纳税或者免税证明。公安机关交通管理部门核查后办理相关手续。

任务二 应纳车船税计算及会计处理

（一）会计科目的设置

企业应设置"应交税费——应交车船税"科目，反映车船税的计提和缴纳情况。企业计提车船税时，应借记"管理费用——车船税"科目，贷记"应交税费——应交车船税"科目；企业缴纳车船税时，借记"应交税费——应交车船税"科目，贷记"银行存款"科目。

（二）应纳车船税的计算

车船税对各类车船分别以排气量、辆、自重、净吨位和艇身长度为计税依据，其中：乘用车按排气量大小分档计征，客车、摩托车以辆为计税依据，货车、专用作业车、轮式专用机械车以自重量为计税依据，机动船舶以净吨位为计税依据，游艇选择游艇长度作为计税依据。车船税额的计算公式为：

$$乘用车、客车、摩托车应纳税额＝车辆数×适用单位税额$$

$$载客汽车、电车和摩托车应纳税额＝车辆数×适用单位税额$$

载货汽车（包括半挂牵引车、三轮汽车和低速载货汽车等）、专用作业车、轮式专用机械车应纳税额 = 自重吨位数×适用单位税额

机动船舶应纳税额 = 净吨位数×适用单位税额

游艇应纳税额 = 艇身长度米数×适用单位税额

购置的新车船，购置当年的应纳税额自纳税义务发生的当月起按月计算，计算公式为：

$$应纳税额 = 年应纳税额÷12×应纳税月份数$$

【例7-3】湖北省某行政单位 2013 年 3 月 1 日（发票日期）购买 2.4 排量的别克君威一辆。当月中旬向财保公司投保，财保公司应代扣车船使用税是多少？湖北 2.4 排量乘用车每辆年税额 720 元。

应代收税额 = 720÷12×10 = 600（元）

注意：保险公司在代扣税款时，只能代收 600 元，不能代收全年税款 720 元，且在保单上注明税款所属日期为 2013 年 3 月至 2013 年 12 月，而不是 2013 年 3 月至 2014 年 2 月。如果是 2013 年 1 月保险到期续保，保险公司应代收的车船使用税为：

应代收税额 = 车船数量×适用税率

到续保代收税款时，旧车船无论是哪个月续保，都按全年计算税款，只是所属税款日期应填写当年公历年的元月 1 日至 12 月 31 日。

（三）应纳车船税的会计处理

【例7-4】某公司拥有净吨位为 500 吨的船舶 20 艘，净吨位为 2 000 吨的船舶 5 艘，净吨位为 6 000 吨的船舶 3 艘。载客汽车 5 辆。当地省政府规定单位税额分别为 3 元/吨、3.5 元/吨、5 元/吨、500 元/辆。

净吨位 500 吨的船舶应纳税额 = 500×3×20 = 30 000（元）

净吨位 2 000 吨的船舶应纳税额 = 2 000×3.5×5 = 35 000（元）

净吨位 6 000 吨的船舶应纳税额 = 6 000×5×3 = 90 000（元）

载客汽车应纳税额 = 5×500 = 2 500（元）

该公司全年应纳税额 = 30 000+35 000+90 000+2 500 = 157 500（元）

计提时，作会计分录：

借：管理费用——车船税 157 500
　　贷：应交税费——应交车船税 157 500

实际缴纳时，作会计分录：

借：应交税费——应交车船税 157 500
　　贷：银行存款 157 500

任务三　办理车船税的纳税申报

车船税的纳税义务人，应按有关规定及时办理纳税申报，并如实填写《车船税纳税申报表》（见表7-3）。

表 7-3   **车船税纳税申报表**

填表日期：   年 月 日

纳税人识别号：   单位：   元（列至角分）

纳税人名称						税款所属时期		
车船类别	计税标准	数量	单位税额	全年应纳税额	年缴纳次数	本 期		
						应纳税额	已纳税额	应补（退）税额
1	2	3	4	5＝3×4	6	7＝5÷6	8	9＝7－8
合　计								
车船税税收缴款书号								

如纳税人填报，由纳税人填写以下各栏		如委托代理人填报，由代理人填写以下各栏		备注
会计主管（签章）	纳税人（公章）	代理人名称	代理人（公章）	
		代理人地址		
		经办人姓名	电话	
以下由税务机关填写				
收到申报表日期		接收人		

    企业填列申报表一式三联，按税务机关规定时间进行申报，申报时一式三联一并交专管员审核，经专管员审签后，第一联由纳税人保存，第二联由主管税务机关保存，第三联由纳税时交税务机关人员凭此开税票，并由税务机关人员作税收会计原始凭证。

项目三　契税纳税实务

    契税是以所有权发生转移变动的不动产为征税对象，向产权承受人征收的一种财产税。契税法是指国家制定的用来调整契税征收与缴纳双方权利、义务关系的法律规范。现行契税的基本规范，是 1997 年 7 月 7 日国务院颁布并于同年 10 月 1 日起施行的《中华人民共和国契税暂行条例》。

    开征契税，有利于增加地方财政收入；有利于保护合法产权，避免产权纠纷；有利于调节财富分配，体现社会公平。

任务一　熟悉契税法律知识

（一）判别契税的征税范围

契税的征收对象是指在中华人民共和国境内土地、房屋权属。具体征收范围包括以下内容：

（1）国有土地使用权出让。它是指土地使用者向国家交纳土地出让费，国家将国有土地使用权在一定年限内让与土地使用者的行为。

（2）土地使用权的转让。它是指土地使用者将土地使用权以出售、赠与、交换或其他方式转移给其他单位或个人的行为。土地使用权的转让不包括农村集体土地承包经营权的转移。

（3）房屋买卖。它是指房屋所有者向购买者出售其房产所有权的交易行为。以房产抵债或以实物交换房屋均应视同房屋买卖，应由房屋产权承受人，按房屋现值为计税依据缴纳契税。以房产作投资或作股权转让，实质属于房屋产权转移，应视同房屋买卖处理，由房屋产权受让人按投资房产价值或房产买价缴纳契税。但以自有房产作股投入本人独资经营的企业，免纳契税。因为以自有的房产投入本人独资经营的企业，产权的所有人与使用权的使用人未发生变化，不需办理房产变更手续，也就不需办理契税手续；买房拆料或翻建新房，应照章缴纳契税。

（4）房屋赠与。它是指房屋产权所有人将房屋无偿转让给他人所有的行为。由于房屋是不动产，价值较大，故法律要求房屋赠与应有书面合同（契约），并须办理房屋登记过户手续。房屋的受赠人应按规定缴纳契税。

（5）房屋交换。它是指房屋所有者之间互相交换房屋的行为。

（6）承受国有土地使用权支付的土地出让金。

对承受国有土地使用权所支付的土地出让金，应计征契税。不得因减免土地出让金而减免契税。

【例7-5】下列各项中，应当征收契税的有（　　　）。

A. 以房产抵债　　　　　　B. 将房产赠与他人

C. 以房产作投资　　　　　D. 子女继承父母房产

【答案】A B C

（二）确定契税的纳税人

契税的纳税人是指在中华人民共和国境内转移土地、房屋权属，承受的单位和个人。"土地、房屋权属"是指土地使用权、房屋所有权。"承受"是指以受让、购买、受赠、交换等方式取得土地、房屋权属的行为。"单位"是指企、事业单位、国家机关、军事单位和社会团体以及其他组织。"个人"是指个体经营者及其他个人，包括中国公民和外籍人员。

（三）确定契税的税率

契税实行3%～5%的幅度比例税率。考虑到我国各地经济发展不平衡，各省、自治区、直辖市人民政府可根据本地区的实际情况，在3%～5%的幅度范围内自行确定契税税率。

（四）熟悉契税的优惠政策

1. 契税优惠的一般规定

根据税法规定，以下情形可减征或免征契税：

（1）国家机关、事业单位、社会团体、军事单位承受的土地、房屋用于办公、教学、科研和军事设施的，免征契税。

（2）因为不可抗力灭失住房而重新购买住房的，酌情减免契税。

（3）土地、房屋被县级以上人民政府征用、占用后，重新承受土地、房屋权属的，由省级人民政府确定是否减、免契税。

（4）承受荒山、荒沟、荒丘、荒滩土地使用权，用于农、林、牧、渔业生产的，免征契税。

（5）依照我国有关法律规定以及我国缔结或参加的双边和多边条约或协定，应当予以免税的外国驻华使馆、领事馆、联合国驻华机构及其外交代表、领事官员和其他外交人员承受的土地、房屋权属。

2. 契税优惠的特殊规定

（1）企业公司制改造。非公司制企业，整体改建为有限责任公司或股份有限公司，或者有限责任公司整体改建为股份有限公司的，对改建后的公司承受原企业土地、房屋权属，免征契税。

非公司制国有独资企业或国有独资有限责任公司，以其部分资产与他人组建新公司，且该国有独资企业（公司）在新设公司中所占股份超过50%的，对新设公司承受该国有独资企业（公司）的土地房屋权属，免征契税。

（2）企业股权重组。在股权转让中，单位、个人承受企业股权，企业的土地、房屋权属不发生转移，不征契税。

国有控股公司以部分资产投资组建新公司，且该国有控股公司占新公司股份85%以上的，对新公司承受该国有控股公司土地、房屋权属免征契税。

股份合作制改造，承受原土地、房屋权属的免征契税。

（3）企业合并。合并后的企业承受各方的土地、房屋权属的则不征契税。

（4）企业分立。企业依照法律规定、合同约定分设为两个或两个以上投资主体相同的企业，对派生方、新设方承受原企业土地、房屋权属，不征收契税。

（5）企业出售。国有、集体企业出售，被出售企业法人予以注销，并且买受人按照《劳动法》等国家有关法律法规政策妥善安置原企业全部职工，其中与原企业30%以上职工签订服务年限不少于3年的劳动用工合同的，对其承受所购企业的土地、房屋权属，减半征收契税；与原企业全部职工签订服务年限不少于3年的劳动用工合同的，免征契税。

（6）企业注销、破产。企业依照有关法律、法规的规定实施注销、破产后，债权人（包括注销、破产企业职工）承受注销、破产企业土地、房屋权属以抵偿债务的，免征契税；对非债权人承受注销、破产企业土地、房屋权属，凡按照《劳动法》等国家有关法律法规政策妥善安置原企业全部职工，其中与原企业30%以上职工签订服务年限不少于3年的劳动用工合同的，对其承受所购企业的土地、房屋权属，减半征收契税；与原企业全部职工签订服务年限不少于3年的劳动用工合同的，免征契税。

（7）房屋的附属设施。对于承受与房屋相关的附属设施（包括停车位、汽车库、自行车库、顶层阁楼以及储藏室，下同）所有权或土地使用权的行为，征收契税；对于不涉及土地使用权和房屋所有权转移变动的，不征收契税。

（8）继承土地、房屋权属。法定继承人（包括配偶、子女、父母、兄弟姐妹、祖父母、外祖父母）继承土地、房屋权属，不征收契税。

非法定继承人根据遗嘱承受死者生前的土地、房屋权属，属于赠与行为，应征收契税。

（9）财政部、国家税务总局、住房和城乡建设部《关于调整房地产交易环节契税、个人所得税优惠政策的通知》（财税〔2010〕94号文件）规定：对个人购买普通住房，且该住房属于家庭（成员范围包括购房人、配偶以及未成年子女，下同）唯一住房的，减半征收契税。对个人购买90平方米及以下普通住房，且该住房属于家庭唯一住房的，减按1%税率征收契税。

征收机关应查询纳税人契税纳税记录，无记录或有记录但有疑义的，根据纳税人的申请或授权，由房地产主管部门通过房屋登记信息系统查询纳税人家庭住房登记记录，并出具书面查询结果。如因当地暂不具备查询条件而不能提供家庭住房登记查询结果的，纳税人应向征收机关提交家庭住房实有套数书面诚信保证。诚信保证不实的，属于虚假纳税申报，按照《税收征收管理法》的有关规定处理。

（10）其他。对拆迁居民因拆迁重新购置住房的，对购房成交价格中相当于拆迁补偿款的部分免征契税，成交价格超过拆迁补偿款的，对超过部分征收契税。

（五）确定契税的纳税义务发生时间、纳税期限和纳税地点

（1）纳税义务发生时间。契税的纳税义务发生时间是纳税人签订土地、房屋权属转移合同的当天，或者纳税人取得其他具有土地、房屋权属转移合同性质凭证的当天。

（2）纳税期限。纳税人应当自纳税义务发生之日起10日内，向土地、房屋所在地的契税征收机关办理纳税申报，并在契税征收机关核定的期限内缴纳税款。

（3）纳税地点。契税在土地、房屋所在地的征收机关缴纳。

（4）征收管理。纳税人办理纳税后，征收机关应向纳税人开具契税完税凭证。纳税人持契税完税凭证和其他规定的文件材料，依法向土地管理部门、房产管理部门办理有关土地、房屋的权属变更登记手续。土地管理部门、房产管理部门应向契税征收机关提供有关材料，并协助其依法征收契税。

任务二　应纳契税计算及会计处理

（一）会计科目的设置和会计处理

企业应设置"应交税费——应交契税"科目，该科目贷方反映本期应缴纳的契税额，借方反映实际缴纳的契税额，期末贷方反映企业应交未交契税额，企业缴纳的契税应计入所取得的土地使用权和房屋的成本。计算应缴契税时，借记"无形资产"、"固定资产"等科目，贷记"应交税费——应交契税"科目；缴纳契税时，借记"应交税费——应交契税"科目，贷记"银行存款"科目。

（二）应纳契税的计算

1. 契税的计税依据

契税的计税依据是不动产的价格。依不动产的转移方式、定价方法不同，契税计税依据有以下几种情况：

（1）国有土地使用权出让、土地使用权出售、房屋买卖，以成交价格为计税价格。出让国有土地使用权，契税计税价格为承受人为取得该土地使用权而支付的全部经济利益。对通过"招、拍、挂"程序承受国有土地使用权的，应按照土地成交总价款计征契税，其中的土地前期开发成本不得扣除。

（2）土地使用权赠与、房屋赠与，由征收机关参照土地使用权出售、房屋买卖的市场价格核定。

（3）土地使用权交换、房屋交换、为所交换土地使用权、房屋的价格差额为计税依据。

（4）以划拨方式取得土地使用权，经批准转让房地产时，由房地产转让者补交契税，计税依据为补交的土地使用权出让金额或者土地收益。

（5）房屋附属设施征收契税依据的规定。

①采取分期付款方式购买房屋附属设施土地使用权、房屋所有权的，按照合同规定的总价款计算征收契税。

②承受的房屋附属设施权属如果是单独计价的，按照当地适用的税率征收，如果与房屋统一计价的，适用与房屋相同的税率。

（6）对于个人无偿赠与不动产行为（法定继承人除外），应对受赠人全额征收契税。

如果纳税人申报的成交价格明显低于市场价格并且无正当理由的，或者所交换土地使用权、房屋的价格差额明显不合理并且无正当理由的，可由征收机关参照市场价格核定。

2. 契税的计算

计算公式如下：

$$应纳税额 = 计税依据 \times 适用税率$$

【例7-6】某公司于2014年2月9日将其一栋房屋出售给乙单位，房屋成交价格为500 000元，另将一处房屋与乙单位的一处房屋交换，取得交换房差价款20 000元。请计算乙单位应纳契税税额（假设契税率为5%）。

应纳税额 =（500 000+20 000）×5% = 26 000（元）

缴纳契税时，会计处理如下：

借：固定资产　　　　　　　　　　　　　　　　　　　　　　　260 000

　　贷：银行存款　　　　　　　　　　　　　　　　　　　　　　26 000

任务三　办理契税的纳税申报

（一）纳税申报表的填列

凡发生土地使用权、房屋所有属转移行为（如出让、转让、买卖、赠与、继承、交换等）时，承受土地使用权、房屋所有权的单位和个人，应当在确定权属转移发生之日起10日内填列《契税纳税申报表》（见表7-4），并提交下列文件的复印件：

（1）纳税申报人的法人或法人代表证明、个人身份证或户籍证明。

（2）土地使用权出让或转让合同。

（3）购房合同及发票。

（4）房产交易双方的契约。

（5）土地界址平面图或房屋分层分户平面图。

表7-4 　　　　　　　　　　　　　**契税纳税申报表**

契证号：

填表日期：　　年　月　日 　　　　　　　　　　　　　　　　　　　编　号：

承受方(纳税人)	单位/姓名		联系电话	
出　让　方	单位/姓名			
房屋/土地坐落位置	小区(新区、大厦)名称：　　区　　街(路)　　巷(弄)　　幢　号　室			
类　　型	(1)商品房　　(2)房改房　　(3)二手房　　(4)其他			
用　　途	(1)住宅　(2)商业　(3)办公　(4)军事　(5)医疗　(6)厂房　(7)教育 (8)科研　(9)其他			
转　移　方　式	(1)房屋买卖　(2)房屋赠与　(3)房屋交换　(4)土地出让　(5)土地转让 (6)其他			
建　筑　面　积		成交价格		
税率(3%~5%)		买入日期	年　月　日	
计征税额=成交价格×税率				
减免税额		应缴税额		
滞纳金申报	应纳税期限	逾期天数	应纳滞纳金(应缴税额×万分之五×逾期 天数)	
	年　月　日	天	元	
备　　注	领证人签字：			
声　　明	此纳税申报表是根据《中华人民共和国契税暂行条例》的规定填报的,以上 内容是真实、可靠、完整的。 声明人(纳税人或代理人)：			

以下由征收机关填写

审核记录：
审核人： 　　　　　　　　　　　　　　　　　　审核日期：　　年　月　日

承受土地使用权、房屋所有权的单位和个人,应当在确定权属转移发生之日起10日内向土地、房屋所在地契税征收机关报送申报纳税表,并缴纳税款。

申报人未按规定期限向契税征收机关办理纳税申报的，依据《税收征收管理法》第39条规定处罚。契税征收机关在收到契税纳税申报表及相关资料后，于两个工作日内办理完毕。

（二）报送纳税申报表

承受土地使用权、房屋所有权的单位和个人，应当在确定权属转移发生之日起10日内向土地、房屋所在地契税征收机关报送申报纳税表，并缴纳税款。

申报人未按规定期限向契税征收机关办理纳税申报的，依据《税收征收管理法》第39条规定处罚。契税征收机关在收到契税纳税申报表及相关资料后，于两个工作日内办理完毕。

项目四　车辆购置税纳税实务

任务一　熟悉车辆购置税法律知识

车辆购置税是以在中国境内购置规定的车辆为课税对象、在特定的环节向车辆购置者征收的一种税。就其性质而言，属于直接税的范畴。车辆购置税法是指国家制定的用来调整车辆购置税征收与缴纳双方权利及义务关系的法律规范。它是从2001年1月1日起执行的一个新税种。

开征车辆购置税，有利于合理筹集建设资金，积累国家财政收入，促进交通基础设施建设事业的健康发展；有利于规范政府行为、理顺税费关系、深化和完善财税制度改革；在消费环节对消费应税车辆的使用者征收车辆购置税，有利于调节收入差别，体现公平原则，缓解社会分配不公的矛盾。

（一）判别车辆购置税的征税范围

车辆购置税的征税范围：汽车、摩托车、电车、挂车、农用运输车，未列举的车辆不纳税。具体的规定如下：

（1）汽车，包括各类汽车。

（2）摩托车：

①轻便摩托车：最高设计时速不大于50公里/小时，发动机汽缸总排量不大于50立方厘米的两个或三个车轮的机动车。

②二轮摩托车：最高设计时速大于50公里/小时，或发动机汽缸总排量大于50立方厘米的两个车轮的机动车。

③三轮摩托车：最高设计时速大于50公里/小时，或发动机汽缸总排量大于50立方厘米，空车质量不大于400公斤的三个车轮的机动车。

（3）电车：

①无轨电车：以电能为动力，由专用输电电缆线供电的轮式公共车辆。

②有轨电车：以电能为动力，在轨道上行驶的公共车辆。

（4）挂车：

①全挂车：无动力设备，独立承载，由牵引车牵引行驶的车辆。

②半挂车：无动力设备，与牵引车共同承载，由牵引车牵引行驶的车辆。

（5）农用运输车：

①三轮农用运输车：柴油发动机，功率不大于 7.4 千瓦，载重量不大于 500 公斤，最高车速不大于 40 公里/小时的三个车轮的机动车。

②四轮农用运输车：柴油发动机，功率不大于 28 千瓦，载重量不大于 1 500 公斤，最高车速不大于 50 公里/小时的四个车轮的机动车。

（二）确定车辆购置税的纳税人

车辆购置税的纳税人是指在我国境内购买、进口、自产、受赠、获奖或者以其他方式取得并自用应税车辆的单位和个人。其具体是指：

（1）单位，包括国有企业、集体企业、私营企业、股份制企业、外资企业、事业单位、社会团体、国家机关、部队以及其他单位。

（2）个人，包括个体工商户及其他个人，既包括中国公民，又包括外国公民。

（三）确定车辆购置税的税率

车辆购置税实行统一比例税率，税率为 10%。

（四）熟悉车辆购置税的优惠政策

1. 法定减免

（1）外国驻华使馆、领事馆和国际组织驻华机构及其外交人员自用车辆免税。

（2）中国人民解放军和中国人民武装警察部队列入军队武器装备订货计划的车辆免税。

（3）设有固定装置的非运输车辆免税。

（4）国务院规定予以免税或者减税的"其他情形"，按照规定免税或减税：

①防汛部门和森林消防部门用于指挥、检查、调度、报汛（警）、联络的设有固定装置的指定型号的车辆。

②回国服务的留学人员用现汇购买 1 辆自用国产小汽车。

③长期来华定居专家购买的 1 辆自用小汽车。

2. 车辆购置税的退税规定

纳税人已经缴纳车辆购置税但在办理车辆登记手续前，因下列原因需要办理退还车辆购置税的，由纳税人申请，征收机构审查后办理退还车辆购置税手续。

（1）公安机关车辆管理机构不予办理车辆登记注册手续的，凭公安机关车辆管理机构出具的证明办理退税手续。

（2）因质量等原因发生退回所购车辆的，凭经销商的退货证明办理退税手续。

（五）确定车辆购置税的纳税期限和纳税地点

（1）车辆购置税的纳税期限。纳税人购买自用应税车辆的，应当自购买之日起 60 日内申报纳税。纳税人进口自用应税车辆的，应当自进口之日起 60 日内申报纳税。纳税人自产、受赠、获奖或者以其他方式取得并自用应税车辆的，应当自取得之日起 60 日内申报纳税。免税、减税车辆因转让、改变用途等原因不再属于免税、减税范围的，应当在办理车辆过户手续前或者办理变更车辆登记注册手续前缴纳车辆购置税。

（2）车辆购置税的纳税地点。纳税人购置应税车辆的，应当向车辆登记注册地的主管税务机关申报纳税。车辆登记注册地是指车辆上牌落籍地或落户地。

购置不需要办理登记注册手续的应税车辆的，应当向纳税人所在地主管税务机关申报纳税。

（六）熟悉车辆购置税的征税办法和缴税管理

1 车辆购置税的征税办法

车辆购置税实行一次征收制度，最终消费环节为车辆购置税的征税环节。纳税人应当在向公安机关等车辆管理机构办理车辆登记注册手续前，自行申报缴纳车辆购置税。对于购置已征车辆购置税的车辆，不再征收车辆购置税。

2. 车辆购置税的缴税管理

（1）车辆购置税缴款方法的选择。主要有以下几种：

①自报核缴。由纳税人自行计算应纳税额、自行填写纳税申报表，向主管税务机关申报纳税。经税务机关审核后，开具完税证明，由纳税人持完税凭证向当地金库缴纳税款。

②集中征收缴纳。一是由纳税人集中向税务机关统一申报纳税。该种方式适用于集中购置应税车辆的单位缴纳车辆购置税和经批准实行代理制经销商的缴纳。二是由税务机关集中报缴税款。该种方式适用于税源分散、税额较少、税务部门实行集中征收管理地区。

③代征、代收、代扣。扣缴业务人按税法规定代扣代缴、代收代缴税款，税务机关委托征收单位代征税款的征收方式。它适用于税务机关委托征收或纳税人依法受托征收税款的情形。

（2）车辆购置税的缴税管理

①税款缴纳方式：税款的缴纳方式主要有：现金支付、支票、信用卡和电子结算及委托银行代收、银行划转等方式。

②完税凭证及使用要求：纳税人以现金方式向税务机关缴纳车辆购置税的，由主管税务机关开具《税收通用完税凭证》；纳税人以支票、信用卡和电子结算方式缴纳以及税务机关委托银行代收税款的，由主管税务机关开具《税收转账专用完税证》；纳税人从其银行存款户直接划转税款的，由主管税务机关开具《税收通用缴款书》。

任务二　应纳车辆购置税计算及会计处理

（一）应纳车辆购置税的计算

计算公式为：　　　　　　　　　应纳税额＝计税价格×税率

车辆购置税的计税价格根据不同情况，按照以下规定确定：

（1）纳税人购买自用的应税车辆的计税价格，为纳税人购买应税车辆而支付给销售者的全部价款和价外费用，不包括增值税税款。

（2）纳税人进口自用的应税车辆的计税价格的计算公式为：

计税价格＝关税完税价格＋关税＋消费税

（3）纳税人自产、受赠、获奖或者以其他方式取得并自用的应税车辆的计税价格，由主管税务机关参照最低计税价格核定。国家税务总局参照应税车辆市场平均交易价格，规定不同类型应税车辆的最低计税价格。

（4）纳税人购置自用或者进口自用应税车辆，申报的计税价格低于同类型应税车辆的最低计税价格，又无正当理由，按照最低计税价格征收车辆购置税。

（二）应纳车辆购置税的会计处理

企业购置（包括自产、购买、受赠、进口、获奖或者以其他方式取得并自用）应税车辆，按规定缴纳的车辆购置税，应计入车辆的成本中，在支付车辆购置税时，凭车辆购置税发票，借记"固定资产"科目，贷记"银行存款"等科目。

企业购置的减税、免税车辆改制后用途发生变化的，按规定应补交车辆购置税，在补交时，借记"固定资产"科目，贷记"银行存款"等科目。

【例7-7】某企业于2014年2月15日购买车辆一部，价款117 000元。计算其应纳车辆购置税，作相应会计分录。

由于价款117 000元含增值税，应将其换算为不含增值税的计税价格。

计税价格 = 117 000 ÷ (1+17%) = 100 000 （元）

应纳税额 = 100 000 × 10% = 10 000 （元）

缴纳车辆购置税时，其会计处理如下：

借：固定资产——车辆　　　　　　　　　　　　　　　　　　　　　10 000

　　贷：银行存款　　　　　　　　　　　　　　　　　　　　　　　　10 000

任务三　办理车辆购置税的纳税申报

购买自用的应税车辆，自购买之日（即购车发票上注明的销售日期）起60日内申报纳税；进口自用的应税车辆，应当自进口之日（报关进口的当天）起60日内申报纳税；自产、受赠、获奖和以其他方式取得并自用的应税车辆，应当自取得之日起60日内申报纳税。

车辆购置税税款应当一次缴清，纳税人购置的应税车辆，应当在纳税期限内如实填写《车辆购置税纳税申报表》（表7-5），向车辆登记注册地的主管税务机关申报纳税，购置不需要办理车辆登记注册手续的应税车辆，应当向纳税人所在地主管税务机关申报纳税。

表7-5　　　　　　　　　　　　　　车辆购置税纳税申报表

填表日期：　年　　月　　日　　　　　　行业代码：　　　　　　　注册类型代码：

纳税人名称：　　　　　　　　　　　　　　　　　　　　　　　　　金额单位：元

纳税人证件名称			证件号码	
联系电话		邮政编码	地址	
车辆基本情况				
车辆类别	1. 汽车，2. 摩托车，3. 电车，4. 挂车，5. 农用运输车			
生产企业名称		机动车销售统一发票（或有效凭证）价格		
厂牌型号		关税完税价格		

续表

发动机号码			关税	
车辆识别代号 （车架号码）			消费税	
购置日期			免（减）税条件	
申报计税价格	计税价格	税率	免税、减税额	应纳税额
1	2	3	4＝2×3	5＝1×3 或 2×3
		10%		

申报人声明	授权声明
此纳税申报表是根据《中华人民共和国车辆购置税暂行条例》的规定填报的，我相信它是真实的、可靠的、完整的。 　　　　　　　　　声明人签字：	如果你已委托代理人申报，请填写以下资料： 　　　　为代理一切税务事宜，现授权（　　　　），地址（　　　　　　　　　　）为本纳税人的代理申报人，任何与本申报表有关的往来文件，都可寄予此人。 　　　　　　　　　授权人签字：

	如委托代理人的，代理人应填写以下各栏		
纳税人签名或盖章	代理人名称		
	地址		代理人（章）
	经办人		
	电话		

接收人：	
接收日期：	主管税务机关（章）：

思考与练习

一、单项选择题

1. 关于融资租赁房产的房产税处理，下列说法正确的有（　　）。
    A. 由承租人在合同约定开始日的次月起，按照房产余值缴纳房产税
    B. 由出租人在合同约定开始日的次月起，按照房产余值缴纳房产税
    C. 合同未约定开始日的，由承租人在合同签订的次月起依照房产余值缴纳房产税
    D. 合同未约定开始日的，由出租人在合同签订的当月起依照房产余值缴纳房产税
2. 某企业拥有一栋原值为 2 000 万元的房产，2014 年 2 月 10 日将其中的 40% 出售，

月底办理好产权转移手续。已知当地政府规定房产计税余值的扣除比例为 20%，2014 年该企业应纳房产税（ ）万元。

    A. 11. 52   B. 12. 16   C. 12. 60   D. 12. 80

3. 下列车船免征车船税的有（ ）。

    A. 纯电动汽车   B. 插电式混合动力汽车

    C. 燃料电池汽车   D. 非机动驳船

    E. 残疾人专用摩托车

4. 下列各项中，符合车船税有关征收管理规定的是（ ）。

    A. 车船税按年申报，分月计算，一次性缴纳

    B. 纳税人自行申报缴纳的，应在纳税人所在地缴纳

    C. 节约能源、使用新能源的车船一律减半征收车船税

    D. 临时入境的外国车船属于车船税的征税范围，需要缴纳车船税

5. 根据《车辆购置税暂行条例》的规定，下列人员不属于车辆购置税纳税义务人的是（ ）。

    A. 应税车辆的馈赠人   B. 应税车辆的购买使用者

    C. 免税车辆的受赠使用者   D. 应税车辆的进口使用者

6. 某县工商局 2014 年 9 月从汽车贸易公司购进一辆轿车自用，取得汽车销售行业的普通发票，注明销售额 250 000 元；另外支付购买工具和零配件含税价款 8 100 元，并取得汽车贸易公司开具的发票；支付控购部门控购费 35 000 元，并取得控购部门的收款收据；汽车贸易公司提供系列服务，代办各种手续并收取一定的费用，该单位支付代收费用 9 500 元，并取得汽车贸易公司开具的发票。该工商局应纳车辆购置税税额（ ）元。

    A. 22 894. 21   B. 22 871. 79   C. 27 240   D. 30 260

7. 某汽车贸易公司 2011 年 6 月进口 30 辆小轿车，海关审定的关税完税价格为 25 万元/辆，当月销售 18 辆，取得含税销售收入 540 万元；2 辆企业自用，5 辆用于抵偿债务，合同约定的含税价格为 30 万元，剩余 5 辆待售。该公司应纳车辆购置税（ ）万元。小轿车关税税率 20%，消费税税率为 9%。

    A. 6. 59   B. 82. 41   C. 7. 50   D. 23. 07

8. 下列关于契税减免税优惠政策的说法，正确的是（ ）。

    A. 事业单位、社会团体承受房屋免征契税

    B. 因不可抗力丧失住房而重新购房的，免征契税

    C. 房屋由县级人民政府征用后重新承受房屋权属的，由县级人民政府确定是否减免契税

    D. 婚姻关系存续期间，房屋原属夫妻一方所有，变更为夫妻双方共有的，免征契税

9. 根据契税相关规定，房屋赠与时契税的计税依据是（ ）。

    A. 协议成交价格

    B. 所在地省级人民政府公示的土地基准价格

    C. 不同地段的土地使用权及房屋转让的成交价格

D. 征收机关参照当地土地使用权出售、房屋买卖的市场价格核定的价格

10. 下列各项中，不属于资源税征税范围的是（　　　）。

A. 三轮车　　　　B. 火车　　　　C. 摩托车　　　　D. 养殖渔船

二、多项选择题

1. 某政府机关与甲公司共同使用一幢办公用房，房产价值 6 000 万元，政府机关占用房产价值 4 000 万元，公司占用房产价值 2 000 万元。2014 年 3 月 1 日政府机关将其使用房产的 40% 对外出租，当年取得租金收入 150 万元。2014 年 8 月 1 日甲公司将其使用房产的 30% 对外投资，不承担生产经营风险，投资期限 4 年，当年取得固定利润分红 8 万元。已知该省统一规定计算房产余值时的减除幅度为 20%。根据上述资料，下列说法正确的有（　　　）。

A. 政府机关免征房产税　　　　B. 政府机关应纳房产税 18 万元

C. 甲公司应纳房产税 17.76 万元　　　　D. 甲公司应纳房产税 7.68 万元

E. 该办公用房当年合计应缴纳房产税 35.76 万元

2. 关于车船税的征收管理，下列表述正确的有（　　　）。

A. 依法不需要办理登记的车船，应在车船的所有人或者管理人所在地缴纳车船税

B. 车船税纳税义务发生时间为取得车船所有权或者管理权的当月

C. 已由保险机构代收代缴车船税的，纳税人不再向税务机关申报缴纳车船税

D. 在同一纳税年度内，已缴纳车船税的车船办理转让过户的，不另缴纳车船税，同时也不退税

E. 车船税纳税义务发生时间为取得车船所有权或者管理权的次月

3. 关于车辆购置税的计算，下列说法正确的有（　　　）。

A. 车辆购置税的征税环节为车辆的出厂环节

B. 长期来华的专家购买 2 辆小轿车自用都可以免税

C. 设有固定装置的非运输车辆实行法定免税

D. 购买自用摩托车的计税依据是支付的全部价款和价外费用（不含增值税）

E. 进口自用的应税车辆，应当自进口之日起 60 天内申报纳税

4. 下列情形中，由征收机关参照市场价格核定契税计税依据的有（　　　）。

A. 房屋赠与

B. 国有土地使用权赠与

C. 协议方式出让国有土地使用权的

D. 以竞价方式出让国有土地使用权的

E. 成交价格明显低于市场价格且无正当理由的房屋交换

5. 王先生是某企业债权人，2014 年 11 月该企业破产，王先生获得抵债的门面房一间，评估价 20 万元；当月王先生将门面房作价 30 万元投资于甲企业；另外甲企业又购买了该破产企业 60 万元的房产。下列税务处理，正确的有（　　　）。

A. 甲企业应缴纳契税 3.6 万元　　　　B. 王先生应缴纳契税 0.08 万元

C. 破产企业应缴纳契税 2.4 万元　　　　D. 王先生将门面投资需缴纳契税

E. 王先生承受破产企业的门面房免征契税

三、判断题

1. 无租使用其他单位房产的应税单位和个人，依照税务机关核定的租金计算缴纳房产税。（　　）

2. 纳税人在签订土地、房屋权属转移合同的当天为纳税义务发生时间。（　　）

3. 以获奖方式得到的房屋权属不用缴纳契税。（　　）

4. 纳税人购买自用应税车辆的，应当自上牌照之日起60日内申报纳税。（　　）

5. 纳税人自建的房屋，自建成之月起征收房产税。（　　）

6. 实行差额预算管理的事业单位本身自用的房产免征房产税。（　　）

7. 房产不在一地的纳税人，应按房产的坐落地点，分别向房产所在地的税务机关缴纳房产税。（　　）

8. 从事机动车交通事故责任强制保险业务的保险机构，在向纳税人依法代收代缴车船税时，纳税人可以选择向保险机构缴纳，也可以选择向当地地方税务局缴纳。（　　）

9. 船舶净吨位尾数在半吨以下者，按半吨计算征收车船税；超过半吨的，按1吨计算征税。（　　）

10. 车辆购置税的纳税人是销售应税车辆的单位和个人。（　　）

行为税类纳税实务

技能目标

1. 能正确计算印花税、城市维护建设税的税额和教育费附加金额
2. 能准确地对行为各税的有关业务进行账务处理
3. 能填写行为各税的纳税申报表并缴纳

知识目标

1. 熟悉印花税、城市维护建设税和教育费附加法律知识
2. 计算行为各税的应纳税额，熟悉行为各税的会计处理
3. 填制纳税申报表，办理行为各税的纳税申报

情境导入

甲公司和乙公司签订一份加工合同，甲公司提供价值 50 万元的辅料并收取加工费 20 万元，代乙公司购买加工用原材料 100 万元。

请问：该笔业务印花税的纳税人有哪些？计税依据是多少？税率怎样确定？对该笔加工业务甲公司应缴纳多少印花税？

项目一　印花税纳税实务

任务一　熟悉印花税法律知识

（一）判别印花税的征税范围

印花税，是对经济活动和经济交往中书立、领受、使用税法规定应税凭证的单位和个人征收的一种行为税。印花税的征税范围具体包括：

（1）购销、加工承揽、建设工程勘察设计、建筑安装工程承包、财产租赁、货物运输、仓储保管、借款、财产保险、技术合同或具有合同性质的凭证。

（2）产权转移书据。

（3）营业账簿。

（4）权利、许可证照。

（5）经财政部确定征税的其他凭证。

（二）确定印花税的纳税人

印花税的纳税人，是指在中国境内书立、领受、使用税法所列举凭证的单位和个人。根据书立、领受、使用应税凭证的不同，纳税人包括以下五类：

（1）立合同人：合同当事人，即对凭证有直接权利义务关系的单位和个人，但不包括合同的担保人、证人、鉴定人。

（2）立账簿人：开立并使用营业账簿的单位和个人。

（3）立据人：书立产权转移书据的单位和个人。

（4）领受人：领取并持有权利、许可证照的单位和个人，如领取房屋产权证的单位和个人。

（5）使用人：国外书立、领受，但在国内使用应税凭证的单位和个人，其使用人为印花税的纳税人。

另外需要注意的是，以电子形式签订的各类应税凭证的当事人也是印花税的纳税人。

（三）确定印花税的税率

印花税的税率有两种形式，即比例税率和定额税率。在印花税的 13 个税目中，各类合同以及具有合同性质的凭证、产权转移书据、营业账簿中记载资金的账簿，适用比例税率。印花税税目税率见表 8-1。

表 8-1　　　　　　　　　　　　　　印花税税目税率表

应税凭证类别	税　目	税率形式	纳税人
合同或具有合同性质的凭证	1. 购销合同	按购销金额 0.3‰	订合同人
	2. 加工承揽合同	按加工或承揽收入 0.5‰	
	3. 建设工程勘察设计合同	按收取费用 0.5‰	
	4. 建筑安装工程承包合同	按承包金额 0.3‰	
	5. 财产租赁合同	按租赁金额 1‰	
	6. 货物运输合同	按收取的运输费用 0.5‰	
	7. 仓储保管合同	按仓储收取的保管费用 1‰	
	8. 借款合同（包括融资租赁合同）	按借款金额 0.05‰	
	9. 财产保险合同	按收取的保险费收入 1‰	
	10. 技术合同（包括专利申请转让、专利实施许可和非专利技术转让合同）	按所载金额 0.3‰	
产权转移书据	土地使用权出让合同、土地使用权转让合同、商品房销售合同、专利权转让合同、个人无偿赠送不动产所签订的"个人无偿赠与不动产登记表"	按所载金额 0.5‰	立据人
营业账簿	日记账簿和各明细分类账簿	记载资金的账簿，按实收资本和资本公积的合计 0.5‰；其他账簿按件贴花 5 元	立账簿人
权利、许可证照	房屋产权证、工商营业执照、商标注册证、专利证、土地使用证	按件贴花 5 元	领受人

（四）确定印花税的计税依据

1. 计税依据的一般规定

印花税以各种应税凭证上所记载的计税金额为计税依据。具体规定如下：

（1）借款合同以借款金额为计税依据。

（2）购销合同以合同记载的购销金额为计税依据。

（3）加工承揽合同以加工或承揽收入的金额为计税依据。

（4）建设工程勘察设计合同以收取的费用为计税依据。

（5）建筑安装工程承包合同以承包金额为计税依据。

（6）货物运输合同以取得的运费收入为计税依据，不包括所运货物的金额、装卸费和保险费等。

（7）财产租赁合同以租赁金额为计税依据。税额不足1元的，按1元贴花。

（8）财产保险合同以支付或收取的保险费为计税依据，不包括所保财产的金额。

（9）仓储保管合同以收取的仓储保管费用为计税依据。

（10）产权转移书据以所载金额为计税依据。

（11）技术合同以合同所载的价款、报酬或使用费为计税依据。对于技术开发合同，只就合同所载的报酬金额计税，研究开发经费不作为计税依据。单对合同约定按研究开发经费的一定比例计算报酬的，应按一定比例的报酬金额贴花。

（12）营业账簿中记载资金的账簿以"实收资本"与"资本公积"的合计金额作为计税依据。其他账簿以应税凭证件数为计税依据。

（13）权利、许可证照以应税凭证的件数为计税依据。

2. 计税依据的特殊规定

（1）上述凭证以"金额"、"收入"、"费用"为计税依据的，应全额计税，不得作任何扣除。

（2）同一凭证，记载两个或两个以上经济事项而又适用于不同税目税率的，若分别记载金额的，应分别计算应纳税额，相加后按合计税额贴花；若未分别记载金额的，按税率高的计算贴花。

（3）应税凭证所载金额为外国货币的，应按凭证书立当日国家外汇管理局公布的外汇牌价折合成人民币，再计算应纳税额。

（4）按金额比例贴花的应税凭证，未标明金额的，应按凭证所记载的数量及国家牌价计算金额；没有国家牌价的，按市场价格计算金额，然后按规定税率计算应纳税额。

（5）应纳税额不足1角的，免征印花税；1角以上的，其税额尾数不满5分的不计，满5分的按1角计算。

（6）有些合同，如技术转让合同中的转让收入是按销售收入的一定比例收取或按实现的利润分成；财产租赁合同只是规定了月租金标准而无租赁期限的，对于这类合同，由于签订时无法确认计税金额，可在签订时先按定额5元贴花，以后结算时再按实际金额计税，补贴印花。

（7）不论合同是否兑现或是否按期兑现，均应贴花。因为应税合同在签订时，纳税义务就已产生，就应计算应纳税额并贴花。对已履行并贴花的合同，所载金额与合同履行后实际金额不一致的，只要双方未修改合同金额，一般不再办理完税手续。

（8）以货换货的商品交易合同，是既反映购又反映销的双重经济合同，对于这类合同，应按合同所载的购、销合计金额计税贴花。合同未列明金额的，应按合同所载购、销数量依照国家牌价或市场价格计算应纳税额。

（9）施工单位将自己承包的建设项目分包或转包给其他施工单位所签订的分包合同或转包合同，应按新的分包合同或转包合同所载金额计算应纳税额。因为印花税是一种行为性质的凭证税，尽管总承包合同已依法计税贴花，但新的分包合同或转包合同是一种新的凭证，又发生了新的纳税义务。

（10）对于征收股票交易印花税，因购买、继承、赠与所书立的股权转让书据，均依书立时证券市场当日实际成交价格计算的金额，由立据双方当事人分别按规定的税率缴纳印花税。

（11）对有经营收入的事业单位，凡属由国家财政下拨事业经费，实行差额预算管理的单位，其记载经营业务的账簿，按其他账簿定额贴花，不记载经营业务的账簿不贴花；凡其经费来源实行自收自支的单位，其营业账簿，应对记载资金的账簿和其他账簿分别计算应纳税额。

（12）对国内各种形式的货物联运，凡在起运地统一结算全程运费的，应以全程运费为计税依据，由起运地运费结算双方缴纳印花税；凡分程结算运费的，应以分程的运费为计税依据，分别由办理运费结算的各方缴纳印花税。

印花税票为有价证券，其票面金额以人民币为单位，分为1角、2角、5角、1元、2元、5元、10元、50元、100元九种。

（五）熟悉印花税的优惠政策

根据《印花税暂行条例》、《印花税暂行条例实施细则》和其他有关税法的规定，下列凭证免纳印花税：

（1）已缴纳印花税的凭证副本或抄本。由于这种副本或抄本属于备查性质，不是正式文本，对外不发生法律效力，所以对其不应再征收印花税。但副本或者抄本作为正本使用的，应另行贴花。

（2）财产所有人将财产赠给政府、社会福利单位、学校所立的书据。

（3）国家指定的收购部门与村民委员会、农民个人书立的农业产品收购合同。

（4）无息、贴息贷款合同。

（5）外国政府或国际金融组织向我国政府及国家金融机构提供优惠贷款所书立的合同。

（6）房地产管理部门与个人订立的租房合同用于生活居住的，暂免贴花。

（7）军事货物运输、抢险救灾物资运输，以及新建铁路临管线运输等的特殊货运凭证。

（8）企业因改制签订的产权转移书据免予贴花。

（六）确定印花税的纳税时间和地点

（1）纳税义务发生时间。印花税应当在书立或领受时贴花。具体是指在合同签订时、账簿启用时和证照领受时贴花。如果合同是在国外签订，并且不便在国外贴花的，应在将合同带入境时办理贴花纳税手续。

（2）纳税地点。根据《印花税暂行条例》的规定，印花税一般实行就地纳税。对于全国性商品物资订货会（包括展销会、交易会等）上所签订合同应纳的印花税，由纳税人回其所在地后及时办理贴花完税手续；对地方主办、不涉及省际关系的订货会、展销会上所签合同的印花税，其纳税地点由各省、自治区、直辖市人民政府自行确定。

任务二 应纳印花税计算及会计处理

（一）熟悉会计科目的设置

由于印花税是自行完税，企业交纳的印花税不存在应付未付的情况，也不存在与税务机关结算或清算的问题，所以，企业交纳的印花税不需要通过"应交税金"科目核算，直接借记"管理费用"或"待摊费用"科目，贷记"银行存款"科目。

（二）应纳税额的计算及会计处理

纳税人的应纳税额，根据应税凭证的性质，分别按比例税率或者定额税率计算，其计算公式为：

$$应纳税额＝应税凭证计税金额（或应税凭证件数）×适用税率$$

【例8-1】 某高新技术企业2014年4月开业，注册资金320万元，当年发生经济活动如下：（1）领受工商营业执照、房屋产权证、土地使用证、专利证各一份；（2）建账时共设10个账簿，其中资金账簿中记载实收资本320万元；（3）签订购销合同5份，共记载金额400万元；（4）签订借款合同1份，记载金额100万元，当年取得借款利息3万元；（5）与广告公司签订广告制作合同1份，分别记载加工费5万元，本企业提供的原材料10万元；（6）签订技术服务合同1份，记载金额80万元；（7）签订租赁合同1份，记载租赁费金额60万元；（8）签订转让专有技术使用权合同1份，记载金额200万元；（9）签订建筑设计合同一份，记载金额5 000万元。

要求：计算该公司4月应纳印花税额并进行会计处理。

计算应纳印花税额：

领受权利许可证照应缴纳的印花税＝4×5＝20（元）

设置账簿应缴纳的印花税＝9×5＋3 200 000×0.5‰＝1 645（元）

签订购销合同应缴纳的印花税＝4 000 000×0.3‰＝1 200（元）

签订借款合同应缴纳的印花税＝1 000 000×0.05‰＝50（元）

签订广告制作合同应缴纳的印花税＝50 000×0.5‰＋100 000×0.3‰＝55（元）

签订技术服务合同应缴纳的印花税＝800 000×0.3‰＝240（元）

签订租赁合同应缴纳的印花税＝600 000×1‰＝600（元）

签订专有技术使用权转让合同应缴纳的印花税＝2 000 000×0.5‰＝1 000（元）

签订建筑设计合同应缴纳的印花税＝50 000 000×0.5‰＝25 000（元）

合计应纳印花税＝20＋1 645＋1 200＋50＋55＋240＋600＋1 000＋25 000＝29 810（元）

印花税的会计处理：

借：管理费用　　　　　　　　　　　　　　　　　　　　29 810

　　贷：银行存款　　　　　　　　　　　　　　　　　　　　29 810

任务三　办理印花税的纳税申报

（一）纳税申报表的填列

印花税纳税申报表（见表8-2）填写要求如下：

（1）纳税人识别号是办理税务登记时由税务机关确定的税务登记号。

（2）"应税凭证名称"按合同适用的印花税税目填写。

（3）"计税金额"应填写印花税的计税依据。如货物运输合同，其金额要将装卸费剔除。

（4）核定依据指采用核定方式征收印花税的应税凭证所对应的费用、收入金额。如购销合同对应采购金额、销售收入；加工承揽合同对应加工承揽金额；建筑安装承包合同对应承包金额等。

（5）对于购、销业务量较大的纳税人，在此申报表后须附《购、销合同编号目录》。

（6）"已缴税额"反映本月已贴花的税额，或以缴款书缴纳的印花税税额。

表 8-2
印花税纳税申报表

纳税人识别号														

纳税人名称：（公章）

税款所属期限：自　　年　　月　　日至　　年　　月　　日

填表日期：　　年　　月　　日　　金额单位：元（列至角分）

应税凭证	计税金额或件数	适用税率	核定征收		本期应纳税额	本期已缴税额	本期应补（退）税额
			核定依据	核定比例			
	1	2	3	4	5=1×2+2×3×4	6	7=5-6
购销合同		0.3‰					
加工承揽合同		0.5‰					
建设工程勘察设计合同		0.5‰					
建筑安装工程承包合同		0.3‰					
财产租赁合同		1‰					
货物运输合同		0.5‰					
仓储保管合同		1‰					
借款合同		0.05‰					
财产保险合同		1‰					
技术合同		0.3‰					
产权转移书据		0.5‰					
营业账簿（记载资金的账簿）		0.5‰	—	—			
营业账簿（其他账簿）		5	—	—			
权利、许可证照		5	—	—			
合计	—	—					

纳税人或代理人声明： 　此纳税申报表是根据国家税收法律的规定填报的，我确信它是真实的、可靠的、完整的。	如纳税人填报，由纳税人填写以下各栏		
	经办人(签章)	会计主管(签章)	法定代表人(签章)
	如委托代理人填报，由代理人填写以下各栏		
	代理人名称		代理人(公章)
	经办人(签章)		
	联系电话		

以下由税务机关填写

受理人		受理日期		受理税务机关(签章)	

（二）报送纳税申报表

印花税纳税单位可以使用印花税票贴花完税，也可以使用缴款书缴纳税款完税以及在书立应税凭证时由监督代收单位监督贴花完税，以上凭证完税情况纳税单位均应按季进行申报，于每季度终了后 10 日内向所在地地方税务机关报送"印花税纳税申报表"或"监督代表报告表"。

项目二　城市维护建设税纳税实务

任务一　熟悉城市维护建设税法律知识

（一）确定城市维护建设税的纳税人

城市维护建设税，是指以单位和个人实际缴纳的增值税、消费税、营业税（以下简称"三税"）的税额为计税依据而征收的一种税，一般简称为城建税。

城市维护建设税的纳税人是缴纳增值税、消费税、营业税的单位和个人，自 2010 年 12 月 1 日起，外商投资企业和外国企业也应征收城市维护建设税。

城市维护建设税的计税依据是纳税人实际缴纳的增值税、消费税、营业税的税额。

（二）确定城市维护建设税的征税范围

城建税的征税范围较广。具体包括城市、县城、建制镇以及税法规定征税的其他地区。城市、县城、建制镇的范围，根据行政区域作为划分标准，不能随意扩大或缩小各自行政区域的管辖范围。

（三）确定城市维护建设税的计税依据

城建税以纳税人实际缴纳的消费税、增值税、营业税的税额为计税依据。纳税人违反"三税"有关税法而加收的滞纳金和罚款，是税务机关对纳税人违法行为的经济制裁，不能作为城建税的计税依据。但纳税人在被查补"三税"和被处罚时，应同时对其偷漏的城建税进行补税、征收滞纳金和罚款。

城建税以"三税"为计税依据并同时征收。如果"三税"免征或减征，也要同时免征或减征城建税。但对出口产品退还增值税、消费税的，不退还已缴纳的城建税。

（四）确定城市维护建设税的税率

城建税实行地区差别比例税率，按纳税人所在地的不同，设置了三个档次的税率：

（1）纳税人所在地为市区的，税率为7%；

（2）纳税人所在地为县城、建制镇的，税率为5%；

（3）纳税人所在地不在市区、县城、建制镇的，税率为1%。

城建税的适用税率一律按纳税人所在地的规定税率执行，但下列两种情况可按缴纳"三税"所在地的规定税率就地缴纳城建税：

（1）由受托方代征代扣"三税"的单位和个人，其代征代扣的城建税按受托方所在地适用税率执行；

（2）流动经营等无固定纳税地点的单位和个人，在经营地缴纳"三税"的，其城建税的缴纳按经营地适用税率执行。

（五）熟悉城市维护建设税的优惠政策

城建税是以增值税、消费税、营业税的税额为计税依据并与"三税"同时征收的，具有附加税的性质。一旦"三税"发生减免，城建税相应地发生减免。城建税具体的税收减免规定如下：

（1）城建税按减免后实际缴纳的"三税"税额计征，即随"三税"的减免而减免。

（2）因减免税而进行"三税"退库的，城建税也可同时退库。

（3）海关对进口产品代征的增值税、消费税，不征收城建税。

（4）对"三税"实行先征后返、先征后退、即征即退办法的，除另有规定外，对随"三税"附征的城建税，一律不退（返）还。

任务二　应纳城市维护建设税计算及会计处理

（一）熟悉会计科目的设置

城市维护建设税的会计核算应设置"应交税费——应交城市维护建设税"科目，计提城市维护建设税时，应借记"营业税金及附加"科目，贷记"应交税费——应交城市维护建设税"科目。实际缴纳时，借记"应交税费——应交城市维护建设税"科目，贷记"银行存款"科目。

（二）应纳税额的计算及会计处理

城建税以纳税人实际缴纳的消费税、增值税、营业税的税额为计税依据。纳税人的应纳税额的计算公式为：

$$应纳税额=纳税人实际缴纳的增值税、消费税、营业税税额×适用税率$$

【例8-2】 某县酒厂2014年2月实际缴纳增值税为30 000元，消费税为20 000元，营业税为50 000元，计算应缴城建税并作账务处理。

应纳税额＝（30 000+20 000+50 000）×5%＝5 000（元）

计提时：

借：营业税金及附加　　　　　　　　　　　　　　　　　　　　　　5 000

　　贷：应交税费——应交城市维护建设税　　　　　　　　　　　　　　5 000

缴纳时：

借：应交税费——应交城市维护建设税　　　　　　　　　　　　　 5 000

　　贷：银行存款　　　　　　　　　　　　　　　　　　　　　　　 5 000

任务三　办理城市维护建设税的纳税申报

（一）纳税申报表的填列

城市维护建设税纳税申报表填写要求如下：

（1）纳税人识别号是办理税务登记时由税务机关确定的税务登记号；

（2）"计税金额"应填写实际缴纳增值税、消费税和营业税的金额；

（3）"税率"反映不同的地方适用的不同的城建税税率。

（二）报送纳税申报表

城建税的纳税人应按有关规定，在办理"三税"申报的同时进行城建税的纳税申报，并如实填写《城市维护建设税纳税申报表》。城建税可以单独填写《城市维护建设税纳税申报表》，也可以和营业税、教育费附加等一并填写《地方各税（费、基金）缴纳申报表》进行纳税申报。具体采用哪种申报表由主管税务机关决定。

项目三　教育费附加缴纳实务

任务一　熟悉教育费附加基本规定

教育费附加是以单位和个人缴纳的增值税、消费税、营业税税额为计算依据征收的一种附加费。教育费附加名义上是一种专项资金，但实质上具有税的性质。为了调动各种社会力量办教育的积极性，开辟多种渠道筹措教育经费，国务院于1986年4月28日颁布了《征收教育费附加的暂行规定》，同年7月1日开始在全国范围内征收教育费附加。

教育费附加对缴纳增值税、消费税、营业税的单位和个人征收以其实际缴纳的增值税、消费税和营业税的税额为计税依据，分别与增值税、消费税和营业税同时缴纳。

任务二　应纳教育费附加计算及会计处理

随着经济发展，社会各界对各级教育投入的需求也在增加，与此相适应，教育费附加计征比率也经历了一个由低到高的变化过程。1986年开征时，比率为1%，1990年5月增至2%，1994年1月1日至今，教育费附加比率为3%但是当时对生产卷烟和烟叶的单位减半征收教育费附加，2005年10月1日后已全额征收。和城建税一样，2010年12月1日起，外商投资企业和外国企业也应征收教育费附加。

$$应纳教育费附加=\left(\begin{array}{c}实际缴纳的\\增值税额\end{array}+\begin{array}{c}实际缴纳的\\消费税额\end{array}+\begin{array}{c}实际缴纳的\\营业税额\end{array}\right)×征收比率（3\%）$$

【例8-3】某县城一加工企业2014年8月销售产品缴纳增值税50万元，本月又出租门面房缴纳营业税2万元，该企业本月应缴纳的教育费附加为多少？

应纳教育费附加=（50+2）×3%=1.56（万元）

计提时，作会计分录：

借：营业税金及附加   15 600

   贷：应交税费——教育费附加   15 600

缴纳时，作会计分录：

借：应交税费——教育费附加   15 600

   贷：银行存款   15 600

任务三　办理教育费附加的纳税申报

教育费附加可以在办理"三税"申报的同时进行教育费附加的纳税申报，也可以和营业税、城建税等一并填写《地方各税（费、基金）缴纳申报表》进行纳税申报。具体采用哪种申报表由主管税务机关决定。

思考与练习

一、单项选择题

1. 对于下列关于印花税纳税人表述中，你认为错误的是（　　）。

  A. 书立各类经济合同时，以合同当事人为纳税人

  B. 所谓当事人是指对凭证负有直接或间接权利义务关系的单位和个人，包括担保人、证人

  C. 现行印花税纳税人包括外商投资企业和外国企业

  D. 建立营业账簿的以立簿人为纳税人

2. 某企业 2014 年 4 月签订一份房屋买卖合同，应按（　　）税率贴花。

  A. 万分之五　　B. 万分之三　　C. 千分之一　　D. 万分之零点五

3. 某建筑公司与甲企业签订一份建筑承包合同，合同金额 6 000 万元（含相关费用 50 万元）。施工期间，该建筑公司又将其中价值 800 万元的安装工程转包给乙企业，并签订转包合同。该建筑公司此项业务应缴纳印花税（　　）。

  A. 1.785 万元　　B. 1.8 万元　　C. 2.025 万元　　D. 2.04 万元

4. 下列合同中，应当征收印花税的是（　　）。

  A. 会计咨询合同　B. 技术咨询合同　C. 法律咨询合同　D. 审计咨询合同

5. 2014 年 7 月甲公司开业，实收资本 500 万元；与银行签订一份融资租赁合同，合同注明金额 1 000 万元；当月受乙公司委托加工产品，合同约定由乙公司提供原材料 200 万元，甲公司收取加工费 10 万元。2014 年 7 月甲公司应缴纳印花税（　　）元。

  A. 2 050　　B. 3 030　　C. 3 050　　D. 3 550

6. 根据城市维护建设税规定，下列说法正确的是（　　）。

  A. 自 2010 年 12 月 1 日起，外商投资企业应依法缴纳城市维护建设税

  B. 进口环节增值税纳税人同时也是城建税纳税人

  C. 城建税实行行业规划税率

D. 城建税的计税依据是纳税人实际缴纳的增值税、消费税、营业税以及滞纳金和罚款

7. 教育费附加的税率为（　　）。

A. 3% B. 5% C. 1% D. 7%

8. 某县一企业 2014 年 12 月缴纳增值税 28 万元（其中含应符合免税规定而被退库的 3 万元），缴纳消费税 20 万元，被查补增值税 5 万元，房产税 2 万元，则该企业当月应缴纳的城建税为（　　）万元。

A. 2.5 B. 2.6 C. 2.75 D. 2.8

二、多项选择题

1. 下面属于印花税征税范围的是（　　）。

A. 经济合同　　　　B. 产权转移书据　　C. 职工食堂的营业账薄

D. 权利，许可证照　　E. 经财政部门确定征税的其他凭证

2. 下列各项中，使用印花税定额税率的有（　　）。

A. 车间设立的不记载金额的进出商品登记簿

B. 土地使用证　　　　　　　　C. 工商营业执照

D. 卫生许可证　　　　　　　　E. 日记账薄

3. 下列各项中不属于印花税免税项目的有（　　）。

A. 无息贷款合同　　　　　　　B. 专利证

C. 技术合同　　　　　　　　　D. 已缴纳印花税的工商营业执照

4. 下列属于按照征税项目划分的具体纳税人的是（　　）。

A. 立合同人　　B. 立账簿人　　C. 立据人

D. 领受人　　　　　　　　　　E. 保人、证人、鉴定人

5. 下列符合城建税税率规定的是（　　）。

A. 纳税人所在地在城市市区的，税率为 7%

B. 纳税人所在地在城市郊区的，税率为 5%

C. 纳税人所在地为工矿区的，税率为 1%

D. 县政府设在城市市区，其在市区办的企业税率为 5%

E. 铁道部门应纳城建税税率为 5%

三、判断题

1. 纳税人营业执照正本丢失，其转作正本使用的副本免纳印花税。（　　）

2. 对房地产管理部门与个人订立的租房合同，不分用途如何，一律暂免贴印花。（　　）

3. 营业账簿按实收资本和资本公积合计金额万分之五贴花。（　　）

4. 对货物运输的业务不书立合同，只开立单据，以单据作为合同使用的，免征印花税。（　　）

5. 对记载资金的账簿，在启用新账时，资金未增加的不再按件定额贴花。（　　）

6. 施工单位将自己承包的建设项目再分包或转包给其他施工单位，其所签订的分包转包合同，仍应按所载金额另行贴花。（　　　）

7. 进口产品在缴纳增值税的同时，也应缴纳城建税和教育费附加。（　　　）

四、计算题

1. 某鞋厂与某物流公司签订一份运输保管合同，合同载明的总费用为 500 000 元（运费和保管费未分别记载）。该项合同双方各应缴纳的印花税额为多少？

2. 某公司 2014 年 8 月开业，实收资本 6 000 万元。2013 年增加资本公积 200 万元，3 月与乙公司签订受托加工合同，约定由甲公司提供原材料 100 万元，并向乙公司收取加工费 20 万元，5 月与丙公司签订技术开发合同记载金额 100 万元。甲公司 2014 年应缴纳印花税为多少？

3. 某市已卷烟厂（增值税一般纳税人）委托其县城一卷烟厂（增值税一般纳税人）加工一批雪茄烟，委托方提供原材料的成本为 40 000 元，支付加工费（不含增值税）5 000 元，雪茄烟消费税税率为 36%，已知受托方无同类雪茄烟的销售价格，受托方代收代缴消费税时，应代收代缴城建税为多少？

4. 某综合性企业 2014 年度发生如下业务：

（1）与 A 公司签订一份易货合同，约定用本企业市场价格 120 万元的库存商品换取 A 公司市场价格为 140 万元的原材料，支付 A 公司差价款 20 万元。

（2）与 B 公司签订一份加工合同，受托为其加工一批特殊商品，原材料由该综合性企业提供，金额 300 万元，另外收取加工费 120 万元。

（3）与 C 公司签订一份建筑安装工程总承包合同，金额 2 500 万元，施工期间将价值 600 万元的水电工程分包给其他施工单位，并签订了分包合同。由于施工单位安装水电工程的质量未达到企业的要求，企业实际仅支付其分包金额 500 万元。

要求：（1）该企业与 A 公司签订的易货合同，应缴纳的印花税为多少？

（2）该企业与 B 公司签订的加工合同，应缴纳的印花税为多少？

（3）该企业签订的建筑安装工程总承包合同及分包合同共计应缴纳印花税为多少？

企业所得税纳税实务

✎ 技能目标

1. 能准确计算企业应纳企业所得税额
2. 能准确地对企业所得税有关业务进行账务处理
3. 能准确填制企业所得税申报表，熟练完成预缴纳税申报、年度纳税申报和税款缴纳工作

✎ 知识目标

1. 熟悉企业所得税法律知识，掌握应纳税所得额的调整和应纳税额计算
2. 熟悉资产的税务处理，熟悉企业所得税的会计处理
3. 填制所得税的纳税申报表，完成所得税的纳税申报和缴纳

✎ 情境导入

某国有制药企业 2014 年度生产经营情况如下：（1）销售收入 3 500 万元，销售成本 2 000 万元，增值税 700 万元，营业税金及附加 80 万元；（2）其他业务收入 100 万元；（3）销售费用 500 万元，其中含广告费 300 万元；（4）管理费用 500 万元，其中含业务招待费 50 万元、研究新产品费用 40 万元；（5）财务费用 100 万元，其中含向非金融机构借款利息 50 万元，年息 10%（银行同期同类贷款利率 6%）；（6）营业外支出 80 万元，其中含向供货商支付违约金 20 万元，接受工商局罚款 1 万元；（7）投资收益 20 万元，其中股权转让收益 17 万元，国债利息 3 万元。

请问：如何计算该企业当期应纳的企业所得税？如何进行会计处理？

项目一 熟悉企业所得税法律知识

企业所得税，是对我国境内的企业和其他取得收入的组织的生产经营所得和其他所得征收的所得税。其中，企业分为居民企业和非居民企业，个人独资企业和合伙企业除外。企业所得税是一种直接税，计税依据是应纳税所得额，它以利润为主要依据，但不是直接意义上的会计利润。企业所得税实行按年计征、分期预缴、年终汇算清缴、多退少补的征收办法。

任务一 确定企业所得税的纳税人

企业所得税的纳税人，是指在中华人民共和国境内的企业和其他取得收入的组织。

为了有效行使我国税收管辖权，最大限度维护我国的税收利益，《企业所得税法》选择来源地税收管辖权和居民税收管辖权相结合，具体为登记注册地和实际管理机构两个标准，把企业分为居民企业和非居民企业，分别确定不同的纳税义务。

（一）居民企业

居民企业，是指依法在中国境内成立，或者依照外国（地区）法律成立但实际管理机构在中国境内的企业。居民企业承担无限纳税义务，就其来源于中国境内、境外的所得缴纳企业所得税。这里的企业包括国有企业、集体企业、私营企业、联营企业、股份制企业、外商投资企业、外国企业以及有生产、经营所得和其他所得的其他组织。其中，有生产、经营所得和其他所得的其他组织，是指经国家有关部门批准，依法注册、登记的事业单位、社会团体等组织。由于我国的一些社会团体组织、事业单位在完成国家事业计划的过程中，开展多种经营和有偿服务活动取得除财政部门各项拨款、财政部和国家物价部门批准的各项规费收入以外的经营收入，具有了经营的特点，应当视同企业纳入征税范围。其中，实际管理机构，是指对企业的生产经营、人员、账务、财产等实施实质性全面管理和控制的机构。

（二）非居民企业

非居民企业是指依照外国（地区）法律成立且实际管理机构不在中国境内，但在中国境内设立机构、场所的或者在中国境内未设立机构、场所但有来源于中国境内所得的企业。非居民企业承担有限纳税义务，一般只就来源于我国境内的所得纳税。上述所称机构、场所，是指在中国境内从事生产经营活动的机构、场所，包括：（1）管理机构、营业机构、办事机构；（2）工厂、农场、开采自然资源的场所；（3）提供劳务的场所；（4）从事建筑、安装、装配、修理、勘探等工程作业的场所；（5）其他从事生产经营活动的机构、场所。

任务二　确定企业所得税征税对象

企业所得税的征税对象是指企业的生产经营所得、其他所得和清算所得。

生产经营所得是指纳税人从事物质生产，商品流通，交通运输、劳动服务以及其他营利业务取得的所得。

其他所得是指股息、利息、租金、转让各类资产收益、特许权使用费以及营业外收入等所得。

此外，纳税人按照章程规定解散或破产，以及其他原因宣布终止时，其获得的清算所得，也属于企业所得税的征税对象。

居民企业应当就其来源于中国境内、境外的所得缴纳企业所得税。

根据国际税收惯例，一个国家的居民纳税人对本国负有全面纳税义务，即应就来源于国内国外的全部所得，向本国政府缴纳所得税。对于我国企业从境外取得所得，在境外已缴纳的所得税税款，在其扣除限额以内的部分准予在国内纳税时，从其应纳税额中予以抵扣，以避免双重征税。

非居民企业在中国境内设立机构、场所的，应当就其所设机构、场所取得的来源于中国境内的所得，以及发生在中国境外，但与其所设机构、场所有实际联系的所得缴纳企业所得税。实际联系，是指非居民企业在中国境内设立的机构、场所拥有据以取得所得的股权、债权，以及拥有、管理、控制据以取得所得的财产等。

非居民企业在中国境内未设立机构、场所的，或者虽设立机构、场所，但取得的所得与其所设机构、场所没有实际联系的，应当就其来源于中国境内的所得缴纳企业所得税。

来源于中国境内、境外的所得，按照以下原则确定：

（1）销售货物所得，按照交易活动发生地确定。

（2）提供劳务所得，按照劳务发生地确定。

（3）转让财产所得。①不动产转让所得按照不动产所在地确定。②动产转让所得按照转让动产的企业或者机构、场所所在地确定。③权益性投资资产转让所得按照被投资企业所在地确定。

（4）股息、红利等权益性投资所得，按照分配所得的企业所在地确定。

（5）利息所得、租金所得、特许权使用费所得，按照负担、支付所得的企业或者机构、场所所在地确定，或者按照负担、支付所得的个人的住所地确定。

（6）其他所得，由国务院财政、税务主管部门确定。

任务三 确定企业所得税的适用税率

（一）基本税率

居民企业以及在中国境内设立机构、场所且取得的所得与其所设机构、场所有实际联系的非居民企业，应当就其来源于中国境内、境外的所得缴纳企业所得税，适用税率为25%。

（二）低税率

（1）符合条件的小型微利企业，减按20%的税率征收企业所得税。

①工业企业，年度应纳税所得额不超过30万元，从业人数不超过100人，资产总额不超过3 000万元。

②其他企业，年度应纳税所得额不超过30万元，从业人数不超过80人，资产总额不超过1 000万元。

（2）国家需要重点扶持的高新技术企业，减按15%的税率征收企业所得税。

（3）在中国境内未设立机构、场所的，或者虽设立机构、场所但取得的所得与其所设机构、场所没有实际联系的非居民企业适用税率为20%。但实际征税时适用10%的税率。

任务四 熟悉企业所得税的优惠政策

税收优惠指国家运用税收政策在税收法律、行政法规中规定对某一部分特定企业和征税对象给予减轻或免除税收负担的一种措施。税法规定的企业所得税的税收优惠方式包括免税、减税、加计扣除、加速折旧、减计收入、税额抵免等。

（一）减免税优惠

1. 从事农林牧渔业项目的所得

从事农、林、牧、渔业项目的所得，包括免征和减征两部分。

（1）企业从事下列项目的所得，免征企业所得税：①蔬菜、谷物、薯类、油料、豆类、棉花、麻类、糖料、水果、坚果的种植；②农作物新品种的选育；③中药材的种植；④林木的培育和种植；⑤牲畜、家禽的饲养；⑥林产品的采集；⑦灌溉、农产品初加工、兽医、农技推广、农机作业和维修等农、林、牧、渔服务业项目；⑧远洋捕捞。

☞知识链接

"公司+农户"经营模式企业所得税优惠

一些企业采取"公司+农户"经营模式从事牲畜、家禽的饲养，即公司与农户签订委托养殖合同，向农户提供畜禽苗、饲料、兽药及疫苗等（所有权〈产权〉仍属于公司），农户将畜禽养大成为成品后交付公司回收。鉴于采取"公司+农户"经营模式的企业，虽不直接从事畜禽的养殖，但系委托农户饲养，并承担诸如市场、管理、采购、销售等经营职责及绝大部分经营管理风险，公司和农户是劳务外包关系。为此，对此类以"公司+农户"经营模式从事农、林、牧、渔业项目生产的企业，可以按照《企业所得税法实施条例》第86条的有关规定，享受减免企业所得税优惠政策。

（2）企业从事下列项目的所得，减半征收企业所得税：①花卉、茶以及其他饮料作物和香料作物的种植；②海水养殖、内陆养殖。

2. 从事国家重点扶持的公共基础设施项目投资经营的所得

企业从事国家重点扶持的"公共基础设施"项目的投资经营所得，自项目取得第一笔生产经营收入所属纳税年度起，第一年至第三年免征企业所得税，第四年至第六年减半征收企业所得税。但是，企业承包经营、承包建设和内部自建自用的，不得享受上述企业所得税优惠。

3. 从事符合条件的"环境保护、节能节水"项目的所得

环境保护、节能节水项目的所得，自项目取得第一笔生产经营收入所属纳税年度起，第一年至第三年免征企业所得税，第四年至第六年减半征收企业所得税。

4. 符合条件的技术转让所得

符合法定条件的居民企业技术转让所得不超过500万元的部分，免征企业所得税；超过500万元的部分，减半征收企业所得税。

$$技术转让所得＝技术转让收入－技术转让成本－相关税费$$

（二）加计扣除优惠

（1）研究开发费用：

①研发费用计入当期损益未形成无形资产的，允许再按其当年研发费用实际发生额的50%，直接抵扣当年的应纳税所得额。

②研发费用形成无形资产的，按照该无形资产成本的150%在税前摊销。除法律另有规定外，摊销年限不得低于10年。

【例9-1】某企业当年发生研究开发费用200万元，在管理费用和无形资产中各列100万元。

应加计扣除研究开发费 = 100×50% + 100×150% ÷ 10 = 65（万元）

（2）安置残疾人员所支付的工资。企业安置残疾人员所支付的工资，按照支付给残疾职工工资的100%加计扣除。

（三）创业投资企业优惠

创业投资企业采取股权投资方式投资于未上市的中小高新技术企业两年以上的，可以按照其投资额的70%在股权持有满两年的当年抵扣该创业投资企业的应纳税所得额；当年不足抵扣的，可以在以后纳税年度结转抵扣。

（四）加速折旧

企业的固定资产由于技术进步等原因，确需加速折旧的，可以缩短折旧年限或者采取加速折旧的方法。可采用以上折旧方法的固定资产是指：（1）由于技术进步，产品更新换代较快的固定资产；（2）常年处于强震动、高腐蚀状态的固定资产。

采取缩短折旧年限方法的，最低折旧年限不得低于规定折旧年限的60%；采取加速折旧方法的，可以采取双倍余额递减法或者年数总和法。

（五）减计收入优惠

减计收入，是指企业以《资源综合利用企业所得税优惠目录》规定的资源作为主要原材料，生产国家非限制和禁止并符合国家和行业相关标准的产品取得的收入，减按90%计入收入总额。

（六）税额抵免优惠

企业购置并实际使用《环境保护专用设备企业所得税优惠目录》、《节能节水专用设备企业所得税优惠目录》和《安全生产专用设备企业所得税优惠目录》规定的环境保护、节能节水、安全生产等专用设备的，该专用设备的投资额的10%可以从企业当年的应纳税额中抵免；当年不足抵免的，可以在以后5个纳税年度结转抵免。

（七）高新技术企业优惠

国家需要重点扶持的高新技术企业，减按15%的税率征收企业所得税。

国家需要重点扶持的高新技术企业，是指拥有核心自主知识产权，并同时符合下列条件的企业：

（1）在中国境内（不含港、澳、台地区）注册的企业，近三年内通过自主研发、受让、受赠、并购等方式，或通过5年以上的独占许可方式，对其主要产品（服务）的核心技术拥有自主知识产权。

（2）产品（服务）属于《国家重点支持的高新技术领域》规定的范围。

（3）具有大学专科以上学历的科技人员占企业当年职工总数的30%以上，其中研发人员占企业当年职工总数的10%以上。

（4）企业为获得科学技术（不包括人文、社会科学）新知识，创造性运用科学技术新知识，或实质性改进技术、产品（服务）而持续进行了研究开发活动，且近三个会计年度的研究开发费用总额占销售收入总额的比例符合如下要求：

①最近一年销售收入小于5 000万元的企业，比例不低于6%；

②最近一年销售收入在5 000万元至20 000万元的企业，比例不低于4%；

③最近一年销售收入在20 000万元以上的企业，比例不低于3%。

其中，企业在中国境内发生的研究开发费用总额占全部研究开发费用总额的比例不低于60%。企业注册成立时间不足三年的，按实际经营年限计算。

（5）高新技术产品（服务）收入占企业当年总收入的60%以上。

（6）企业研究开发组织管理水平、科技成果转化能力、自主知识产权数量、销售与总资产成长性等指标符合《高新技术企业认定管理工作指引》（另行制定）的要求。

（八）关于促进节能服务产业发展的企业所得税优惠政策

为鼓励企业运用合同能源管理机制，加大节能减排技术改造工作力度，根据税收法律法规有关规定和《国务院办公厅转发发展改革委等部门关于加快推进合同能源管理促进节能服务产业发展意见的通知》（国办发〔2010〕25号）精神，从2011年1月1日对节能服务公司实施合同能源管理项目涉及的企业所得税按以下政策执行：

（1）对符合条件的节能服务公司实施合同能源管理项目，符合企业所得税税法有关规定的，自项目取得第一笔生产经营收入所属纳税年度起，第一年至第三年免征企业所得税，第四年至第六年按照25%的法定税率减半征收企业所得税。

（2）对符合条件的节能服务公司，以及与其签订节能效益分享型合同的用能企业，实施合同能源管理项目有关资产的企业所得税税务处理按以下规定执行：

①用能企业按照能源管理合同实际支付给节能服务公司的合理支出，均可以在计算当期应纳税所得额时扣除，不再区分服务费用和资产价款进行税务处理；

②能源管理合同期满后，节能服务公司转让给用能企业的因实施合同能源管理项目形成的资产，按折旧或摊销期满的资产进行税务处理，用能企业从节能服务公司接受有关资产的计税基础也应按折旧或摊销期满的资产进行税务处理；

③能源管理合同期满后，节能服务公司与用能企业办理有关资产的权属转移时，用能企业已支付的资产价款，不再另行计入节能服务公司的收入。

（3）"符合条件"是指同时满足以下条件：

①具有独立法人资格，注册资金不低于100万元，且能够单独提供用能状况诊断、节能项目设计、融资、改造（包括施工、设备安装、调试、验收等）、运行管理、人员培训等服务的专业化节能服务公司。

②节能服务公司实施合同能源管理项目相关技术应符合国家质量监督检验检疫总局和国家标准化管理委员会发布的《合同能源管理技术通则》（GB/T24915—2010）规定的技术要求。

③节能服务公司与用能企业签订《节能效益分享型》合同，其合同格式和内容，符合《合同法》和国家质量监督检验检疫总局和国家标准化管理委员会发布的《合同能源管理技术通则》（GB/T24915—2010）等规定。

④节能服务公司实施合同能源管理的项目符合财政部、国家税务总局、国家发展改革委《关于公布环境保护节能节水项目企业所得税优惠目录（试行）的通知》（财税〔2009〕166号）"节能减排技术改造"类中第一项至第八项规定的项目和条件。

⑤节能服务公司投资额不低于实施合同能源管理项目投资总额的70%。

⑥节能服务公司拥有匹配的专职技术人员和合同能源管理人才，具有保障项目顺利实施和稳定运行的能力。

（4）节能服务公司与用能企业之间的业务往来，应当按照独立企业之间的业务往来收取或者支付价款、费用。不按照独立企业之间的业务往来收取或者支付价款、费用，而减少其应纳税所得额的，税务机关有权进行合理调整。

（5）用能企业对从节能服务公司取得的与实施合同能源管理项目有关的资产，应与企业其他资产分开核算，并建立辅助账或明细账。

（6）节能服务公司同时从事适用不同税收政策待遇项目的，其享受税收优惠项目应当单独计算收入、扣除，并合理分摊企业的期间费用；没有单独计算的，不得享受税收优惠政策。

（九）关于小型微利企业所得税优惠政策

财税［2011］117号规定：自2012年1月1日至2015年12月31日，对年应纳税所得额低于6万元（含6万元）的小型微利企业，其所得减按50%计入应纳税所得额，按20%的税率缴纳企业所得税。

财税［2014］34号规定：自2014年1月1日至2016年12月31日，对年应纳税所得额低于10万元（含10万元）的小型微利企业，其所得减按50%计入应纳税所得额，按20%的税率缴纳企业所得税。

（十）关于鼓励软件产业和集成电路产业发展的优惠

（1）软件生产企业实行增值税即征即退政策所退还的税款，由企业用于研究开发软件产品和扩大再生产，不作为企业所得税应税收入，不予征收企业所得税。

（2）我国境内新办软件生产企业经认定后，自获利年度起，第一年和第二年免征企业所得税，第三年至第五年减半征收企业所得税。

（3）国家规划布局内的重点软件生产企业，如当年未享受免税优惠的，减按10%的税率征收企业所得税。

（4）软件生产企业的职工培训费用，可按实际发生额在计算应纳税所得额时扣除。

（5）企事业单位购进软件，凡符合固定资产或无形资产确认条件的，可以按照固定资产或无形资产进行核算，经主管税务机关核准，其折旧或摊销年限可以适当缩短，最短可为2年。

（6）集成电路设计企业视同软件生产企业，享受上述软件企业的有关企业所得税政策。

（7）集成电路生产企业的生产性设备，经主管税务机关核准，其折旧年限可以适当缩短，最短可为3年。

（8）投资额超过80亿元人民币或集成电路线宽小于0.25微米的集成电路生产企业，可以减按15%的税率缴纳企业所得税，其中，经营期在15年以上的，从开始获利的年度起，5年免税、5年减半征税。

（9）对生产线宽小于0.8微米（含）集成电路产品的生产企业，经认定后，自获利年度起，2年免税、3年减半征收。

（十一）民族自治地方的优惠

民族自治地方的自治机关对本民族自治地方的企业应缴纳的企业所得税中属于地方分享的部分，可以决定减征或者免征。自治州、自治县决定减征或者免征的，须报省、自治区、直辖市人民政府批准。

（十二）非居民企业优惠

在中国境内未设立机构、场所的，或者虽设立机构、场所但取得的所得与其所设机构、场所没有实际联系的非居民企业，其取得的来源于中国境内的所得，减按 10% 的税率征收企业所得税。下列所得可以免征企业所得税：

（1）外国政府向中国政府提供贷款取得的利息所得；

（2）国际金融组织向中国政府和居民企业提供优惠贷款取得的利息所得；

（3）经国务院批准的其他所得。

【例 9-2】依据《企业所得税法》的规定，企业购买专用设备的投资额可按一定比例实行税额抵免，该设备应符合的条件是（　　）。

A. 用于创业投资 　　　B. 用于综合利用资源

C. 用于开发新产品　　　D. 用于环境保护

【答案】D

任务五　确定企业所得税的纳税地点和纳税期限

（一）纳税地点

（1）居民企业的纳税地点。居民企业以企业登记注册地为纳税地点；但登记注册地在境外的，以实际管理机构所在地为纳税地点。

（2）非居民企业的纳税地点。非居民企业在中国境内设立机构、场所的，以机构、场所所在地为纳税地点。非居民企业在中国境内设立两个或者两个以上机构、场所的，经税务机关审核批准，可以选择由其主要机构、场所汇总缴纳企业所得税。

在中国境内未设立机构、场所的，或者虽设立机构、场所但取得的所得与其所设机构、场所没有实际联系的非居民企业，以扣缴义务人所在地为纳税地点。

（二）纳税期限

企业所得税按年计征，分月或者分季预缴，年终汇算清缴，多退少补。

企业所得税的纳税年度，自公历 1 月 1 日起至 12 月 31 日止。企业在一个纳税年度的中间开业，或者由于合并、关闭等原因终止经营活动，使该纳税年度的实际经营期不足 12 个月的，应当以其实际经营期为一个纳税年度。企业清算时，应当以清算期间作为一个纳税年度。

自年度终了之日起 5 个月内，向税务机关报送年度企业所得税纳税申报表，并汇算清缴，结清应缴应退税款。

企业在年度中间终止经营活动的，应当自实际经营终止之日起 60 日内，向税务机关办理当期企业所得税汇算清缴。

（三）纳税申报

按月或按季预缴的，应当自月份或者季度终了之日起 15 日内，向税务机关报送预缴企业所得税纳税申报表，预缴税款。企业分月或者分季预缴企业所得税时，应当按照月份或者季度的实际利润额预缴；按照月份或者季度的实际利润额预缴有困难的，可以按照上一纳税年度应纳税所得额的月份或者季度平均额预缴，或者按照经税务机关认可的其他方法预缴。预缴方法一经确定，该纳税年度内不得随意变更。

企业在报送企业所得税纳税申报表时应当按照规定附送财务会计报告和其他有关资料。

企业应当在办理注销登记前就其清算所得向税务机关申报并依法缴纳企业所得税。依照《企业所得税法》缴纳的企业所得税，以人民币计算。所得以人民币以外的货币计算的，应当折合成人民币计算并缴纳税款。

企业在纳税年度内无论盈利或者亏损，都应当向税务机关报送预缴企业所得税纳税申报表、年度企业所得税纳税申报表、财务会计报告和税务机关规定应当报送的其他有关资料。

任务六　熟悉企业所得税的核定征收方法

企业所得税核定征收办法，适用于居民企业纳税人。

（一）核定征收企业所得税的范围

居民企业纳税人具有下列情形之一的，核定征收企业所得税：

（1）依照法律、行政法规的规定可以不设置账簿的；

（2）依照法律、行政法规的规定应当设置但未设置账簿的；

（3）擅自销毁账簿或者拒不提供纳税资料的；

（4）虽设置账簿，但账目混乱或者成本资料、收入凭证、费用凭证残缺不全，难以查账的；

（5）发生纳税义务，未按照规定的期限办理纳税申报，经税务机关责令限期申报，逾期仍不申报的；

（6）申报的计税依据明显偏低，又无正当理由的。

特殊行业、特殊类型的纳税人和一定规模以上的纳税人不适用上述办法，具体办法由国家税务总局另行明确。

（二）核定征收的办法

税务机关应根据纳税人的具体情况，对核定征收企业所得税的纳税人，核定应税所得率或者核定应纳所得税额。

（1）具有下列情形之一的，核定其应税所得率：

①能正确核算（查实）收入总额，但不能正确核算（查实）成本费用总额的；

②能正确核算（查实）成本费用总额，但不能正确核算（查实）收入总额的；

③通过合理方法，能计算和推定纳税人收入总额或成本费用总额的。

纳税人不属于以上情形的，核定其应纳所得税额。

（2）税务机关采用下列方法核定征收企业所得税：

①参照当地同类行业或者类似行业中经营规模和收入水平相近的纳税人的税负水平核定；

②按照应税收入额或成本费用支出额定率核定；

③按照耗用的原材料、燃料、动力等推算或测算核定；

④按照其他合理方法核定。

采用前款所列一种方法不足以正确核定应纳税所得额或应纳税额的，可以同时采用两种以上的方法核定。采用两种以上方法测算的应纳税额不一致时，可按测算的应纳税额从高核定。

采用应税所得率方式核定征收企业所得税的，计算公式如下：

$$应纳所得税额=应纳税所得额×适用税率$$
$$应纳税所得额=应税收入额×应税所得率$$
或：　　　　$$应纳税所得额=成本（费用）支出额÷（1-应税所得率）×应税所得率$$

实行应税所得率方式核定征收企业所得税的纳税人，经营多业的，无论其经营项目是否单独核算，均由税务机关根据其主营项目确定适用的应税所得率。

项目二　应纳企业所得税计算及会计处理

任务一　确定企业所得税的计税依据

企业所得税的计税依据是应纳税所得额，是指企业每一纳税年度的收入总额，减除不征税收入、免税收入、各项扣除以及允许弥补的以前年度亏损后的余额。基本公式为：

应纳税所得额=收入总额-不征税收入-免税收入-各项扣除-以前年度亏损

企业应纳税所得额的计算以权责发生制为原则，属于当期的收入和费用，不论款项是否收付，均作为当期的收入和费用；不属于当期的收入和费用，即使款项已经在当期收付，均不作为当期的收入和费用。应纳税所得额的正确计算直接关系到国家财政收入和企业的税收负担，并且同成本、费用核算关系密切。因此，《企业所得税法》对应纳税所得额计算作了明确规定，主要内容包括收入总额、扣除范围和标准、资产的税务处理、亏损弥补等。

（一）确定收入总额

企业的收入总额包括以货币形式和非货币形式从各种来源取得的收入，具体有：销售货物收入，提供劳务收入，转让财产收入、股息、红利等权益性投资收益，利息收入、租金收入、特许权使用费收入、接受捐赠收入和其他收入。

企业取得收入的货币形式包括现金、存款、应收账款、应收票据、准备持有至到期的债券以及债务的豁免等；纳税人以非货币形式取得的收入，包括固定资产、生物资产、无形资产、股权投资、存货、不准备持有至到期的债券投资、劳务以及有关权益等，这些非货币资产应当按照公允价值确定收入额，公允价值是指按照市场价格确定的价值。收入的具体构成为：

（1）销售货物收入，是指企业销售商品、产品、原材料、包装物、低值易耗品以及其他存货取得的收入。

（2）提供劳务收入：

①安装费应根据完工进度确认收入，如果安装工作是商品销售附带条件的，安装费在确认商品销售实现时确认收入。

②为特定客户开发软件的收费，应根据开发的完工进度确认收入。

③包含在商品售价内可区分的服务费在提供服务的期间分期确认收入。

④长期为客户提供重复的劳务收取的劳务费，在相关劳务活动发生时确认收入。

（3）转让财产收入，是指企业转让固定资产、生物资产、无形资产、股权、债权等财产取得的收入。

企业转让股权收入，应于转让协议生效，且完成股权变更手续时，确认收入的实现；转让股权收入扣除为取得该股权所发生的成本后，为股权转让所得；企业在计算股权转让所得时，不得扣除被投资企业未分配利润等股东留存收益中按该项股权所可能分配的金额。

☞知识链接

国家税务总局《关于企业取得财产转让等所得企业所得税处理问题的公告》
国家税务总局公告 2010 年第 19 号

根据《中华人民共和国企业所得税法实施条例》第二十五条规定，现就企业以不同形式取得财产转让等收入征收企业所得税问题公告如下：

1. 企业取得财产（包括各类资产、股权、债权等）转让收入、债务重组收入、接受捐赠收入、无法偿付的应付款收入等，不论是以货币形式还是非货币形式体现，除另有规定外，均应一次性计入确认收入的年度计算缴纳企业所得税。

2. 本公告自发布之日起 30 日后施行。2008 年 1 月 1 日至本公告施行前，各地就上述收入计算的所得，已分 5 年平均计入各年度应纳税所得额计算纳税的，在本公告发布后，对尚未计算纳税的应纳税所得额，应一次性作为本年度应纳税所得额计算纳税。

特此公告。

国家税务总局

2010 年 10 月 27 日

（4）股息、红利等权益性投资收益，除国务院财政、税务主管部门另有规定外，按照被投资方作出利润分配决定的日期确认收入的实现。

被投资企业将股权（票）溢价所形成的资本公积转为股本的，不作为投资方企业的股息、红利收入，投资方企业也不得增加该项长期投资的计税基础。

（5）利息收入，包括存款利息、贷款利息、债券利息、欠款利息等收入。利息收入，按照合同约定的债务人应付利息的日期确认收入的实现。

（6）租金收入，按照合同约定的承租人应付租金的日期确认收入的实现。

如果交易合同或协议中规定租赁期限跨年度、且租金提前一次性支付的，根据收入与费用配比原则，出租人可对上述已确认的收入，在租赁期内，分期均匀计入相关年度收入。

（7）特许权使用费收入，按照合同约定的特许权使用人应付特许权使用费的日期确认收入的实现。

（8）接受捐赠收入，按照实际收到捐赠资产的日期确认收入的实现。

（9）其他收入，包括企业资产溢余收入、逾期未退包装物押金收入、确实无法偿付的应付款项、已作坏账损失处理后又收回的应收款项、债务重组收入、补贴收入、违约金收入、汇兑收益等。

企业发生债务重组，应在债务重组合同或协议生效时确认收入的实现。

这里的其他收入不是其他业务收入，不能作为业务招待费、广告费和业务宣传费的扣除限额的计算基数。

（10）特殊收入的确认，见表9-1。

表9-1

收入的范围和项目		收入的确认
特殊收入的确认	1. 分期收款方式销售货物	按照合同约定的收款日期确认收入的实现
	2. 采用售后回购方式销售商品的	销售的商品按售价确认收入，回购的商品作为购进商品处理。有证据表明不符合销售收入确认条件的，如以销售商品方式进行融资，收到的款项应确认为负债，回购价格大于原售价的，差额应在回购期间确认为利息费用
	3. 销售商品以旧换新的	销售商品应当按照销售商品收入确认条件确认收入，回收的商品作为购进商品处理
	4. 商业折扣条件销售	应当按照扣除商业折扣后的金额确定销售商品收入金额
	5. 现金折扣条件销售	应当按扣除现金折扣前的金额确定销售商品收入金额，现金折扣在实际发生时作为财务费用扣除
	6. 折让方式销售	企业已经确认销售收入的售出商品发生销售折让和销售退回，应当在发生当期冲减当期销售商品收入
	7. 买一赠一方式组合销售	企业以买一赠一等方式组合销售本企业商品的，不属于捐赠，应将总的销售金额按各项商品的公允价值的比例来分摊确认各项的销售收入
	8. 持续时间超过12个月的劳务	企业受托加工制造大型机械设备、船舶、飞机等，以及从事建筑、安装、装配工程业务或者提供劳务等，持续时间超过12个月的，按照纳税年度内完工进度或者完成的工作量确认收入的实现
	9. 采取产品分成方式取得收入	以企业分得产品的时间确认收入的实现，其收入额按照产品的公允价值确定
	10. 非货币性资产交换及货物劳务流出企业	企业发生非货币性资产交换，以及将货物、财产、劳务用于捐赠、偿债、赞助、集资、广告、样品、职工福利和进行利润分配等用途，应当视同销售货物、转让财产和提供劳务

（11）处置资产收入的确认，见表9-2。

表9-2

分类	具体处置资产行为	计量
内部处置资产——所有权在形式和内容上均不变，不视同销售确认收入（将资产移至境外的除外）	（1）将资产用于生产、制造、加工另一产品 （2）改变资产形状、结构或性能 （3）改变资产用途（如，自建商品房转为自用或经营） （4）将资产在总机构及其分支机构之间转移 （5）上述两种或两种以上情形的混合 （6）其他不改变资产所有权属的用途	相关资产的计税基础延续计算
资产移送他人——所有权属已发生改变，按视同销售确定收入	（1）用于市场推广或销售 （2）用于交际应酬 （3）用于职工奖励或福利 （4）用于股息分配 （5）用于对外捐赠 （6）其他改变资产所有权属的用途	属于自制的资产，按同类资产同期对外售价确定销售收入；属于外购的资产，可按购入时的价格确定销售收入

（二）确定不征税收入和免税收入

1. 不征税收入

包括：（1）财政拨款；（2）依法收取并纳入财政管理的行政事业性收费、政府性基金；（3）国务院规定的其他不征税收入，即由国务院财政、税务主管部门规定专项用途并经国务院批准的财政性资金。

2. 免税收入

（1）国债利息收入。国债转让收入需要交税。

（2）符合条件的居民企业之间的股息、红利等权益性投资收益。

符合条件的居民企业之间的股息、红利等权益性投资收益，是指居民企业直接投资于其他居民企业取得的投资收益。

（3）在中国境内设立机构、场所的非居民企业从居民企业取得与该机构、场所有实际联系的股息、红利等权益性投资收益。股息、红利等权益性投资收益，不包括连续持有居民企业公开发行并上市流通的股票不足12个月取得的投资收益。

（4）符合条件的非营利组织的收入。符合条件的非营利组织的收入，不包括非营利组织从事营利性活动取得的收入。具体包括：

①接受其他单位或者个人捐赠的收入；

②除财政拨款以外的其他政府补助收入，但不包括因政府购买服务取得的收入；

③按照省级以上民政、财政部门规定收取的会费；

④不征税收入和免税收入孳生的银行存款利息收入；

⑤财政部、国家税务总局规定的其他收入。

（三）确定准予扣除项目及标准

1. 准予税前扣除的一般原则

《企业所得税法》规定，企业实际发生的与取得收入有关的、合理的支出，可以扣除。企业发生的支出应当区分收益性支出和资本性支出，其中发生的收益性支出，在发生当期直接扣除；资本性支出，不得在发生当期直接扣除，应当分期扣除或计入有关资产成本。

扣除项目要具备真实性、合法性、合理性，同时遵循以下原则：

（1）权责发生制原则，纳税人应在费用发生时而不是实际支付时确认扣除。

（2）配比原则，纳税人发生的费用应在费用应配比或应分配的当期申报扣除，纳税人某一纳税年度应申报的可扣除费用不得提前或滞后申报扣除。

（3）确定性原则，纳税人可扣除的费用不论何时支付，其金额必须是确定的。

（4）相关性原则，纳税人可扣除的费用从性质和根源上必须与取得应税收入相关。

（5）合理性原则，合理的支出是指符合生产经营活动常规，应当计入当期损益或者有关资产成本的必要和正常的支出。

2. 扣除项目的分类

《企业所得税法》规定，企业在计算应纳税所得额时，准予扣除的项目分为五项：

（1）成本，是指企业在生产经营活动中发生的销售成本、销货成本、业务支出以及其他耗费。

（2）费用，是指纳税人为生产经营活动而发生的，并可以扣除的营业费用，管理费用和财务费用。已列入成本的有关费用除外。

（3）税金，即纳税人按规定缴纳的消费税，营业税、资源税、出口关税、城市维护建设税、土地增值税，教育费附加可视同税金扣除。纳税人缴纳的上述税金按会计制度规定不列入当期支出的，不能直接扣除。企业缴纳的增值税属于价外税，故不在扣除之列。企业缴纳的房产税、车船税、土地使用税、印花税已列入管理费用扣除，不再列入税金扣除。

（4）损失，是指企业在生产经营活动中发生的固定资产和存货的盘亏、毁损、报废损失，转让财产损失，呆账损失，坏账损失，自然灾害等不可抗力因素造成的损失以及其他损失。

企业发生的损失，减除责任人赔偿和保险赔款后的余额，依照国务院财政、税务主管部门的规定扣除。

企业已经作为损失处理的资产，在以后纳税年度又全部收回或者部分收回时，应当计入当期收入。

（5）其他支出，是指除成本、费用、税金、损失外，企业在生产经营活动中发生的与生产经营活动有关的、合理的支出。

3. 限定条件准予扣除的项目和计税调整

在上述准予扣除的项目中，税法对部分项目的扣除范围和标准做出了限制性的具体规定：

（1）工资薪金支出。企业发生的合理的工资薪金支出，准予扣除。

工资、薪金支出是企业每一纳税年度支付给本企业任职或与其有雇佣关系的员工的所有现金或非现金形式的劳动报酬，包括基本工资、奖金、津贴、补贴、年终加薪、加班工资。以及与任职或者是受雇有关的其他支出。

"合理工资薪金"，是指企业按照股东大会、董事会、薪酬委员会或相关管理机构制定的工资薪金制度规定实际发放给员工的工资薪金。

（2）职工福利费、工会经费、职工教育经费。

①企业发生的职工福利费支出，不超过工资薪金总额14%的部分，准予扣除。

②企业拨缴的工会经费，不超过工资薪金总额2%的部分，准予扣除。

③企业发生的职工教育经费支出，不超过工资薪金总额2.5%的部分，准予扣除；超过部分，准予在以后纳税年度结转扣除。

【例9-3】某市一家居民企业主要生产销售彩色电视机，计入成本、费用中的合理的实发工资540万元，当年发生的工会经费15万元、职工福利费80万元、职工教育经费11万元，职工工会经费、职工福利费、职工教育经费应调整的应纳税所得额见表9-3：

表9-3

项　目	限额（万元）	实际发生额	可扣除额	超支额
工会经费	540×2% = 10.8	15	10.8	4.2
职工福利费	540×14% = 75.6	80	75.6	4.4
职工教育经费	540×2.5% = 13.5	11	11	0
合计	540×18.5% = 99.9	106	97.4	8.6

（3）社会保险费。

①企业按照国务院有关主管部门或者省级人民政府规定的范围和标准为职工缴纳的基本养老保险费、基本医疗保险费、失业保险费、工伤保险费、生育保险费等基本社会保险费和住房公积金，准予扣除。

②企业为在本企业任职或者受雇的全体员工支付的补充养老保险费、补充医疗保险费，分别在不超过职工工资总额5%标准内的部分，在计算应纳税所得额时准予扣除；超过的部分，不予扣除。

③除企业依照国家有关规定为特殊工种职工支付的人身安全保险费和国务院财政、税务主管部门规定可以扣除的其他商业保险费外，企业为投资者或者职工支付的商业保险费，不得扣除。

（4）业务招待费。企业发生的与生产经营活动有关的业务招待费支出，按照发生额的60%扣除，但最高不得超过当年销售（营业）收入的5‰。

☞知识链接

从事股权投资业务的企业业务招待费计算问题

对从事股权投资业务的企业（包括集团公司总部、创业投资企业等），其从被投资企业所分配的股息、红利以及股权转让收入，可以按规定的比例计算业务招待费扣除限额。

【例9-4】 甲公司全年销售收入为2 000万元，账面实际列支的业务招待费为15万元。

业务招待费发生扣除最高限额为2 000×5‰＝10（万元），因此，可扣除业务招待费＝15×60%＝9（万元），计算应纳税所得额时，应调增所得额＝15-9＝6（万元）。

（5）广告费和业务宣传费。企业发生的符合条件的广告费和业务宣传费支出，除国务院财政、税务主管部门有规定外，不超过当年销售（营业）收入15%的部分，准予扣除；超过部分，准予以后纳税年度结转扣除。

【例9-5】 某玻璃厂2014年销售收入2 800万元，对灾区重建捐赠自产产品一批，不含税市价200万元，收取某项专利技术使用费200万元，对外投资获得的投资收益200万元。广告费支出300万元，业务宣传费340万元，计算应纳税所得额时调整所得。

广告费和业务宣传费扣除标准＝（2 800+200+200）×15%＝480（万元）

广告费和业务宣传费实际发生额＝300+340＝640（万元），超标准640-480＝160（万元），调整所得就是160万元。

（6）公益性捐赠。企业发生的公益性捐赠支出，在"年度利润总额"12%以内的部分，准予在计算应纳税所得额时扣除。

【例9-6】 某生产性企业（居民企业）2014年度收入总额为200万元，企业发生的成本费用（包含营业外支出）共计100万元。当年"营业外支出"账户中列支了通过当地民政部门向灾区的捐赠15万元；通过四川当地某关联企业向灾区捐赠了10万元。假设除此之外没有其他纳税调整，该企业2014年纳税调整所得额为多少？

公益捐赠的扣除限额＝利润总额×12%＝（200-100）×12%＝12（万元）

实际公益性捐赠为15万元，税前准予扣除的公益捐赠为12万元，纳税调整额＝15-12＝3（万元）。

通过企业的捐赠不能扣除，应该调增所得额10万元。

该企业2014年纳税调整所得额＝3+10＝13（万元）

（7）手续费及佣金支出。

①企业发生与生产经营有关的手续费及佣金支出，不超过以下规定计算限额以内的部分，准予扣除；超过部分，不得扣除。

保险企业：财产保险企业按当年全部保费收入扣除退保金等后余额的15%（含本数，下同）计算限额；人身保险企业按当年全部保费收入扣除退保金等后余额的10%计算限额。

其他企业：按与具有合法经营资格中介服务机构或个人（不含交易双方及其雇员、代理人和代表人等）所签订服务协议或合同确认的收入金额的5%计算限额。

②除委托个人代理外，企业以现金等非转账方式支付的手续费及佣金不得在税前扣

除。企业为发行权益性证券支付给有关证券承销机构的手续费及佣金不得在税前扣除。

③企业不得将手续费及佣金支出计入回扣、业务提成、返利、进场费等费用。

④企业已计入固定资产、无形资产等相关资产的手续费及佣金支出，应当通过折旧、摊销等方式分期扣除，不得在发生当期直接扣除。

⑤企业支付的手续费及佣金不得直接冲减服务协议或合同金额，并如实入账。

（8）借款费用。

①企业在生产经营活动中发生的合理的不需要资本化的借款费用，准予扣除。

②企业为购置、建造固定资产、无形资产和经过 12 个月以上的建造才能达到预定可销售状态的存货发生借款的，在有关资产购置、建造期间发生的合理的借款费用，应当作为资本性支出计入有关资产的成本，并依照《企业所得税法实施条例》的规定扣除。

（9）利息支出。

①非金融企业向金融企业借款的利息支出，金融企业的各项存款利息支出和同业拆借利息支出、企业经批准发行债券的利息支出，准予扣除。

②非金融企业向非金融企业借款的利息，不超过按照金融企业同期同类贷款利率计算的数额的部分，准予扣除。

③关联企业利息费用的扣除：

第一，企业从其关联方接受的债权性投资与权益性投资的比例超过规定标准而发生的利息支出，不得在计算应纳税所得额时扣除。企业接受关联方债权性投资与其权益性投资比例为：金融企业为 5：1；其他企业为2：1。

第二，企业从其关联方接受的债权性投资与其权益性投资比例未超过规定标准而发生的利息支出，不超过按照金融企业同期同类贷款利率计算的数额的部分可据实扣除，超过部分不允许扣除。

第三，相关交易活动符合独立交易原则，或者该企业的实际税负不高于境内关联方。

企业自关联方取得的不符合规定的利息收入应按照有关规定缴纳企业所得税。

【例 9-7】某非金融企业的权益性投资额为 2 000 万元，2014 年按同期金融机构贷款利率从其关联方借款 5 000 万元，发生借款利息 200 万元。根据《企业所得税法》的规定，该企业在计算企业所得税应纳税所得额时，不得在税前扣除的利息为多少？

不得扣除的利息支出＝实际支付的全部关联方利息×（1-标准比例÷关联债资比例）
$$=200×（1-2÷2.5）=40（万元）$$

不得扣除的利息支出＝实际支付的全部关联方利息×（1-权益性投资额×2÷借款金额）
$$=200×（1-2\,000×2÷5\,000）=40（万元）$$

④企业向自然人借款的利息支出：

第一，企业向股东或其他与企业有关联关系的自然人借款的利息支出，符合规定条件的，准予扣除。

第二，企业向除上述规定以外的内部职工或其他人员借款的利息支出，其借款情况同时符合以下条件的，其利息支出在不超过按照金融企业同期同类贷款利率计算的数额的部分，准予扣除。

条件一：企业与个人之间的借贷是真实、合法、有效的，并且不具有非法集资目的或其他违反法律、法规的行为；

条件二：企业与个人之间签订了借款合同。

⑤企业投资者在规定期限内未缴足其应缴资本额的，该企业对外借款所发生的利息，相当于投资者实缴资本额与在规定期限内应缴资本额的差额应计付的利息，其不属于企业合理的支出，应由企业投资者负担，不得在计算企业应纳税所得额时扣除。

（10）资产损失。

①企业在生产经营活动中发生的固定资产和存货的盘亏、毁损、报废损失，转让财产损失，呆账损失，坏账损失，自然灾害等不可抗力因素造成的损失以及其他损失，可以在税前扣除。

②企业发生的损失，减除责任人赔偿和保险赔款后的余额，依照国务院财政、税务主管部门的规定扣除。

③企业已经作为损失处理的资产，在以后纳税年度又全部收回或者部分收回时，应当计入当期收入。

【例9-8】某企业 2014 年发生意外事故，损失库存外购原材料 32.79 万元（含运费 2.79 万元），取得保险公司赔款 8 万元，税前扣除的损失是多少？

税前扣除的损失 $=32.79+（32.79-2.79）\times 17\% +2.79 \div 93\% \times 7\% -8 = 30.10$（万元）

（11）固定资产租赁费。

①以经营租赁方式租入固定资产发生的租赁费支出，按照租赁期限均匀扣除。

②以融资租赁方式租入固定资产发生的租赁费支出，按照规定构成融资租入固定资产价值的部分应当提取折旧费用，分期扣除。

（12）企业所得的各项免税收入对应的各项成本费用，除另有规定外，可以在计算企业应纳税所得额时扣除。

（13）财产保险费。企业参加财产保险，按照有关规定缴纳的保险费，准予扣除。

（14）劳保支出。企业发生的合理的劳动保护支出，准予扣除。

（15）汇兑损失，除已经计入有关资产成本以及与向所有者进行利润分配相关的部分外，准予扣除。

（16）环保专项资金。企业依照法律、行政法规有关规定提取的用于环境保护、生态恢复等方面的专项资金，准予扣除。上述专项资金提取后改变用途的，不得扣除。

（四）确定不准予扣除的项目金额

在计算应纳税所得额时，下列支出不得扣除：

（1）向投资者支付的股息、红利等权益性投资收益款项。

（2）企业所得税税款。

（3）税收滞纳金。

（4）罚金、罚款和被没收财物的损失，不包括纳税人按照经济合同规定支付的违约金（包括银行罚息）、罚款和诉讼费用。

（5）年度利润总额 12% 以外的公益性捐赠支出。

（6）赞助支出，是指企业发生的与生产经营活动无关的各种非广告性质支出。

（7）未经核定的准备金支出，是指不符合国务院财政、税务主管部门规定的各项资产减值准备、风险准备等准备金支出。

（8）企业之间支付的管理费、企业内营业机构之间支付的租金和特许权使用费，以及非银行企业内营业机构之间支付的利息，不得扣除。

（9）与取得收入无关的其他支出。

（五）确定亏损的弥补金额

企业纳税年度发生的亏损，准予向以后年度结转，用以后年度的所得弥补，但结转年限最长不得超过5年。

将每一纳税年度的收入总额减除不征税收入、免税收入和各项扣除后小于零的数额，为亏损。这里所指亏损，是指企业财务报表中的亏损额经主管税务机关按税法规定核实调整后的金额。

5年内不论是盈利或亏损，都作为实际弥补期限计算；亏损弥补期限是自亏损年度的下一个年度起连续5年不间断地计算。

企业在汇总计算缴纳企业所得税时，其境外营业机构的亏损不得抵减境内营业机构的盈利。

企业从事生产经营之前进行筹办活动期间发生筹办费用支出，不得计算为当期的亏损，不能将筹办期作为企业损益年度。筹办期间发生的筹办费用支出，可以在开始经营之日的当年一次性扣除，也可以按照新税法有关长期待摊费用的处理规定处理，但一经选定，不得改变。

（六）熟悉资产的税务处理

企业资产，是指企业拥有或者控制的、用于经营管理活动且与取得应税收入有关的资产。企业的各项资产，包括固定资产、生产性生物资产、无形资产、长期待摊费用、投资资产、存货等。

1. 固定资产

固定资产是指企业为生产产品、提供劳务、出租或者经营管理而持有的、使用时间超过12个月的非货币性资产，包括房屋、建筑物、机器、机械、运输工具以及其他与生产经营活动有关的设备、器具、工具等。

（1）在计算应纳税所得额时，企业按照规定计算的固定资产折旧，准予扣除。

（2）下列固定资产不得计算折旧扣除：①房屋、建筑物以外未投入使用的固定资产；②以经营租赁方式租入的固定资产；③以融资租赁方式租出的固定资产；④已足额提取折旧仍继续使用的固定资产；⑤与经营活动无关的固定资产；⑥单独估价作为固定资产入账的土地；⑦其他不得计算折旧扣除的固定资产。

（3）固定资产按照以下方法确定计税基础：

①外购的固定资产，以购买价款和支付的相关税费以及直接归属于使该资产达到预定用途发生的其他支出为计税基础。

②自行建造的固定资产，以竣工结算前发生的支出为计税基础。

③盘盈的固定资产，以同类固定资产的重置完全价值为计税基础。

④企业固定资产投入使用后，由于工程款项尚未结清，尚未取得全额发票的，可暂按合同规定的金额计入固定资产计税基础计提折旧，待发票取得后进行调整，但该项调整应

在固定资产投入使用后 12 个月内进行。

（4）固定资产按照直线法计算的折旧，准予扣除。企业应当自固定资产投入使用月份的次月起计算折旧；停止使用的固定资产，应当自停止使用月份的次月起停止计算折旧。

（5）固定资产计算折旧的最低年限如下：①房屋、建筑物，为 20 年；②飞机、火车、轮船、机器、机械和其他生产设备，为 10 年；③与生产经营活动有关的器具、工具、家具等，为 5 年；④飞机、火车、轮船以外的运输工具，为 4 年；⑤电子设备，为 3 年。

【例 9-9】2014 年 4 月 20 日购进一台机械设备，取得增值税专用发票上注明价款 90 万元（购入成本），当月投入使用。按税法规定该设备按直线法折旧，期限为 10 年，残值率 5%，企业将设备购入成本一次性计入费用在税前作了扣除。企业当年会计利润为 170 万元。请计算企业此项业务应当调整的纳税所得额。

税法规定可扣除的折旧额 $=90\times(1-5\%)\div10\div12\times8=5.7$（万元）

外购设备应调增的应纳税所得额 $=90-5.7=84.3$（万元）

企业应纳税所得额 $=170+84.3=254.3$（万元）

假定对于折旧年限，税法和会计采用一致：

企业正确的会计利润 $=170+84.3=254.3$（万元）

2. 生产性生物资产

生产性生物资产是指企业为生产农产品、提供劳务或者出租等而持有的生物资产，包括经济林、薪炭林、产畜和役畜等。

（1）生产性生物资产按照以下方法确定计税基础：①外购的生产性生物资产，以购买价款和支付的相关税费为计税基础；②通过捐赠、投资、非货币性资产交换、债务重组等方式取得的生产性生物资产，以该资产的公允价值和支付的相关税费为计税基础。

（2）生产性生物资产按照直线法计算的折旧，准予扣除。企业应当自生产性生物资产投入使用月份的次月起计算折旧；停止使用的生产性生物资产，应当自停止使用月份的次月起停止计算折旧。

（3）生产性生物资产计算折旧的最低年限如下：①林木类生产性生物资产，为 10 年；②畜类生产性生物资产，为 3 年。

3. 无形资产

无形资产是指企业为生产产品、提供劳务、出租或者经营管理而持有的、没有实物形态的非货币性长期资产，包括专利权、商标权、著作权、土地使用权、非专利技术、商誉等。

（1）在计算应纳税所得额时，企业按照规定计算的无形资产摊销费用，准予扣除。

（2）下列无形资产不得计算摊销费用扣除：①自行开发的支出已在计算应纳税所得额时扣除的无形资产；②自创商誉；③与经营活动无关的无形资产；④其他不得计算摊销费用扣除的无形资产。

（3）无形资产按照以下方法确定计税基础：

①外购的无形资产，以购买价款和支付的相关税费以及直接归属于使该资产达到预定用途发生的其他支出为计税基础；

②自行开发的无形资产，以开发过程中该资产符合资本化条件后至达到预定用途前发生的支出为计税基础；

③通过捐赠、投资、非货币性资产交换、债务重组等方式取得的无形资产，以该资产的公允价值和支付的相关税费为计税基础。

（4）无形资产按照直线法计算的摊销费用，准予扣除。外购商誉的支出，在企业整体转让或者清算时，准予扣除。

（5）无形资产的摊销年限不得低于 10 年。作为投资或者受让的无形资产，有关法律规定或者合同约定了使用年限的，可以按照规定或者约定的使用年限分期摊销。

4. 长期待摊费用

在计算应纳税所得额时，企业发生的下列支出作为长期待摊费用，按照规定摊销的，准予扣除：

（1）已足额提取折旧的固定资产的改建支出，按照固定资产预计尚可使用年限分期摊销。

（2）租入固定资产的改建支出，按照合同约定的剩余租赁期限分期摊销。

所谓固定资产的改建支出，是指改变房屋或者建筑物结构、延长使用年限等发生的支出。改建的固定资产延长使用年限的，除前述规定外，应当适当延长折旧年限。

（3）固定资产的大修理支出，按照固定资产尚可使用年限分期摊销，是指同时符合下列条件的支出：①修理支出达到取得固定资产时的计税基础 50% 以上；②修理后固定资产的使用年限延长 2 年以上。

（4）其他应当作为长期待摊费用的支出，自支出发生月份的次月起，分期摊销，摊销年限不得低于 3 年。

5. 投资资产

投资资产是指企业对外进行权益性投资和债权性投资形成的资产。

（1）企业对外投资期间，投资资产的成本在计算应纳税所得额时不得扣除。

（2）企业在转让或者处置投资资产时，投资资产的成本，准予扣除。

6. 存货

存货是指企业持有以备出售的产品或者商品、处在生产过程中的在产品、在生产或者提供劳务过程中耗用的材料和物料等。

（1）企业使用或者销售存货，按照规定计算的存货成本，准予在计算应纳税所得额时扣除。

（2）企业使用或者销售的存货的成本计算方法，可以在先进先出法、加权平均法、个别计价法中选用一种。计价方法一经选用，不得随意变更。

7. 资产损失

资产损失是指企业在生产经营活动中实际发生的、与取得应税收入有关的资产损失，包括现金损失，存款损失，坏账损失，贷款损失，股权投资损失，固定资产和存货的盘亏、毁损、报废、被盗损失，自然灾害等不可抗力因素造成的损失以及其他损失。企业发生上述资产损失，应在按税法规定实际确认或者实际发生的当年申报扣除，不得提前或延后扣除。

（1）企业除贷款类债权外的应收、预付账款符合下列条件之一的，减除可收回金额后确认的无法收回的应收、预付款项，可以作为坏账损失在计算应纳税所得额时扣除：

①债务人依法宣告破产、关闭、解散、被撤销，或者被依法注销、吊销营业执照，其清算财产不足清偿的；

②债务人死亡，或者依法被宣告失踪、死亡，其财产或者遗产不足清偿的；

③债务人逾期3年以上未清偿，且有确凿证据证明已无力清偿债务的；

④与债务人达成债务重组协议或法院批准破产重整计划后，无法追偿的；

⑤因自然灾害、战争等不可抗力导致无法收回的；

⑥国务院财政、税务主管部门规定的其他条件。

（2）企业因存货盘亏、毁损、报废、被盗等原因不得从增值税销项税额中抵扣的进项税额，可以与存货损失一起在计算应纳税所得额时扣除。

（3）企业境内、境外营业机构发生的资产损失应分开核算，对境外营业机构由于发生资产损失而产生的亏损，不得在计算境内应纳税所得额时扣除。

（七）非居民企业的应纳税所得额

对于在中国境内未设立机构、场所的，或者虽设立机构、场所但取得的所得与其所设机构、场所没有实际联系的非居民企业的所得，按照下列方法计算应纳税所得额：

（1）股息、红利等权益性投资收益和利息、租金、特许权使用费所得，以收入全额为应纳税所得额。

（2）转让财产所得，以收入全额减除财产净值后的余额为应纳税所得额。

（3）其他所得，参照前两项规定的方法计算应纳税所得额。

财产净值是指财产的计税基础减除已经按照规定扣除的折旧、折耗、摊销、准备金等后的余额。

任务二 熟悉计税基础与所得税费用处理规则

（一）计税基础

（1）资产的计税基础。一项资产的计税基础就是按照税法的规定，该项资产在销售或使用时，可以作为成本或费用在税前扣除的金额。但是，如果该项资产在减少时产生的经济利益流入不需纳税，那么该项资产的计税基础即为其账面金额，如其他应收款。即：

一项资产的计税基础＝未来可税前扣除的金额

（2）负债的计税基础。一项负债的计税基础就是其账面价值减去该负债在未来期间可税前扣除的金额。即：

一项负债的计税基础＝该项负债的账面价值－未来可税前扣除的金额

如果一项负债的账面价值比其计税基础高，意味着在未来期间清偿的现金利益大而不能抵减应税收益的小，则产生可抵减的暂时性差异，两者差额部分抵减应税收益的大，表现为所得税支付额减少而使经济利益流入企业，应将其确认为递延所得税资产；如果一项负债的账面价值比其计税基础低，意味着在未来期间清偿的现金利益小而不能抵减应税收益的大，则产生应纳税的暂时性差异，两者差额部分应调整应税收益，表现为所得税支付额增加，而使经济利益流出企业，应将其确认为递延所得税负债。

产生可抵减的暂时性差异的特例情形：研究开发费用的加计扣除、质量三包费用、退休福利费、向后结转的待弥补经营亏损以及所得税抵减结转以后年度。

（二）所得税费用处理规则

企业核算所得税，主要是为确定当期应交所得税以及利润表中的所得税费用，从而确定各期实现的净利润。确认递延所得税资产和递延所得税负债，最终目的也是解决不同会计期间所得税费用的分配问题。按照资产负债表债务法进行核算的情况下，利润表中的所得税费用由两个部分组成：当期所得税和递延所得税费用（或收益）。

（1）当期所得税。当期所得税是指企业按照税法规定计算确定的针对当期发生的交易和事项，应缴纳给税务机关的所得税金额，即应交所得税。当期所得税应当以适用的税收法规为基础计算确定。

企业在确定当期所得税时，对于当期发生的交易或事项，会计处理与税收处理不同的，应在会计利润的基础上，按照适用税收法规的要求进行调整（即纳税调整），计算出当期应纳税所得额，按照应纳税所得额与适用所得税税率计算确定当期应交所得税。一般情况下，应纳税所得额可在会计利润的基础上，考虑会计与税收规定之间的差异，按照以下公式计算确定：

$$应纳税所得额=会计利润+\begin{matrix}按照会计准则\\规定计入利润表\\但计税时不允许\\税前扣除的费用\end{matrix}+（或-）\begin{matrix}计入利润表的费用\\与按照税法规定\\可予税前抵扣的\\金额之间的差额\end{matrix}+（或-）$$

$$\begin{matrix}计入利润表的收入\\与按照税法规定应计入\\应纳税所得额的\\收入之间的差额\end{matrix}-\begin{matrix}税法规定的\\不征税收入\end{matrix}+（或-）\begin{matrix}其他需要\\调整的因素\end{matrix}$$

（2）递延所得税费用（或收益）。递延所得税费用（或收益）是指按照会计准则规定应予确认的递延所得税资产和递延所得税负债在会计期末应有的金额相对于原已确认金额之间的差额，即递延所得税资产和递延所得税负债的当期发生额，但不包括计入所有者权益的交易或事项的所得税影响。用公式表示为：

$$\begin{matrix}递延所得税\\费用（或收益）\end{matrix}=\begin{matrix}当期递延所得税\\负债的增加\end{matrix}+\begin{matrix}当期递延所得税\\资产的减少\end{matrix}-\begin{matrix}当期递延所得税\\负债的减少\end{matrix}-\begin{matrix}当期递延所得税\\资产的增加\end{matrix}$$

值得注意的是，如果某项交易或事项按照会计准则规定应计入所有者权益，由该交易或事项产生的递延所得税资产或递延所得税负债及其变化亦应计入所有者权益，不构成利润表中的递延所得税费用（或收益）。

任务三 应纳企业所得税计算及会计处理

（一）会计账户的设置

采用资产负债表债务法时，设置"所得税费用"、"递延所得税资产"、"递延所得税负债"和"应交税费——应交所得税"四个账户。其中，"递延所得税资产"账户和"递延所得税负债"账户分别用来核算可抵扣暂时性差异和应纳税暂时性差异形成的递延所得税资产和递延所得税负债。

"所得税费用"是损益类科目，设"当期所得税费用"和"递延所得税费用"两个明细账户，核算企业确认的应从当期利润总额中扣除的所得税费用，借方反映资产负债表日，企业按照税法规定计算确定当期的应交所得税费用和递延所得税资产的应有余额小于"递延所得税资产"科目余额的差额。贷方反映资产负债表日，递延所得税资产的应有余额大于"递延所得税资产"科目余额的差额。企业应予确认的递延所得税负债，也比照上述原则调整本科目。期末，应将本科目的余额转入"本年利润"，结转后无余额。

"递延所得税资产"是资产类科目，核算企业由于可抵扣暂时性差异确认的递延所得税资产，及按能够结转后期的尚可抵扣的亏损和税款抵减的未来应税利润确认的递延所得税资产。借方反映确认的各类递延所得税资产，贷方反映当企业确认递延所得税资产的可抵扣暂时性差异情况发生回转时转回的所得税影响额以及税率变动或开征新税调整的递延所得税资产。余额反映尚未转回的递延所得税资产。

"递延所得税负债"是负债类科目，核算企业由于应税暂时性差异确认的递延所得税负债。贷方反映确认的各类递延所得税负债，借方反映资产负债表日递延所得税负债的应有余额小于其账面余额的差额，期末贷方余额反映企业已确认的递延所得税负债。

（二）资产负债表债务法的会计处理

（1）资产负债表债务法下企业盈利时的会计处理。在资产负债表债务法下，当企业实现盈利时，在资产负债表日，企业按照税法规定计算确定当期的应交所得税费用。会计分录为：借记"所得税费用"科目，贷记"应交税费——应交所得税"科目。然后根据递延所得税资产科目余额的差额编制如下会计分录，借记"所得税费用"科目，贷记"递延所得税资产"科目；或者借记"递延所得税负债"科目，贷记"所得税费用"科目。

（2）资产负债表债务法下企业亏损时的会计处理。在资产负债表债务法下，由于企业发生亏损，因而确定的当期应交所得税费用为零。但是企业必须把这部分亏损在资产负债表中体现出来，而且必须确定由于时间性差异形成的递延所得税资产。编制如下会计分录：借记"递延所得税资产"科目，贷记"所得税费用"科目。同时，亏损作为可抵扣暂时性差异必须满足以下两个条件：①5年内的亏损可抵扣；②企业必须预计未来5年内有足够的纳税所得可以抵扣这一亏损数额。如果企业的亏损能同时满足以上两个条件，那么企业可以将亏损作为可抵扣暂时性差异，确认为递延所得税资产，并按所得税会计准则的规定，核算可抵扣暂时性差异对所得税费用的影响。

☞**知识链接**

应付税款法的会计处理

应付税款法是指企业不确认时间性差异对所得税的影响金额，按照当期计算的应交所得税费用确认为当期所得税费用的方法。在应付税款法下，本期发生的时间性差异不单独核算，与本期发生的永久性差异同样处理。应付税款法是以收付实现制为基础，将本期应交所得税全部计入本期利润表的所得税项目。

1. 应付税款法下的账户设置。采用应付税款法核算时，需要设置两个科目："所得税费用"科目,核算企业从本期损益中扣除的所得税费用;"应交税费——应交所得税"科目,核算企业应交的所得税。

2. 应付税款法下企业盈利时的会计处理。计算缴纳所得税时,会计分录为:借记"所得税"科目,贷记"应交税金——应交所得税"科目。实际上缴所得税时的会计分录为:借记"应交税金——应交所得税"科目,贷记"银行存款"科目。在期末应将"所得税"账户的借方余额转入"本年利润"账户,结转后的"所得税"账户期末无余额。

3. 应付税款法下企业亏损时的会计处理。可以按税法规定,对可结转后期的尚可抵扣的亏损,在亏损弥补前期可以不确认所得税利益,但只可以在税前抵扣5年。在应付税款法下,当企业的适用税率发生变化时,对以前年度的所得税额无影响,不必进行调整。因为应付税款法下本期所得税费用即应交所得税。

☞温馨提示

正确选择所得税会计的核算方法

小企业可选择"应付税款法。《小企业会计制度》明确规定,小企业因业务简单,核算成本较低,会计信息质量要求不高,允许采用"应付税款法"。

大中型企业应选择"纳税影响会计法"。执行《企业会计制度》的企业必须使用"纳税影响会计法"。

我国上市公司只能选择"资产负债表债务法"。执行《企业会计准则》(2006)的企业(目前主要是上市公司和部分大型国有企业),必须使用"资产负债表债务法",以保证会计信息的质量。

(三)应纳税额的计算

1. 居民企业应纳税额的计算

居民企业应缴纳所得税额等于应纳税所得额乘以适用税率,减除按照《企业所得税法》关于税收优惠的规定减免和抵免的税额后的余额。企业所得税的应纳税额的计算公式为:

$$应纳税额=应纳税所得额×适用税率-减免税额-抵免税额$$

根据计算公式可以看出,居民企业应纳税额的多少,取决于应纳税所得额和适用税率两个因素。在实际过程中,应纳税所得额的计算一般有两种方法。

(1)直接计算法。企业每一纳税年度的收入总额减除不征税收入、免税收入、各项扣除以及允许弥补的以前年度亏损后的余额为应纳税所得额。计算公式与前述相同,为:

$$应纳税所得额=收入总额-不征税收入-免税收入-各项扣除金额-弥补亏损$$

(2)间接计算法。在会计利润总额的基础上加或减按照税法规定调整的项目金额后,即为应纳税所得额。计算公式为:

$$应纳税所得额=会计利润总额±纳税调整项目金额$$

【例9-10】某工业企业为居民企业,2014年发生经营业务如下:全年取得产品销售收入为5 600万元,发生产品销售成本4 000万元;其他业务收入800万元,其他业务成本660万元;取得购买国债的利息收入40万元;缴纳非增值税销售税金及附加300万元;发生的管理费用 760 万元，其中新技术的研究开发费用为 60 万元、业务招待费用 70 万元；发生财务费用 200 万元；取得直接投资其他居民企业的权益性投资收益 34 万元（被投资方已按 15% 的税率缴纳企业所得税）；取得营业外收入 100 万元，发生营业外支出 250 万元（其中含公益性捐赠支出 38 万元）。计算该企业 2014 年应纳的企业所得税。

第一步：求利润总额。

会计利润总额 = 5 600+800+40+34+100−4 000−660−300−760−200−250 = 404（万元）

第二步：纳税调整。

国债利息收入免征企业所得税，应调减应纳税所得额 40 万元。

新技术的研究开发费调减应纳税所得额 = 60×50% = 30（万元）

按实际发生额的 60% 计算

业务招待费的扣除限额 = 70×60% = 42（万元）

按销售（营业）收入的 5‰ 计算业务招待费的扣除限额 =（5 600+800）×5‰ = 32（万元）

按照规定税前扣除限额为 32 万元，应调增应纳税所得额 = 70−32 = 38（万元）。

取得直接投资其他居民企业的权益性投资收益属于免税收入，应调减应纳税所得额 34 万元。

捐赠扣除标准 = 404×12% = 48.48（万元）

实际捐赠额 38 万元小于扣除标准 48.48 万元，可据实扣除，不做纳税调整。

第三步：计算应纳税所得额和应纳税额。

应纳税所得额 = 404−40−30+38−34 = 338（万元）

该企业 2014 年应缴纳企业所得税 = 338×25% = 84.5（万元）

2. 境外所得抵扣税额的计算及会计处理

居民企业来源于中国境外的应税所得，以及非居民企业在中国境内设立机构、场所，取得发生在中国境外但与该机构、场所有实际联系的应税所得，已在境外缴纳的所得税税额，可以从其当期应纳税额中抵免，抵免限额为该项所得依照《企业所得税法》规定计算的应纳税额；超过抵免限额的部分，可以在以后 5 个年度内，用每年抵免限额抵免当年应抵税额后的余额进行抵补。

（1）已在境外缴纳的所得税税额，是指企业来源于中国境外的所得依照中国境外税收法律以及相关规定应当缴纳并已经实际缴纳的企业所得税性质的税款。

（2）抵免限额，是指企业来源于中国境外的所得，依照《企业所得税法》及其实施条例的规定计算的应纳税额。除国务院财政、税务主管部门另有规定外，该抵免限额应当分国（地区）不分项计算，计算公式如下：

$$\text{抵免限额} = \text{中国境内、境外所得依照《企业所得税法》及其实施条例的规定计算的应纳税总额} \times \frac{\text{来源于某国（地区）的应纳税所得额}}{\text{中国境内、境外应纳税所得总额}}$$

（3）所谓 5 个年度，是指从企业取得的来源于中国境外的所得，已经在中国境外缴纳的企业所得税性质的税额超过抵免限额的当年的次年起连续 5 个纳税年度。

居民企业从其直接或间接控制的外国企业分得的来源于中国境外的股息、红利等权益性投资收益，外国企业在境外实际缴纳的所得税额中属于该项所得负担的部分，可以作为该居民企业的可抵免境外所得税额，在该法规定的抵免限额内抵免。

抵免企业所得税额时，应当提供中国境外税务机关出具的税款所属年度的有关纳税凭证。

【例9-11】某企业在汇算清缴企业所得税时向税务机关申报：2014年度应纳税所得额为1 130.8万元，已累计预缴企业所得税179.5万元。在对该企业纳税申报表进行审核时，税务机关发现如下问题，要求该企业纠正后重新办理纳税申报：

（1）缴纳的房产税、城镇土地使用税、车船税、印花税等税金74万元已在管理费用中列支，但在计算应纳税所得额时又重复扣除；

（2）将违法经营罚款25万元、税收滞纳金0.3万元列入营业外支出中，直接对某小学捐款59万元，在计算应纳税所得额时予以扣除；

（3）2014年6月1日以经营租赁方式租入1台机器设备，合同约定租赁期10个月，租赁费15万元，该企业未分期摊销该笔租赁费，而是一次性列入2014年度管理费用中扣除；

（4）从境外取得税后利润24万元（境外缴纳所得税时适用的税率为20%），未补缴企业所得税。

计算该企业2014年度境内所得的应纳所得税额，境外所得应补缴的所得税额，境内、境外所得应补缴的所得税额，作相应会计分录。

$$境内所得的应纳所得税额 = （1 130.8+74+25+0.3+59+15÷10×3）×25\%$$
$$= 1 293.6×25\% = 323.4（万元）$$

$$境外所得应补缴的所得税额 = 24÷（1-20\%）×（25\%-20\%）= 1.5（万元）$$

$$应补缴的所得税额 = 323.4-179.5+1.5 = 145.4（万元）$$

$$递延所得税资产 = （应税所得-会计利润）×25\%$$
$$= （1 293.6-1 130.8）×25\% = 40.7（万元）$$

计算境内所得的应纳所得税：

借：所得税费用	282.7	
递延所得税资产	40.7	
贷：应交税费——应交所得税		323.4

计算境外所得的应纳所得税：

借：所得税费用	1.5	
贷：应交税费——应交所得税		1.5

实际补缴少缴的税款：

借：应交税费——应交所得税	145.4	
贷：银行存款		145.4

3. 居民企业核定征收应纳税额的计算

核定征收办法，仅适用于账簿不全、核算不清、逾期不申报、申报不正常的居民纳税人，具体分为定率（核定应税所得率）和定额（核定应纳所得税额）两种方法。

（1）税务机关采用下列方法核定征收企业所得税：

①参照当地同类行业或者类似行业中经营规模和收入水平相近的纳税人的税负水平

核定;

②按照应税收入额或成本费用支出额定率核定;

③按照耗用的原材料、燃料、动力等推算或测算核定;

④按照其他合理方法核定。

采用上述所列一种方法不足以正确核定应纳税所得额或应纳税额的,可以同时采用两种以上的方法核定。采用两种以上方法测算的应纳税额不一致时,可按测算的应纳税额从高核定。

(2) 采用应税所得率方式核定征收企业所得税的,应纳所得税额计算公式如下:

$$应纳所得税额=应纳税所得额×适用税率$$

$$应纳税所得额=应税收入额×应税所得率$$

或: $$应纳税所得额=成本(费用)支出额÷(1-应税所得率)×应税所得率$$

实行应税所得率方式核定征收企业所得税的纳税人,经营多业的,无论其经营项目是否单独核算,均由税务机关根据其主营项目确定适用的应税所得率。

【例 9-12】 某私营企业,注册资金 300 万元,从业人员 20 人,2014 年 2 月 10 日向其主管税务机关申报 2013 年度取得收入总额 146 万元,发生的直接成本 120 万元、其他费用 33 万元,全年应纳税所得额-7 万元。后经税务机关审核,其成本、费用无误,但收入总额不能准确核算。假定应税所得率为 15%,按照核定征收企业所得税的办法,该企业 2013 年度还应缴企业所得税。

按成本费用推算应纳税所得额 = (120+33) ÷ (1-15%) ×15% = 27 (万元)

应纳税额=27×25% =6.75 (万元)

☞温馨提示

按照《企业所得税法》,采用核定纳税的企业,即使符合小型微利企业的标准,也不能使用小型微利企业的优惠税率。

4. 非居民企业应纳税额的计算

对于在中国境内未设立机构、场所的,或者虽设立机构、场所但取得的所得与其所设机构、场所没有实际联系的非居民企业的所得,按照下列方法计算应纳税所得额:

(1) 股息、红利等权益性投资收益和利息、租金、特许权使用费所得,以收入全额为应纳税所得额。

(2) 转让财产所得,以收入全额减除财产净值后的余额为应纳税所得额。

(3) 其他所得,参照前两项规定的方法计算应纳税所得额。

财产净值是指财产的计税基础减除已经按照规定扣除的折旧、折耗、摊销、准备金等后的余额。

5. 房地产开发企业所得税预缴税款的处理

在未完工前采取预售方式销售取得的预售收入,按照规定的预计利润率分季(或月)计算出预计利润额,计入利润总额预缴,开发产品完工、结算计税成本后按照实际利润再行调整。预计利润率标准见表9-4。

表9-4

房屋状况	位　　置	预计利润率标准
非经济适用房	省、自治区、直辖市和计划单列市政府所在地城区和郊区	不得低于20%
	地级市、地区、盟、州城区和郊区	不得低于15%
	其他地区	不得低于10%
经济适用房		不得低于3%

【例9-13】 某房地产开发公司2014年开发商品房一幢，到12月31日销售了该幢商品房面积的70%，取得销售收入3 200万元，假定该房地产公司开发的商品房坐落在省级城市，企业所得税的预征所得率为15%。请计算该房地产开发公司2014年开发该幢商品房应预缴的企业所得税。

　　　预缴企业所得税的应纳税所得额=3 200×15%=480（万元）

　　　2014年应预缴企业所得税=480×25%=120（万元）

【例9-14】 某企业2014年发生下列业务：

（1）销售产品收入2 000万元。

（2）接受捐赠材料一批，取得捐赠方开具的增值税专用发票，注明价款10万元，增值税1.7万元；企业找一家运输公司将该批材料运回企业，支付运杂费0.3万元。

（3）转让一项商标所有权，取得营业外收入60万元。

（4）收取当年让渡资产使用权的专利实施许可费，取得其他业务收入10万元。

（5）取得国债利息收入2万元。

（6）全年销售成本及其他业务成本合计1 000万元，销售税金及附加100万元。

（7）全年销售费用500万元，含广告费400万元；全年管理费用200万元，含业务招待费80万元；全年财务费用50万元。

（8）全年营业外支出40万元，其中：通过政府部门对灾区捐款20万元，直接对私立小学捐款10万元，违反政府规定被工商局罚款2万元。

　　　计算：（1）该企业的会计利润总额；（2）该企业对收入的纳税调整额；（3）该企业对广告费用的纳税调整额；（4）该企业对业务招待费的纳税调整额；（5）该企业对营业外支出的纳税调整额；（6）该企业应纳税所得额和应纳所得税额。

　　　会计利润总额=2 000+10+1.7+60+10+2-1 000-100-500-200-50-40

　　　　　　　　　=193.7（万元）

　　　该企业对收入的纳税调整额：2万元国债利息属于免税收入，应当调减应纳税所得额2万元。

　　　该企业对广告费用的纳税调整额：

　　　以销售（营业）收入为基数，不包括营业外收入。

　　　广告费扣除限额=（2 000+10）×15%=301.5（万元）

　　　广告费超支400-301.5=98.5（万元）

　　　广告费用调增应纳税所得额98.5万元。

该企业对业务招待费的纳税调整额：

招待费扣除限额计算：80×60% =48（万元），（2 000+10）×5‰=10.05（万元）。

招待费扣除限额为10.05万元，超支为80-10.05=69.95（万元）。

业务招待费调增应纳税所得额69.95万元。

该企业对营业外支出的纳税调整额：

公益性捐赠限额=193.7×12% =23.24（万元）

该企业通过政府部门对灾区的20万元公益性捐赠可以扣除，直接对私立小学的捐赠10万元不得扣除，行政罚款2万元不得扣除。

营业外支出调增应纳税所得额12万元。

应纳税所得额=193.7-2+98.5+69.95+12=372.15（万元）

应纳所得税额=372.15×25% =93.04（万元）

任务四 熟悉企业所得税的特别纳税调整

特别纳税调整，是指企业与其关联方之间的业务往来，不符合独立交易原则而减少企业或者其关联方应纳税收入或者所得额的，税务机关有权按照合理方法调整。企业与其关联方共同开发、受让无形资产，或者共同提供、接受劳务发生的成本，在计算应纳税所得额时应当按照独立交易原则进行分摊。

为了加强特别纳税调整管理，税务机关对企业的转让定价、预约定价安排、成本分摊协议、受控外国企业、资本弱化以及一般反避税等特别纳税调整事项实施管理。

（一）转让定价

企业与其关联方之间的业务往来，不符合独立交易原则而减少企业或者其关联方应纳税收入或者所得额的，税务机关有权按照合理方法调整。

（1）关联方，是指与企业有下列关联关系之一的企业、其他组织或者个人：

①在资金、经营、购销等方面存在直接或者间接的控制关系；

②直接或者间接地同为第三者控制；

③在利益上具有相关联的其他关系。

（2）独立交易原则，是指没有关联关系的交易各方，按照公平成交价格和营业常规进行业务往来遵循的原则。

在判断关联企业与其关联方之间的业务往来是否符合独立交易原则时，强调将关联交易定价或利润水平与可比情形下没有关联关系的交易定价和利润水平进行比较，如果存在差异，就说明因为关联关系的存在而导致企业没有遵循正常市场交易原则和营业常规，从而违背了独立交易原则。

（3）调整方法：

①可比非受控价格法，是指按照没有关联关系的交易各方进行相同或者类似业务往来的价格进行定价的方法；

②再销售价格法，是指按照从关联方购进商品再销售给没有关联关系的交易方的价格，减除相同或者类似业务的销售毛利进行定价的方法；

③成本加成法，是指按照成本加合理的费用和利润进行定价的方法；

④交易净利润法，是指按照没有关联关系的交易各方进行相同或者类似业务往来取得的净利润水平确定利润的方法；

⑤利润分割法，是指将企业与其关联方的合并利润或者亏损在各方之间采用合理标准进行分配的方法；

⑥其他符合独立交易原则的方法。

企业发生关联交易以及税务机关审核、评估关联交易均应遵循独立交易原则，选用合理的转让定价方法。选用合理的转让定价方法应进行可比性分析。

（4）核定征收。企业不提供与其关联方之间业务往来资料，或者提供虚假、不完整资料，未能真实反映其关联业务往来情况的，税务机关有权依法核定其应纳税所得额。核定方法有：

①参照同类或者类似企业的利润率水平核定。

②按照企业成本加合理的费用和利润的方法核定。

③按照关联企业集团整体利润的合理比例核定。

④按照其他合理方法核定。

企业对税务机关按照前款规定的方法核定的应纳税所得额有异议的，应当提供相关证据，经税务机关认定后，调整核定的应纳税所得额。

（5）加收利息。企业实施其他不具有合理商业目的的安排而减少其应纳税收入或者所得额的，税务机关有权按照合理方法调整。不具有合理商业目的的，是指以减少、免除或者推迟缴纳税款为主要目的。

税务机关依照规定进行特别纳税调整后，除了应当补征税款外，并按照国务院规定加收利息。应当对补征的税款，自税款所属纳税年度的次年6月1日起至补缴税款之日止的期间，按日加收利息。加收的利息不得在计算应纳税所得额时扣除。

（6）纳税调整的时效。企业与其关联方之间的业务往来，不符合独立交易原则，或者企业实施其他不具有合理商业目的安排的，税务机关有权在该业务发生的纳税年度起10年内，进行纳税调整。

（二）预约定价安排

约定价安排，是指企业就其未来年度关联交易的定价原则和计算方法，向税务机关提出申请，与税务机关按照独立交易原则协商、确认后达成的协议。

（1）适用条件：①年度发生的关联交易金额在4 000万元人民币以上；②依法履行关联申报义务；③按规定准备、保存和提供同期资料。

（2）预约定价安排适用于自企业提交正式书面申请年度的次年起3～5个连续年度的关联交易。

（三）成本分摊协议

企业与其关联方共同开发、受让无形资产，或者共同提供、接受劳务发生的成本，在计算应纳税所得额时应当按照独立交易原则进行分摊。

企业可以依照《企业所得税法》的规定，按照独立交易原则与其关联方分摊共同发生的成本，达成成本分摊协议。企业与其关联方分摊成本时，应当按照成本与预期收益相配比的原则进行分摊，并在税务机关规定的期限内，按照税务机关的要求报送有关资料。企业与其关联方分摊成本时违反前述规定的，其自行分摊的成本不得在计算应纳税所得额时扣除。

（四）受控外国企业

由居民企业，或者由居民企业和中国居民控制的设立在实际税负低于我国《企业所得税法》规定税率水平（即25%）50%的国家（地区）的企业，并非由于合理的经营需要而对利润不作分配或者减少分配的，上述利润中应归属于该居民企业的部分，应当计入该居民企业的当期收入。

（五）资本弱化

企业从其关联方接受的债权性投资与权益性投资的比例超过规定标准而发生的利息支出，不得在计算应纳税所得额时扣除。标准由国务院财政、税务主管部门另行规定。

不得在计算应纳税所得额时扣除的利息支出应按以下公式计算：

$$不得扣除利息支出 = 年度实际支付的全部关联方利息 \times \left(1 - \frac{标准比例}{关联债资比例}\right)$$

关联债资比例，是指根据《企业所得税法》及其实施条例的规定，企业从其全部关联方接受的债权性投资（以下简称关联债权投资）占企业接受的权益性投资（以下简称权益投资）的比例，关联债权投资包括关联方以各种形式提供担保的债权性投资。

在计算应纳税所得额时，企业实际支付给关联方的利息支出，不超过以下规定比例和《企业所得税法》及其实施条例有关规定计算的部分，准予扣除，超过的部分不得在发生当期或以后年度扣除。企业实际支付给关联方的利息支出，其接受关联方债权性投资与其权益性投资比例为：（1）金融企业，为5：1；（2）其他企业，为2：1。

（六）一般反避税条款

税务机关可依法对存在以下避税安排的企业，启动一般反避税调查：（1）滥用税收优惠；（2）滥用税收协定；（3）滥用公司组织形式；（4）利用避税港避税；（5）其他不具有合理商业目的的安排。

项目三 办理企业所得税纳税申报

任务一 企业所得税的征收管理

（一）纳税期限

（1）企业所得税按年计征，分月或者分季预缴，年终汇算清缴，多退少补。

自年度终了之日起5个月内，向税务机关报送年度企业所得税纳税申报表，并汇算清缴，结清应缴应退税款。

（2）清算所得：

①清算所得形成：企业的全部资产可变现价值或交易价格，减除资产的计税基础、清算费用、相关税费，加上债务清偿损益等后的余额，为清算所得。

企业全部资产的可变现价值或交易价格减除清算费用、职工的工资、社会保险费用和法定补偿金，结清清算所得税、以前年度欠税等税款，清偿企业债务，按规定计算可以向所有者分配的剩余资产。

②被清算企业的股东分得的剩余资产中：①相当于被清算企业累计未分配利润和累计

261

盈余公积中按该股东所占股份比例计算的部分，应确认为股息所得；②剩余资产减除股息所得后的余额，超过或低于股东投资成本的部分，应确认为股东的投资转让所得或损失。

（二）纳税地点

（1）除税收法律、行政法规另有规定外，居民企业以企业登记注册地为纳税地点；但登记注册地在境外的，以实际管理机构所在地为纳税地点。企业注册登记地，是指企业依照国家有关规定登记注册的住所地。

（2）居民企业在中国境内设立不具有法人资格的营业机构的，应当汇总计算并缴纳企业所得税。企业汇总计算并缴纳企业所得税时，应当统一核算应纳税所得额，具体办法由国务院财政、税务主管部门另行制定。

（3）非居民企业在中国境内设立机构、场所的，应当就其所设机构、场所取得的来源于中国境内的所得，以及发生在中国境外但与其所设机构、场所有实际联系的所得，以机构、场所所在地为纳税地点。

（4）非居民企业在中国境内未设立机构、场所的，或者虽设立机构、场所但取得的所得与其所设机构、场所没有实际联系的所得，以扣缴义务人所在地为纳税地点。

（5）除国务院另有规定外，企业之间不得合并缴纳企业所得税。

（三）纳税申报

按月或按季预缴的，应当自月份或者季度终了之日起15日内，向税务机关报送预缴企业所得税纳税申报表，预缴税款。

（四）跨地区经营汇总纳税企业所得税征收管理

1. 适用范围

（1）居民企业在中国境内跨地区（指跨省、自治区、直辖市和计划单列市，下同）设立不具有法人资格的营业机构、场所（以下称分支机构）的，该居民企业为汇总纳税企业（另有规定者除外）。

居民企业在同一省、自治区、直辖市和计划单列市内跨地、市（区、县）设立不具有法人资格营业机构、场所的，由各省、自治区、直辖市和计划单列市国家税务局、地方税务局参照本办法联合制定征管办法。

缴纳所得税未纳入中央和地方分享范围的企业，不适用汇总纳税办法。

（2）企业实行"统一计算、分级管理、就地预缴、汇总清算、财政调库"的企业所得税征收管理办法。

2. 税款预缴和汇算清缴

（1）企业应根据当期实际利润额，按照规定的预缴分摊方法计算总机构和分支机构的企业所得税预缴额，分别由总机构和分支机构分月或者分季就地预缴。

（2）在规定期限内按实际利润额预缴有困难的，经总机构所在地主管税务机关认可，可以按照上一年度应纳税所得额的1/12或1/4，由总机构、分支机构就地预缴企业所得税。预缴方式一经确定，当年度不得变更。

3. 分支机构分摊税款比例

总机构应按照以前年度（1—6月按上上年度，7—12月按上年度）分支机构的经营收入、职工工资和资产总额三个因素计算各分支机构应分摊所得税款的比例，三因素的权重依次为0.35、0.35、0.30，计算公式如下：

$$某分支机构\atop 分摊比例 = 0.35 \times \frac{该分支机构营业收入}{各分支机构营业收入之和} + 0.35 \times \frac{该分支机构工资总额}{各分支机构工资总额之和}$$

$$+ 0.30 \times \frac{该分支机构资产总额}{各分支机构资产总额之和}$$

以上公式中分支机构仅指需要就地预缴的分支机构，该税款分摊比例按上述方法一经确定后，当年不作调整。

☞温馨提示

上年度认定为小型微利企业的，其分支机构不就地预缴企业所得税。

新设立的分支机构，设立当年不就地预缴企业所得税。

撤销的分支机构，撤销当年剩余期限内应分摊的企业所得税税款由总机构缴入中央国库。

企业在中国境外设立的不具有法人资格的营业机构，不就地预缴企业所得税。

企业计算分期预缴的所得税时，其实际利润额、应纳税额及分摊因素数额，均不包括其在中国境外设立的营业机构。

任务二　企业所得税的纳税申报

（一）企业所得税月（季）度预缴纳税申报表

查账征收企业所得税的居民纳税人及在中国境内设立机构的非居民纳税人在月（季）度预缴所得税时应填制《企业所得税月（季）度预缴纳税申报表》（A类）（见表9-5）；实行核定征收管理办法缴纳企业所得税的纳税人在月（季）度申报缴纳企业所得税时应填制《企业所得税月（季）度预缴纳税申报表》（B类）（见表9-6）。

表9-5　　　　　　企业所得税月（季）度预缴纳税申报表（A类）

税款所属期间：　　年　月　日至　年　月　日

纳税人识别号：□□□□□□□□□□□□□□□

纳税人名称：　　　　　　　　　　　　　金额单位：人民币元（列至角分）

行次	项　　目	本期金额	累计金额
1	一、按照实际利润额预缴		
2	营业收入		
3	营业成本		
4	利润总额		
5	加：特定业务计算的应纳税所得额		
6	减：不征税收入		
7	减：免税收入		
8	减：减征、免征应纳税所得额		
9	减：弥补以前年度亏损		

续表

行次	项　　目	本期金额	累计金额
10	实际利润额（4行+5行-6行-7行-8行-9行）		
11	税率（25%）		
12	应纳所得税额（10行×11行）		
13	减：减免所得税额		
14	其中：符合条件的小型微利企业减免所得税额		
15	减：实际已预缴所得税额	—	
16	减：特定业务预缴（征）所得税额		
17	应补（退）所得税额（11行-13行-15行-16行）	—	
18	减：以前年度多缴在本期抵缴所得税额		
19	本月（季）实际应补（退）所得税额		
20	二、按照上一纳税年度应纳税所得额的平均额预缴		
21	上一纳税年度应纳税所得额	—	
22	本月（季）应纳所得税额（21行÷12或21行÷4）		
23	税率（25%）	—	—
24	本月（季）应纳所得额（22行×23行）		
25	减：符合条件的小型微利企业减免所得税额		
26	本月（季）实际应纳所得税额（24行-25行）		
27	三、按照税务机关确定的其他方法预缴		
28	本月（季）确定税务机关的预缴所得税额		
29	总分机构纳税人		
30	总机构	总机构分摊的所得税额（19行或26行或28行×总机构分摊比例）		
31		财政集中分配的所得税额		
32		分支机构分摊的所得税额（19行或26行或28行×分支机构分摊比例）		
33		其中：总机构独立生产经营部门应分摊所得税额		
34	分支机构	分配比例		
35		分配的所得税额		

　　谨声明：此纳税申报表是根据《中华人民共和国企业所得税法》、《中华人民共和国企业所得税法实施条例》和国家有关税收规定填报的，是真实的、可靠的、完整的。

法定代表人（签字）：　　年　月　日

纳税人公章： 会计主管： 填表日期：　年　月　日	代理申报中介机构公章： 经办人： 经办人执业证件号码： 代理申报日期：　年　月　日	主管税务机关受理专用章： 受理人： 受理日期：　年　月　日

表9-6　　　　　　　　**企业所得税月（季）度、年度纳税申报表（B类）**

税款所属期间：　　年　月　日至　年　月　日

纳税人识别号：□□□□□□□□□□□□□□□

纳税人名称：　　　　　　　　　　　　　　　　　金额单位：人民币元（列至角分）

项　　目			行次	累计金额
一、以下由按应税所得率计算应纳所得税额的企业填报				
应纳税所得额的计算	按收入总额核定应纳税所得额	收入总额	1	
		减：不征税收入	2	
		减：免税收入	3	
		应税收入额（1-2-3）	4	
		税务机关核定的应税所得率（%）	5	
		应纳税所得额（4×5）	6	
	按成本费用核定应纳税所得额	成本费用总额	7	
		税务机关核定的应税所得率（%）	8	
		应纳税所得额［7÷（1-8）×8］	9	
应纳所得税额的计算		税率（25%）	10	
		应纳所得税额（6×10或9×10）	11	
应补（退）所得税额的计算		减：符合条件的小型微利企业减免所得税额	12	
		已预缴所得税额	13	
		应补（退）所得税额（11-12-13）	14	
二、以下由税务机关核定应纳所得税额的企业填报				
税务机关核定应纳所得税额				

谨声明：此纳税申报表是根据《中华人民共和国企业所得税法》、《中华人民共和国企业所得税法实施条例》和国家有关税收规定填报的，是真实的、可靠的、完整的。

法定代表人（签字）：　　年　月　日

纳税人公章： 会计主管： 填表日期：　年　月　日	代理申报中介机构公章： 经办人： 经办人执业证件号码： 代理申报日期：　年　月　日	主管税务机关受理专用章： 受理人： 受理日期：　年　月　日

（二）企业所得税年度纳税申报表

　　查账征收企业所得税的纳税人在年度汇算清缴时，无论盈利或亏损，都必须在规定的期限内进行纳税申报，填制《企业所得税年度纳税申报表》（A类）（见表9-7）。

表9-7　　　　　　　　企业所得税年度纳税申报表（A类）

税款所属期间：　　　年　月　日至　年　月　日

纳税人名称：　　　　　　　　　　　　　　　　　金额单位：元（列至角分）

纳税人识别号：□□□□□□□□□□□□□□□

行次	类别	项　　目	金额
1		一、营业收入（填写 A101010 \ 101020 \ 103000）	
2		减：营业成本（填写 A102010 \ 102020 \ 103000）	
3		营业税金及附加	
4		销售费用（填写 A104000）	
5		管理费用（填写 A104000）	
6	利润	财务费用（填写 A104000）	
7	总额	资产减值损失	
8	计算	加：公允价值变动收益	
9		投资收益	
10		二、营业利润（1−2−3−4−5−6−7+8+9）	
11		加：营业外收入（填写 A101010 \ 101020 \ 103000）	
12		减：营业外支出（填写 A102010 \ 102020 \ 103000）	
13		三、利润总额（10+11−12）	
14		减：境外所得（填写 A108010）	
15		加：纳税调整增加额（填写 A105000）	
16		减：纳税调整减少额（填写 A105000）	
17	应纳	减：免税、减计收入及加计扣除（填写 A107010）	
18	税所	加：境外应税所得抵减境内亏损（填写 A108000）	
19	得额	四、纳税调整后所得（13−14+15−16−17+18）	
20	计算	减：所得减免（填写 A107020）	
21		减：抵扣应纳税所得额（填写 A107030）	
22		减：弥补以前年度亏损（填写 A106000）	
23		五、应纳税所得额（19−20−21−22）	
24		税率（25%）	
25		六、应纳所得税额（23×24）	
26	应纳	减：减免所得税额（填写 A107040）	
27	税额	减：抵免所得税额（填写 A107050）	
28	计算	七、应纳税额（25−26−27）	
29		加：境外所得应纳所得税额（填写 A108000）	
30		减：境外所得抵免所得税额（填写 A108000）	

续表

行次	类别	项目	金额
31		八、实际应纳所得税额（28+29-30）	
32		减：本年累计实际已预缴的所得税额	
33	应纳税额计算	九、本年应补（退）所得税额（31-32）	
34		其中：总机构分摊本年应补（退）所得税额（填写A109000）	
35		财政集中分配本年应补（退）所得税额（填写A109000）	
36		总机构主体生产经营部门分摊本年应补（退）所得税额（填写A109000）	
37	附列资料	以前年度多缴的所得税额在本年抵减额	
38		以前年度应缴未缴在本年入库所得税额	

纳税人公章： 经办人： 申报日期： 年 月 日	代理申报中介机构公章： 经办人执业证件号码： 代理申报日期： 年 月 日	主管税务机关受理专用章： 受理人： 受理日期： 年 月 日

网上申报纳税系统中，企业所得税年度纳税申报表由1张基础信息表、1张主表、6张收入费用明细表、15张纳税调整表、1张亏损弥补表、11张税收优惠表、4张境外所得抵免表、2张汇总纳税表组成，按行业不同分为事业单位、社会团体、民办非企业单位、非营利组织年度纳税申报表和金融企业类年度纳税申报表与其他企业类年度纳税申报表，除附表一"收入明细表"和附表二"成本明细表"不同外，其他附表使用同一表格。企业所得税纳税申报表主表共38行，申报表采取围绕主表进行填报，主表数据大部分从附表生成，主附表之间数据环环相扣。

实行核定征收管理办法缴纳企业所得税的纳税人在年度汇算清缴时，应填制《企业所得税年度纳税申报表》（B类）（即表9-6）。

实行核定征收管理办法缴纳企业所得税的纳税人应税所得率标准见表9-8：

表9-8 应税所得率标准

行业	应税所得率（%）	行业	应税所得率（%）
农、林、牧、渔业	3~10	建筑业	8~20
制造业	5~15	饮食业	8~25
批发和零售贸易业	4~15	娱乐业	15~30
交通运输业	7~15	其他行业	10~30

（三）企业清算所得税纳税申报表

企业进行清算时，应当在办理注销工商登记之前，办理所得税申报，填制《企业清算所得税纳税申报表》（见表9-9）。

表9-9　　　　　　　　　　　　企业清算所得税申报表

清算期间：　　年　月　日至　年　月　日

纳税人名称：

纳税人识别号：□□□□□□□□□□□□□□□　金额单位：　元（列至角分）

类别	行次	项目	金额
应纳税所得额计算	1	资产处置损益（填附表一）	
	2	负债清偿损益（填附表二）	
	3	清算费用	
	4	清算税金及附加	
	5	其他所得或支出	
	6	清算所得（1+2-3-4+5）	
	7	免税收入	
	8	不征税收入	
	9	其他免税所得	
	10	弥补以前年度亏损	
	11	应纳税所得额（6-7-8-9-10）	
	12	税率（25%）	
	13	应纳所得税额（11×12）	
应补（退）所得税额计算	14	减（免）企业所得税额	
	15	境外应补所得税额	
	16	境内外实际应纳所得税额（13-14+15）	
	17	以前纳税年度应补（退）所得税额	
	18	实际应补（退）所得税额（16+17）	

纳税人盖章： 清算组盖章： 经办人签字： 申报日期： 　　　　　年　月　日	代理申报中介机构盖章： 经办人签字及执业证件号码： 代理申报日期： 　　　　　年　月　日	主管税务机关 受理专用章： 受理人签字： 受理日期： 　　　年　月　日

任务三　报送纳税申报表

（一）查账征收纳税人月（季）度纳税申报表（A类）申报

存在总分机构关系的申报企业所得税时，需总机构先申报，分支机构后申报。总机构的填表顺序为《2014企业所得税（月）季度纳税申报表（A类）》→《2014版企业所得税（月）季度汇总纳税分支机构分配表》；分支机构的填表顺序为《2014版企业所得税

（月）季度汇总纳税分支机构分配表》→《2014企业所得税（月）季度纳税申报表（A类）》。

非总分机构的用户，只需填写《2014企业所得税（月）季度纳税申报表（A类)》。

（1）存在总分机构关系的，需填报《2014企业所得税（月）季度纳税申报表（A类)》和《2014版企业所得税（月）季度汇总纳税分支机构分配表》两张表，总分机构只是填表顺序不一样，以总机构为列：

①用户登录网上办税系统后，选择相应的所属期，进入申报列表界面，首先【创建】申报表，进入2014企业所得税月（季）度纳税申报表（A类）申报表界面。

总机构先创建《2014企业所得税（月）季度纳税申报表（A类)》（分机构先创建《2014版企业所得税（月）季度汇总纳税分支机构分配表》，因其他操作步骤相同，不再列举分支机构操作流程）

若总机构先创建《2014版企业所得税（月）季度汇总纳税分支机构分配表》，系统会出现如下提示：

用户根据实际情况填表申报表，填写完毕后，点击【保存报表】。

网上办税系统对数据的逻辑性进行检测，对不符合逻辑关系的数据给予提示，此时【保存报表】功能无法使用，用户需对数据进行修改。保存成功后，出现保存成功的提示。

②用户再创建《2014版企业所得税（月）季度汇总纳税分支机构分配表》，创建成功后，显示报表。

用户根据实际情况填表申报表，填写完毕后，点击【保存报表】。网上办税系统对数据的逻辑性进行检测，对不符合逻辑关系的数据给予提示，此时【保存报表】功能无法使用，用户需对数据进行修改。

③用户《2014企业所得税（月）季度纳税申报表（A类)》和《2014版企业所得税（月）季度汇总纳税分支机构分配表》都填写保存成功后，点击【正式提交申报】将申报数据报送到国税机关。

点击【正式提交申报】后确认信息，【确定】后弹出【提示或错误信息】，点击【继续提交】，输入CA密码验证等步骤，成功后，将申报数据提交到税务综合征管系统，并扣缴相应的税款，完成企业所得税申报。

（2）非总分机构关系的只需填报《2014企业所得税月（季）度纳税申报表（A类)》

用户登录网上办税系统后，选择相应的所属期，进入申报列表界面，首先【创建】申报表，进入《2014企业所得税月（季）度纳税申报表（A类）申报表》界面。

创建成功后，出现申报表填写界面，用户根据实际情况填表申报表，填写完毕后，点击【保存报表】。网上办税系统对数据的逻辑性进行检测，对不符合逻辑关系的数据给予提示，此时【保存报表】功能无法使用，用户对数据进行修改，检测通过后，点击【保存报表】对数据进行保存。

保存成功后，通过【正式提交申报】—【输入CA密码认证】等流程，将申报数据提交到税务综合征管系统，并扣缴相应的税款，完成企业所得税申报。

（二）核定征收纳税人的网上申报步骤

用户登录网上办税系统后，选择相应的所属期，进入申报列表界面，首先【创建】申报表，进入《2014 企业所得税月（季）度纳税申报表（B 类）申报表》界面。创建成功后，弹出《中华人民共和国企业所得税月（季）和年度申报表（B 类）》。

采用核定定率征收企业所得税的企业，需要填写申报表 1–3 栏或者第 7 栏内容，系统自动计算用户应缴所得税额，用户点击【确认】即可完成申报表填写；采用核定定额征收企业所得税的企业，不需填写申报表，系统自动带出纳税人核定的应缴税额，用户点击【确认】即完成申报表填写。用户填写完毕后，点击保存，保存成功，出现保存成功的提示。

用户在申报表填写保存成功之后，根据通用的申报流程，按照【正式提交申报】—【输入 CA 验证密码确认】等步骤，将申报数据提交到税务综合征管系统，并扣缴相应的税款，完成企业所得税申报。

用户在申报表填写保存成功之后，根据通用的申报流程，按照【正式提交申报】—【输入 CA 验证密码确认】等步骤，将申报数据提交到税务综合征管系统，并扣缴相应的税款，完成企业所得税申报。

思考与练习

一、单项选择题

1. 下列企业属于企业所得税法所称居民企业的是（　　）。
　　A. 依照英国法律成立且实际管理机构在英国的企业
　　B. 依照挪威法律成立且实际管理机构不在中国境内，但在中国境内设立机构、场所的企业
　　C. 依照韩国法律成立但实际管理机构在中国境内的企业
　　D. 依照美国法律成立且实际管理机构不在中国境内，并且在中国境内未设立机构、场所，但有来源于中国境内所得的企业

2. 根据《企业所得税法》的有关规定，企业发生的下列业务，应当视同销售确认收入的是（　　）。
　　A. 将自产货物用于企业设备更新
　　B. 将开发产品转为固定资产
　　C. 将自产货物用于股息分配
　　D. 将自产货物在境内总 . 分支机构之间调拨

3. 根据《企业所得税法》的规定，下列项目中属于不征税收入的是（　　）。
　　A. 企业转让自产所得
　　B. 国债利息收入
　　C. 特许权使用费收入
　　D. 依法收取并纳入财政管理的行政事业性收费、政府性基金

4. 在计算企业所得税时，不可以在税前扣除的是（　　　）。

  A. 消费税　　　　　　　　　B. 准予抵扣的增值税

  C. 营业税　　　　　　　　　D. 城建税

5. 某企业（增值税一般纳税人）因管理不善丢失外购材料一批（已抵扣进项税额），账面成本 100 万元。保险公司审核后统一赔付 3 万元，仓库管理员李某同意赔付 7 万元，则该企业在企业所得税前可以扣除的损失是（　　　）。

  A. 45　　　　　　　B. 97　　　　　　　C. 107　　　　　　　D. 117

6. 某酒类生产企业 2014 年取得全年产品销售收入 16 700 万元，出租机器设备取得租金收入 330 万元，接收一辆小汽车捐赠，不含税市价 20 万元，从联营企业分回投资收益 300 万元，当年实际发生业务招待费 100 万元。该企业当年准予在企业所得税税前扣除的业务招待费金额是（　　　）万元。

  A. 85. 15　　　　　B. 100　　　　　　C. 60　　　　　　　D. 40

7. 根据企业所得税相关规定，一般情况下无形资产摊销年限不得低于（　　　）年。

  A. 3　　　　　　　　B. 5　　　　　　　　C. 7　　　　　　　　D. 10

8. 在中国境内未设立机构、场所的非居民企业从中国境内取得下列所得中，不应按收入全额为应纳税所得额计算征收企业所得税的是（　　　）。

  A. 股息　　　　　　　　　　B. 利息

  C. 特许权使用费　　　　　　D. 转让财产所得

9. 根据企业所得税的相关规定，林木类和畜牧类生产性生物资产计算折旧的最低年限分别是（　　　）。

  A. 10 年、3 年　　B. 10 年、5 年　　C. 20 年、3 年　　D. 20 年、5 年

10. 采取缩短折旧年限方法的，最低折旧年限不得低于规定折旧年限的（　　　）。

  A. 30%　　　　　　B. 50%　　　　　　C. 60%　　　　　　D. 70%

二、多项选择题

1. 企业的固定资产由于技术进步等原因，确实需要加速折旧的，根据企业所得税法律制度的规定，可以采用的加速折旧方法有（　　　）。

  A. 年数总和法　　　　　　　B. 当年一次折旧法

  C. 双倍余额递减法　　　　　D. 直线法

  E. 缩短折旧年限，但最低折旧年限不得低于规定折旧年限的 50%

2. 在计算应纳税所得额时，准予扣除企业按照规定计算的固定资产折旧。下列固定资产，不得计算折旧的是（　　　）。

  A. 与生产经营无关的固定资产

  B. 以经营租赁方式租出的固定资产

  C. 以融资租赁方式租入的固定资产

  D. 已提足折旧仍继续使用的固定资产

  E. 房屋、建筑物以外未投入使用的固定资产

3. 在计算应纳税所得额时，企业发生的下列支出，应作为长期待摊费用的有（　　　）。

A. 固定资产的大修理支出　　　B. 租入固定资产的改建支出

C. 固定资产的日常修理支出　　D. 外购的生产性生物资产支出

E. 已足额提取折旧的固定资产的改建支出

4. 根据企业所得税相关规定，下列对所得来源地的确定，正确的有（　　）。

A. 销售货物所得，按照机构所在地确定

B. 提供劳务所得，按照劳务发生地确定

C. 不动产转让所得，按照不动产所在地确定

D. 动产转让所得，按照转让动产的企业或者机构、场所所在地确定

E. 股息、红利等权益性投资所得，按照分配所得的企业所在地确定

5. 依据企业所得税相关规定，企业将资产移送用于下列情形，应视同销售确定收入的有（　　）。

A. 用于对外捐赠　　　　　　　B. 用于市场推广或销售

C. 用于股息分配　　　　　　　D. 用于职工奖励或福利

E. 从总机构转移到其境内分支机构

6. 下列说法中，符合企业所得税相关规定的有（　　）。

A. 企业发生的职工教育经费超过扣除限额的，允许无限期结转到以后纳税年度扣除

B. 企业发生的符合确认条件的实际资产损失，在当年因某种原因未能扣除的，准予结转到以后年度扣除

C. 符合税收优惠条件的创投企业，投资额可抵扣当年应纳税所得额，不足抵扣的，准予在以后 5 个纳税年度内抵扣

D. 饮料制造企业发生的广告费和业务宣传费支出，超过标准的部分，允许结转到以后纳税年度扣除

E. 企业购置符合规定的环境保护专用设备投资额的 10% 可以从当年应纳税额中抵免

7. 根据企业所得税相关规定，固定资产大修理支出需要同时符合的条件有（　　）。

A. 修理后固定资产被用于新的或不同的用途

B. 修理后固定资产的使用年限延长 2 年以上

C. 修理后固定资产的使用年限延长 1 年以上

D. 修理支出达到取得固定资产时积水基础的 50% 以上

E. 修理支出达到取得固定资产时积水基础的 20% 以上

8. 下列各项中，不得在企业所得税税前扣除的有（　　）。

A. 自创商誉　　　　　　　　　B. 外购商誉的支出

C. 以融资租赁方式租入的固定资产

D. 单独估价作为固定资产入账的土地计提的折旧

E. 房屋、建筑物以外的未投入使用的固定资产

9. 下列纳税人不得适用核定征收企业所得税的有（　　）。

A. 信用社　　　　　B. 税务师事务所　　　　C. 上市公司

D. 化工制造企业　　　E. 汇总纳税企业

10. 按照现行企业所得税的规定，企业的固定资产计算折旧的最低年限为 10 年的有（　　　）。

　　A. 飞机、火车　　　B. 工具、家具　　　C. 机器、机械

　　D. 房屋、建筑物　　E. 电脑、笔记本

三、判断题

1. 在中国境内未设立机构、场所的，或者虽设立机构、场所但取得的所得与其所设机构、场所没有实际联系的非居民企业适用税率为 20%。（　　　）

2. 远洋捕捞免征企业所得税。（　　　）

3. 采取缩短折旧年限方法的，最低折旧年限不得低于规定折旧年限的 60%；采取加速折旧方法的，可以采取双倍余额递减法或者年数总和法。（　　　）

4. 企业清算时，应当以清算期间作为一个纳税年度。（　　　）

5. 业务招待费。企业发生的与生产经营活动有关的业务招待费支出，按照发生额的 60% 扣除。（　　　）

6. 企业发生的符合条件的广告费和业务宣传费支出，除国务院财政、税务主管部门有规定外，不超过当年销售（营业）收入 15% 的部分，准予扣除；超过部分，不准在以后纳税年度结转扣除。（　　　）

7. 飞机、火车、轮船、机器、机械和其他生产设备，为 20 年。（　　　）

8. 自年度终了之日起 5 个月内，向税务机关报送年度企业所得税纳税申报表，并汇算清缴，结清应缴应退税款。（　　　）

9. 分期收款方式销售货物，按收到预收款那天确认收入。（　　　）

10. 对经认定的技术先进型服务企业，减按 15% 的税率征收企业所得税。（　　　）

四、计算题

1. 某汽车零部件制造有限公司 2014 年度的营业收入为 1 000 万元，其中：产品销售收入 800 万元，其他业务收入 200 万元，利润总额 100 万元。实际发生的符合条件的广告支出和业务宣传费支出为 200 万元；实际发生的业务招待费支出为 4 万元；2011 年 1 月 1 日企业扩大再生产向其他企业借款 1 500 万元，当年支付利息 120 万元（同期银行贷款年利率为 6%）；通过公益性组织向贫困地区捐赠 13 万元。

要求：（1）计算 2014 年税前准允扣除的广告宣传费；（2）计算 2014 年税前准允扣除的业务招待费；（3）计算 2014 年税前准允扣除的利息费。

2. 某生产企业为增值税一般纳税人，为居民企业。2014 年度发生相关业务如下：

（1）销售产品取得不含税销售额 8 000 万元，债券利息收入 240 万元（其中国债利息收入 30 万元）；应扣除的销售成本 5 100 万元，缴纳增值税 600 万元，城市维护建设税及教育附加 60 万元。

（2）发生销售费用 1 400 万元，其中广告费用 800 万元，业务宣传费用 450 万元；发生财务费用 200 万元，其中支付向某企业流动资金周转借款 2 000 万元一年的利息 160 万

元（同期银行贷款利率为6%）；发生管理费用1 100万元，其中用于新产品．新工艺研制而实际支出的研究开发费用400万元。

（3）2012年度、2013年度经税务机关确认的亏损额分别为70万元和40万元。

要求：（1）计算应纳税所得额时准予扣除的销售费用；（2）计算应纳税所得额时准予扣除的财务费用；（3）计算2014年应纳税所得额；（4）计算2014年度实际应缴纳的企业所得税。

3. 某企业为居民企业，2014年度生产经营情况如下：

（1）销售收入5 500万元；

（2）销售成本3 800万元，增值税900万元，销售税金及附加100万元；

（3）销售费用800万元，其中含广告费500万元；

（4）管理费用600万元，其中含业务招待费100万元．研究新产品费用50万元；

（5）财务费用100万元，其中含向非金融机构借款500万元的年利息支出，年利率10%（银行同期同类贷款利率6%）；

（6）营业外支出50万元，其中含向供货商支付违约金10万元，向税务局支付税款滞纳金2万元，通过公益性社会团体向贫困地区的捐赠现金10万元。

要求：（1）计算所得税前可以扣除的广告费用金额；（2）计算所得税前可以扣除的业务招待费金额；（3）计算所得税前可以扣除的财务费用；（4）计算所得税前可以扣除的捐赠；（5）计算该公司2014年应纳税所得额；（6）计算该公司2014年应缴纳的企业所得税。

个人所得税纳税实务

2014 年度，王某和其所在事业单位签订了承包印刷厂的合同，合同约定承包期为 2015 年 1 月 1 日至 12 月 31 日，承包费 400 000 元。2015 年度，承包的印刷厂实现利润 900 000 元。王某应当缴纳多少个人所得税？如何进行纳税申报？

项目一　熟悉个人所得税法律知识

个人所得税是对个人（自然人）取得各项应税所得征收的一种税。个人所得税法是指国家制定的用于调整个人所得税征收与缴纳之间权利及义务关系的法律规范。现行个人所得税的基本规范是 1980 年 9 月 10 日第五届全国人民代表大会第三次会议制定、根据 1993 年 10 月 31 日第八届全国人民代表大会常务委员会第四次会议决定修改的《中华人民共和国个人所得税法》（以下简称《个人所得税法》），2008 年 2 月 18 日修改的《中华人民共和国个人所得税法实施条例》以及 2011 年 6 月 30 日第十一届全国人民代表大会常务委员会《关于修改〈中华人民共和国个人所得税法〉的决定》。

个人所得税是世界各国普遍开征的一个税种，最早产生于 18 世纪的英国。很多国家个人所得税在全部税收收入中所占比重超过了其他税种，成为政府重要的财政收入。个人所得税是政府对自然人征收的一种所得税，对国家取得财政收入、缩小贫富差距有十分重要的作用。

任务一 确定个人所得税征税范围

确定应税所得项目可以使纳税人掌握自己都有哪些收入要纳税,下列各项个人所得,应纳个人所得税。

(一)工资、薪金所得

工资、薪金所得,是指个人因任职或者受雇而取得的工资、薪金、奖金、年终加薪、劳动分红、津贴、补贴以及任职或者受雇有关的其他所得。

一般来说,工资、薪金所得属于非独立个人劳动所得。所谓非独立个人劳动,是指个人所从事的是由他人指定、安排并接受管理的劳动,工作或服务于公司、工厂、行政、事业单位的人员(私营企业主除外)均为非独立劳动者。他们从上述单位取得的劳动报酬,是以工资、薪金的形式体现的。

☞知识链接

不属于纳税人本人工资、薪金所得项目的收入

根据我国目前个人收入的构成情况,规定对于一些不属于工资、薪金性质的补贴、津贴或者不属于纳税人本人工资、薪金所得项目的收入,不予征税。这些项目包括:(1)独生子女补贴;(2)执行公务员工资制度未纳入基本工资总额的补贴、津贴差额和家属成员的副食品补贴;(3)托儿补助费;(4)差旅费津贴、误餐补助。

(二)个体工商户的生产、经营所得

个体工商户的生产、经营所得是指:

(1)个体工商户从事工业、手工业、建筑业、交通运输业、商业、饮食业、服务业、修理业及其他行业取得的所得。

(2)个人经政府有关部门批准,取得执照,从事办学、医疗、咨询以及其他有偿服务活动取得的所得。

(3)上述个体工商户和个人取得的与生产、经营有关的各项应税所得。

(4)个人因从事彩票代销业务而取得的所得,应按照"个体工商户的生产、经营所得"项目计征个人所得税。

(5)其他个人从事个体工商业生产、经营取得的所得。

个体工商户和从事生产、经营的个人,取得与生产、经营活动无关的其他各项应税所得,应分别按照其他应税项目的有关规定,计算征收个人所得税。如取得银行存款的利息所得、对外投资取得的股息所得,应按"股息、利息、红利"税目的规定单独计征个人所得税。

个人独资企业、合伙企业的个人投资者以企业资金为本人、家庭成员及其相关人员支付与企业生产经营无关的消费性支出及购买汽车、住房等财产性支出,视为企业对个人投资者利润分配,并入投资者个人的生产经营所得,依照"个体工商户的生产经营所得"项目计征个人所得税。

（三）对企事业单位的承包经营、承租经营所得

对企事业单位的承包经营、承租经营所得，是指个人承包经营或承租经营以及转包、转租取得的所得。承包项目可分为多种，如生产经营、采购、销售、建筑安装等各种承包。转包包括全部转包或部分转包。

（四）劳务报酬所得

劳务报酬所得，指个人独立从事各种非雇佣的各种劳务所取得的所得。内容包括个人从事设计、装潢、安装、制图、化验、测试、医疗、法律、会计、咨询、讲学、新闻、广播、翻译、审稿、书画、雕刻、影视、录音、录像、演出、表演、广告、展览、技术服务、介绍服务、经纪服务、代办服务以及其他劳务取得的所得。

在实际操作过程中，还可能出现难以判定一项所得是属于工资、薪金所得，还是属于劳务报酬所得的情况。这两者的区别在于：工资、薪金所得是属于非独立个人劳务活动，即在机关、团体、学校、部队、企业、事业单位及其他组织中任职、受雇而得到的报酬；而劳务报酬所得，则是个人独立从事各种技艺、提供各项劳务取得的报酬。

（五）稿酬所得

稿酬所得，是指个人因其作品以图书、报刊形式出版、发表而取得的所得。

（六）特许权使用费所得

特许权使用费所得，是指个人提供专利权、商标权、著作权、非专利技术以及其他特许权的使用权取得的所得。提供著作权的使用权取得的所得，不包括稿酬所得。

（七）利息、股息、红利所得

利息、股息、红利所得，是指个人拥有债权、股权而取得的利息、股息、红利所得。

（八）财产租赁所得

财产租赁所得，是指个人出租建筑物、土地使用权、机器设备、车船以及其他财产取得的所得。

（九）财产转让所得

财产转让所得，是指个人转让有价证券、股权、建筑物、土地使用权、机器设备、车船以及其他财产取得的所得。目前对股票转让所得暂不征收个人所得税。

（十）偶然所得

偶然所得，是指个人得奖、中奖、中彩以及其他偶然性质的所得。

☞温馨提示

如何区分工资、薪金所得和劳务报酬

在实际操作过程中，还可能出现难以判定一项所得是属于工资、薪金所得，还是属于劳务报酬所得的情况。这两者的区别在于：工资、薪金所得是属于非独立个人劳务活动，即在机关、团体、学校、部队、企业、事业单位及其他组织中任职、受雇而得到的报酬；而劳务报酬所得，则是个人独立从事各种技艺、提供各项劳务取得的报酬。

【例10-1】以下属于工资、薪金所得的项目有（　　　）。
　　A. 托儿补助费　　B. 劳动分红　　C. 投资分红　　D. 独生子女补贴

【答案】 B

任务二 确定个人所得税的纳税人

个人所得税的纳税义务人，包括中国公民、个体工商业户以及在中国有所得的外籍人员（包括无国籍人员，下同）和香港、澳门、台湾同胞。上述纳税义务人依据住所和居住时间两个标准，区分为居民和非居民，分别承担不同的纳税义务。

（一）居民纳税义务人

居民纳税义务人是指在中国境内有住所，或者无住所而在中国境内居住满1年的个人，居民纳税义务人负有无限纳税义务。其所取得的应纳税所得，无论是来源于中国境内还是中国境外任何地方，都要在中国缴纳个人所得税。

（二）非居民纳税义务人

非居民纳税义务人，是指不符合居民纳税义务人判定标准（条件）的纳税义务人。非居民纳税义务人承担有限纳税义务，即仅就其来源于中国境内的所得，向中国缴纳个人所得税。

☞ **知识链接**

居民纳税义务人的判断标准

所谓在中国境内有住所的个人，是指因户籍、家庭、经济利益关系，而在中国境内习惯性居住的个人。这里所说的习惯性居住，是判定纳税义务人属于居民还是非居民的一个重要依据。它是指个人因学习、工作、探亲等原因消除之后，没有理由在其他地方继续居留时，所要回到的地方。而不是指实际居住或在某一个特定时期内的居住地。一个纳税人因学习、工作、探亲、旅游等原因，原来是在中国境外居住，但是在这些原因消除之后，如果必须回到中国境内居住的，则中国为该人的习惯性居住地。尽管该纳税义务人在一个纳税年度内，甚至连续几个纳税年度，都未在中国境内居住过1天，他仍然是中国居民纳税义务人，应就其来自全球的应纳税所得，向中国缴纳个人所得税。

所谓在境内居住满1年，是指在一个纳税年度（即公历1月1日起至12月31日止，下同）内，在中国境内居住满365日。在计算居住天数时，对临时离境应视同在华居住，不扣减其在华居住的天数。这里所说的临时离境，是指在一个纳税年度内，一次不超过30日或者多次累计不超过90日的离境。综上可知个人所得税的居民纳税义务人包括有以下两类：

1. 在中国境内定居的中国公民和外国侨民，但不包括虽具有中国国籍，却并没有在中国大陆定居，而是侨居海外的华侨和居住在香港、澳门、台湾的同胞。

2. 从公历1月1日起至12月31日止，居住在中国境内的外国人、海外侨胞和香港、澳门、台湾同胞。这些人如果在一个纳税年度内，一次离境不超过30日，或者多次离境累计不超过90日的，仍应被视为全年在中国境内居住，从而判定为居民纳税义务人。例如，一个外籍人员从2009年10月起到中国境内的公司任职，在2010纳税年度内，曾于3月7—12日离境回国，向其总公司述职，12月23日又离境回国欢度圣诞节和元旦。这两次离境时间相加，没有超过90日的标准，应视作临时离境，不扣减其在华居住天数。因此，该纳税义务人应为居民纳税人。

现行税法中关于"中国境内"的概念，是指中国大陆地区，目前还不包括香港、澳门和台湾地区。

《个人所得税法》规定，非居民纳税义务人是"在中国境内无住所又不居住或者无住所而在境内居住不满1年的个人"。也就是说，非居民纳税义务人，是指习惯性居住地不在中国境内，而且不在中国居住，或者在一个纳税年度内。在中国境内居住不满1年的个人。

【例10-2】按照《个人所得税法》规定，不扣减在华天数的临时离境包括（   ）。
A. 一次离境不超过30天　　　　B. 一次离境不超过90天
C. 多次累计离境不超过90天　　D. 多次累计离境不超过183天
【答案】A C

我国个人所得税实行代扣代缴和个人申报纳税相结合的征收管理制度。税法规定，凡支付应纳税所得的单位或个人，都是个人所得税的扣缴义务人。扣缴义务人在向纳税人支付各项应纳税所得（个体工商户的生产、经营所得除外）时，必须履行代扣代缴税款的义务。

任务三　确定企业所得税的适用税率

个人所得税的税率按所得项目不同分别确定为：

（一）工资、薪金所得

工资、薪金所得，适用七级超额累进税率，税率为3%～45%，税率见表10-1。

表10-1　　工资、薪金所得个人所得税税率表

级数	全月应纳税所得额（含税所得额）	税率%	速算扣除数
1	不超过1 500元	3	0
2	超过1 500元至4 500元	10	105
3	超过4 500元至9 000元	20	555
4	超过9 000元至35 000元	25	1 005
5	超过35 000元至55 000元	30	2 755
6	超过55 000元至80 000元	35	5 505
7	超过80 000元	45	13 505

注：本表所称全月应纳税所得额是指依照税法的规定以每月收入额减除费用3 500元后的余额或者减除附加费用后的余额。

（二）个体工商户的生产、经营所得和对企事业单位的承包经营、承租经营所得

个体工商户的生产、经营所得和对企事业单位的承包经营、承租经营所得，适用5%～35%的超额累进税率，税率见表10-2。

表 10-2　　　　　　　　个体工商户的生产、经营所得个人所得税税率表

级　数	全年应纳税所得额	税率（%）	速算扣除数
1	不超过 15 000 元的	5	0
2	超过 15 000 元至 30 000 元的部分	10	750
3	超过 30 000 元至 60 000 元的部分	20	3 750
4	超过 60 000 元至 100 000 元的部分	30	9 750
5	超过 100 000 元的部分	35	14 750

注：本表所称全年应纳税所得额，对个体工商户的生产、经营所得来源，是指以每一纳税年度的收入总额，减除成本、费用以及损失后的余额；对企事业单位的承包经营、承租经营所得来源，是指以每一纳税年度的收入总额减除必要费用后的余额。

个人独资企业和合伙企业的生产经营所得，也适用 5% ~35% 的五级超额累进税率。

这里值得一提的是，目前实行承包（租）经营的形式较多，分配方式也不相同，因此，承包、承租人按照承包、承租经营合同（协议）规定取得所得的适用税率也不一致。根据国家税务总局 1994 年 8 月 1 日发出的《关于个人对企事业单位实行承包经营、承租经营取得所得征税问题的通知》规定，其适用税率分为以下两种情况：

1. 承包、承租人对企业经营成果不拥有所有权，仅是按合同（协议）规定取得一定所得的，其所得按"工资、薪金"所得项目征税，适用 5% ~45% 的九级超额累进税率。

2. 承包、承租人按合同（协议）的规定只向发包、出租方交纳一定费用后，企业经营成果归其所有的，承包、承租人取得的所得，按对企事业单位的承包经营、承租经营所得项目，适用 5% ~35% 的五级超额累进税率征税。

（三）稿酬所得

稿酬所得，适用比例税率，税率为 20%，并按应纳税额减征 30%。故其实际税率为 14%。

（四）劳务报酬所得

劳务报酬所得，适用比例税率，税率为 20%。对劳务报酬所得一次收入畸高的，可以实行加成征收，具体办法由国务院规定，税率见表 10-3。

表 10-3　　　　　　　　劳务报酬所得个人所得税税率表

级　数	每次应纳税所得额	税率（%）	速算扣除数（元）
1	不超过 20 000 元的部分	20	0
2	超过 20 000 元至 50 000 元的部分	30	2 000
3	超过 50 000 元的部分	40	7 000

注：本表所称每次应纳税所得额，是指每次收入额减除费用 800 元（每次收入额不超过 4 000 元时）或者减除 20% 的费用（每次收入额超过 4 000 元时）后的余额。

☞**知识链接**

"劳务报酬所得一次收入畸高"，是指个人一次取得劳务报酬，其应纳税所得额超过20 000 元。对应纳税所得额超过 20 000~50 000 元的部分，依照税法规定计算应纳税额后再按照应纳税额加征五成；超过 50 000 元的部分，加征十成。因此，劳务报酬所得实际上适用20%、30%、40%的三级超额累进税率。

（五）特许权使用费所得，利息、股息、红利所得，财产租赁所得，财产转让所得，偶然所得和其他所得

特许权使用费所得，利息、股息、红利所得，财产租赁所得，财产转让所得，偶然所得和其他所得，适用比例税率，税率为20%。从 2007 年 8 月 15 日起，居民储蓄利息税率调为5%。自 2008 年 10 月 9 日起暂免征收储蓄存款利息的个人所得税。对个人出租住房所得减按 10% 的税率征收个人所得税。

【例10-3】张三6月取得业余咨询收入25 000 元，则其适用税率为（　　）。

A. 20%　　　B. 20%，加征 2 成　　C. 20%，加征 5 成　　D. 20%，加征 10 成

【答案】A

任务四　熟悉个人所得税的优惠政策

《个人所得税法》及其实施条例以及财政部、国家税务总局的若干规定等，都对个人所得项目给予了减税免税的优惠，主要有：

（一）免征个人所得税的优惠

（1）省级人民政府、国务院部委和中国人民解放军军以上单位，以及外国组织颁发的科学、教育、技术、文化、卫生、体育、环境保护等方面的奖金。

（2）国债和国家发行的金融债券利息。

（3）按照国家统一规定发给的补贴、津贴。这里所说的按照国家统一规定发给的补贴、津贴，是指按照国务院规定发给的政府特殊津贴和国务院规定免纳个人所得税的补贴、津贴。

（4）福利费、抚恤金、救济金。

（5）保险赔款。

（6）军人的转业费、复员费。

（7）按照国家统一规定发给干部、职工的安家费、退职费、退休工资、离休工资、离休生活补助费。

（8）依照我国有关法律规定应予免税的各国驻华使馆、领事馆的外交代表、领事官员和其他人员的所得。

（9）中国政府参加的国际公约以及签订的协议中规定免税的所得。

（10）符合规定的见义勇为者的奖金。

（11）企业和个人按照省级以上人民政府规定的比例提取并缴付的住房公积金、医疗保险金、基本养老保险金、失业保险金，不计入个人当期的工资、薪金收入，免予征收个人所得税。超过规定的比例缴付的部分计征个人所得税。个人领取原提存的住房公积金、

医疗保险金、基本养老保险金时。免予征收个人所得税。

(12) 对个人取得的教育储蓄存款利息所得以及国务院财政部门确定的其他专项储蓄存款或者储蓄性专项基金存款的利息所得，免征个人所得税。

(13) 储蓄机构内从事代扣代缴工作的办税人员取得的扣缴利息税手续费所得，免征个人所得税。

(14) 对第三届高等学校教学名师奖奖金，免予征收个人所得税。

(15) 生育妇女按照县级以上人民政府根据国家有关规定制定的生育保险办法，取得的生育津贴、生育医疗费或其他属于生育保险性质的津贴、补贴，免征个人所得税。

(16) 对第二届全国职工技术创新成果获奖者所得奖金，免予征收个人所得税。

(17) 对延长离休退休年龄的高级专家从其劳动人事关系所在单位取得的，单位按国家有关规定向职工统一发放的工资、薪金、奖金、津贴、补贴等收入，视同离休、退休工资，免征个人所得税。

延长离休退休年龄的高级专家是指：①享受国家发放的政府特殊津贴的专家、学者；②中国科学院、中国工程院院士。

(18) 个人通过扣缴单位统一向灾区的捐赠，由扣缴单位凭政府机关或非营利组织开具的汇总捐赠凭据、扣缴单位记载的个人捐赠明细表等，由扣缴单位在代扣代缴税款时，依法据实扣除。

个人直接通过政府机关、非营利组织向灾区的捐赠，采取扣缴方式纳税的，捐赠人应及时向扣缴单位出示政府机关、非营利组织开具的捐赠凭据，由扣缴单位在代扣代缴税款时，依法据实扣除；个人自行申报纳税的，税务机关凭政府机关、非营利组织开具的接受捐赠凭据，依法据实扣除。

扣缴单位在向税务机关进行个人所得税全员全额扣缴申报时，应一并报送由政府机关或非营利组织开具的汇总接受捐赠凭据（复印件）、所在单位每个纳税人的捐赠总额和当期扣除的捐赠额。

(19) 经国务院财政部门批准免税的所得。

（二）减征个人所得税的优惠

(1) 残疾、孤老人员和烈属的所得。

(2) 因严重自然灾害造成重大损失的。

(3) 其他经国务院财政部门批准减税的。

（三）暂免征收个人所得税的优惠

(1) 外籍个人以非现金形式或实报实销形式取得的住房补贴、伙食补贴、搬迁费、洗衣费。

(2) 外籍个人按合理标准取得的境内、外出差补贴。

(3) 外籍个人取得的探亲费、语言训练费、子女教育费等，经当地税务机关审核批准为合理的部分。可以享受免征个人所得税优惠的探亲费，仅限于外籍个人在我国的受雇地与其家庭所在地（包括配偶或父母居住地）之间搭乘交通工具，且每年不超过两次的费用。

(4) 个人举报、协查各种违法、犯罪行为而获得的奖金。

（5）个人办理代扣代缴税款手续，按规定取得的扣缴手续费。

（6）个人转让自用达 5 年以上并且是唯一的家庭居住用房取得的所得。

（7）外籍个人从外商投资企业取得的股息、红利所得。

（8）凡符合下列条件之一的外籍专家取得的工资、薪金所得可免征个人所得税：

①根据世界银行专项贷款协议由世界银行直接派往我国工作的外国专家。

②联合国组织直接派往我国工作的专家。

③为联合国援助项目来华工作的专家。

④援助国派往我国专为该国无偿援助项目工作的专家。

⑤根据两国政府签订文化交流项目来华工作 2 年以内的文教专家，其工资、薪金所得由该国负担的。

⑥根据我国大专院校国际交流项目来华工作 2 年以内的文教专家，其工资、薪金所得由该国负担的。

⑦通过民间科研协定来华工作的专家，其工资、薪金所得由该国政府机构负担的。

（9）股权分置改革中非流通股股东通过对价方式向流通股股东支付的股份、现金等收入，暂免征收流通股股东应缴纳的个人所得税。

（10）对被拆迁人按照国家有关城镇房屋拆迁管理办法规定的标准取得的拆迁补偿款，免征个人所得税。

（11）个人取得单张有奖发票奖金所得不超过 800 元（含 800 元）的，暂免征收个人所得税；个人取得单张有奖发票奖金所得超过 800 元的，应全额按照《个人所得税法》规定的"偶然所得"项目征收个人所得税。

（12）自 2006 年 6 月 1 日起，对保险营销员佣金中的展业成本，免征个人所得税；对佣金中的劳务报酬部分，扣除实际缴纳的营业税及附加后，依照税法有关规定计算征收个人所得税。保险营销员的佣金由展业成本和劳务报酬构成，所谓"展业成本"即营销费。根据目前保险营销员展业的实际情况，佣金中展业成本的比例暂定为40%。

（四）对在中国境内无住所，但在境内居住 1 年以上、不到 5 年的纳税人的减免税优惠

在中国境内无住所，但是居住 1 年以上 5 年以下的个人，其来源于中国境外的所得，经主管税务机关批准，可以只就由中国境内公司、企业以及其他经济组织或者个人支付的部分缴纳个人所得税；居住超过 5 年的个人，从第 6 年起，应当就其来源于中国境内外的全部所得缴纳个人所得税。

（五）对在中国境内无住所，但在一个纳税年度中在中国境内居住不超过 90 日的纳税人的减免税优惠

在中国境内无住所，但是在一个纳税年度中在中国境内连续或者累计居住不超过 90日的个人，其来源于中国境内的所得，由境外雇主支付并且不由该雇主在中国境内的机构、场所负担的部分，免予缴纳个人所得税。

【例10-4】对于县级政府颁发的科学、教育、技术、文化、卫生、体育、环境保护等方面的奖金，应当（　　）。

A. 征收个人所得税　　　　B. 免征个人所得税

　　C. 减半征收个人所得税　　　　D. 适当减征个人所得税

【答案】A

项目二　个人所得税应纳税额的计算及会计处理

　　要计算个人所得税应纳税额，应先计算应纳税所得额。由于个人所得税的应税项目不同，并且取得某项所得所需费用也不相同，计算个人应纳税所得额，需按不同应税项目分项计算。以某项应税项目的收入额减去税法规定的该项费用减除标准后的余额，为该项应纳税所得额。

任务一　工资、薪金所得应纳税额的计算及会计处理

（一）费用减除标准

　　工资、薪金所得，以每月收入额减除费用 3 500 元后的余额为应纳税所得额。

　　考虑到外籍人员、华侨、港、澳、台同胞和在境外工作的中国公民生活费用较高的实际情况，税法增列了附加减除费用的规定。也就是在 3 500 元扣除额的基础上，再附加一个费用扣除额，即再减除 1 300 元，其余额为应纳税所得额。

　　外籍人员是指在中国境内的外商投资企业和外国企业中工作的外籍人员、应聘在中国境内的企业、事业单位、社会团体、国家机关中工作的外籍专家、在中国境内有住所而在中国境外任职或者受雇取得工资、薪金所得的个人。

（二）工资、薪金所得应纳税额计算

　　工资、薪金所得应纳税额的计算公式为：

$$应纳税额＝应纳税所得额×适用税率－速算扣除数$$

$$＝（每月收入额－3\,500\ 或\ 4\,800）×适用税率－速算扣除数$$

　　个人每月收入额是指固定减除基本养老保险费、基本医疗保险费、失业保险费、住房公积金后的金额。

　　公式中速算扣除数，是指在采用超额累进税率情况下，根据超额累进税率表中划分的所得额级距和税率，先用全额累进方法计算出税额，再减去用超额累进方法计算的应征税额以后的差额。

【例 10-5】某纳税人 2014 年 9 月工资 4 200 元，该纳税人不适用附加减除费用的规定。计算其当月应纳个人所得税税额。

　　应纳税所得额＝4 200－3 500＝700（元）

　　应纳税额＝700×3%＝21（元）

【例 10-6】某外商投资企业中工作的美国专家（假设为非居民纳税人），2011 年 9 月取得由该企业发放的工资收入 10 400 元人民币。请计算其应纳个人所得税税额。

　　应纳税所得额＝10 400－（3 500＋1 300）＝5 600（元）

　　应纳税额＝5 600×20%－555＝565（元）

（三）工资、薪金所得应纳个人所得税的会计处理

支付工资、薪金所得的单位扣缴的工资、薪金所得应纳的个人所得税税款，实际上是个人工资、薪金所得的一部分。代扣时，借记"应付职工薪酬"科目，贷记"应交税费——应交个人所得税"科目。上交代扣的个人所得税时，借记"应交税费——应交个人所得税"科目，贷记"银行存款"科目。

任务二　个体工商户的生产、经营所得应纳税额的计算及会计处理

（一）会计科目的设置

个体工商户缴纳个人所得税有查账征收和核定征收两种形式。查账征收适用于账册健全、核算完整的纳税人，核定征收适用于账册不健全、会计核算不完整的纳税人。对于实现查账征收的纳税人，其应缴纳的个人所得税是以每一年度的收入总额减去成本、费用和损失后的余额，按适用税率计算，其会计核算通过"留存收益"和"应交税费——应交个人所得税"等账户进行。在计算应纳个人所得税时，借记"留存收益"账户，贷记"应交税费——应交个人所得税"账户；税款实际上缴入库时，借记"应交税费——应交个人所得税"账户，贷记"银行存款"账户。

（二）个体工商户生产、经营所得应纳税额计算及账务处理

个体工商户的生产、经营所得，以每一纳税年度的收入总额，减除成本、费用以及损失后的余额，为应纳税所得额。成本，是指纳税人为生产、经营商品和提供劳务等所发生的各项直接支出和各项间接支出；费用，是指纳税人在生产、经营商品和提供劳务等所发生的销售费用、管理费用和财务费用；损失，是指纳税人在生产、经营过程中发生的各项营业外支出。纳税人不能提供完整、准确的纳税资料，不能正确计算应纳税所得额的，由主管税务机关核定其应纳税所得额。

☞**知识链接**

根据现行《个人所得税法》及其实施条例和相关文件，个体工商户、个人独资企业和合伙企业的个人所得税税前扣除标准如下：

1. 对个体工商户业主、个人独资企业和合伙企业投资者的生产经营所得依法计征个人所得税时，个体工商户业主本人个人独资企业和合伙企业投资者的费用扣除标准统一确定为 42 000 元/年（3 500 元/月）。

2. 个体工商户、个人独资企业和合伙企业投资者向其从业人员实际支付的合理的工资、薪金支出，允许在税前据实扣除。

3. 个体工商户个人独资企业和合伙企业投资者拨缴的工会经费、发生的职工福利费、职工教育经费支出分别在工资薪金总额2%、14%、2.5%的标准内据实扣除。

4. 个体工商户、个人独资企业和合伙企业投资者每一纳税年度发生的广告费和业务宣传费用不超过当年销售（营业）收入15%的部分，可据实扣除；超过部分，准予在以后纳税年度结转扣除。

5. 个体工商户、个人独资企业和合伙企业投资者每一纳税年度发生的与其生产经营业务直接相关的业务招待费支出，按照发生额的60%扣除，但最高不得超过当年销售（营业）收入的5‰。

6. 投资者及其家庭发生的生活费用不允许在税前扣除。投资者及其家庭发生的生活费用与企业生产经营费用混合在一起的，并且难以划分的，全部视为投资者个人及其家庭发生的生活费用，不允许在税前扣除。

7. 企业生产、经营和投资者及其家庭生活共用的固定资产，难以划分的，由税务机关根据企业的生产、经营类型和规模等具体情况，核定准予在税前扣除的折旧费用的数额或比例。

8. 企业计提的各种准备金不得扣除。

个体工商户和从事生产、经营的个人，取得与生产、经营活动无关的各项应税所得，应分别适用各应税项目的规定计算征收个人所得税。

个体工商户的生产、经营所得应纳税额的计算公式为：

$$应纳税额 = 应纳税所得额 \times 适用税率 - 速算扣除数$$

或　　　应纳税额 =（全年收入总额 - 成本、费用及损失）× 适用税率 - 速算扣除数

【例10-7】某个体工商户2014年全年经营收入60万元，发生生产经营成本、费用总额为40万元，计算其应缴纳的个人所得税税额，并编制相应的会计分录。

应纳税额 =（600 000 - 400 000）× 35% - 6 750 = 63 250（元）

计算应纳个人所得税：

借：留存利润　　　　　　　　　　　　　　　　　　　　　　　63 250

　　贷：应交税费——应交个人所得税　　　　　　　　　　　　　　63 250

实际缴纳税款时：

借：应交税费——应交个人所得税　　　　　　　　　　　　　　63 250

　　贷：银行存款　　　　　　　　　　　　　　　　　　　　　　63 250

（三）个人独资企业和合伙企业投资者的生产、经营所得应纳个人所得税的计算

对个人独资企业和合伙企业投资者的生产、经营所得，其个人所得税应纳税额的计算有以下两种方法：

第一种：查账征税。凡实行查账征收办法的企业，生产经营所得应纳税额的计算比照个体工商户个人所得税计税办法执行。

第二种：核定征收。核定征收方式，包括定额征收、核定应税所得率征收以及其他合理的征收方式。

实行核定应税所得率征收方式的，应纳所得税额的计算公式如下：

$$应纳所得税额 = 应纳税所得额 \times 适用税率$$

$$应纳税所得额 = 收入总额 \times 应税所得率$$

或：　　　应纳税所得额 = 成本费用支出额 ÷（1 - 应税所得率）× 应税所得率

应税所得率应按表 10-4 规定的标准执行。

表 10-4   **个人所得税应税所得率表**

行　业	应税所得率（％）	行　业	应税所得率（％）
工业、交通运输业、商业	5～20	娱乐业	20～40
建筑业、房地产开发业	7～20	其他行业	10～30
饮食服务业	7～25		

企业经营多业的，无论其经营项目是否单独核算，均应根据其主营项目确定其适用的应税所得率。

任务三　对企事业单位的承包经营、承租经营所得应纳税额的计算

（一）费用减除标准

对企事业单位的承包经营、承租经营所得，以每一纳税年度的收入总额，减除必要费用后的余额，为应纳税所得额。每一纳税年度的收入总额，是指纳税义务人按照承包经营、承租经营合同规定分得的经营利润和工资、薪金性质的所得；所说的减除必要费用，是指按月减除 3 500 元。

（二）对企事业单位的承包经营、承租经营所得应纳税额的计算

对企事业单位的承包经营、承租经营所得，其个人所得税应纳税额的计算公式为：

$$应纳税额=应纳税所得额×适用税率-速算扣除数$$

或 $$应纳税额=（纳税年度收入总额-必要费用）×适用税率-速算扣除数$$

对企事业单位的承包经营、承租经营所得适用的速算扣除数，同个体工商户的生产、经营所得适用的速算扣除数。

【例 10-8】 2014 年 3 月 1 日，某个人与事业单位签订承包合同经营招待所，承包期为 3 年。2014 年招待所实现承包经营利润 150 000 元，按合同规定承包人每年应从承包经营利润中上缴承包费 30 000 元。计算承包人 2014 年应纳个人所得税税额。

年应纳税所得额＝承包经营利润-上缴费用-每月必要费用扣减合计

          ＝150 000-30 000-（2 000×10）＝100 000（元）

应纳税额＝年应纳税所得额×适用税率-速算扣除数

          ＝100 000×35%-6 750＝28 250（元）

任务四　劳务报酬所得应纳税额的计算

（一）费用减除标准

劳务报酬所得、稿酬所得、特许权使用费所得、财产租赁所得，每次收入不超过 4 000 元的，减除费用 800 元；4 000 元以上的，减除 20% 的费用，其余额为应纳税所得额。其中财产租赁所得还可以减去相关税费、修缮费用。

（二）劳务报酬所得应纳税额的计算

对劳务报酬所得，其个人所得税应纳税额的计算公式为：

（1）每次收入不足 4 000 元的：

应纳税额＝应纳税所得额×适用税率   或   应纳税额＝（每次收入额−800）×20%

（2）每次收入在 4 000 元以上的：

应纳税额＝应纳税所得额×适用税率   或   应纳税额＝每次收入额×（1−20%）×20%

（3）每次收入的应纳税所得额超过 20 000 元的：

$$应纳税额＝应纳税所得额×适用税率−速算扣除数$$

或   应纳税额＝每次收入额×（1−20%）×适用税率−速算扣除数

【例 10-9】 某演员 2014 年 5 月一次性取得表演收入 40 000 元，扣除 20% 的费用后，应纳税所得额为 32 000 元。请计算其应纳个人所得税额。

应纳税额＝每次收入额×（1−20%）×适用税率−速算扣除数

＝40 000×（1−20%）×30%−2 000＝7 600（元）

☞知识链接

每次收入的确定

《个人所得税法》对纳税义务人取得的劳务报酬所得，稿酬所得，特许权使用费所得，利息、股息、红利所得，财产租赁所得，偶然所得和其他所得等七项所得，都是明确应该按次计算征税的。扣除费用依据每次应纳税所得额的大小，分别规定了定额和定率两种标准。因此，无论是从正确贯彻税法的立法精神，维护纳税义务人的合法权益方面来看，还是从避免税收漏洞，防止税款流失，保证国家税收收入方面来看，如何准确划分"次"，都是十分重要的。对于劳务报酬所得等七个项目的"次"，《个人所得税法实施条例》中作出了明确规定。具体如下：

1. 劳务报酬所得，根据不同劳务项目的特点，分别规定为：

（1）只有一次性收入的，以取得该项收入为一次。例如从事设计、安装、装潢、制图、化验、测试等劳务，往往是接受客户的委托，按照客户的要求，完成一次劳务后取得收入。因此，是属于只有一次性的收入，应以每次提供劳务取得的收入为一次。

（2）属于同一事项连续取得收入的，以 1 个月内取得的收入为一次。例如，某歌手与一卡拉 OK 厅签约，在 2014 年 1 年内每天到卡拉 OK 厅演唱一次，每次演出后付酬 50 元。在计算其劳务报酬所得时，应视为同一事项的连续性收入，以其 1 个月内取得的收入为一次计征个人所得税，而不能以每天取得的收入为一次。

2. 稿酬所得，以每次出版、发表取得的收入为一次。具体又可细分为：

（1）同一作品再版取得的所得，应视作另一次稿酬所得计征个人所得税。

（2）同一作品先在报刊上连载，然后再出版，或先出版，再在报刊上连载的，应视为两次稿酬所得征税。即连载作为一次，出版作为另一次。

（3）同一作品在报刊上连载取得收入的，以连载完成后取得的所有收入合并为一次，计征个人所得税。

（4）同一作品在出版和发表时，以预付稿酬或分次支付稿酬等形式取得的稿酬收入，应合并计算为一次。

（5）同一作品出版、发表后，因添加印数而追加稿酬的，应与以前出版、发表时取得的稿酬合并计算为一次，计征个人所得税。

3. 特许权使用费所得，以某项使用权的一次转让所取得的收入为一次。一个纳税义务人，可能不仅拥有一项特许权利，每项特许权的使用权也可能不止一次地向他人提供。因此，对特许权使用费所得的"次"的界定，明确为每一项使用权的每次转让所取得的收入为一次。如果该次转让取得的收入是分笔支付的，则应将各笔收入相加为一次的收入，计征个人所得税。

4. 财产租赁所得，以1个月内取得的收入为一次。

5. 利息、股息、红利所得，以支付利息、股息、红利时取得的收入为一次。

6. 偶然所得，以每次收入为一次。

7. 其他所得，以每次收入为一次。

任务五　稿酬所得应纳税额的计算

（一）费用减除标准

稿酬所得每次收入不超过4 000元的，减除费用800元；4 000元以上的，减除20%的费用，其余额为应纳税所得额。

稿酬所得，以每次出版、发表取得的收入为一次。出版单位预付或分次支付稿酬，或加印该作品再付稿酬，均应合并计算其稿酬；如果作者将同一作品既出书，又在报刊上连载，应将出书和连载取得的收入分为两次计税。

（二）稿酬所得应纳税额的计算

稿酬所得应纳税额的计算公式为：

（1）每次收入不足4 000元的：

$$应纳税额 = 应纳税所得额 \times 适用税率 \times (1-30\%)$$
$$= (每次收入额 - 800) \times 20\% \times (1-30\%)$$

（2）每次收入在4 000元以上的：

$$应纳税额 = 应纳税所得额 \times 适用税率 \times (1-30\%)$$
$$= 每次收入额 \times (1-20\%) \times 20\% \times (1-30\%)$$

【例10-10】某作家取得一次未扣除个人所得税的稿酬收入20 000元。计算其应缴纳的个人所得税额。

$$应纳税额 = 应纳税所得额 \times 适用税率 \times (1-30\%)$$
$$= 20\ 000 \times (1-20\%) \times 20\% \times (1-30\%) = 2\ 240（元）$$

任务六 特许权使用费所得应纳税额的计算

（一）费用减除标准

每次收入不超过4 000元的，减除费用800元；4000元以上的，减除20%的费用，其余额为应纳税所得额。特许权使用费所得，以一项特许权的一次许可使用所得收入为一次。

（二）特许权使用费所得应纳税额的计算

特许权使用费所得应纳税额的计算公式为：

（1）每次收入不足4 000元的：

应纳税额=应纳税所得额×适用税率=（每次收入额−800）×20%

（2）每次收入在4 000元以上的：

应纳税额=应纳税所得额×适用税率=每次收入额×（1−20%）×20%

【例10-11】某纳税人转让一项专利权取得收入3 500元，计算其应纳税额。

应纳税所得额=3 500−800=2 700（元）

应纳个人所得税额=2 700×20%=540（元）

任务七 利息、股息、红利所得和偶然所得应纳税额的计算

（一）费用减除标准

利息、股息、红利所得，是指个人拥有债权、股权而取得的利息、股息、红利所得。利息，一般是指存款、贷款和债券的利息。股息、红利，是指个人拥有股权取得的股息、红利，属于公司、企业的分红。按照一定的比率派发的每股息金，叫股息；根据公司、企业应分配的利润，按股份分配的叫红利。

偶然所得，是指个人得奖、中奖、中彩以及其他偶然性质的所得。

利息、股利、红利所得，以每次收入额为应纳税所得额，以支付利息、股息、红利取得的收入为一次。偶然所得，以每次取得该项收入为一次。

（二）利息、股息、红利所得和偶然所得应纳税额的计算

利息、股息、红利所得和偶然所得应纳税额的计算公式为：

应纳税额=应纳税所得额×适用税率=每次收入额×20%

任务八 财产租赁所得应纳税额的计算

（一）费用减除标准

财产租赁所得一般以个人每次取得的收入，定额或定率减除规定费用后的余额为应纳税所得额。每次收入不超过4 000元，定额减除费用800元；每次收入在4 000元以上，定率减除20%的费用。财产租赁所得，以一个月取得的收入为一次，纳税人在出租财产过程中缴纳的税金和教育费附加，可持完税凭证，从其财产租赁收入中扣除。由纳税人负担的该出租财产实际开支的修缮费，如能提出有效、准确的凭证，准予扣除，但每次以800元为限，一次扣除不完的，准予在下一次继续扣除，直到扣完为止。

（二）财产租赁所得应纳税额的计算

财产租赁所得应纳税额的计算如下：

（1）每次（月）收入不超过 4 000 元的：

应纳税所得额=每次（月）收入额−准予扣除项目−修缮费用（以 800 元为限）−800

（2）每次（月）收入超过 4 000 元的：

应纳税所得额=[每次（月）收入额−准予扣除项目−修缮费用(以 800 元为限)]×(1−20%)

应纳税额=应纳税所得额×适用税率

财产租赁所得适用 20% 的比例税率。但对个人按市场价格出租的居民住房取得的所得，自 2001 年 1 月 1 日起暂减按 10% 的税率征收个人所得税。

【例 10-12】刘某于 2014 年 1 月将其自有的 4 间面积为 150 平方米的房屋出租给张某作经营场所，租期 1 年。刘某每月取得的租金收入 2 500 元，全年租金收入 30 000 元。计算刘某全年租金收入应缴纳的个人所得税。

财产租赁收入以每月内取得的收入为一次，因此，刘某每月及全年应纳税额为：

每月应纳税额=（2 500−800）×20%=340（元）

全年应纳税额=340×12=4 080（元）

本例在计算个人所得税时未考虑其他税、费。如果对租金收入计征营业税、城市维护建设税、房产税和教育费附加等，还应将其从税前的收入中先扣除后才计算应缴纳的个人所得税。

假定上例中，当年 2 月因下水道堵塞找人修理，发生修理费用 500 元，有维修部门的正式收据，则 2 月和全年的应纳税额为：

2 月应纳税额=（2 500−500−800）×20%=240（元）

全年应纳税额=340×11+240=3 980（元）

☞**知识链接**

根据国家税务总局《关于个人转租房屋取得收入征收个人所得税问题的通知》（国税函 [2009] 639 号），对个人取得转租房屋收入有关个人所得税问题按以下规定执行：

1. 个人将承租房屋转租取得的租金收入，属于个人所得税应税所得，应按"财产租赁所得"项目计算缴纳个人所得税。

2. 取得转租收入的个人向房屋出租方支付的租金，凭房屋租赁合同和合法支付凭据允许在计算个人所得税时，从该项转租收入中扣除。

3.《国家税务总局关于个人所得税若干业务问题的批复》（国税函 [2002] 146 号）有关财产租赁所得个人所得税前扣除税费的扣除次序调整为：

（1）财产租赁过程中缴纳的税费；

（2）向出租方支付的租金；

（3）由纳税人负担的租赁财产实际开支的修缮费用；

（4）税法规定的费用扣除标准。

任务九 财产转让所得应纳税额的计算

（一）费用减除标准

财产转让所得，以个人每次转让财产的收入额减除财产原值和相关税费后的余额为应纳税所得额。财产原值是指：

（1）有价证券，为买入价以及买入时按照规定交纳的有关税费；

（2）建筑物，为建造费或者购进价格以及其他有关税费；

（3）土地使用权，为取得土地使用权所支付的金额、开发土地的费用以及其他有关税费；

（4）机器设备、车船，为购进价格、运输费、安装费以及其他有关税费；

（5）其他财产，参照以上方法确定。

纳税人未提供完整、准确的财产原值凭证，不能正确计算财产原值的，由主管税务机关核定其财产原值。

相关税费，是指卖出财产时按照规定支付的有关税、费。

（二）财产转让所得应纳税额的计算

财产转让所得应纳税额的计算公式为：

应纳税额＝应纳税所得额×适用税率＝（收入总额－财产原值－合理税费）×20%

【例10-13】 某人建房一栋，造价36 000元，支付有关费用2 000元。该人转让房屋，售价60 000元，在卖房过程中按规定支付交易费等有关费用2 500元，计算其应纳个人所得税额。

应纳税所得额＝财产转让收入－财产原值－合理费用

＝60 000－（36 000＋2 000）－2 500＝19 500（元）

应纳税额＝19 500×20%＝3 900（元）

任务十 其他所得应纳税额的计算

其他所得，以每次取得该项收入为一次。其他所得应纳税额的计算公式为：

应纳税额＝应纳税所得额×适用税率＝每次收入额×20%

为了正确计算应纳税所得额，《个人所得税法实施条例》还规定，个人取得的应纳税所得，包括现金、实物和有价证券。所得为实物的，应当按照取得的凭证上所注明的价格计算应纳税所得额，无凭证的实物或凭证上所注明的价格明显偏低的，由主管税务机关参照当地的市场价格核定应纳税所得额。所得为有价证券的，由主管税务机关根据票面价格和市场价格核定应纳税所得额。

另外，纳税义务人兼有税法所列的两项或两项以上的应纳税所得，应分项计算纳税。在中国境内两处或两处以上取得工资、薪金所得或个体工商户的生产、经营所得或者对企事业单位承包经营、承租经营所得的，同项所得应合并计算纳税。

在中国境内有住所或者无住所而在境内居住满一年的个人，从中国境外取得的所得，应当与中国境内取得的应纳税所得分别计算纳税，并按税法规定分项减除费用，计算应纳税额。

　　两个或两个以上的个人共同取得的同一项目收入的，应当对每个人取得的收入分别按税法规定减除费用后，计算应纳税额。

　　各项所得的计算，以人民币为单位，个人所得为外国货币的，应当按照填开完税凭证的上一月最后一日中国人民银行公布的外汇牌价，折合成人民币计算应纳税所得额及税额，依照税法规定须在年度终了后汇算清缴税款的，对已按月或按次预缴税款的外国货币所得，不再重新折算；对应补缴税款的所得部分，按上一纳税年度最后一日中国人民银行的外汇牌价，折合成人民币计算应纳税所得额及税额。

　　计算个人所得税的应纳税额，首先应确定个人所得属于何种应税项目，再根据应税项目的种类计算应纳税所得额，然后再依据应税项目确定适用税率。适用超额累进税率的项目，还应根据应纳税所得额的大小，划分纳税所得额分别达到的级距及分别适用的税率。

任务十一　应纳税额计算中的几个特殊问题

（一）对个人取得全年一次性奖金等应纳税额计算

　　全年一次性奖金是指行政机关、企事业单位等扣缴义务人根据其全年经济效益和对雇员全年工作业绩的综合考核情况，向雇员发放的一次性奖金。一次性奖金也包括年终加薪、实行年薪制和绩效工资办法的单位根据考核情况兑现的年薪和绩效工资。纳税人取得全年一次性奖金，单独作为 1 个月工资、薪金所得计算纳税，自 2005 年 1 月 1 日起按以下计税办法，由扣缴义务人发放时代扣代缴：

　　（1）先将雇员当月内取得的全年一次性奖金，除以 12 个月，按其商数确定适用税率和速算扣除数。

　　如果在发放年终一次性奖金的当月，雇员当月工资薪金所得低于税法规定的费用扣除额，应将全年一次性奖金减除"雇员当月工资薪金所得与费用扣除额的差额"后的余额，按上述办法确定全年一次性奖金的适用税率和速算扣除数。

　　（2）将雇员个人当月内取得的全年一次性奖金，按上述第一条确定的适用税率和速算扣除数计算征税，计算公式如下：

　　如果雇员当月工资薪金所得高于（或等于）税法规定的费用扣除额，适用公式为：

$$应纳税额 = 雇员当月取得全年一次性奖金 \times 适用税率 - 速算扣除数$$

　　如果雇员当月工资薪金所得低于税法规定的费用扣除额，适用公式为：

$$应纳税额 = \left(\begin{matrix} 雇员当月取得 \\ 全年一次性奖金 \end{matrix} - \begin{matrix} 雇员当月工资薪金所得 \\ 与费用扣除额的差额 \end{matrix} \right) \times 适用税率 - 速算扣除数$$

　　（3）在一个纳税年度内，对每一个纳税人，该计税办法只允许采用一次。

　　（4）实行年薪制和绩效工资的单位。个人取得年终兑现的年薪和绩效工资按上述第二条、第三条规定执行。

　　（5）雇员取得除全年一次性奖金以外的其他各种名目奖金，如半年奖、季度奖、加班奖、先进奖、考勤奖等，一律与当月工资、薪金收入合并，按税法规定缴纳个人所得税。

　　【例 10-14】公民马某 2014 年在我国境内 1～12 月每月的绩效工资为 1 400 元，12 月 31 日又一次性领取年终奖金（兑现的绩效工资）27 000 元。请计算马某取得该笔奖金应缴纳的个人所得税。

按12个月分摊后，每月的奖金＝〔27 000－（2 000－1 400）〕÷12＝2 200（元），根据工资、薪金九级超额累进税率的规定，适用的税率和速算扣除数分别为15%、125元。

应纳税额＝（奖金收入－当月工资与2 000元的差额）×适用的税率－速算扣除数

＝〔27 000－（2 000－1 400）〕×15%－125＝3 835（元）

（二）在外商投资企业、外国企业和外国驻华机构工作的中方人员取得的工资、薪金所得的应纳税额计算

在外商投资企业、外国企业和外国驻华机构工作的中方人员取得的工资、薪金收入，凡是由雇佣单位和派遣单位分别支付的，支付单位应按税法规定代扣代缴个人所得税。同时，按税法规定，纳税义务人应以每月全部工资、薪金收入减除规定费用后的余额为应纳税所得额。为了有利于征管，对雇佣单位和派遣单位分别支付工资、薪金的，采取由支付者中的一方减除费用的方法，即只由雇佣单位在支付工资、薪金时，按税法规定减除费用，计算扣缴个人所得税；派遣单位支付的工资、薪金不再减除费用，以支付金额直接确定适用税率，计算扣缴个人所得税。

上述纳税义务人，应持两处支付单位提供的原始明细工资、薪金单（书）和完税凭证原件，选择并固定到一地税务机关申报每月工资、薪金收入，汇算清缴其工资、薪金收入的个人所得税，多退少补。具体申报期限，由各省、自治区、直辖市税务机关确定。

【例10-15】王某为一外商投资企业雇用的中方人员，假定2014年9月，该外商投资企业支付给王某的薪金为7 200元，同月，王某还收到其所在的派遣单位发给的工资1 900元。该外商投资企业、派遣单位应如何扣缴个人所得税？王某实际应缴的个人所得税为多少？

外商投资企业应为王某扣缴的个人所得税为：

扣缴税额＝（每月收入额－3 500）×适用税率－速算扣除数

＝（7 200－3 500）×10%－105＝265（元）

派遣单位应为王某扣缴的个人所得税为：

扣缴税额＝每月收入额×适用税率－速算扣除数＝1 900×10%－105＝85（元）

王某实际应缴的个人所得税为：

应纳税额＝（每月收入额－3 500）×适用税率－速算扣除数

＝（7 200＋1 900－3 500）×20%－555＝565（元）

因此，在王某到某税务机关申报时，还应补缴215元（565－265－85）。

（三）特定行业职工取得的工资、薪金所得的计税问题

为了照顾采掘业、远洋运输业、远洋捕捞业因季节、产量等因素的影响，职工的工资、薪金收入呈现较大幅度波动的实际情况，对这三个特定行业的职工取得的工资、薪金所得，可按月预缴，年度终了后30日内，合计其全年工资、薪金所得，再按12个月平均并计算实际应纳的税款，多退少补。用公式表示为：

应纳所得税额＝〔（全年工资、薪金收入/12－费用扣除标准）×税率－速算扣除数〕×12

（四）关于个人取得公务交通、通信补贴收入征税问题

个人因公务用车和通信制度改革而取得的公务用车、通信补贴收入，扣除 定标准的公务费用后，按照"工资、薪金"所得项目计征个人所得税。按月发放的，并入当月

"工资、薪金"所得计征个人所得税；不按月发放的，分解到所属月份并与该月份"工资、薪金"所得合并后计征个人所得税。

公务费用的扣除标准，由省级地方税务局根据纳税人公务交通、通信费用的实际发生情况调查测算，报经省级人民政府批准后确定，并报国家税务总局备案。

（五）关于失业保险费（金）征税问题

城镇企业事业单位及其职工个人按照《失业保险条例》规定的比例，实际缴付的失业保险费，均不计入职工个人当期的工资、薪金收入，免予征收个人所得税，超过《失业保险条例》规定的比例缴付失业保险费的，应将其超过规定比例缴付的部分计入职工个人当期的工资、薪金收入，依法计征个人所得税。

具备《失业保险条例》规定条件的失业人员，领取的失业保险金，免予征收个人所得税。

（六）关于企业改组改制过程中个人取得的量化资产征税问题

对职工个人以股份形式取得的仅作为分红依据，不拥有所有权的企业量化资产，不征收个人所得税。

对职工个人以股份形式取得的拥有所有权的企业量化资产，暂缓征收个人所得税；待个人将股份转让时，就其转让收入额，减除个人取得该股份时实际支付的费用支出和合理转让费用后的余额，按"财产转让所得"项目计征个人所得税。

对职工个人以股份形式取得的企业量化资产参与企业分配而获得的股息、红利、应按"利息、股息、红利"项目征收个人所得税。

（七）关于个人因与用人单位解除劳动关系而取得的一次性补偿收入免征税问题

（1）个人因与用人单位解除劳动关系而取得的一次性补偿收入（包括用人单位发放的经济补偿金、生活补助费和其他补助费用），其收入在当地上年职工平均工资 3 倍数额内的部分，免征个人所得税；超过的部分按照《国家税务总局关于个人因解除劳动合同取得经济补偿金征收个人所得税问题的通知》的有关规定，计算征收个人所得税。

（2）个人领取一次性补偿收入时，按照国家和地方政府规定的比例实际缴纳的住房公积金、医疗保险费、基本养老保险费、失业保险费可以计征其一次性补偿收入的个人所得税时予以扣除。

（3）企业按照国家有关法律规定宣告破产，企业职工从该破产企业取得一次性安置收入，免征个人所得税。

（八）关于个人取得退职费收入免征个人所得税问题

（1）《个人所得税法》第 4 条第 7 款所说的可以免征个人所得税的"退职费"是指个人符合《国务院关于工人退休、退职的暂行办法》（国发〔1978〕104 号）规定的退职条件并按该办法规定的退职费标准所领取的退职费。

（2）个人取得的不符合上述办法规定的退职条件和退职费标准的退职费收入，应属于与其任职、受雇活动有关的工资、薪金性质的所得，应在取得的当月按工资、薪金所得计算缴纳个人所得税。但考虑到作为雇主给予退职人员经济补偿的退职费，通常为一次性发给，且数额较大以及退职人员有可能在一段时间内没有固定收入等实际情况，依照《个人所得税法》有关工资、薪金所得计算征税的规定，对退职人员有一次取得较高退职费收入的，可视为其一次取得数月的工资、薪金收入，并以原每月工资、薪金收入总额为标准，划分为若干月份的工资、薪金收入后，计算个人所得税的应纳税所得额及税额。但按上述方法划分超过了6个月工资、薪金收入的，应按6个月平均划分计算。个人取得全部退职费收入的应纳税款，应由其原雇主在支付退职费时负责代扣并于次月7日内缴入国库。个人退职后6个月内又再次任职、受雇的，对个人已缴纳个人所得税的退职费收入，不再与再次任职、受雇取得的工资、薪金所得合并计算补缴个人所得税。

（九）关于企业年金个人所得税征收管理问题

为进一步规范企业年金个人所得税的征收管理，国家税务局《关于企业年金个人所得税征收管理有关问题的通知》（国税函〔2009〕694号）规定，从2009年12月10日起，对企业年金个人所得税征收管理有关问题按以下规定执行：

（1）企业年金的个人缴费部分，不得在个人当月工资、薪金计算个人所得税时扣除。

（2）企业年金的企业缴费计入个人账户的部分（以下简称企业缴费）是个人因任职或受雇而取得的所得，属于个人所得税应税收入，在计入个人账户时，应视为个人一个月的工资、薪金（不与正常工资、薪金合并），不扣除任何费用，按照"工资、薪金所得"项目计算当期应纳个人所得税款，并由企业在缴费时代扣代缴。

对企业按季度、半年或年度缴纳企业缴费的，在计税时不得还原至所属月份，均作为一个月的工资、薪金，不扣除任何费用，按照适用税率计算扣缴个人所得税。

（3）对因年金设置条件导致的已经计入个人账户的企业缴费不能归属个人的部分，其已扣缴的个人所得税应予以退还。具体计算公式如下：

$$应退税款=企业缴费已纳税款×\left(1-\frac{实际领取企业缴费}{已纳税企业缴费的累计额}\right)$$

参加年金计划的个人在办理退税时，应持居民身份证、企业以前月度申报的含有个人明细信息的《年金企业缴费扣缴个人所得税报告表》复印件、解缴税款的《税收缴款书》复印件等资料，以及由企业出具的个人实际可领取的年金企业缴费额与已缴纳税款的年金企业缴费额的差额证明，向主管税务机关申报，经主管税务机关核实后，予以退税。

（4）设立企业年金计划的企业，应按照《个人所得税法》和《税收征收管理法》的有关规定，实行全员全额扣缴明细申报制度。企业要加强与其受托人的信息传递，并按照主管税务机关的要求提供相关信息。对违反有关税收法律法规规定的，按照《税收征收管理法》有关规定予以处理。

（5）通知下发前，企业已按规定对企业缴费部分依法扣缴个人所得税的，税务机关不再退税；企业未扣缴企业缴费部分个人所得税的，税务机关应限期责令企业按以下方法计算扣缴税款：以每年度未扣缴企业缴费部分为应纳税所得额，以当年每个职工月平均工资额的适用税率为所属期企业缴费的适用税率，汇总计算各年度应扣缴税款。

（6）通知所称企业年金是指企业及其职工按照《企业年金试行办法》的规定，在依法参加基本养老保险的基础上，自愿建立的补充养老保险。对个人取得本通知规定之外的其他补充养老保险收入，应全额并入当月工资、薪金所得依法征收个人所得税。

（十）个人转让限售股征收个人所得税规定

为进一步完善股权分置改革后的相关制度，发挥税收对高收入者的调节作用，促进资本市场长期稳定健康发展，根据财政部、国家税务局、证监会《关于个人转让上市公司限售股所得征收个人所得税有关问题的通知》（财税［2009］167号）规定，对个人转让上市公司限售流通股（以下简称限售股）取得的所得征收个人所得税有关问题按以下规定执行：

（1）自2010年1月1日起，对个人转让限售股取得的所得，按照"财产转让所得"，适用20%的比例税率征收个人所得税。

（2）本通知所称限售股，包括：

①上市公司股权分置改革完成后股票复牌日之前股东所持原非流通股股份，以及股票复牌日至解禁日期间由上述股份孳生的送、转股（以下统称股改限售股）。

②2006年股权分置改革新老划断后，首次公开发行股票并上市的公司形成的限售股，以及上市首日至解禁日期间由上述股份孳生的送、转股（以下统称新股限售股）。

③财政部、税务总局、法制办和证监会共同确定的其他限售股。

（3）个人转让限售股，以每次限售股转让收入，减除股票原值和合理税费后的余额，为应纳税所得额，即：

$$应纳税所得额 = 限售股转让收入 - （限售股原值 + 合理税费）$$
$$应纳税额 = 应纳税所得额 \times 20\%$$

本通知所称的限售股转让收入，是指转让限售股股票实际取得的收入。限售股原值，是指限售股买入时的买入价及按照规定缴纳的有关费用。合理税费，是指转让限售股过程中发生的印花税、佣金、过户费等与交易相关的税费。

如果纳税人未能提供完整、真实的限售股原值凭证的，不能准确计算限售股原值的，主管税务机关一律按限售股转让收入的15%核定限售股原值及合理税费。

（4）限售股转让所得个人所得税，以限售股持有者为纳税义务人，以个人股东开户的证券机构为扣缴义务人。限售股个人所得税由证券机构所在地主管税务机关负责征收管理。

（5）限售股转让所得个人所得税，采取证券机构预扣预缴、纳税人自行申报清算和证券机构直接扣缴相结合的方式征收。证券机构预扣预缴的税款，于次月7日内以纳税保证金形式向主管税务机关缴纳。主管税务机关在收取纳税保证金时，应向证券机构开具《中华人民共和国纳税保证金收据》，并纳入专户存储。

根据证券机构技术和制度准备完成情况，对不同阶段形成的限售股，采取不同的征收管理办法。

①证券机构技术和制度准备完成前形成的限售股，证券机构按照股改限售股股改复牌日收盘价，或新股限售股上市首日收盘价计算转让收入，按照计算出的转让收入的15%确定限售股原值和合理税费，以转让收入减去原值和合理税费后的余额，适用20%税率，计算预扣预缴个人所得税额。

纳税人按照实际转让收入与实际成本计算出的应纳税额，与证券机构预扣预缴税额有差异的，纳税人应自证券机构代扣并解缴税款的次月1日起3个月内，持加盖证券机构印章的交易记录和相关完整、真实凭证，向主管税务机关提出清算申报并办理清算事宜。主管税务机关审核确认后，按照重新计算的应纳税额，办理退（补）税手续。纳税人在规定期限内未到主管税务机关办理清算事宜的，税务机关不再办理清算事宜，已预扣预缴的税款从纳税保证金账户全额缴入国库。

②证券机构技术和制度准备完成后新上市公司的限售股，按照证券机构事先植入结算系统的限售股成本原值和发生的合理税费，以实际转让收入减去原值和合理税费后的余额，适用20%税率，计算直接扣缴个人所得税额。

（6）纳税人同时持有限售股及该股流通股的，其股票转让所得，按照限售股优先原则，即转让股票视同为先转让限售股，按规定计算缴纳个人所得税。

（7）证券机构等应积极配合税务机关做好各项征收管理工作，并于每月15日前，将上月限售股减持的有关信息传递至主管税务机关。限售股减持信息包括：股东姓名、公民身份号码、开户证券公司名称及地址、限售股股票代码、本期减持股数及减持取得的收入总额。证券机构有义务向纳税人提供加盖印章的限售股交易记录。

（8）对个人在上海证券交易所、深圳证券交易所转让从上市公司公开发行和转让市场取得的上市公司股票所得，继续免征个人所得税。

（十一）扣除捐赠款的计税方法

个人将其所得对教育事业和其他公益事业捐赠的部分，允许从应纳税所得额中扣除。上述捐赠是指个人将其所得通过中国境内的社会团体、国家机关向教育和其他社会公益事业以及遭受严重自然灾害地区、贫困地区的捐赠。

一般捐赠额的扣除以不超过纳税人申报应纳税所得额的30%为限。计算公式为：

$$捐赠扣除限额 = 申报的应纳税所得额 \times 30\%$$

允许扣除的捐赠额 = 实际捐赠额 ≤ 捐赠扣除限额的部分，实际捐赠额大于捐赠扣除限额时，只能按捐赠扣除限额扣除。

$$应纳税额 = （应纳税所得额 - 允许扣除的捐赠额）\times 适用税率 - 速算扣除数$$

【例10-16】 某歌星参加某单位举办的演唱会，取得出场费收入80 000元，将其中30 000元通过当地教育机构捐赠给某希望小学。

要求：请计算该歌星取得的出场费收入应缴纳的个人所得税。

未扣除捐赠的应纳税所得额 = 80 000×（1-20%）= 64 000（元）

捐赠的扣除标准 = 64 000×30% = 19 200（元）

由于实际捐赠额大于扣除标准，税前只能按扣除标准扣除。

应缴纳的个人所得税 = （64 000-19 200）×30% - 2 000 = 11 440（元）

项目三　个人所得税的纳税申报

任务一　自行申报纳税

自行申报纳税，是由纳税人自行在税法规定的纳税期限内，向税务机关申报取得的应税所得项目和数额，如实填写个人所得税纳税申报表，并按照税法规定计算应纳税额，据此缴纳个人所得税的一种方法。

（一）自行申报纳税的纳税义务人

（1）自 2006 年 1 月 1 日起，年所得 12 万元以上的；

（2）从中国境内两处或者两处以上取得工资、薪金所得的；

（3）从中国境外取得所得的；

（4）取得应税所得，没有扣缴义务人的；

（5）国务院规定的其他情形。

其中，年所得 12 万元以上的纳税人，无论取得的各项所得是否已足额缴纳了个人所得税，均应当按照本办法的规定，于纳税年度终了后向主管税务机关办理纳税申报，如实填写《个人所得税纳税申报表（适用于年所得 12 万元以上的纳税人申报）》（见表10-5）；其他情形的纳税人，均应当按照自行申报纳税管理办法的规定，于取得所得后向主管税务机关办理纳税申报。

表 10-5　　**个人所得税纳税申报表（适用于年所得 12 万元以上的纳税人申报）**

税款所属期：　　　　　填表日期：　年　月　日　　　金额单位：　　　元（列至角分）

纳税人姓名		国籍		身份证照类型		身份证照号码		
抵华日期		职业		任职、受雇单位		经常居住地		
中国境内有效联系地址				邮编		联系电话		
所得项目	年所得额			应纳税额	已缴(扣)税额	抵扣税额	应补(退)税额
	境内	境外	合计				
1. 工资、薪金所得							
2. 个体工商户的生产、经营所得							
3. 对企事业单位的承包经营、承租经营所得							
4. 劳务报酬所得							
5. 稿酬所得							
6. 特许权使用费所得							
7. 利息、股息、红利所得							
8. 财产租赁所得							
9. 财产转让所得							
10. 偶然所得							

续表

所得项目	年所得额			应纳税额	已缴(扣)税额	抵扣税额	应补(退)税额
	境内	境外	合计				
11. 其他所得							
合　计							

我声明,此纳税申报表是根据《中华人民共和国个人所得税法》的规定填报的,我确信它是真实的、可靠的、完整的。

纳税人(签字)

代理人名称: 　　　　　　　　　　经办人(签章)

代理人(公章) 　　　　　　　　　　联系电话

受理申报机关: 　　受理人: 　　受理时间: 　　年　月　日

(二) 纳税申报地点

申报纳税地点一般应为收入来源地的税务机关,但是纳税人在两处或两处以上取得工资、薪金所得的,可选择并固定在一地税务机关申报纳税;从境外取得所得的,应向境内户籍所在地或经常居住地税务机关申报纳税。

对在中国境内几地工作或提供劳务的临时来华人员,应以税法所规定的申报纳税日期为准,在某一地区达到申报纳税的日期,即应在该地申报纳税。但为了方便纳税,也可准予个人提出申请,经批准后固定在一地申报纳税。对由在华企业或办事机构发放工资、薪金的外籍纳税人,由在华企业或办事机构集中向当地税务机关申报纳税。

纳税人要求变更申报纳税地点的,须经原主管税务机关批准。

(三) 申报纳税期限

除特殊情况外,纳税人应在取得应纳税所得的次月 15 日内向主管税务机关申报所得并缴纳税款。具体规定如下:

(1) 工资、薪金所得的应纳税款,按月计征,由纳税人在次月 15 日内缴入国库,并向税务机关报送个人所得税纳税申报表。采掘业、远洋运输业、远洋捕捞业等特定行业的纳税人,其工资、薪金所得应纳的税款,考虑其工作的特殊性,可以实行按年计算,分月预缴的方式计征,自年度终了之日起 30 日内,合计全年工资、薪金所得,再按 12 个月平均并计算实际应纳的税款,多退少补。对年所得 12 万元以上的纳税人,在纳税年度终了后 3 个月内向主管税务机关办理纳税申报。

(2) 对于账册健全的个体工商户,其生产经营所得应纳的税款实行按年计算,分月预缴,由纳税人在次月 15 日内申报预缴,年度终了后 3 个月汇算清缴,多退少补。对账册不健全的个体工商户,其生产、经营所得的应纳税款,由税务机关依据《税收征收管理法》自行确定征收方式。

(3) 纳税人年终一次性取得承包经营、承租经营所得的,自取得收入之日起 30 日内申报纳税;在一年内分次取得承包经营、承租经营所得的,应在取得每次所得后的 15 日内预缴税款，年度终了后 3 个月内汇算清缴，多退少补。

（4）劳务报酬、稿酬、特许权使用费、利息、股息、红利、财产租赁、财产转让所得和偶然所得等，按次计征。取得所得的纳税人应当在次月 15 日内将应纳税款缴入国库，并向税务机关报送个人所得税纳税申报表。

（5）从中国境外取得所得的纳税人，在纳税年度终了后 30 日内向中国境内主管税务机关办理纳税申报。

（四）申报纳税方式

纳税人可以采取数据电文、邮寄等方式申报，也可以直接到主管税务机关申报，或者采取符合主管税务机关规定的其他方式申报，纳税人采取邮寄方式申报的，以邮政部门挂号信函收据作为申报凭据，以寄出的邮戳日期为实际申报日期。

纳税人也可以委托有税务代理资质的中介机构或者他人代为办理纳税申报。

任务二 代扣代缴个人所得税

代扣代缴，是指按照税法规定负有扣缴税款义务的单位或者个人，在向个人支付应纳税所得时，应计算应纳税额，从其所得中扣出并缴入国库，同时向税务机关报送扣缴个人所得税报告表（见表 10-6）。这种方法有利于控制税源、防止漏税和逃税。

表 10-6 **扣缴个人所得税报告表**

扣缴义务人编码：□□□□□□□□□□□□□□□

扣缴义务人名称（公章）： 金额单位：元（列至角分）填表日期： 年 月 日

序号	纳税人姓名	身份证照类型	身份证照号码	国籍	所得项目	所得期间	收入额	免税收入额	允许扣除的税费	费用扣除标准	准予扣除的捐赠额	应纳税所得额	税率%	速算扣除数	应扣税额	已扣税额	备注
1	2	3	4	5	6	7	8	9	10	11	12	13	14	15	16	17	18
合 计									—	—	—	—					

扣缴义务人声明	我声明：此扣缴报告表是根据国家税收法律、法规的规定填报的，我确定它是真实的、可靠的、完整的。 声明人签字：

会计主管签字： 负责人签字： 扣缴单位（或法定代表人）（签章）：

受理人（签章）： 受理日期： 年 月 日 受理税务机关（章）：

国家税务总局监制

本表一式两份，一份扣缴义务人留存，一份报主管税务机关。

（1）扣缴义务人。税法规定，个人所得税以取得应税所得的个人为纳税义务人，以支付所得的单位或者个人为扣缴义务人，包括企业（公司）、事业单位、机关、社会团体、军队、驻华机构、个体户等单位和个人。

（2）代扣代缴的范围。扣缴义务人在向个人支付下列所得时，应代扣代缴个人所得税：①工资、薪金所得；②对企事业单位的承包经营所得；③劳务报酬所得；④稿酬所得；⑤特许权使用费所得；⑥利息、股息、红利所得；⑦财产租赁所得；⑧财产转让所得；⑨偶然所得；⑩经国务院财政部门确定征税的其他所得。

（3）代扣代缴期限。扣缴义务人每月所扣的税款，应当在次月 15 日缴入国库，并向主管税务机关报送《扣缴个人所得税报告表》，代扣代收税款凭证和包括每一纳税人姓名、单位、职务、收入、税款等内容的支付个人收入明细表以及税务机关要求报送的其他有关资料。

（4）代扣代缴税款的手续费。税务机关应根据扣缴义务人所扣的税款，付给 2% 的手续费，由扣缴义务人用于代扣代缴费用开支和奖励代扣代缴工作做得较好的办税人员。

思考与练习

一、单项选择题

1. 以下属于中国居民纳税人的是（　　　）。
   A. 美国人甲 2013 年 9 月 1 日入境，2014 年 10 月 1 日离境
   B. 日本人乙来华学习 180 天
   C. 法国人丙 2014 年 1 月 1 日入境，2014 年 12 月 20 日离境
   D. 英国人丁 2013 年 1 月 1 日入境，2014 年 11 月 20 日离境至 12 月 31 日

2. 个体户进行公益救济性捐赠时，捐赠额不得超过其应纳税所得额的（　　　）。
   A. 3%　　　　　　B. 10%　　　　　　C. 15%　　　　　　D. 30%

3. 某演员一次获得表演收入 80 000 元，其应纳个人所得税为（　　　）。
   A. 16 000 元　　　B. 19 200 元　　　C. 12 800 元　　　D. 18 600 元

4. 某大学教授 2013 年 5 月编写教材一本并出版发行，获得稿酬 14 600 元；2014 年因加印又获得稿酬 5 000 元。该教授所得稿酬应缴纳个人所得税是（　　　）。
   A. 1 635.2 元　　B. 2 195.2 元　　C. 2 044 元　　　D. 2 744 元

二、多项选择题

1. 下列各项中，应计入当月工资内计征工资、薪金所得个人所得税的有（　　　）。
   A. 年终加薪　　　　　　　　B. 按月发放的奖金
   C. 职务工资　　　　　　　　D. 交通费补贴

2. 下列各项中，属于个人所得税居民纳税人的是（　　　）。
   A. 在中国境内无住所，但一个纳税年度中在中国境内居住满 1 年的个人
   B. 在中国境内无住所且不居住的个人

C. 中国境内无住所，而在境内居住超过 6 个月不满 1 年的个人

D. 在中国境内有住所的个人

3. 下列各项所得在计算应纳税所得额时不允许扣减任何费用的有（　　）。

A. 偶然所得　　　　　　　　B. 特许权使用费所得

C. 利息、股息所得　　　　　D. 财产租赁所得

4. 个人所得税自行申报纳税的纳税人有（　　）。

A. 从两处或两处以上取得工资、薪金的

B. 取得应纳税所得，没有扣缴义务人的

C. 多笔取得属于一次性劳务报酬的

D. 取得应纳税所得，扣缴义务人未按规定扣缴税款的

三、计算题

1. 某经理为中国公民，2014 年 5 月取得工资收入 6 000 元。要求：请计算该经理应缴纳的个人所得税。

2. 王某 1—12 月的工资 3 500 元，年终取得一次性奖金 18 500 元，计算王某 12 月应纳的所得税。

3. 张某于 2014 年 2 月转让私有住房一套，取得转让收入 220 000 元。该套住房购进时的原价为 180 000 元。转让时支付有关税费 15 000 元。计算张某转让私房应缴纳的个人所得税。

企业纳税筹划

1. 掌握纳税筹划的基本方法
2. 掌握我国现行主体税种的基本纳税筹划思路
3. 能根据纳税筹划方法和技术为企业提出可行的纳税筹划建议，能为中小企业和个人所得税纳税人设计简单纳税筹划方案

知识目标

1. 熟悉纳税筹划工作流程和具体内容
2. 理解纳税筹划的基本方法
3. 熟悉流转税、所得税、其他税的纳税筹划思路

情境导入

纳税筹划工作者为某市 A 公司提出的方案：采取销售商品开具自制收据，直接从仓库发货，不入公司财务账的方式从事账外经营活动，自 2014 年 1—12 月隐瞒应税销售收入 210 000 元，可减少应纳增值税 35 700 元。

请问：这种行为是否纳税筹划？是否要承担法律责任？

项目一　纳税筹划的基本方法

任务一　纳税筹划的概念

纳税筹划就是纳税人通过筹资、投资、收入分配、组织形式、经营等事项的事先安排、选择和策划，以不违法为前提，以税收负担最小化、企业利益最大化为目的的经济活动。具体从以下几个方面理解。

（一）纳税筹划的前提是不违反税法

在税法中最为重要的基本原则是税收法定主义原则。税收法定主义要求征税方依法征税，纳税方依法纳税。纳税人只根据税法的明确要求承担其法定的税收义务，法律没有明确规定，不承担纳税义务。税收法定主义原则要求在税收征纳过程中应避免道德判断，税收以法律的规定执行，国家不能超越法律的规定以道德的名义要求纳税人承担纳税义务。税务机关对纳税人的纳税筹划活动或者纳税违法活动的判断和认定，只能以现行税收法律和行政法规为依据，只要不违背现行税收法律和行政法规，纳税人的纳税筹划方案就都是

允许的。也就是说，纳税人依法应该缴纳的税款，纳税人应该一分不少地上缴国库，履行自己应尽的义务；不应该缴纳的税款，纳税人可以理直气壮地拒绝缴纳。

（二）纳税筹划的时间——纳税义务发生之前

纳税筹划一般在纳税义务发生之前。在经济活动中，税法具有一定的稳定性，而纳税义务通常具有滞后性，如企业在交易行为发生之后才有纳税人义务，才缴纳各种流转税；在收益实现或分配之后，才缴纳所得税；在财产取得之后，才缴纳财产税等；这在客观上决定了纳税筹划一般应当在纳税义务发生之前。如果纳税义务已经发生，应纳税额已经确定的情况下偷漏税或欠缴税款，显然不是纳税筹划。

（三）纳税筹划的目标是为纳税人提供缴纳税款最少、总体收益最大的方案

从纯税收的角度出发，纳税人缴纳税款最少是其追求的目标。然而，站在企业总体财务决策的高度，纳税筹划只是财务决策的一个部分，因而不能只考虑缴纳税款最少的目标，而忽略因该筹划目标的实施所引发的其他非税因素的变化，进而对企业整体利益产生的影响。纳税人通常希望缴纳税款最少的方案就是企业整体利益最大的方案，即"节税增收"，然而这种"理想境界"在现实中不一定总是存在。有时缴纳税款最少并不一定等于企业总体收益的增加。若一味追求缴纳税款最少，反过来可能导致企业总体利益的下降时，就只能选择总体收益最多但缴纳税款并不一定最少的方案。

（四）纳税筹划运用的主要理论知识——税法、会计核算和财务管理

税法具有原则性、稳定性和针对性的特点，这就决定了无论哪一种税收法律制度在内容上都不可能包罗一切，税法所涉及的具体事物与税法的原则性之间往往会出现某种不一致；从稳定性来说，相对稳定的税法和瞬息万变的社会实际情况也会出现不一致，即使对法律进行完善修改，在时间上也有滞后效应；另外，税法中的具体规定虽然一般都有针对性，但要使针对性达到全部对号入座的程度是办不到的。因此，这种有弹性的税收制度就为纳税筹划提供了可能性，是纳税筹划工作者进行纳税筹划的基础和切入点。

纳税筹划不仅是税收单方面的问题，还涉及许多其他方面，包括会计核算和财务管理等方面的知识。一般来说，计算应纳税额时，税法没有明确规定的都应按会计制度的规则和方法进行核算；会计制度中还有税法认可的各种选择性核算方法，如存货计价方法、折旧方法等，不同的核算方法会影响纳税人的税负。因此进行纳税筹划要仔细分析和运用会计制度，选择合适的核算方法。企业经营活动追求的目标是总体收益最多，投资报酬率、投资风险、投资回收速度、资本结构等都是其考虑的因素，缴纳税款最少的方案应当服从于总体收益最多的方案，因此纳税筹划工作中必然要运用到财务管理知识。

任务二 纳税筹划的基本方法

纳税筹划方法很多，如税收优惠政策法、纳税期的递延法、转让定价筹划法、利用税法漏洞筹划法、利用会计处理方法筹划法等，这些方法不是一成不变的，而是可以相互转化的，在实践中也是多种方法结合起来使用。

（一）税收优惠政策法

国家为了扶持某些特定地区、行业、企业和产品的发展，或者基于照顾某些有实际困难的纳税人的目的，经常在税法中做出某些特殊规定，比如免除其应缴纳的全部或

者部分税款，以减轻其税收负担，这种在税法中规定的、用以减轻特定纳税人税收负担的规定，就是税收优惠政策。所谓税收优惠政策法就是指纳税人充分利用这些优惠政策，来达到为自己降低税负的目的。它是税收筹划最重要的内容，因为它最符合国家税法的立法意图。

国家税收优惠政策的出台，促进了我国经济的发展，加速了我国社会主义市场经济的建设，因而国家对纳税人利用税收优惠政策进行的筹划是支持与鼓励的，纳税人对税收优惠政策利用得越多，越有利于国家特定政策目的的实现，越有利于促进产业结构的优化，这是国家和纳税人"双赢"的选择。

从税制构成要素的角度来看，利用税收优惠进行纳税筹划的方法主要有：

（1）免税技术。免税是国家对特定地区、行业、企业、项目或情况给予纳税人完全免征税收优惠或奖励扶持或照顾的一种措施。

免税一般分为法定免税、特定免税和临时免税三种。在这三类免税中，法定免税是主要方式，特定免税和临时免税是辅助方式，是对法定免税的补充。世界各国一般都对特定免税和临时免税都有极严格的控制，尽量避免这类条款产生的随意性和不公正性。由于我国正处于转型时期，所以税法中出现了大量的特定免税条款和临时免税条款。

免税实质上相当于财政补贴，一般有两类免税：一类是照顾性免税，另一类是奖励性免税，照顾性免税一般是在比较苛刻的条件下取得的，所以纳税筹划不能利用这项条款达到节税的目的，只有通过取得奖励性免税才能达到目的。

免税技术在运用过程中，尽量注意做到以下两点：一是尽量使免税期最长化，在合理合法的情况下，尽量使其最长化，免税期越长，节减的税就越多；二是尽量争取更多的免税待遇，在合法合理的情况下，尽量争取免税待遇，免税越多，节减的税收也就越多，企业可以支配的税后利润也就越大。

（2）税收减征技术。税收减征技术，是按照税收法律、法规减除纳税人一部分应纳税款，是对某些纳税人、征税对象进行扶持、鼓励或照顾，以减轻税收负担的一种特殊规定。与免税一样，这是税收灵活性与严肃性相结合的一项措施，也是各个国家尤其是中国目前采取的一种最普遍的措施。由于免税和减免在税法中经常结合使用，人们习惯上统称为减免技术。

减税技术在使用时应注意把握两点：一是尽量使减税期最长化，在合理合法的情况下，尽量使减税期最长化。因为，减税时间越长，节减的税收越多，企业的税后利润也就越多。二是尽量使减税项目最多化，减税项目越多，企业的收益越大。

（3）税率差异技术。税率差异技术是指在合理合法的情况下，利用税率的差异而直接节减税收的筹划技术。在市场经济条件下，一个企业可以利用税率之间的差异来节减税收，实现企业利润的最大化。

税率差异技术在运用中应注意两点：一是尽可能地寻找税率最低的地区、产业，使其适用税率最低化，而且税率差异越大，企业的获利能力就越高，可支配的税后利润就越多，企业的竞争力就越强。二是尽量寻求税率差异的稳定性和长期性，税率差异一般具有时间性和稳定性两个特征，但并不是一成不变的，随着时间的推移和税法制度的改变会发生变化，如政策的变化和享受优惠政策时间的到期，税率也就会发生变化，因此，应想办法使企业税率差异的时间最长化和稳定化。

(4) 分离技术。分离技术是指企业所得和财产在两个或更多纳税人之间进行分割而使节减税款达到最大化的纳税筹划技术。一般来讲所得税和财产税的适用税率为累进税率，即计税基础越大，适用的边际税率越高。因此，如果在两个或更多的纳税人之间进行合理的分离，就可以减少每个人的纳税基础，降低最高边际适用税率，节减税款。

分离技术在应用时注意两点：一是分离要合理化，使用该技术，除要合法化以外，还要注意合理化，使分离出去的部分，尽量往低税率上靠，否则就没有意义；二是节税最大化，通过合理的分离，使分离后的企业达到最大化的节税目的。

(5) 扣除技术。扣除技术即税前扣除技术，是指在计算缴纳税款时，对于构成计税依据的某些项目，准予从计税依据中扣除的那一部分税收，扣除技术是税收制度的重要组成部分，许多税种对扣除项目、扣除多少都作了比较详细的规定。这些准予扣除的项目扣除的范围，有些是对所有纳税人通用的，有些则只是对某些特定的纳税人或征税对象而设计的，应严格区分开来。例如，企业安置残疾人员所支付的工资，按照支付给残疾职工工资的100%加计扣除。

在运用扣除技术时，一般应注意以下三点：一是扣除金额最大化，在税法允许的情况下，尽量使各项扣除的项目按上限扣除，用足用活扣除政策，因为扣除金额的最大化，就意味着应交税基的最小化，扣除的金额越大，交税就最小，企业税后利润就越大；二是扣除项目最多化，企业应尽量按照税法允许的扣除项目一一列出，凡是符合扣除的项目，都要依法给予扣除，列入成本，因为扣除项目越多，计税基数就越小，节减的税就越多；三是扣除最早化，在税法允许的范围之内，尽可能地使各种允许的扣除的项目尽早得到扣除，因为扣除越早，企业交纳的税金就越少，节省的税金就越多，企业早期的现金净流量就越大，相对节减的税收就越多。

(6) 抵免技术。抵免技术是指当对纳税人来源于国内外的全部所得或财产所得课征所得税时，允许以其在国外已缴纳的所得税或财产税税款抵免应纳税款的一种税收优惠方式，是避免国际所得或财产重复征税的一种措施。例如，企业购置并实际使用《环境保护专用设备企业所得税优惠目录》、《节能节水专用设备企业所得税优惠目录》和《安全生产专用设备企业所得税优惠目录》规定的环境保护、节能节水、安全生产等专用设备的，该专用设备的投资额的10%可以从企业当年的应纳税额中抵免；当年不足抵免的，可以在以后5个纳税年度结转抵免。

抵免技术在运用时应注意以下两点：一是抵免项目最多化，在税法规定的可以抵免的范围内，尽可能地把能参与抵免的项目全部抵免，因为参加抵免的项目越多，就意味着节减的利润越多；二是抵免金额最大化，在税法允许的范围内，尽可能地使参加抵免的项目的金额，最大化地进行抵免，抵免的金额越大，应纳税额就越小，因而节减的税收就越多，企业实现的税后利润就越大。

(7) 退税技术。退税技术是按照税法的规定应缴纳的税款，由税务机关在征税时，全部或部分退还给纳税人的一种纳税筹划技术。它与出口退税、先征后退一并属于退税的范畴，是一种特殊的免税和减税方式。退税技术所涉及的退税是让税务机关退还纳税人符合国家退税奖励条件的已交纳的税款。例如，纳税人销售软件产品并随同销售一并收取的软件安装费、维护费、培训费等收入，应按照增值税混合销售的有关规定征收增值税，并可享受软件产品增值税即征即退政策。这主要是国家为了鼓励软件开发企业，提高国际市场竞争能力的一种措施。

实施退税技术的要点，一是尽量争取退税项目的最多化，在税法规定的范围内，尽量争取更多的退税待遇；二是尽量使应退的税额最大化，因为退还的税越大，企业的税后利润也就越大。

(二) 纳税期的递延

纳税期的递延，是对纳税人应纳税款的部分或全部的缴纳期限适当延长的一种特殊规定。为了照顾某些纳税人缺少资金或其他特殊原因造成纳税困难，许多国家都制定了有关延期纳税的条款。有的是对某个税种规定了准予缓纳，有的则是对所有税种可以缓纳。尽管采用缓纳技术不能使应交纳的税款免纳或少纳，但它使应该交纳的税款可以向后推迟一段时间，而且不需支付任何报酬，这就相当于从政府手中拿到了一笔无息贷款，不仅节省了利息支出，而且还享受了因通货膨胀带来的好处，变相降低了应纳税额。

例如，我国税法规定，纳税人因有特殊困难，不能按期缴纳税款的，经省、自治区、直辖市国家税务局、地方税务局批准，可以延期缴纳税款，但最长时间不能超过3个月。

纳税期的递延在使用中应该注意两点：一是使缓纳时间最长化，在税法规定的时间内，尽量争取缓纳的时间最长，因为延长的时间越长，相对节减的税收也就越多；二是缓纳的项目最多化，争取在税法允许的范围内，找足找齐各种原因，经税务机关批准，使这些项目纳入缓纳项的行列，因为缓纳的项目越多，企业当期的现金流量也就越大，节税也就越多。

(三) 会计核算筹划方法

税收与会计紧密相关，而由于所采用会计原则的不同，必然会形成不同的财务结果，从而形成不同的税收负担。在存在多种可供选择的会计政策时，择定有利于税后收益最大化的会计政策组合模式，也是税收筹划的基本规律。

例如对于一项费用，如果涉及多个分摊对象，分摊依据的不同会造成分摊结果的不同；对于一项拟摊销的费用，如果摊销期限和摊销方法不同，摊销结果也会不同。分摊的处理会影响企业损益和资产估价，进而影响企业税负。类似无形资产摊销、待摊费用摊销、固定资产折旧、存货计价方法以及间接费用的分摊等都可以采用这样的方法。

(四) 利用转让定价筹划法

转让定价筹划法主要是通过关联企业不符合营业常规的交易形式进行的纳税筹划，是纳税筹划的基本方法之一，被广泛地应用于国际、国内的纳税筹划实务当中。

转让定价是指在经济活动中，有经济联系的企业各方为了转移收入、均摊利润或转移利润而在交换或买卖过程中不是依照市场买卖规则和市场价格进行交易，而是根据它们之间的共同利益或为了最大限度地维护它们之间的收入进行的产品或非产品转让。在这种转让中，根据双方的意愿，产品的转让价格可高于或低于市场上由供求关系决定的价格，以达到少纳税甚至不纳税的目的。例如，在生产企业和商业企业承担的纳税负担不一致的情况下，若商业企业承担的税负高于生产企业，则有联系的商业企业和生产企业就可以通过某种契约的形式，增加生产企业利润，减少商业企业利润，使它们共同承担的税负和各自承担的税负达到最少。

企业之间转移收入或利润时定价的主要方式有：

（1）以内部成本为基础进行价格转让。这里又分为实际成本法和标准成本法。实际成本法是指以销售利润中心所购产品的实际成本定价；标准成本法是指以预先规定的假设成本定价。

（2）以市场价格为基础进行价格转让。其中包括使用外部交易的市场价格和成本加价。关联企业之间进行转让定价的方式有很多，一般来说主要有：

①利用商品交易进行筹划。即关联企业间商品交易采取压低定价或抬高定价的策略，转移收入或利润，以实现从整体上减轻税收负担。例如有些实行高税率的企业，在向低税率的关联企业销售产品时，有意地压低产品的售价，将利润转移到关联企业。这是转让定价中应用最为广泛的做法。

②利用原材料及零部件购销和原材料的购销价格进而影响产品成本来实现税务筹划，例如，由母公司向子公司低价供应零部件产品，或由子公司高价向母公司出售零部件，以此降低子公司的产品成本，使其获得较高的利润。又如，利用委托加工产品收回后直接出售的不再缴纳消费税的政策进行定价转让筹划。

③利用关联企业之间相互提供劳务进行筹划。关联企业之间相互提供劳务时，通过高作价或低作价甚至不作价的方式收取劳务费用，从而使关联企业之间相互提供利润根据需要进行转移，达到减轻税收负担的目的。

④利用无形资产价值评定困难进行筹划。因无形资产价值的评定没有统一的标准，因此，关联企业即可以通过转让定价的方式调节利润，达到税收负担最小化的目的。如某企业将本企业的生产配方、商标权等无偿或低价提供给关联企业，不计或少计转让收入，但是另外从对方企业留利中获取好处。

另外，还有利用租赁机器设备、利用管理费用等进行税务筹划。

为了保证利用转让定价进行税务筹划的有效性，筹划时应注意：一是要进行成本效益分析；二是要考虑价格的波动应在一定的范围内，以防被税务机关调整而增加税负；三是纳税人可以运用多种方法进行全方位、系统的筹划安排。

（五）利用税法漏洞筹划法

利用税法漏洞进行筹划就是利用税法文字上的忽略或税收实务中征管方大大小小的漏洞进行筹划方法，属于避税筹划。纳税人可以利用税法漏洞争取自己并不违法的合理权益。

漏洞主要指税法对某些内容的文字规定，因语法或字词有歧义而导致对税法理解的多样性以及税法应该具有而实际操作时有较大部分的忽略。漏洞在一国的税法之中是必然存在的，而且星星点点地分布在立法、执法等环节之中，主要是由时间变化、地点差异、人员素质、技术手段以及经济状况的复杂、多样和多变的特点所决定的。

时间的变化常常使相对完善的税法漏洞百出，地点的差异又不可避免地衍生漏洞，人员素质不高同样会导致税收漏洞的出现，技术手段落后会限制税制的完善以及税收效率的提高；法律体系内部结构的不协调同样会造成税收漏洞。这些漏洞正是纳税人增收减支、降低税负可以利用的地方。

利用税法漏洞进行避税筹划的方法主要有：

（1）利用税法中的矛盾进行筹划。我国税法中存在着许多矛盾之处，纳税人可以利用税法中的矛盾进行筹划。如在我国《税收征收管理法》中税收管辖的规定便存在诸多的矛盾，有机构设置与配合的问题，也有税法自身规定矛盾或不确定的问题。

（2）利用税务机构设置不科学进行筹划。目前，我国机构臃肿、人员冗杂、办事效率低下的问题还没有得到彻底解决。机构设置庞杂、人员众多并不表明税收方面应设的机构都设置了；相反，该设置的机构设置不全，许多不该设的机构却依然存在。这样会形成机构内部协调失衡的问题，如果和其他政府机构联系起来，其设置与配合的问题会更多。这正是纳税人可以利用的地方。

（3）利用税收管辖权进行筹划。在我国税收地域管辖的规定中，流转税、所得税两大主体税种都存在不足。如《中华人民共和国增值税暂行条例》第二十二条主要是界定固定业户与非固定业户的纳税地点，却缺少许多必要的补充与限制。如对固定业户与非固定业户的判定标准及判定权的归属问题。其实，像这类有漏洞的条文在消费税、营业税、关税、企业所得税及个人所得税法律、法规中也同样存在。

利用漏洞平台应注意以下问题：一是需要精通财务与税务的专业化财会人才，只有专业化人员才可能根据实际情况，参照税法而利用其漏洞进行筹划；二是具有一定的纳税操作经验，只依据税法而不考虑征管方面的具体措施，只能是纸上谈兵，成功的可能性肯定不会太高；三是要有严格的财会纪律和保密措施，没有严格的财会纪律便没有严肃的财会秩序，混乱的财务状况显然无法作为筹划的实际参考，另外又因为利用税法漏洞和空白一样具有隐蔽性，一次公开的利用往往会导致以后利用途径被堵死；四是要进行风险—收益的分析。

任务三 纳税筹划的工作步骤

（一）熟知税法，归纳相关规定

要进行纳税筹划，必须要熟知税法及相关法律，全面掌握税法的各项规定，尤其是各项税收优惠政策，往往都是散见于各项文件之中，有的是人大常委会、国务院颁发的，有的是财政部、国家税务总局联合发文，有的是国家税务总局发文，还有的可能是省（市、自治区）发文，这些都要收集齐全、进行归类。

（二）获取单位或个人的背景资料

背景资料主要包括单位和所处的行业，从事的业务范围及业务流程；或发生的行为和拥有的财产类别。

（三）分析单位或个人的背景资料，确定税种，明确筹划目标

分析单位或个人的背景资料，对照税法规定确定所要筹划的税种；根据他们的意愿，进一步明确以缴纳税款最少还是以总体收益最大为目标，是增加短期所得还是长期资本增值，或者既要求增加短期税收所得，又要求资本在长期增值。

（四）签订委托合同

纳税筹划的一般步骤是，受托方在收到委托方单位申请之后，进行前期洽谈，然后明确纳税筹划目标，并进行现场调查、收集资料，再综合考虑自身的业务能力，决定是否接

受委托,如果接受,则需要签订委托合同。

(五) 制定纳税筹划计划并实施

(1) 根据纳税筹划内容,确立纳税筹划的目标,建立多个备选方案,每一方案都包括一些特定的法律安排。

(2) 根据有关税法规定和纳税预计经营情况(中、长期预算等),尽可能建立数学模型,进行演算,模拟决策,定量分析,修改备选方案。

(3) 根据税后净回报,排列选择方案,分析每一备选方案,所有备选方案的比较都要在成本最低化和利润最大化的分析框架里进行,并以此标准确立能够产生最大税后净回报的方案。另外,还要考虑企业风险、税收风险、政治风险等因素。

(4) 利用筹划方法,选择制定符合目标的纳税方案。

项目二　流转税纳税筹划

任务一　增值税纳税筹划

增值税筹划的着眼点主要有:(1)尽量利用国家税收优惠政策,享受减免税优惠政策;(2)选择不同程度的纳税人身份,使自己适用较低的税率或征收率;(3)通过经营安排,最大限度地抵扣进项税额;(4)推迟纳税时间,获得资金时间效益等。

(一) 增值税纳税人身份选择的纳税筹划

增值税按经营规模及会计核算健全与否,将纳税人划分为两类,即一般纳税人与小规模纳税人。与一般纳税人相比而言,小规模纳税人是指年销售额在规定标准以下,并且会计核算不健全,不能按规定报送有关税务资料的增值税纳税人。划分两者的基本原则,关键是看会计核算是否健全,是否能够以规范化的办法计算增值税。会计核算健全的,年销售额虽低也可按一般纳税人对待;会计核算不健全或不能以规范化的办法计算增值税的,例如不经常发生应税行为的企业,年销售额虽高,也作为小规模纳税人对待。有了这样较为灵活的划分原则,使一般纳税人和小规模纳税人之间的界线变得模糊,两者之间就有可能互相转化。

一般纳税人和小规模纳税人税额计算中,除了销售额的确定与进口货物应纳税额的计算一致外,其余不尽相同。一般纳税人采用凭发票扣税的购进扣税法计税。一般纳税人享有税款抵扣权,小规模纳税人不享有税款抵扣权;小规模纳税人按征收率3%计算税额,而一般纳税人按规定税率计算税额。这种对一般纳税人与小规模纳税人的差别待遇,就为纳税人利用身份变化进行纳税筹划提供了可能性。

人们通常认为,小规模纳税人的税负重于一般纳税人,但实际并不尽然。我们先来分析一个案例。小规模纳税人的征收率为3%,不得抵扣进项税额;一般纳税人的税率为17%,可以抵扣进项税额,按不同购销资料计算的不同类型纳税人的税负如表11-1所示。

表 11-1　　　　　　　　　　　　不同类型纳税人税负的比较

应纳税额纳税人类别 购销资料	小规模纳税人	一般纳税人	结论
不含税进价 100 元，含税售价 200 元	$200/(1+3\%) \times 3\% = 5.83$（元）	$200/(1+17\%) \times 17\% - 100 \times 17\% = 12.06$（元）	一般纳税人比小规模纳税人缴纳的税款多，税负重
不含税进价 150 元，含税售价 200 元	$200/(1+3\%) \times 3\% = 5.83$（元）	$200/(1+17\%) \times 17\% - 150 \times 17\% = 3.56$（元）	一般纳税人比小规模纳税人缴纳的税款少，税负轻

从上面计算可以看出，有时一般纳税人税负轻，有时小规模纳税人税负轻，那么企业到底选择哪种纳税人对自己才更有利呢？一般而言，可使用销售额增值判断法。这种方法即通过分析纳税人销售额增值率是否超过节税点增值率来判断。当一般纳税人的应税销售额增值率超过一般纳税人节税点增值率时，其增值税税负要超过小规模纳税人。反过来，当一般纳税人的应税销售额增值率小于一般纳税人节税点增值率时，其增值税税负就要小于小规模纳税人。在具体判断时主要分两种情况来分析。

（1）一般纳税人与小规模纳税人增值率平衡点的计算。

　　　增值率 =（不含税销售额 - 不含税购进额）/ 不含税销售额 × 100%

假设一般纳税人的适用税率为 17%，小规模纳税人的征收率为 3%，则对于一般纳税人而言：

　　　　　应纳增值税额 = 当期销项税额 - 当期进项税额

其中，当期销项税额 = 不含税销售额 × 17%，当期进项税额 = 不含税销售额 ×（1 - 增值率）× 17%。

$$\text{一般纳税人应纳增值税额} = \text{不含税销售额} \times 17\% - \text{不含税销售额} \times (1 - \text{增值率}) \times 17\%$$

$$= \text{不含税销售额} \times \text{增值率} \times 17\% \qquad (11\text{-}1)$$

而对于小规模纳税人而言：

$$\text{应纳增值税额} = \text{不含税销售额} \times 3\% \qquad (11\text{-}2)$$

若使一般纳税人与小规模纳税人应纳税额相同，令式（11-1）= 式（11-2）即：

$$\text{不含税销售额} \times \text{增值率} \times 17\% = \text{不含税销售额} \times 3\% \qquad (11\text{-}3)$$

解得：增值率 = 17.65%

因此，当增值率 = 17.65% 时，一般纳税人增值税应纳税额与小规模纳税人应纳税额相同，无论是哪种纳税人都不能节减税收，也不会增加税收。

当增值率 > 17.65% 时，一般纳税人增值税应纳税额大于小规模纳税人应纳税额，因而，小规模纳税人可节税。

当增值率 < 17.65% 时，一般纳税人增值税应纳税额小于小规模纳税人应纳税额，一般纳税人可节税。

一般纳税人的增值税税率为 13%，按照上述方法，可以计算出无差别平衡点增值率为 23.08%。

（2）一般纳税人与小规模纳税人抵扣率平衡点的计算。

$$增值率=\frac{（不含税销售额-可抵扣的购进项目金额）}{不含税销售额}$$

$$=1-\frac{可抵扣的购进项目金额}{不含税销售额}$$

假设抵扣率为 X，那么可以计算出抵扣率无差别纳税平衡点：

$$不含税销售额\times17\%\times（1-X）=不含税销售额\times3\%$$

解得抵扣率平衡点：$X=82.35\%$，因此，当抵扣率为 82.35% 时，两种纳税人的税负完全相同；当抵扣率大于 82.35% 时，一般纳税人税负轻于小规模纳税人；反之，则一般纳税人税负重于小规模纳税人。用同样的方法可以计算出一般纳税人增值税税率为 13% 时抵扣率无差别纳税平衡点为 76.02%。

一般纳税人与小规模纳税人增值率和抵扣率平衡点见表 11-2。

表 11-2　　　　　　　　一般纳税人与小规模纳税人增值率和抵扣率平衡点

一般纳税人税率(%)	小规模纳税人税率(%)	不含税增值率平衡点(%)	不含税抵扣率平衡点(%)
17	3	17.65	82.35
13	3	23.08	76.02

【例 11-1】A 公司是一个年含税销售额在 90 万元左右的生产企业，公司每年购进材料 50 万元左右（含 17% 增值税）。如果是增值税一般纳税人，该公司产品的增值税适用税率为 17%；如果是小规模纳税人，则增值税征收率为 3%。该公司会计核算健全，有条件被认定一般纳税人。请为该公司进行纳税人身份的纳税筹划。

该公司含税销售额增值率=（90-50）/90×100%=44.44%

因为含税销售额增值率 44.44% 大于节税点增值率 17.65%，所以，该公司维持小规模纳税人身份更为有利。

该公司如果是一般纳税人：

应纳增值税税额=90/（1+17%）×17%-50/（1+17%）×17%=5.82（万元）

若为小规模纳税人：应纳增值税税额=90/（1+3%）×3%=2.62（万元）

因此，小规模纳税人可节税：5.82-2.62=3.2（万元）。

考虑到由小规模纳税人申请为一般纳税人还要增加一定的费用和纳税成本，所以从税收的角度看，该公司还是作为小规模纳税人比较有益。

在选择纳税人身份时，除了要比较税收负担外，还要注意以下几方面的比较：第一，经营规模，一般纳税人的经营规模往往要比小规模纳税人的经营规模大；第二，信誉度，要求一般纳税人的信誉比小规模纳税人的信誉度高一些；第三，赢得顾客的数量，从一般纳税人那里购进货物往往比从小规模纳税人那里购进货物所获抵扣进项税额多，因此一般纳税人会赢得更多的顾客。但是，一般纳税人要有健全的会计核算制度，要有健全的账簿，培养或聘用会计人员将增加会计成本；一般纳税人的增值税征收管理制度比较复杂，需要投入的人力、物力、财力也多，会增加纳税人的纳税成本等。这些都是想要转为一般纳税人的小规模纳税人必须考虑的。如果小规模纳税人由于税负减轻而带来的收益不足以抵扣这些成本的支出，则宁可保持小规模纳税人的身份。

根据税法规定，年应税销售额超过小规模纳税人标准的个人、非企业性单位、不经常发生应税行为的企业，可选择按小规模纳税人纳税。对于这部分纳税人，可通过税负比较等方法进行纳税筹划，看是否有必要让个人组建成为一个企业，非企业性单位组建成为一个企业性单位，以争取成为一般纳税人。

（二）分散与联合经营的纳税筹划

（1）分散经营的纳税筹划。企业不同的生产经营方式对企业税收负担有着不同的影响。企业按照法律规定，将部分或全部业务分离出去，分成两个或两个以上的新企业，目的在于提高管理与资源利用效率，突出企业的主营业务，或者获取税收方面的利益。从增值税方面来看，一些特定产品是免税的，或者适用税率较低，但这类产品在税收核算上又有一些特殊要求，而企业往往由于种种原因不能满足这些核算要求，因而丧失了税收上的一些利益。如果通过筹划，进行分散经营，或许企业能够获得税收收益。

（2）联合经营的纳税筹划。与社会分工趋势相对的是社会生产协作。其实，分工与协作并不矛盾，两者是相辅相成、密不可分的。企业可以通过分散经营达到节税的目的，自然也可以通过联合经营来进行纳税筹划。企业通过联合经营进行纳税筹划的方式主要有两种：一是通过紧密的联合方式，即建立新的法人组织进行联合经营；二是通过合同契约联合，即企业与企业之间相互提供产品，避开交易，消除营业额，从而避开增值税和营业税。独立核算的经济组织除了生产烟酒等高税率产品的联合组织之外，其他组织均可以联合经济组织为单位缴纳增值税，其方法由省级税务局会同有关部门制定，报国家税务局备案。联合经营组织实现的利润，采用"先分后税"的办法，以联合各方按协议规定从联合组织分得利润，拿回原地并入企业利润一并征收所得税。这便给企业进行纳税筹划带来了方便。

利用联合经营进行纳税筹划，关键是企业瓜分和转移利润是否合法，或能否得到税务机关的认可，否则就有可能被税务机关认定为逃税行为。

（三）销售过程中的纳税筹划

（1）有奖（赠送）销售筹划。一般选择现金的赠送形式要优于赠送实物。有奖（赠送）销售就是指纳税人在销售的同时，通过奖励的方式赠送一些实物或现金给购货方。根据税法规定，销货方若是赠送实物，应该视同销售货物，计算缴纳增值税。采用有奖（赠送）销售的方式，购货方可以得到的实惠就是，若是赠送货物就可以同样的支出换回更多货物；若是赠送现金就可以更少的支出换回同样多的货物。对销货方来说，若是赠送实物，应该视同销售货物，计算缴纳增值税；若是赠送现金，该支出均计为销售费用，作为所得税应税利润的税前扣除，可少缴相应的企业所得税，不必为此缴纳任何流转税费。所以，从税收筹划的角度，企业选择现金的赠送形式要优于赠送实物。

【例 11-2】某商场推出有奖销售，若购货满 1 000 元，有两种方案。方案一：赠送 100 元现金；方案二：赠送 100 元实物，该实物进价（含税）65 元。商场应选择方案一还是方案二？

方案一：企业无须为赠送的 100 元现金承担任何流转税费。

方案二：赠送 100 元实物，企业尚需缴纳增值税：

（100−65）÷1.17×0.17=5.09（元）

仅从节约流转税费角度考虑，企业应选择赠送现金，将节约 5.09 元的增值税支出。

（2）折扣销售。折扣销售，是指销货方在销售货物或应税劳务时，因购货方购买数量较大或购买行为频繁等原因，而给予购货方价格方面的优惠。比如购买 10 件，销售价格折扣 5%；购买 20 件，销售价格折扣 10% 等。这种行为在现实经济生活中很普遍，是企业销售策略的一部分。由于折扣是在销货方实现销售的同时发生，因此，税法规定，如果销售额和折扣额在同一张发票上分别注明，可按折扣后的余额作为计税依据计算增值税；如果将折扣额另开发票，不论在财务上如何处理，均不得从销售额中减除折扣额。因此，筹划的基本思路就是将销售额和折扣额在同一张发票上分别注明，以减轻税收负担。

【例 11-3】某企业为了促销，规定凡在 5 月购买本企业产品 100 件以上者，给予价格 10% 的折扣。该产品不含税单价为 200 元，则折扣后价格为 180 元。

折扣前应纳增值税 = 100×200×17% = 3 400（元）

折扣后应纳增值税 = 100×180×17% = 3 060（元）

折扣后比折扣前少纳增值税 = 3 400−3 060 = 340（元）

就这笔业务而言，税法为纳税人提供了 340 元的节税筹划空间。

任务二 消费税纳税筹划

消费税是对我国境内从事生产、委托加工和进口应税消费品的单位和个人，就其销售额或销售数量，在特定环节征收的税种因其征税对象是税法列举的特定消费品，征收的刚性比较强，可进行纳税筹划的空间有限，但还是有纳税筹划的可能。

（一）委托加工应税消费品的纳税筹划

应税消费品可以委托加工，也可以自行加工。委托加工的应税消费品应由受托方代收代缴消费税；自行加工应税消费品由生产企业按照销售收入和规定的税率计算缴纳消费税。委托加工的应税消费品收回后，可以在本企业继续加工成应税产成品，也可以直接对外销售。继续加工再对外销售的，原支付给受托方的消费税可以抵扣；直接对外销售的，不再缴纳消费税。因此，对加工应税消费品进行纳税筹划，就是要选择应税消费品的加工方式，以实现企业的经营利润最大化。

【例 11-4】某卷烟厂 2014 年 3 月外购烟丝一批，不含税价为 1 000 万元，准备生产某牌号雪茄烟，现有三个方案，各方案的有关资料见表 11-3。

表 11-3　　加工应税消费品纳税筹划表　　单位：元

项目	方案一 委托加工半成品(烟丝)	方案二 委托加工产成品(雪茄烟)	方案三 自行生产产成品(雪茄烟)
投入材料(烟叶)	1 000	1 000	1 000

续表

项目	方案一 委托加工半成品(烟丝)	方案二 委托加工产成品(雪茄烟)	方案三 自行生产产成品(雪茄烟)
加工费	470	1 090	
生产费用	400		900
代扣代缴税率	30%	36%	
代扣代缴	630 = (1 000+470) ÷ (1−30%)×30%	1 016.76 = (1 000+1 090) ÷ (1−36%)×36%	
代扣代缴城建税等	63 = 630×10%	101.68 = 1 016.76×10%	
售价	6 000	6 000	6 000
产成品税率	36%		36%
应纳消费税	1 530 = 6 000×36% −630		2 160 = 6 000×36%
应纳城建税及附加	153 = 1 530×10%		216 = 2 160×10%
经营利润	1 354	2 791.56	1 724

　　注：应税半成品烟丝的税率为30%，应税产成品雪茄烟的税率为36%；假设按照组成计税价格计算应代扣代缴的消费税；委托加工产成品受托方还应根据代扣代缴的消费税计算应纳城建税及附加，假设城建税及附加的税率为应纳流转税的10%，下同。

　　从表11-3可以看出，加工方式不同，经营利润也会不同。在销售收入一定的情况下，方案二实现的经营利润最大。因为在各种因素相同的情况下，委托加工的应税消费品收回后直接销售，不再计算缴纳消费税、城建税及附加，且委托加工应税产成品按照组成计税价格计税，其税基低于应税消费品的销售价格，即使加工费较高，也可获得较高的经营利润。因此，企业在选择应税消费品加工方式时，宜采用委托加工产成品的方式。当然，在选择加工方式时，需综合考虑企业的生产能力、产品质量等多种因素，不能单纯从税款缴纳的角度进行决策。

（二）关联企业转移定价的消费税纳税筹划

　　企业自行生产、委托加工而进口的应税消费品可以直接对外销售，并按照销售价格计算缴纳消费税，也可以在不违反公平交易原则的前提下，按低于直接对外销售的价格销售给其独立核算的销售部门，并按照此价格计算缴纳消费税，而处在销售环节的独立核算销售部门，不须再缴纳消费税。因此关联企业可考虑是否成立独立核算的销售部门来进行纳税筹划。

　　【例11-5】某化妆品厂2014年3月生产一批化妆品10万盒，每盒不含税价出厂价为100元，现有两个纳税筹划方案：若设置独立核算的销售部门销售，每盒不含税价为80元；若不设置独立核算的销售部门销售，每盒不含税价出厂价为100元。各方案的有关资料见表11-4。

表 11-4　　　　　　　　　　　　关联企业转移定价纳税筹划表　　　　　　　　金额单位：元

项目	方案一	方案二
	设置独立核算的销售部门	不设置独立核算的销售部门
销售数量	100 000 盒	100 000 盒
单位售价	80 元 / 盒	100 元 / 盒
消费税税率	30%	30%
应纳消费税	2 400 000 = 8 000 000×30%	3 000 000 = 10 000 000×30%
应纳城建税及附加	240 000 = 2 400 000×10%	300 000 = 3 000 000×10%
税费合计	2 640 000 = 2 400 000+240 000	3 300 000 = 3 000 000+300 000

从表 11-4 可以看出，方案一缴纳的消费税明显低于方案二。因为企业设置独立核算的销售公司后，产品从生产企业向销售公司转移的销售价格低于直接对外销售的价格，从而计算消费税的税基较低，缴纳的消费税也较少。同时，销售公司属于流通领域，不需要缴纳消费税，但设置独立核算的销售部门后，可能会增加一些费用，企业应权衡节约的税款和增加的费用，以决定是否设置独立核算的销售部门。

另外，《税收征收管理法》规定：企业或者外国企业在中国境内设立的从事生产、经营的机构、场所与其关联企业之间的业务往来，应当按照独立企业之间的业务往来收取或者支付价款、费用，不按照独立企业之间的业务往来收取或者支付价款、费用。而减少其应纳税的收入或所得额的，税务机关有权进行合理调整。因此，企业在进行纳税筹划时，应注意独立销售部门的费用和销售价格的确定。

（三）利用税率差异的纳税筹划

消费税不但规定了两种不同的税率形式——定额税率和比例税率，而且不同的应税消费品适用不同税率，对于经营不同税率应税消费品的纳税人来说，分开核算是至关重要的，否则就会增加消费税的负担。

（1）兼营不同税率货物应分开核算。税法规定，纳税人兼营不同税率的应税消费品，应当分别核算不同税率应税消费品的销售额、销售数量，按不同税率分别征税。未分别核算销售额、销售数量的，从高适用税率。可见分别核算、分别纳税是消费税的基本要求，同时也可以尽量降低纳税人不必要的税收损失。

纳税人在日常核算时，为了减少应纳税额，可能会想到假如将高税率应税消费品核算在低税率应税消费品账户内，如将白酒销售额核算在酒精账户内，就会少缴消费税。但是这一做法属于偷税行为，是要受到税法严厉制裁的。准确核算各项收入，依法纳税才是纳税人首要的纳税态度。

（2）成套消费品销售的巧妙处理。企业为了提升商品档次，吸引更多的消费者，往往会采取将几种类似的消费品组成成套的消费品，并辅之以精美的包装，这样的组合产品固然会由于包装而产生一定的附加值，但也会由于包装而产生高额的消费税税负。消费税政策规定，纳税人将应税消费品和非应税消费品，以及适用不同税率的应税消费品组成成套消费品出售的,应根据组合产品的销售金额按应税消费品中适用税率最高的消费品的税率征税,所以纳税人在应纳税环节筹划时可选择分别销售的方式。

任务三 营业税筹划实务

(一) 建筑安装合同中劳务金额的筹划

具备建设行政部门批准的建筑业施工(安装)资质企业销售自产货物、提供增值税应税劳务并同时提供建筑业劳务(包括建筑、安装、修缮、装饰、其他工程作业,下同),则签订建设工程施工总包或分包合同中应单独注明建筑业劳务价款。

【例 11-6】 某电梯设备厂是增值税一般纳税人,具有建设行政部门批准的建筑业施工(安装)资质。2014 年 5 月与某商场达成一项协议,电梯设备厂销售给商场 8 台电梯设备,并负责安装。

(1) 如果设备厂与商场签订的合同上注明设备价款为 600 万元,安装费用为 10 万元,则该设备厂应缴纳的营业税为:100 000×5% = 5 000(元)

(2) 如果电梯设备厂与商场签订的合同中没有分别注明设备价款和劳务价款,只是注明该设备总金额为 610 万元,由电梯设备厂负责安装,则该电梯设备厂取得的收入应全部缴纳增值税,10 万元的安装费将负担增值税:

100 000÷(1+17%)×17% = 14 529.91(元)

这说明,不分别注明货物的价款与营业税劳务的金额,将使企业增加税负 9 529.92 元,加上城建税与教育费附加会更高。

需要注意的是纳税人签订的合同条款要符合要求,不要出现有歧义的文字表达;要用好税法,按照税法对自己有利的规定去运作,既不违法,还会受益。

(二) 安装工程营业额确定的筹划

安装企业在从事安装工程作业时,应尽量不将设备价值作为安装工程产值,可由建设单位提供机器设备,建筑安装企业只负责安装,取得的只是安装费收入,从而缩小计税营业额,达到节税的目的。

【例 11-7】 A 化学建筑安装公司与 B 化工厂签订了一份生产线安装合同,合同约定:A 化学建筑安装公司为 B 化工厂安装一条生产线,安装合同总价款为 6 000 万元,由 A 化学建筑安装公司购买安装用机器设备,价款为 5 200 万元,安装劳务费为 800 万元。安装生产线完工验收合格后,B 化工厂一次性支付合同总价款 6 000 万元给 A 化学建筑安装公司。因 A 化学建筑安装公司代 B 化工厂购买安装用机器设备 5 200 万元构成安装工程产值,A 化学建筑安装公司应缴纳的营业税为:6 000×3% = 180(万元)

对此案例进行纳税筹划:将 A 化学建筑安装公司代 B 化工厂购买安装用机器设备 5 200 万元从安装工程产值中剔除,降低 A 化学建筑安装公司营业额,只就安装劳务费 800 万元缴纳营业税及附加。可重新签订安装合同,内容改为:安装用机器设备由 B 化工厂提供,安装生产线完工验收合格后 B 化工厂一次性支付安装劳务费 800 万元给 A 化学建筑安装公司。按此合同,A 化学建筑安装公司应缴纳营业税为:800×3% = 24(万元)

筹划后少缴纳营业税：180-24=156（万元）

可见，设备的价款是否作为安装工程产值，对安装企业营业税及附加税有很大的影响，直接决定着企业的税负轻重。因此，安装企业在与建设单位签订安装合同时，应尽量与建设单位协商，不要将设备的价款包含在安装工程产值中，以降低税负。

（三）娱乐业的纳税筹划

娱乐业将烟酒、饮料等的销售另立门户，另外办理营业执照，在营业场所旁边为顾客提供销售服务，规模以小规模纳税人为限，这样就可以按照3%的增值税征收率缴纳增值税，不缴纳营业税。

【例11-8】某歌舞厅2014年4月营业收入额300万元，其中向顾客收取烟酒饮料费用100万元，则：

应缴纳营业税=3 000 000×20%=600 000（元）

如果该歌舞厅另外设小卖部销售烟酒饮料，则：

应缴纳营业税=（3 000 000-1 000 000）×20%=400 000（元）

应缴纳增值税=1 000 000÷（1+3%）×3%=29 126.21（元）

两税合计：400 000+29 126.21=429 126.21（元）

少纳税：600 000-429 126.21=170 873.79（元）

（四）合作建房的纳税筹划

合作建房有两种方式，一是"以物易物"的方式，二是成立合营企业。采用"以物易物"方式，应以转让无形资产项目计算营业税；采用"合作经营"方式，根据营业税税法规定，以无形资产投资入股，参与各投资方的利润分配，共同承担投资风险的行为，不征收营业税。

【例11-9】甲乙两企业合作建房，甲提供土地使用权，乙提供资金。两企业约定，房屋建好后，双方均分。完工后，经有关部门评估，该建筑物价值10 000万元，甲乙各分得5 000万元的房屋。不同的合作建房方式，甲应缴纳的营业税计算分别如下：

按"以物易物"方式，甲按转让无形资产应纳的营业税额=5 000×5%=250（万元）。

如果甲方以土地使用权，乙方以货币资金合股，成立合营企业，合作建房。房屋建成后双方采取风险共担、利润共享的分配方式，按照营业税"以无形资产投资入股，参与各投资方的利润分配、共同承担风险的行为，不征营业税"的规定，对甲方向合营企业提供的土地使用权，视为投资入股，对其不征营业税。

因此，在上例中，若甲乙双方采取第二种合作方式，即甲企业以土地使用权、乙企业以货币资金合股成立合营企业，合作建房，房屋建成后双方采取风险共担、利润共享的分配方式。按照上述规定，对甲向合营企业提供的土地使用权，视为投资入股，对其不征营业税，只对合营企业销售房屋取得的收入按销售不动产征税，在建房环节双方企业免缴250万元的税款。

项目三 所得税纳税筹划

任务一 企业所得税纳税筹划

企业纳税筹划是指企业在纳税之前，依据税法规定，以税收政策为导向，通过经营活动和财务活动的安排，选择税收负担最轻的方案，以获得合法税收收益的行为。十届全国人大五次会议于 2007 年 3 月 16 日通过了《企业所得税法》（以下简称新税法），自 2008 年 1 月 1 日起施行，国务院于 2007 年 12 月 6 日颁布了《企业所得税法实施条例》，为新税法的实施提供了可行的操作指南。由于新税法及其实施条例对企业组织形式、税率及税收优惠政策进行了较大调整，纳税筹划空间大大压缩，企业应利用有限的纳税筹划空间，合理安排生产经营，充分享受国家税收优惠政策，进行纳税筹划。

（一）企业组织形式的筹划

（1）权衡分公司与子公司。新税法改变了以往企业所得税以独立核算为条件判定纳税人标准的做法，以是否具有法人资格作为企业所得税纳税人的认定标准，规定："企业设有多个不具有法人资格营业机构的，应当汇总缴纳企业所得税。"子公司是独立法人，如果盈利或亏损，均不能并入母公司损益，应当作为独立的居民企业单独缴纳企业所得税。设立子公司对于整个集团公司来说，不能起到节税目的。而分公司不是独立的法人，其实现的利润或亏损应当并入总公司，由总公司汇总纳税。如果分公司亏损，可抵减总公司的应纳税所得额，从而达到降低总公司整体税负的目的。

（2）权衡公司与独资、合伙企业。税法规定，个人独资企业和合伙企业不属于企业所得税的纳税人，这两类企业应缴纳个人所得税。若自然人投资设立个人独资企业或合伙企业，投资人只就其所得缴纳一次税，即个人所得税。若投资设立公司制企业，既要缴纳企业所得税，又要就其分得的税收利润缴纳 20% 的个人所得税，存在重复征税，税负必然加重。因此，自然人投资设立企业，从减轻税负角度，可以考虑选择独资企业或合伙企业。

（二）收入的筹划

销售货物收入或提供劳务收入，是企业最基本的收入来源。一般来说，选择合理的收入结算方式，控制收入确认的时间，可以实现延缓纳税的效果。推迟销售商品收入的实现是收入纳税筹划的重点。税法规定，采取赊销和分期收款结算方式的，销售收入确认时间为合同约定的收款日期的当天；委托代销商品销售在受托方寄回代销清单时确认收入。企业可以选用以上销售方式来推迟销售收入的实现。但是，应用中一定要注意：赊销或分期收款销售必须订有协议，协议中必须订明每次收款日期和金额，同时，注意控制风险，确保企业的收入能够安全地收回。对于临近年终所发生的销售收入，在税法允许的范围内，可将收入推迟至下年确认，延迟缴纳企业所得税，增加企业资金周转的空间。

（三）税前扣除项目的筹划

（1）提高职工薪酬与福利。新税法规定，企业实际发生的合理的工资薪金，准予扣除。同时规定，企业实际发生的不超过工资薪金总额 14% 的职工福利费、2.5% 以内职工教育经费及2%以内工会经费（简称三费），准予扣除。因此，企业可通过提高职工工资水平、增加职工福利、加大职工培训等，来达到减税的目的。但应用中要注意，以上支出均为当期实际发生的，若企业推迟发放工资或只计提"三费"而未实际支出，均不得扣除。

（2）适时公益性捐赠。企业利用捐赠即可获得广告效益，又可实现节税目的。新税法规定，企业发生的公益性捐赠支出，在年度利润总额12%以内的部分，准予在计算应纳税所得额时扣除。与原规定相比主要变化有两点：一是基数由应纳税所得额调整为年度利润总额（会计报表上的）；二是内资企业的计提比例由3%提高到12%，外资企业由据实扣除调整为限额扣除。具体运用中应注意：捐赠必须通过社会团体或者县级以上人民政府及其部门对公益事业的捐赠才可以扣除，直接捐赠和非公益性捐赠税前是不允许扣除的。

（3）合理开支广告费、业务宣传费、业务招待费。广告费、业务宣传费和业务招待费是企业必须发生的费用。新税法对这些费用的扣除限额做了较为严格的规定，这三项费用也成为企业最容易超支导致纳税调整的项目。

销售收入的大小是影响业务招待费、广告费和业务宣传费扣除限额的共同因素。为了获取最大限度的节税利益，企业应尽可能扩大销售规模。若企业销售规模已无法扩大，可以考虑设立独立的销售子公司，以扩大三项费用的扣除限额。

（4）加大技术开发。为鼓励企业进行技术研发，新税法对企业的技术研发费做出了加计扣除的优惠，即企业为开发新技术、新产品、新工艺发生的研究开发费用，未形成无形资产计入当期损益的，在按规定据实扣除的基础上，按研究开发费用的50%加计扣除；形成无形资产的，按无形资产成本的150%摊销。对企业而言，充分利用这一优惠政策，积极进行技术研发，不仅可促进企业产品升级换代、增加企业核心竞争力，而且可实现节税目的，获得"双赢"效果。

（5）灵活运用固定资产折旧方法。固定资产的折旧方法主要有平均年限法、工作量法、加速折旧法。在这三种方法中，加速折旧法可以使前期多提折旧，后期少提折旧。这样，在税率不变的情况下，企业前期的应纳税所得额就会减少，而后期的应纳税所得额就会增加，使企业前期少缴纳所得税，后期多缴纳所得税，即企业的一部分所得税缴纳时间后移，企业就相当于获得了一笔无息贷款。

（6）有效控制固定资产大修理费用。新税法对固定资产大修理支出进行了明确规定，即同时符合下列条件的支出为大修理支出：一是修理支出达到取得固定资产时的计税基础50%以上；二是修理后固定资产的使用年限延长2年以上。固定资产维修费能否直接在发生当期税前扣除，关键在于其支出数额能否达到固定资产原值的50%。因此，当企业预计固定资产维修费用将超过这一限额时，可以考虑在不影响正常生产的前提下，采用多次修理的方式或缩小当期开支的办法，实现维修费在当期税前全额扣除。企业也可以按年度预先提取修理费用，使企业提前获得修理费用的抵税利益。

（四）用足税收优惠政策

总体上看，新税法构筑了"产业优惠为主、区域优惠为辅"的税收优惠体系。享受优惠的产业主要是节能、节水、资源综合利用、高新技术产业、基础设施建设项目和煤矿安全设备等国家重点扶持的产业。区域优惠倾向于中西部、少数民族、东北老工业基地等。能否有效利用这些优惠政策，直接影响企业税负的高低。目前，国家对农林牧渔业基础设施，符合条件的环境保护、节能节水项目、高新技术产业项目、创业投资项目等，给予了降低税率、收入减免、加计扣除、投资抵扣等多种形式的税收优惠，企业可根据自身情况，选择适合的投资项目，以达到节税的目的。

任务二　个人所得税纳税筹划

（一）工资薪金所得的纳税筹划

1. 工资、薪金福利化筹划法

（1）按规定扣除法定福利项目。按国务院相关规定，企业和个人按照国家或地方政府规定的比例提取并向金融机构实际缴付的住房公积金、医疗保险金、养老保险金、失业保险金不计入个人当期的工资、薪金收入，免征个人所得税。根据此规定，雇佣企业在发放工资时应尽量为职工缴付法定福利项目，一方面可降低企业和个人的各种风险，为职工谋福利；另一方面可降低工资、薪金所得的计税依据，以达到降低个人所得税税负的目的。

（2）采用实报实销的方法列支部分支出，从而达到降低名义工资、降低适用税率的目的。此筹划方法对外籍个人尤其适用。按税法规定，外籍个人以非现金形式或实报实销形式取得的住房补贴、伙食补贴、搬迁费、洗衣费，可暂免征收个人所得税。因此公司在向外籍职工发放工资时可降低工资发放标准，允许其实报实销多个支出项目，从而实现低工资、高消费，但税负较低的目的。

（3）企业向职工提供住所、上下班交通车服务或职工福利设施，一方面可在本企业内部满足职工的物质、服务需求，减少职工的相应外部开支，增强企业的凝聚力；另一方面也可少纳所得税。

【例 11-10】某公司财务经理 2014 年 5 月从公司获取工资、薪金收入 6 100 元，由于租住房屋，每月向外支付房租 1 200 元，每月上下班交通费约 300 元，每月可实际支配收入为 4 600 元。财务经理应纳个人所得税为：（6 100−3 500）×10%−105=155（元）

若该公司为财务经理免费提供住房，并提供上、下班的班车免费接送，将每月工资下调为 4 600 元，则此时财务经理应纳个人所得税为：（4 600−3 500）×3%=33（元）

筹划后，每月可为该财务经理节省个人所得税为 122 元（155−33）。

2. 纳税项目选择筹划法

在应税项目中，工资、薪金所得与劳务报酬所得相比较，其应税所得额的确定不完全相同，适用的税率也不一样，因此导致个人的同一笔收入究竟按"工资、薪金所得"纳税，还是按"劳务报酬所得"纳税，其税负不一样。这样纳税项目的选择就为个人所得税的筹划提供了空间。

在现实中，区分工资、薪金所得与劳务报酬所得，主要标准是个人所取得的收入是从与其有固定雇佣关系的单位获得，还是从临时性的、没签订雇佣关系的单位获得。这一点在纳税筹划时较易操作，若个人按工资、薪金所得纳税税负较轻，则个人应与取得收入的单位签订雇佣劳动关系；若个人按劳务报酬所得纳税税负较轻，则个人不需与取得收入的单位签订雇佣劳动关系。

当个人的月应税所得额较低时（如低于 8 000 元），由于"工资、薪金所得"的税率中有两个档次的税率 3%、10%，它们均低于"劳务报酬所得"的比例税率 20%，而"工资、薪金所得"的第三档的税率虽然等于"劳务报酬所得"的税率 20%，但由于工资、薪金所得为超额累进税率，其在计算应纳税额时，可减去速算扣除数 555 元，劳务报酬却不能，故当应税所得额较低时，按"工资、薪金所得"项目纳税的税负会较低。

此时究竟应税收入最高限为多少呢？我们可以做一推算：

设 2014 年 3 月某个人应税收入为 X（属 10 000～20 000 元），此时适用工资、薪金所得的第三档税率，劳务报酬可扣除 20%，税率为 20%，则有算式：

$$(X-3\ 500)\times20\% -555 = X(1-20\%)\times20\%$$

经计算得：

$$X = 15\ 888.89\ （元）$$

故当个人月收入在 15 888.89 元以下时，按工资、薪金所得纳税税负较轻，而当月工资收入较高时，按劳务报酬所得纳税税负较轻。

【例 11-11】张先生为一暂时下岗技术工人，2014 年 7—12 月，其在某企业提供技术指导服务，每月获取收入 4 000 元。现有两种方案可供张先生自行选择，张先生可与企业签订雇佣劳动关系，也可不与该企业签订雇佣劳动关系。哪种方案对张先生更为有利？

方案一：与企业签订雇佣劳动关系，其应纳个人所得税为：

$$(4\ 000-3\ 500)\times3\%\times6 = 90（元）$$

方案二：不与企业签订雇佣劳动关系，其应纳个人所得税为：

$$4\ 000\times(1-20\%)\times20\%\times6 = 3\ 840（元）$$

方案一与方案二相比，半年中张先生少交个人所得税 2 940 元，因此张先生从个人所得税税负的角度，应与该企业签订雇佣劳动关系。

3. "削山头"筹划法

（1）奖金分摊筹划法。纳税人取得全年一次性奖金，单独作为一个月工资、薪金所得计算纳税。自 2005 年 1 月起按以下方法纳税，即先将雇员当月内取得的全年一次性奖金除以 12 个月，按其商数确定适用税率和速算扣除数。如发放奖金的当月，雇员工资、薪金所得低于税法规定的费用扣除额，应将全年一次性奖金减除"雇员当月工资、薪金所得与费用扣除额的差额"后的余额，再除以 12 个月，按其商数确定适用税率和速算扣除数，计算应纳所得税。但一个纳税年度内该方法只允许采用一次，且雇员取得的除全年一次性奖金以外的其他各种名目的奖金，如半年奖、季度奖、加班奖、先进奖、考勤奖等，一律与当月工资、薪金合并，按税法规定纳个人所得税。

鉴于以上规定，如果纳税人一次性取得的半年奖、季度奖、加班奖、先进奖、考勤奖等数额较大的，将适用较高的税率。此时，若采用"削山头"方法，即将较高的一次性取得的奖金进行分期摊销，则可节省不少所得税。

【例 11-12】某纳税人 2014 年每月取得工资 3 000 元，其所在公司发放的奖金为 6 000 元，现有三种发放形式：一是年终发放一次性奖金，每人每年 6 000 元；二是 6 月末和 12 月末各发放一次半年奖，每次 3 000 元；三是将半年奖分摊于每月工资之中。

方案一：年终发放一次性奖金。

由于该纳税人每月取得工资 3 000 元，扣除 3 500 元费用后所得为零，所以不纳个人所得税，年终一次性奖金适用的税率级别为（6 000−500）÷12＝458.33（元），适用 3% 税率，速算扣除数为 0，其应纳税为：6 000×3%＝180（元）。

方案二：6 月末和 12 月末各发放一次半年奖。

半年奖应纳税为：（2 500×10%−25）×2＝450（元）

方案三：若将半年奖分摊于每月工资之中，每月工资增加 500 元，即为 3 500 元，取消半年奖的发放，则此时该个人全年应纳个人所得税为 0。

从以上三个方案中可以看出，每月平均发放奖金 500 元全年可减轻税负 450 元，年终发放一次性奖金虽然也可减轻税负 270 元，但方案三对纳税人更有利。

（2）工资、薪金所得均匀分摊法。工资、薪金所得适用九级超额累进税率，应纳税所得额越大，其适用的税率也就越高。因此相对于工资、薪金所得非常均衡的纳税人而言，工资、薪金所得极不均衡的纳税人的税收负担就较重。此时可采用工资、薪金所得均匀分摊法，将较高月份与较低月份的工薪进行平均，削掉"山头"来降低税率，减轻税负。此种方法主要适用于季节性较强的企业或企业中的特殊岗位，其职工的工资在一年中分布不均衡，此时也可采用"削山头"法，将生产旺季的较高工资与生产淡季的较低工资进行均匀分摊，使其工资整体适用较低档次的税率，从而降低工资薪金所得的税负。

（二）个体工商户生产经营所得的纳税筹划

1. 个体工商户生产经营所得的纳税筹划的基本思路

核定征收与查账征收作为个体工商户应纳税额计算的两种方法，究竟哪种更好呢？对于这个问题我们必须根据不同个体工商户的利润情况而定。如果个体工商户每年的利润较高而稳定，采用核定征收方式比较好；若利润不稳定，则采用查账征收方式比较好。另外，纳税人实行核定征收方式的，不得享受企业所得税的各项税收优惠，同时投资者个人也无法享受个人所得税的优惠政策。所以，个体工商户在考虑享受某项企业所得税的优惠政策时，便不宜采取核定征收方式。

绝大多数个体工商户采用查账征收方式，因此个体工商户的纳税筹划主要在收入、成本费用、税率这三个环节，即在保证纳税筹划行为合法的前提下，如何使应税收入最小化，如何便于取得收入有关的成本费用最大化，如何使自己的应纳税所得额适用低档次的税率。

2. 个体工商户生产经营所得的纳税筹划的基本方法

个体工商户的经营者是生产经营的实体，其纳税与企业的生产经营活动密不可分。因此，个体工商户生产经营所得不同于工资薪金、劳务报酬、稿酬等其他所得，其纳税筹划方法与企业所得税的纳税筹划方法类似，但也有自己的特点。

（1）收入环节：

第一，递延收入实现的时间。个体工商户缴纳个人所得税，采取的是每月预缴、年终汇算清缴的管理模式。如果个体工商户某一纳税年度的应纳税所得额过高，就要按较高的税率纳税，此时，个体工商户可以通过采取递延收入的方式来起到延期纳税的作用或使纳税人当期适用较低的税率的作用。一般递延收入的方式有：　是让客户暂缓支付货款和劳务费用；二是改一次性收款销售为分期收款销售。

　　第二，分散收入。个体工商户通过分散收入，可以使其适用较低的税率，从而达到节税的目的。常用的方法有：①区分收入的性质，不同性质的收入分别适用不同的税目。②借助与分支机构和关联机构的交易将收入分散。③由于我国个人所得税实行的是"先分后税"的原则，将一人投资变更为多人投资，便可以将全年实现的应纳税所得额分散到多个投资人的名下。④借助信托公司，将集中的收入分散到信托公司的名下。

　　（2）成本费用环节。合理扩大成本费用的列支范围，是个体工商户减少应纳税所得额进而实现节税目的的有效手段。需要注意的是，在税务机关的纳税检查过程中，很多纳税人申报的成本费用被剔除，不允许在税前扣除，究其原因，是因为纳税人不能提供合法的凭证，所以纳税人平时应注意保管好原始凭证，发生的损失必须报告备案。具体纳税筹划方法如下：

　　①尽量把一些收入转换成费用开支。因为个人收入主要用于家庭的日常开支，而家庭的很多日常开支事实上很难与其经营支出区分开。所以，电话费、电费、交通费等支出也应计入个体工商户经营成本中。这样，个体工商户就可以把本来应由其收入支付的家庭开支转换成其经营开支，从而既能满足家庭开支的正常需要，又可减少应纳税所得额。

　　②尽可能地将资本性支出合法地转化为收益性支出。对于符合税法规定的收益性支出，可以将其作为一次性的成本费用在税前扣除。

　　③使用家庭成员或雇用临时工，扩大工资等费用支出范围。这些人员的开支具有较大的灵活性，既能增加个人家庭收入，又能扩大一些与之相关的人员费用支出范围，增加了税前列支费用，从而降低了应纳税所得额。按税法规定，个体工商户工作人员的工资及规定的津贴可以计入产品成本，这样就达到了"个人有所得，商户少交税"的目的。

　　（3）筹资环节。个体工商户由于自身资金的限制，往往需要通过筹措资金来开发新项目、购买新设备。个体工商户筹集资金的方法主要有金融机构贷款、自我积累、相互拆借和融资租赁四种方式。一般来说，从纳税筹划的角度来讲，相互拆借的减税效果最好，金融机构贷款次之，融资租赁第三，自我积累效果最差。

　　①相互拆借。个体工商户与其他经济组织之间的资金拆借可以为纳税筹划提供极其便利的条件，他们之间可以通过互相借款来解决资金问题。与向金融机构贷款不同的是，相互拆借的利率不是固定的，可以由双方协定后自由调节。而且，相互拆借的利息在归还时间和归还方式上还有很大的弹性。高利率不仅给贷款人带来高收益，也给借款人带来更多的可抵税费用。当然，关于利息的支付标准国家有一定的规定，应控制在国家规定的范围之内，否则，超过规定标准部分的利息将不予扣除。

　　②融资租赁。融资租赁，也称为金融租赁或购买性租赁。租赁公司根据个体工商户的请求及提供的规格，与第三方（供货商）订立一项供货合同，根据此合同，租赁公司取得生产设备。并且，租赁公司与个体工商户订立一项租赁合同，以个体工商户支付租金为条件授予其使用生产设备的权利。融资租赁把"融资"与"融物"很好地结合起来。对于个体工商户来说，融资租赁可获得双重好处：一是可以避免因自购设备而占用资金并承担风险；二是可以在经营活动中以支付租金的方式冲减个体工商户的利润，减少个人所得税税基，从而减少个人所得税税额。

　　③金融机构贷款。个体工商户向银行或其他金融机构贷款，不仅可以在较短的时间内

完成资金的筹措，而且归还的利息部分可以用作抵税，因此实际税负也减轻了。所以，个体工商户利用金融机构贷款从事生产经营活动是减轻税负、合理避税的一个很好的方法。

④自我积累。从税负和经营的效益关系看，如果个体工商户采用自我积累的筹资方法，则需要很长时间才能完成资金的筹措，容易错过最佳的投资时机，不利于其自身的发展。另外，个体工商户采用自我积累的筹资方法，其资金的所有者和使用者是一致的，无法带来抵税的好处，投入生产经营活动之后，产生的全部税负由个体工商户自己承担。

（三）劳务报酬所得的纳税筹划

（1）费用转移筹划。个人从非雇佣单位取得的劳务报酬时，可以考虑由非雇佣单位提供一定的服务或福利，将本应由自己负担的费用改由对方提供，这样名义劳务报酬减少，应税所得额降低，适用的税率会降低，税负减轻，但个人实际获取的利益并未下降。例如，由对方提供餐饮服务，报销办公、交通开支，提供办公用具、实验设备、提供住宿等。

（2）分项计算筹划。当个人兼有不同劳务项目（即税法中列举的28种形式的劳务报酬所得项目）的所得时，应分别确定次收入，分项扣除，分别计算应纳个人所得税。这样可通过增加扣除额，降低税率档次，从而降低税负。

【例11-13】 某高级工程师在其工作之余被一工业企业聘为特级技术顾问。其受聘期间既要现场解答公司提出的技术操作难题，又要为该企业的出口产品说明书进行翻译和设计，已知该高级工程师2014年4月从企业处获取劳务报酬收入30 000元。

若该高级工程师将取得的所有劳务报酬合并纳税，则应纳税额为：

30 000×（1-20%）×30%-2 000（速算扣除数）= 5 200（元）

在对该高级工程师的劳务报酬所得进行纳税筹划时，可将其4月的劳务报酬分为三个劳务项目分别纳税。其中咨询费20 000元，设计费9 200元，翻译费800元，则其缴纳个人所得税时，由于分项扣除，分项计征，翻译费没超出扣除限额，无须纳税，应纳个人所得税为：

20 000×（1-20%）×20%+9 200×（1-20%）×20% =4 672（元）

由此可见，分项纳税可以增加扣除额，适用较低税率，减轻税负528元。

（3）增加支付次数。按现行《个人所得税税法》的规定，对于同一项目取得的连续性收入，以每一个月的收入为一次。但在现实生活中，劳务报酬为个人从非雇佣单位取得的收入，其具有不稳定性和阶段性，即有些时期有收入，有些时期无收入；有时收入较高，而有时收入较低。这样就会导致纳税个人的劳务报酬有时适用较高的税率，而有时适用较低的税率，甚至有时收入额低于扣除限额。

如以上情况，纳税人只要和支付劳务报酬的对方单位间进行商议，在不改变总体数额的前提下，可通过增加支付次数，使每月的劳务报酬比较平均，从而适用较低的税率，降低税负。

【例11-14】 赵某为当地一个公司的职员，在其工作之余还为另一家单位提供8个月的计算机软件维护服务，合同约定总的劳务报酬额为年30 000元。其劳务报酬的支付有三种方案。方案一：按8个月支付，每月支付劳务报酬3 750元；方案二：按12个月支付，每月支付劳务报酬2 500元；方案三：每月由非雇佣单位为其报销实际发生的500元的电话费、交通费，另外 12 个月每月支付劳务报酬 2 000 元。

比较三种方案下各自应纳的个人所得税：

方案一：$[(3\,750-800)\times20\%]\times8=4\,720$（元）

方案二：$[(2\,500-800)\times20\%]\times12=4\,080$（元）

方案三：$[(2\,000-800)\times20\%]\times12=2\,880$（元）

通过计算可看出，方案三增加了劳务报酬的支付次数，又采用了费用转移的方法，其降低了计税依据，因此税负最轻，最具有借鉴意义。

（四）稿酬所得的纳税筹划

（1）费用转移。可以转移的费用一般有：

①作品创作前期实地考察、搜集素材、申报课题的费用；

②作品创作过程中发生的交通费、实验费、住宿费、误餐补助、资料印刷费、设备工具费等；

③作品创作基本成熟时支付给他人的助理费、审稿费、校正费、翻译费等劳务报酬开支。

（2）合理分摊稿酬。根据《个人所得税法》的有关规定，两个或两个以上的个人共同取得同一项目收入的，应当对每个人取得的收入分别按照税法规定减除费用后计算纳税，即实行"先分、后扣、再税"的办法。因此在分摊稿酬时应最大限度利用费用扣除的政策，扩大免征额。

【例 11-15】 丁某主编出版一本教材，除丁某外参加编写的人员共有五位，预计该书出版后能获稿酬 18 000 元，如何在每个人之间划分稿酬才能使税负最轻？

根据税法的上述相关规定，降低税负的关键是在每个人之间合理划分稿酬，使扣除额达到最大，应纳税款总额最小。

使扣除额最大的方法为充分利用免征额的规定，即 5 个人每人分得稿酬 800 元，主编丁某分得 14 000 元，则总的扣除额为：$800\times5+14\,000\times20\%=6\,800$（元）

其中，5 人所得由于未超过免征额，免税。

主编丁某的应纳税额为：$14\,000\times(1-20\%)\times20\%\times(1-30\%)=1\,568$（元）

（五）财产租赁所得纳税筹划

个人出租房屋在同等租金的条件下，避免出租用于经营。

【例 11-16】 项某在某市区以 50 万元的价格购置了一套二手房，近两年内因故自己不能在此处居住，于是决定将此房出租。有以下两个方案可供选择：

方案一：出租给某从事技术服务的经营公司在此从事商务活动，初步商定每月租金为 2 100 元；

方案二：出租给本市居民李某用于生活居住，李某只同意支付每月租金 2 000 元。

方案一：

房租收入两年应缴纳营业税为：$2\,100\times5\%\times24=105\times24=2\,520$（元）

应缴纳城建税及教育费附加为：$2\,520\times(7\%+3\%)=252$（元）

应缴纳房产税为：$2\,100\times24\times12\%=252\times24=6\,048$（元）

应缴纳个人所得税为：$(2\,100-105-10.5-252-800)\times20\%\times24=4\,476$（元）

两年应缴纳各种税收合计为：2 520+252+6 048+4 476＝13 296（元）

实际取得租赁净收益为：（2 100×24－13 296）＝37 104（元）

方案二：

应缴纳营业税为：2 000×24×3%＝1 440（元）

应缴纳城建税及教育费附加为：1 440×（7%+3%）＝144（元）

应缴纳房产税为：2 000×24×4%＝1 920（元）

应缴纳个人所得税为：（2 000－60－6－80－800）×10%×24＝2 529.6（元）

两年应缴纳各税合计为：1 440+144+1 920+2 529.6＝6 033.6（元）

实际取得净收益为：（2 000×24－6 033.6）＝41 966.4（元）

由此可见，方案二尽管月租金比方案一要少100元，但因其可以享受减低税率的税收优惠政策，其节税效果比方案一要好。

项目四　其他税种的纳税筹划

任务一　土地增值税的纳税筹划

土地增值税，是对有偿转让国有土地使用权、地上建筑物及其附着物的单位和个人，就其取得的增值额征收的一种税。土地增值税按照纳税人转让房地产所取得的增值额（转让收入减除税法规定的扣除项目金额后的余额）和税法规定的四级超率累进税率计算征收。

1. 适当增值筹划法

《土地增值税暂行条例》规定：纳税人建造普通标准住宅出售，增值额未超过扣除项目金额的20%时，免征土地增值税；增值额超过扣除项目金额20%的，应就其全部增值额按规定计税。按此原则，纳税人建造住宅出售的，应考虑增值额增加带来的效益和放弃优惠而增加的税收负担间的关系，避免增值率稍高于起征点而导致得不偿失。

（1）纳税人欲享受起征点照顾。例如，假定某房地产开发企业建成一批商品房待售，除销售税金及附加外的全部允许扣除项目的金额为100，当其销售这批商品房的价格为X时，相应的销售税金及附加为：

$$5\% \times (1+7\%+3\%)\ X = 5.5\%X$$

式中，5%为营业税税率；7%为城市维护建设税税率；3%为教育费附加比率。

这时，其全部允许扣除金额为：100+5.5%X

根据有关起征点的规定，该企业享受起征点最高售价为：

$$X = (100+5.5\%X) \times 1.2$$

解以上方程可知，此时的最高售价为128.48，允许扣除项目金额为：107.07（100+5.5%×128.48）。

（2）如果企业欲通过提高售价达到增加效益的目的，当增值率略高于20%时，即应适用"增值率"在50%以下，税率为30%的规定。假定此时的售价为（128.48+Y）。

由于售价的提高（数额为Y），相应的销售税金及附加和允许扣除项目金额都应提高

328

5.5%Y，这时：

$$允许扣除项目的金额 = 107.07 + 5.5\% Y$$
$$增值额 = 128.48 + Y - (107.07 + 5.5\% Y)$$

化简后增值额的计算公式为：　　$94.5\% Y + 21.41$

所以应纳土地增值税：　　$30\% \times (94.5\% Y + 21.41)$

若企业欲使提价带来的效益超过因突破起征点而新增加的税收，就必须使 $Y > 30\% \times (94.5\% Y + 21.4)$，即 $Y > 8.96$。这就是说，如果想通过提高售价获取更大的收益，就必须使价格高于 137.44（128.48+8.96）。

2. 收入分散筹划法

一般常见的方法就是将可以分开单独处理的部分从整个房地产中分离，比如房屋里面的各种设施。很多人在售出房地产时，总喜欢整体进行，不善于利用分散技巧，因为这样可以省去不少麻烦，但不利于节税。

【例 11-17】某企业准备出售其拥有的一幢房屋以及土地使用权。因为房屋已经使用过一段时间，里面的各种设备均已安装齐全。房屋以及土地使用权为 20 万元，其中各种办公用品及设施的价格约为 5 万元。

如果该企业和购买者签订房地产转让合同时，采取一下变通方法，将收入分散，便可以节省不少税款，具体做法是在合同上仅注明 15 万元的房地产转让价格，同时签订一份 5 万元的附属办公设备购销合同，则问题迎刃而解。这样将收入分散进行筹划，不仅可以使得增值额变小从而节省应缴土地增值税税额，而且由于购销合同适用 0.03% 的印花税税率，比产权转移书据适用的 0.05% 税率要低，也可以节省不少印花税，一举两得。

3. 建房方式的筹划

土地增值税税法对不同的建房方式进行了一系列界定，并规定某些方式的建房行为不属于土地增值税征税范围，不用缴纳土地增值税，纳税人如果能注意运用这些特殊政策进行纳税筹划，其节税效果是很明显的。

第一种建房方式是房地产开发公司的代建房方式。这种方式是指房地产开发公司代客户进行房地产的开发，开发完成后向客户收取代建房报酬的行为。对于房地产开发公司来说，虽然取得了一定的收入，但由于房地产权自始至终是属于客户的，没有发生转移，其收入也属于劳务性质的收入，故不属于土地增值税的征税范围，而属于营业税的征税范围。

由于建筑行业适用的是 3% 的比例税率，税负较低，而土地增值税适用的是 30% ~ 60% 的四级超率累进税率，税负显然比前者为重，如果在相同收入的情况下，当然是前者更有利于实现收入最大化。因此，如果房地产开发公司在开发之初便能确定最终用户，就完全可以采用代建房方式进行开发，而不采用税负较高的开发后销售方式。这种筹划方式可以是由房地产开发公司以用户名义取得土地使用权和购买各种材料设备，也可以协商由客户自己取得和购买，只要从最终形式上看房地产权没有发生转移便可以了。

第二种建房方式便是合作建房方式。我国税法规定，对于一方出地，一方出资金，双方合作建房，建成后按比例分房自用的，暂免征收土地增值税。房地产开发企业也可以很好地利用该项政策。

比如某房地产开发企业购得一块土地的使用权准备修建住宅，则该企业可以预收购房者的购房款作为合作建房的资金。这样，从形式上就符合了一方出土地、一方出资金的条件。一般而言，一幢住房中土地支付价所占比例应该比较小，这样房地产开发企业分得的房屋就较少，大部分由出资金的用户分得自用。

这样，在该房地产开发企业售出剩余部分住房前，各方都不用缴纳土地增值税，只有在房地产开发企业建成后转让属于自己的那部分住房时，才就这一部分缴纳土地增值税。

任务二　房产税的纳税筹划

（一）降低房产原值的纳税筹划

基本思路是合理划分房产界限，通过减少房产原值来减少房产余值，进而减少房产税。

房产是以房屋形态表现的财产。独立于房屋之外的建筑物，如酒窖菜窖、室外游泳池、玻璃暖房、各种油气罐等，则不属于房产。与房屋不可分离的附属设施，属于房产。如果将除厂房、办公用房以外的建筑物建成露天的，并且把这些独立建筑物的造价同厂房、办公用房的造价分开，在会计账簿中单独核算，则这部分建筑物的造价不计入房产原值，不缴纳房产税。

【例 11-18】 甲企业位于某市市区，企业除厂房、办公用房外，还包括厂区围墙、烟囱、水塔、变电塔、游泳池、停车场等建筑物，总计工程造价 10 亿元，除厂房、办公用房外的建筑设施工程造价 2 亿元。假设当地政府规定的扣除比例为 30%。

方案一：将所有建筑物都作为房产计入房产原值。

应纳房产税 $= 100\,000 \times (1-30\%) \times 1.2\% = 840$（万元）

方案二：将游泳池、停车场等都建成露天的，在会计账簿中单独核算：

应纳房产税 $= (100\,000-20\,000) \times (1-30\%) \times 1.2\% = 672$（万元）

由此可见，方案二比方案一少缴房产税 168 万元。

（二）降低租金收入的纳税筹划

房产出租的，房产税采用从租计征方式，以租金收入作为计税依据，按 12% 税率计征。对于出租方的代收项目收入，应当与实际租金收入分开核算，分开签订合同，从而降低从租计征的计税依据。

【例 11-19】 甲公司拥有一座写字楼，配套设施齐全，对外出租。全年租金共 3 000 万元，其中含代收的物业管理费 300 万元，水电费为 500 万元。

方案一：甲公司与承租方签订租赁合同，租金为 3 000 万元：

应纳房产税 $= 3\,000 \times 12\% = 360$（万元）

方案二：将各项收入分别由各相关方签订合同，如物业管理费由承租方与物业公司签订合同，水电费按照承租人实际耗用的数量和规定的价格标准结算、代收代缴：

应纳房产税 $= (3\,000-300-500) \times 12\% = 264$（万元）

由此可见，方案二比方案一少缴房产税 96 万元。

（三）利用税收优惠政策进行纳税筹划

房产税在城市、县城、建制镇和工矿区征收，不包括农村。在不影响企业生产经营的

二、判断题

1. 纳税人自产自用的应税消费品，均应于移送使用时缴纳消费税。（   ）

2. 个人独立从事各种技艺，提供各项劳务取得的报酬属于工资薪金所得。（   ）

3. 个人所有房产，除出租者外，一律免征房产税。（   ）

4. 某房产所有者将拥有的房产直接捐赠给福利院，为取得任何收入，所以不缴纳土地增值税。（   ）

5. 税收筹划必须以不违反法律政策的规定为前提。（   ）

6. 纳税成本的降低一定能带来企业整体利益的增加。（   ）

7. 企业应根据自身具体情况，尽可能考虑各种综合条件，寻求税率较低的地区或行业进行投资以减低税负。（   ）

8. 在其他情况相同的条件下，不同的企业组织形式会导致不同的税负。（   ）

9. 纳税人有依据法律进行税款缴纳的义务，但也有依据法律，经过合理的甚至巧妙的安排以实现尽量少负担税款的权利。（   ）

10. 税收筹划的基本特点之一是合法性，而偷税、逃税，避税等是违反税法的。（   ）

三、简答题

1. 简述税收筹划运作中应把握的主要原则。

2. 简述企业设立活动中税收筹划的主要内容及筹划思路。

3. 什么叫转让定价？并举例说明怎样利用转让定价来节税？

湖北国税网上申报的流程

1. 申请 VPDN 网上办税专用账号和密码。湖北省国税局、湖北省电信和武汉浙科信息技术有限公司共同推出"VPDN 网上安全办税服务"。用户只要具备电脑和上网条件，向武汉浙科申请"VPDN 网上办税"业务，获得专用账号和密码，通过 VPDN 专用通道登录湖北国税网上安全办税平台，就可进行网上办税。

2. 首次进行网上申报，需先登录武汉浙科信息技术有限公司官网 www. seektax. com 下载并安装 VPDN 拨号器。安装成功后，打开桌面"湖北国税 VPDN 拨号平台客户端"图标，出现"湖北国税网上申报接入平台"。

3. 在"湖北国税网上申报接入平台"页面输入专用账号和密码，进入"湖北省国家税务局网上申报服务"页面。

4. 在"湖北省国家税务局网上申报服务"页面，再输入用户名（纳税人税号）和密码后，就可进入"湖北省国家税务局纳税服务"页面，点击"服务专区"的"纳税申报"按钮，就可开始网上申报。点击页面上提示的税种，对相应的税种进行报表录入、修改、申报、作废、全申报、打印、开票及扣款等操作。纳税人完成税种所有报表的上传并对各项报表数据确认无误后，点击"全申报"按钮，即完成了所有网上申报工作。

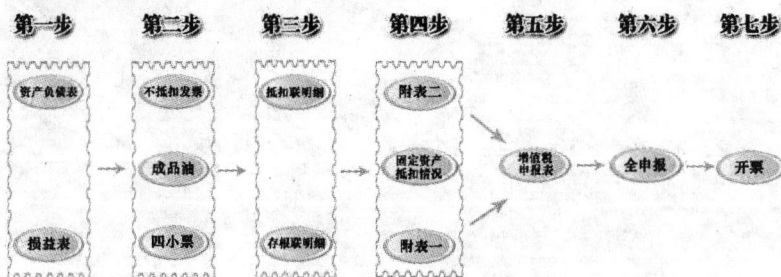

服务热线：4008960000

参 考 文 献

1. 吕福智．纳税实务．北京：化学工业出版社，2009.
2. 梁伟样．企业纳税实务．北京：清华大学出版社，2010.
3. 甄立敏．新编企业纳税实务．北京：电子工业出版社，2009.
4. 姚旭．企业纳税实务．北京：清华大学出版社，2009.
5. 郝巧亮，王玉娟．纳税实务．大连：东北财经大学出版社，2009.
6. 中国注册会计师协会．税法．北京：经济科学出版社，2011.
7. 白安义，余谦．税法教程．武汉：武汉大学出版社，2009.
8. 梁伟样．税务会计与纳税筹划．北京：科学出版社，2010.
9. 查方能．纳税筹划．大连：东北财经大学出版社，2010.
10. 徐泓．企业纳税筹划．北京：中国人民大学出版社，2010.
11. 安福仁．企业纳税实务．大连：东北财经大学出版社，2009.
12. 翟继光．新税法下企业纳税筹划．北京：电子工业出版社，2010.
13. 毛夏莺，刘钰．纳税筹划．北京：机械工业出版社，2010.

全国高等会计职业教育系列规划教材

会计基础（第二版）

会计基础技能训练（第二版）

会计基础综合实训（第二版）

出纳实务（第二版）

财务会计实务（第二版）

财务会计技能训练（第二版）

财务管理实务（第二版）

财务管理技能训练（第二版）

成本会计实务（第二版）

成本会计技能训练（第二版）

纳税实务（第二版）

纳税技能训练（第二版）

审计实务（第二版）

审计技能训练（第二版）

会计综合实训（第二版）

会计信息化实务（第二版）

Excel在会计中的应用（第二版）

财经法规与会计职业道德（第二版）

行业会计实务（第二版）

经济法

欢迎广大教师和读者就系列教材的内容、结构、设计以及使用情况等，提出您宝贵的意见、建议和要求，我们将为您提供优质的售后服务。

联系人：柴 艺 E-mail: charcoalchai@126.com

武汉大学出版社（全国优秀出版社）